Genetische Algorithmen und Evolutionsstrategien

Eberhard Schöneburg
Frank Heinzmann
Sven Feddersen

Genetische Algorithmen und Evolutionsstrategien

Eine Einführung in Theorie und Praxis
der simulierten Evolution

 ADDISON-WESLEY PUBLISHING COMPANY

Bonn • Paris • Reading, Massachusetts • Menlo Park, California • New York
Don Mills, Ontario • Wokingham, England • Amsterdam • Milan • Sydney
Tokyo • Singapore • Madrid • San Juan • Seoul • Mexico City • Taipei, Taiwan

Die Deutsche Bibliothek – CIP-Einheitstitelaufnahme

Schöneburg, Eberhard:
Genetische Algorithmen und Evolutionsstrategien :
Eine Einführung in Theorie und Praxis der simulierten Evolution.
– Bonn; Paris; Reading, Mass. [u.a.] : Addison-Wesley, 1994
  ISBN 3-89319-493-2
NE: Heinzmann, Frank:; Feddersen, Sven:

© 1994 Addison-Wesley (Deutschland) GmbH
1. Auflage 1994

Satz: Alexandra Kugge für SomeTimes GmbH, München.
Gesetzt aus der Berthold-Walbaum 10/14 Pkt.
Belichtung: Synergy Verlag GmbH, München
Druck und Bindung: Bercker Graphischer Betrieb, Kevelaer
Produktion: Margrit Müller, München/Bonn
Umschlaggestaltung: Hommer Grafik-Design, Haar bei München

Das verwendete Papier ist aus chlorfrei gebleichten Rohstoffen
hergestellt und alterungsbeständig. Die Produktion erfolgt mit Hilfe
umweltschonender Technologien und unter strengsten Auflagen in einem
geschlossenen Wasserkreislauf unter Wiederverwertung unbedruckter,
zurückgeführter Papiere.

INHALTSVERZEICHNIS

»Der Übergang vom Affen zum Menschen sind wir«
Konrad Lorenz

„Was wollen Sie, auch sie wissen weder wer sie
sind, wo sie sind, was sie tun, noch warum
es so schlecht geht, so erbärmlich schlecht, das
muß so sein. Also stellen sie Hypothesen auf,
die übereinander zusammenbrechen, das ist
menschlich, eine Languste wäre dazu nicht imstande."

Samuel Beckett, Der Namenlose
Frankfurt 4 1989 S.117-118

VORWORT

Die Evolution ist ein faszinierendes Thema. In beinahe allen Bereichen unserer Umwelt finden sich geniale Schöpfungen der Natur. Ihr gelingt es immer wieder, die erstaunlichsten Erfindungen hervorzubringen. Wir Menschen können von der Evolution der Lebensformen und der Untersuchung der Mechanismen, die das Leben vorantreiben, noch sehr viel lernen. Wenn es uns gelänge, auch nur ansatzweise zu verstehen, wie die Natur ihre genialen Produkte hervorbringt und wie sie es schafft, ständig Milliarden von unterschiedlichsten Lebensformen an ihre Umwelt anzupassen, dann könnten wir versuchen, diese Prozesse nachzubilden und ebenfalls bessere, umweltverträglichere, biologisch abbaubare, energiesparende und in vielerlei Hinsicht optimierte Produkte zu erzeugen. Dies ist die eigentliche Motivation, weshalb wir uns in diesem Buch mit der Evolution beschäftigen.

Das Thema unseres Buches ist jedoch nicht hauptsächlich die biologische Evolution, sondern die computergestützte Simulation der Evolution und ihrer algorithmisch und mathematisch modellierbarer Prinzipien. Denn aus der Sicht des Mathematikers, Informatikers und Ingenieurs stellt die Evolution ein extrem leistungsstarkes Optimierungsverfahren dar. Uns geht es folglich nicht darum, die exakte Arbeitsweise der biologischen Evolution zu verstehen oder nachzubilden, sondern vorwiegend darum, die Grundprinzipien der Evolution wie Selektion, Rekombination, Mutation etc. insoweit zu verstehen und zu modellieren, daß sie auf Computern simuliert und damit zur Lösung schwieriger theoretischer und praktischer Probleme herangezogen werden können, bei deren Lösung konventionelle Optimierungsverfahren scheitern oder aus anderen Gründen nicht sinnvoll eingesetzt werden können. Das Buch wendet sich deshalb an alle Praktiker, Studenten, Informatiker, Mathematiker und Ingenieure, die sich für die leistungsstarken Optimierungsverfahren der simulierten Evolution interessieren. Der Schwerpunkt der Darstellung liegt auf den unterschiedlichen algorithmischen Ansätzen und ihren Anwendungsmöglichkeiten.

Große Teile des Buches basieren auf meinem Skript zur Vorlesung »Genetische Algorithmen und simulierte Evolution«, die ich regelmäßig an der Fachhochschule Furtwangen halte. Viele Anregungen für das Buch verdanke ich den Diskussionen mit meinen Studenten, denen ich an dieser Stelle dafür herzlich danken möchte.

Einen besonderen Dank verdienen meine ehemaligen Diplomanden und jetzigen Mitarbeiter und Co-Autoren Dipl. Inform. (FH) Frank Heinzmann und Dipl. Inform. (FH) Sven Feddersen, die sich neben ihrer Arbeit die Mühe gemacht haben, engagiert an diesem Buch mitzuarbeiten und die Demo-Programme zu erstellen und zu erläutern.

Frank Heinzmann und Sven Feddersen haben den größten Teil der Kapitel 7 und 8 verfaßt. Bei meinem Mitarbeiter Dipl. Inform. (FH) Klaus Kater möchte ich mich bedanken für die Programmierung und Dokumentation des Programm-Systems »Genetic Optimizer«, das diesem Buch zur Veranschaulichung der simulierten Evolution beigefügt wurde.

Die restlichen Kapitel stammen aus meiner Feder, oder genauer gesagt, aus meinem PC.

Prof. Eberhard Schöneburg
Berlin, September 1993

KAPITEL 1

Einleitung

Viele Menschen sind noch heute der Meinung, daß der Mensch »die Krönung der Schöpfung« darstelle. Von dieser Meinung bis zur Ansicht, daß gewisse Menschen und gewisse Rassen die »Krönung der Krönung der Schöpfung« sind, ist es nicht mehr weit. Gerade unsere deutsche Geschichte hat gezeigt, zu welch katastrophalen und grausamen Konsequenzen primitive Einschätzungen dieser Art führen können.

Schaut man sich die »Krönung der Schöpfung« jedoch einmal etwas genauer an, so stellt man schnell fest, daß es mit der »Krönung« so eine Sache ist. Rein körperlich und anatomisch betrachtet haben wir Menschen nur wenig Anlaß, überheblich zu sein. Unser Körper kann geradezu als degeneriert und unterentwickelt angesehen werden. Würden wir nackt in einer gefährlichen Umwelt ohne Hilfsmittel ausgesetzt, hätten wir im Gegensatz zu vielen anderen Lebewesen in der Regel nur geringe Chancen zu überleben.

Wenn wir tatsächlich überleben würden, dann vermutlich durch glückliche Umstände oder durch den Gebrauch unseres Verstandes und damit unseres Gehirns. Das 1500 Gramm schwere, hochspezialisierte Nervengeflecht des Gehirns ist es, was uns auszeichnet, unsere körperlichen und sensorischen Mängel kompensiert und uns damit vielen Lebewesen gegenüber im Kampf ums Dasein überlegen sein läßt.

In der Natur finden sich sehr viele Lebewesen mit ausgezeichneten Fähigkeiten und hochgradig spezialisierten Organen. Je stärker man sich mit den anderen Geschöpfen der Natur, den Tieren und Pflanzen, beschäftigt, je genauer man sie betrachtet, desto größer wird das Staunen darüber, wie es der Natur gelingt, solche Lebensformen hervorzubringen und umso größer wird die Hochachtung vor der Natur und die Relativierung der »Krönung der Schöpfung«.

Fliegen, Würmer, Ameisen, Fledermäuse, Vögel, Delphine und Tausende anderer Arten von Lebewesen haben Eigenschaften und Fähigkeiten, von denen wir Menschen bislang nur träumen können, die wir bis heute noch nicht richtig verstehen und die wir meist auch noch nicht nachahmen können.

Betrachten wir einige Beispiele für solche Meisterleistungen der Natur.

Die Delphine

Die Delphine gehören zu den erstaunlichsten Geschöpfen, die die Natur hervorgebracht hat. Es gilt heute als gesichert, daß Delphine sehr intelligent sind. Diese Erkenntnis hat insbesondere in den USA (siehe *Flipper*) zu der Unsitte geführt, die Intelligenz der Tiere in sogenannten Seeaquarien für geldbringende Dressurvorführungen auszunutzen. Die Sensibilität der Delphine wird dabei leider nur selten berücksichtigt. Die Tiere leiden unter der Gefangenschaft ebenso wie Menschen. Es kommt sogar vor, daß die Tiere *Selbstmord* begehen, indem sie mehrfach mit voller Wucht mit dem Kopf gegen die Wände ihres Bassins schwimmen.

Delphine verfügen über ein Verständigungssystem, eine Art *Sprache*, die der des Menschen vergleichbar ist. Delphine navigieren im Wasser, ähnlich wie die Fledermäuse, vorwiegend mittels des Gehörs. Sie stoßen ständig Klicklaute aus und machen sich anhand der von Hindernissen und anderen Objekten reflektierten Schallwellen ein genaues Bild ihrer Umgebung. Dabei nutzen die Delphine

Ultraschallfrequenzen bis zu 200.000 Hertz aus, um selbst kleinste Gegenstände (Fische) exakt orten zu können.

Zur Erzeugung der Laute verwenden die Delphine ihre sogenannte *Melone*, eine variable Stirnwölbung. Die Melone bündelt wie eine Art akustische Linse die Schallwellen. Die Melone erhält dadurch die Funktion eines Richtstrahlers mit dessen Hilfe die Delphine sehr zielgenau peilen können. Über eine Volumenänderung von Luftsäcken in den Nasenkanälen bewirken sie mit ihrer sensiblen Muskulatur die nötigen Frequenzänderungen der Töne, die sie erzeugen wollen.

Das Navigationssystem nutzen die Delphine zur Ortung von Beute oder Hindernissen und zur Mitteilung von Informationen an ihre Artgenossen. Im Laufe ihrer Entwicklung haben sie ihre Kommunikation soweit perfektioniert, daß sie sich mit ihren Artgenossen durch Pfiffe und die erwähnten Klicklaute über weite Strecken recht komplexe Sachverhalte (Gefahren, Beute) mitteilen können. Ein ähnliches Kommunikationssystem ist auch von den Walen her bekannt, die sich teilweise über eine Entfernung von mehr als 20.000 Kilometern, also um den halben Erdball herum, verständigen können.

Delphine sind nicht nur sehr intelligent, sie sind auch als *Hochleistungsschwimmer* bekannt. Die kräftigsten Exemplare der Delphine (*Orcas*) erreichen bei einer Antriebsstärke ihrer Flosse von weniger als 5 PS eine Maximalgeschwindigkeit von über 50 km/h und hängen damit selbst atomgetriebene U-Boote mit mehreren tausend PS locker ab (auch im Verhältnis Kraft/Leistung). Der Grund hierfür ist die optimierte Körperform und die einzigartige Haut der Delphine. Die Körperoberfläche eines Delphines ist extrem glatt, so daß praktisch kein Wasser an ihr haften bleibt. Die Delphine fetten ihre Oberfläche zudem ständig nach, indem sie in regelmäßigen Abständen die verhornten Zellen an der oberen Schicht der Haut abstoßen. Die abdriftenden

Zellen verteilen dann winzige Mengen Fett auf der Hautoberfläche, wodurch diese wasserabstoßend wird.

Die Haut der Delphine hat noch eine technisch geniale und bemerkenswerte Eigenschaft: sie paßt sich während des Schwimmens dem Strömungswiderstand an. Bei steigendem Strömungswiderstand gibt die Haut nach, bei nachlassendem Widerstand nimmt sie wieder die ursprüngliche Form an. Die Elastizität der Haut verhindert die Bildung kleiner Strömungswirbel und minimiert damit die Reibung.

Die gemeine Stubenfliege

Niemand wird behaupten wollen, daß die gemeine Stubenfliege sonderlich intelligent ist. Dennoch verfügen Fliegen über einige erstaunliche Fähigkeiten. Jeder, der bereits erfolglos versucht hat, eine Fliege zu fangen, wird diesen Hinweis verstehen.

Fliegen sind klein. Das muß eigentlich nicht besonders betont werden. Betrachtet man jedoch die Manövrierungsfähigkeiten und die geringen Reaktionszeiten einer Fliege, so ist die Größe der Fliege und insbesondere die Größe – oder besser: die Kleinheit – des Gehirns interessant. Es gibt derzeit und wohl auch in absehbarer Zukunft kein elektronisches Steuerungssystem, das auch nur annähernd mit dem der Fliege vergleichbar wäre.

Eine künstliche Fliege ist beim heutigen Stand der Computertechnik undenkbar. Abgesehen davon, daß man bis heute viel zu wenig darüber weiß, wie die Fliege sich optisch in ihrer Umwelt zurechtfindet, würde allein der Rechner, der nötig wäre, um die Flugbewegungen zu errechnen und die visuellen Informationen, die die Fliege pro Sekunde aufnimmt, in Realzeit zu verarbeiten, einige tausend mal größer und schwerer sein als die Fliege. Die Natur hat das Gewicht und das Volumen des für die Navigation und Steuerung zuständigen und nötigen Gehirns auf ein beeindruckendes Minimum reduziert. Neben der schnellen und flexiblen Fortbewegungsmöglichkeit sind auch die Augen der Fliege dafür verantwortlich, daß man sie nur selten zu fassen bekommt. Die Fliegen besitzen nicht wie wir Menschen zwei Augen mit je einer Linse, sondern sogenannte *Komplexaugen*. Diese Komplexaugen bestehen aus einigen tausend Einzelaugen mit einem Durchmesser von jeweils ca. 15 bis 40 Mikrometern. Die Fliege berechnet die Annäherungsgeschwindigkeit eines Objektes (z.B. einer Fliegenklatsche) aus der Größenveränderung des Objektes und der Anzahl und Stellung der Augen, die das Objekt jeweils gleichzeitig wahrnehmen.

Die Fliege nimmt entfernte Objekte nur sehr unscharf wahr, erkennt jedoch Bewegungsänderungen mit einer sehr viel besseren Technik als wir. Das Facettenauge der Fliege sieht Einzelbild-reicher als unser Auge. Fliegen können ca. 200 Einzelbilder pro Sekunde – wenn auch nur verschwommen – wahrnehmen und entsprechend schnell reagieren. Wir Menschen hingegen können höchstens 15 Einzelbilder pro Sekunde differenzieren (auf dieser Limitierung unserer Augen und unseres Gehirns beruht die Möglichkeit des Kinos und des Fernsehens, denn werden die Einzelbilder in einer höheren Frequenz unserem Auge dargeboten, entsteht der Eindruck einer Bewegung). Die schnelle Bildverarbeitung der Fliege korrespondiert mit einer sehr kurzen Reaktionszeit: sie erreicht in Bruchteilen von Sekunden ihre Höchstgeschwindigkeit von ca. 2 m/s (also etwa 7,2 km/h) bei etwa 300 Flügelschlägen pro Sekunde.

Wenn wir mit der Hand nach einer Fliege schlagen, so wundern wir uns häufig, wie die Fliege dieser für uns als sehr schnell betrachteten Bewegung ausweichen kann. Aus der Sicht der Fliege bewegt sich die Hand quasi in Zeitlupe auf sie zu, so daß sie aufgrund ihres schnelleren Reaktionsvermögens in der Regel genug Zeit hat, sich zu entfernen. Daß jedoch auch das Reaktionsvermögen der Fliege ihre Grenzen hat, beweisen die Fliegenklatschen. Aber selbst mit einer solchen Fliegenklatsche, die um ein Vielfaches weniger träge ist als unsere Hand, gelingt es häufig nicht, die Fliege zu erwischen.

Die Spinnen

Nach der griechischen Mythologie ist die erste Spinne eine zum Tier verwunschene meisterliche griechische Spinnerin namens *Arachne* gewesen, die den Zorn der Götter dadurch auf sich gezogen hatte, daß sie sich allzu selbstbewußt ob ihrer Spinnkünste gezeigt hatte.

Die technischen Leistungen der Spinnen sind wahrhaft meisterlich. Die Spinnkunst jeder Hausspinne übertrifft die moderne Spinntechnik in vielerlei Hinsicht. So ist beispielsweise der Spinnstoff, aus dem die Spinne ihre Netze herstellt, einzigartig. Vergleicht man z.B. das Verhältnis von Durchmesser der Spinnfäden zu ihrer Reißfestigkeit, so ist der Spinnfaden etwa doppelt so hart wie Stahl gleichzeitig aber hochgradig elastisch und dehnbar. Ein Faden der Spinne läßt sich, ohne zu reißen, um 300% dehnen. Läßt man ihn danach los, so zieht er sich wieder auf die ursprüngliche Länge zusammen. Ein Faden aus Nylon läßt sich im Vergleich um höchstens ca. 20% dehnen und ist danach ausgeleiert. Die Spinnfäden haben zudem ein extrem günstiges Verhältnis von Eigengewicht zu Festigkeit. Als Maß hierfür gilt in der Technik u.a. die sogenannte Zerreißlänge, d.h. die Länge, bei der ein Faden des Stoffes durch sein Eigengewicht zerreißt. Die Zerreißlänge eines Stahlfadens liegt bei 31 km, die eines Nylonfadens bei 50 km und die des Fadens der Spinne bei 70 km.

Das gesamte Netz einer *Kreuzspinne* wiegt im Durchschnitt lediglich ein halbes tausendstel Gramm! Die Fangfäden des Netzes haben zudem noch eine weit größere Elastizität als die oben genannten Werte, die sich auf die Elastizität der Stützfäden eines Netzes beziehen. Die Fangfäden halten eine Dehnung von bis zu 1000% aus. Ein 1 Meter langer Fangfaden läßt sich also auf ca. 10 Meter dehnen, ohne dabei Schaden zu nehmen. Diese hohe Dehnbarkeit ist für die Spinne wichtig, um auch Insekten fangen zu können, die mit einer relativ hohen Geschwindigkeit in das Netz fliegen.

Das Spinnennetz muß Beute festhalten können und darf dabei nicht zerreißen. Und trotz der erforderlichen gewaltigen Dehnbarkeit sind die Fäden so dünn, daß sie praktisch – auch für Insektenaugen – unsichtbar bleiben: der Faden der Kreuzspinne ist nur eineinhalb tausendstel Millimeter dick. Wenn solche Fäden überhaupt sichtbar werden, dann nur aufgrund von Lichtbrechungseffekten, durch Taubildung oder durch Schmutzpartikel, die sich auf den Fäden ablagern. Es gibt sehr interessante Spinnenarten. Die bereits erwähnten Kreuzspinnen können durch ihre Netze viele Insekten und Fliegen unterschiedlichster Größe fangen. Oft haben sie nicht einmal genügend Zeit, ihre Beute zu verzehren, denn die Spinnen der Gattung *Conophista* »klauen« sie ihnen einfach. Zu diesem Zweck bauen sie ihr Netz direkt neben das der Kreuzspinne und verbinden ihr Netz mit einem Signalfaden mit dem der Kreuzspinne. Wackelt der Faden, holen sie sich die Beute und schleppen sie in ihr eigenes Netz. Hier geht offensichtlich Schläue über Geschicklichkeit.

Die *Lassospinnen* sind für ihre ausgeklügelten Fangtechniken bekannt. Sie befestigen einen klebrigen Faden an einem Querfaden, halten den Klebefaden mit ihren Extremitäten fest und schwingen ihn eine zeitlang im Kreise herum. Dann holen sie den Klebefaden ein und verzehren die an ihm klebenden Insekten. Eine spezielle Art der Lassospinnen, die *Mastophora*, hat die Fangtechnik optimiert: sie schleudert den Klebefaden erst dann aus, wenn ein Insekt vorbeifliegt.

Die Biber

Die Biber sind die größten in Europa vorkommenden Nagetiere. Sie können bis zu einem Meter lang und bis zu 30 Kilogramm schwer werden. Sie können sehr gut und lange tauchen (bis zu 15 Minuten) und sind äußerst gewandte Schwimmer. Sie werden etwa 15 Jahre alt.

Die Biber sind wahre Künstler des Dammbaus. Je nach Lebensraum bauen sie sich unterschiedliche Unterkünfte. An flachen Ufern errichten sie kleine Burgen aus Reisig, Borke und kleinen Bäumen. Diese Burgen können bis zu drei Metern hoch werden. Zum Schutz gegen andere Tiere und Witterungsbedingungen werden die Burgen mit Schlamm abgedichtet. Lebt der Biber nicht an flachen Ufern, sondern an Steilufern, gräbt er sich einen Bau in die Erde.

Den Eingang seiner Burg oder seines Baus legt der Biber immer *unter* Wasser. Dies dient dem Zweck, die Jungen gegen Raubtiere zu schützen. Um sicherzustellen, daß der Eingang des Baus immer unter Wasser liegt und daß der Wasserpegel in der Höhle nicht zu hoch steigt, baut der Biber um seine Burg oder seinen Bau herum einen Damm.

Dieser Damm kann einige Meter hoch und bis zu 100 Meter lang werden! Bei Hochwasser öffnet der Biber den Damm, bei Niedrigwasser schließt er ihn. Früher gab es in Mitteleuropa zahlreiche Biber.

Durch ihre Dammbauten haben sie die Natur weitflächig und nachhaltig beeinflußt. Sie haben ganze Seen aufgestaut und Waldgebiete überflutet. Sie sind verantwortlich für die heute in Mitteleuropa sehr selten gewordenen, ökologisch wertvollen Feuchtgebiete (*Auwald*), die vielen Arten einen geschützten Lebensraum boten. Die Biber sind in unseren Breiten praktisch ausgerottet.

Die Ameisen

Beurteilt man den evolutionären Erfolg einer Species nach ihrem Verbreitungsgrad und ihrer genetischen Vielfalt, so sind die Ameisen die erfolgreichsten aller Lebewesen. Denn sie bevölkern, abgesehen von sehr kalten Regionen (Antarktis), sehr heißen Regionen (Wüsten) und sehr hoch gelegenen Gebieten (Berggipfeln), praktisch die gesamte Landfläche der Erde.

Es gibt so viele Ameisen auf der Erde, daß deren *Gesamtgewicht größer ist als das Gesamtgewicht aller Deutschen.* Man kann geradezu Angst bekommen, wenn man sich verdeutlicht, wie viele Ameisen dies bedeutet: 500.000 Ameisen wiegen nämlich zusammen gerade etwa ein Pfund! Für einen einzigen Menschen mit einem Körpergewicht von 75 kg benötigt man folglich bereits ca. 75.000.000 Ameisen.

Die Ameisen sind die zahlenstärksten Lebewesen auf der Erde. Es gibt derzeit etwa ca. 10^{15} Ameisen. Die Gesamtzahl aller Insekten beträgt ca. 10^{18}. Damit stellen die Ameisen 0.1% aller Insekten. Wie der obige Vergleich mit dem Gewicht der Menschen andeutet – eine gigantische Zahl.

Es gibt über 8.000 verschiedene Ameisenarten. Aufgrund ihres evolutionären Erfolges sind sie gleichzeitig die »ältesten« Lebewesen der Welt: ihr Erbmaterial hat sich in über 60 Millionen Jahren kaum verändert. Sie sind zudem die am längsten lebensfähigen Insekten. Einige Arten werden 4 bis 5 Jahre alt, und Königinnen können sogar bis zu zwanzig Jahre alt werden.

Die Ameisen sind dafür bekannt, daß sie eine Art *Ameisenstaat* bilden. Meist leben mehrere Millionen Ameisen in einem u.a. aus Erde, Nadeln und Zweigen erbauten Ameisenhaufen friedlich und kooperativ zusammen. Die Ameisenhaufen können eine Höhe von bis zu zwei Metern und einen Umfang von etwa 10 Metern erreichen. Die unterirdischen Teile der Haufen reichen zudem meist noch einige Meter tief in den Boden, um die Ameisen im Winter gegen Frost zu schützen.

Die größten bekannten Ameisenstaaten (Kolonien) befinden sich auf der japanischen Insel Hokkaido. Dort leben schätzungsweise etwa 300.000.000 Ameisen mit ca. 1.000.000 Königinnen in über 45.000 Nestern verstreut über ein Gebiet von ca. 2.7 Quadratkilometern.

Im Ameisenstaat herrscht eine klare Aufgaben- und Arbeitsteilung. Die *Königin* legt die Eier (ca. 400 bis 50.000.000 Eier pro Jahr) und sorgt für den Nachwuchs. Wird der Staat zu groß, wandert die Königin aus und gründet einen neuen.

Die größte Gruppe im Ameisenstaat bilden die *Arbeiterameisen*. Sie sind geschlechtlich unterentwickelte Weibchen. Sie sorgen mit ihren starken Kiefern für die Ernährung des Ameisenvolkes, indem sie bis zu 100.000 andere Insekten pro Tag töten und in den Bau schleppen. Besonders große und starke Ameisen dienen als *Soldaten*. Ihre Aufgabe besteht in der Bewachung des Baus und der Abwehr von Eindringlingen. In einem Ameisenhügel leben aber nicht nur Ameisen, sondern auch noch eine Unmenge von Parasiten. Die Ameisen halten sich »Haustiere«, ähnlich wie wir Menschen. Sie lieben den Honigtau der Blattläuse, mit dem sie ihre Larven füttern. Deshalb halten sie sich ganze Herden von Blattläusen in ihrem Bau und »melken« diese, indem sie sie mit ihren Fühlern abtasten. Die Symbiose mit den Läusen geht so weit, daß sie diese sogar gegen Angriffe ihrer natürlichen Feinde verteidigen!

Es gibt jedoch auch Ameisenarten, die keine dauerhaften Nester bauen, sogenannte *Wander-* oder *Treiberameisen*. Diese Ameisen können zur Plage werden. Sie ziehen in riesigen Schwärmen durchs Land und fressen sogar größere Tiere (Affen, Schweine), die verletzt sind oder nicht flüchten können.

Ameisen können sich selbst und ihre Umwelt stark beeinflussen. Sie regulieren äußerst geschickt die Luftfeuchtigkeit und Wärme in ihren Nestern und sie bauen komplizierte und sehr effektive Belüftungssysteme. Durch ein komplexes System chemischer Kommunikation regulieren und beeinflussen die Ameisen die Größe ihrer Populationen. Sie können die Anzahl der Arbeiter, Soldaten und Königinnen ebenso steuern, wie den Zeitpunkt und die Produktion männlicher und weiblicher Ameisen.

Ameisen führen oft Krieg. Die Kolonien bekämpfen sich, falls sie zu nahe beieinander liegen. Alle Ameisen kämpfen selbstlos. Das Wohl des Ameisenstaates geht weit über das Wohl der einzelnen Ameisen hinaus. Im Fall einer Gefahr helfen die Arbeiter den Soldaten.

Die Kriegslisten der Ameisen sind vielfältig. Es gibt Ameisen, die andere Ameisen durch chemische Substanzen täuschen (»chemische Propaganda«) und ihnen vormachen, Ameisen des gleichen Stammes zu sein. Feindliche Ameisen werden, sofern sie besiegt sind, in der Regel vertilgt. Ameisen kennen kein Pardon. Wenn es für das Überleben des Ameisenstaates nötig ist, fressen die Ameisen auch ihre eigene Brut. Gelingt es ihnen, in den Besitz der Brut eines bekämpften Stammes zu kommen, so wird diese in der Regel gefressen oder – und dies ist interessant – aufgezogen und später als Sklaven benutzt!

Ameisen sind hochgradig adaptive Lebewesen. Wenn sie in eine andere Region versetzt werden, passen sie sich mit ihrem Nest schnell den neuen Gegebenheiten an. Einige Arten können bis zu 14 Tage selbst unter Wasser überleben. Die meisten Ameisenarten sind sogar resistent gegenüber harter Strahlung und Insektiziden.

Das oft zitierte »Horrorszenario«, daß nach einem globalen Atomkrieg die Ameisen die Welt beherrschen werden, ist deshalb realistischer als viele glauben mögen.

Die Honigbienen

Bienen leben wie die Ameisen in größeren Gemeinschaften zusammen. Auch sie kennen eine genaue Arbeitsteilung. Die Arbeiterinnen füttern die Königin und verrichten alle »niederen« Arbeiten im Nest. In ihren ersten Lebenstagen reinigen sie die Zellen, in die die Königin ihre Eier legt. Dann übernehmen sie die Brutpflege. Wenn sie älter werden, übernehmen sie den Bau der sechseckigen Waben, indem sie aus Drüsen Wachs absondern und diesen mit ihren Kiefern formen.

In ihrem letzten Lebensabschnitt verlassen sie die Nester und holen Wasser, Blütenstaub und Blütenpollen ins Nest. Der beliebte Honig entsteht dadurch, daß mehrere Bienen nacheinander den Blütensaft (Nektar) durch ihre Rüssel aufsaugen, im Magen verarbeiten und dann wieder herauswürgen. Dadurch werden dem Nektar schrittweise Wasser entzogen und Eiweißstoffe hinzugefügt.

Interessant ist, daß die Bienen eine eigene Sprache entwickelt haben, in der sie ihren Artgenossen Mitteilungen über die Lage ergiebiger Nahrungsquellen machen können. Hat eine Biene eine Nahrungsquelle entdeckt, tänzelt sie auf den Waben in einer Figur, die einer »8« ähnelt (*Schwänzeltanz*). Je näher die Futterquelle liegt, desto schneller tanzt sie. Die Richtung, in der die 8 liegt, gibt den anderen Bienen die Richtung der Nahrungsquelle zum Sonnenstand (!) an.

Man könnte die Aufzählung solcher Beispiele für Meisterleistungen der Natur beinahe endlos fortsetzen. Die Natur hat über Jahrmilliarden die ausgefeiltesten Techniken und Materialien entwickelt. Sämtliche Lebewesen, die wir heute kennen, sind das Ergebnis eines langen Entwicklungs- und Optimierungsprozesses.

Das Leben tritt uns in einer ungeheuren Fülle und Mannigfaltigkeit entgegen. Man schätzt, daß derzeit mindestens etwa 1.500.000 Tierarten und ca. 400.000 Pflanzenarten existieren. Jede Art hat ihre Besonderheiten und ist an ihre Umwelt angepaßt. Die Anpassungen der Arten an ihre Umwelt, die Entwicklung von Schutzmechanismen vor Feinden und der Kampf um die Beute hat bei vielen Lebewesen zur Ausbildung faszinierender Fähigkeiten geführt.

So hat z.B. der im malaiischen Raum vorkommende Fisch *Toxotes* (zu deutsch naheliegender Weise »Schützenfisch« genannt) die geniale Fähigkeit, gezielt einen Wasserstrahl von bis zu einem Meter Länge mit dem Maul aus dem Wasser heraus abzuspritzen, um damit Insekten zu treffen, die außerhalb des Wassers auf Pflanzen sitzen. Fallen die getroffenen Insekten dann auf die Wasseroberfläche, frißt sie der Fisch auf. Um seine Trefferwahrscheinlichkeit zu erhöhen, hat der Fisch eine besondere Technik entwickelt. Zur Überwindung der Parallaxe schwimmt der Fisch zunächst horizontal unter sein Opfer, stellt sich unter Wasser vertikal auf und stößt dann den Wasserstrahl aus. Dadurch minimiert er den Lichtbrechungseffekt der Wasseroberfläche.

Gänse, Enten, Schwäne, Möwen und viele andere Wasservögel können stundenlang auf zugefrorenen Seen herumlaufen oder herumstehen, ohne daß ihnen die Füße erfrieren. Würden wir Menschen barfuß längere Zeit auf Eis stehen, würden unsere Füße absterben.

Einige Wasservögel verfügen über einen sehr effektvollen inneren Wärmetauscher. Die Vogelfüße werden nämlich gerade genauso kalt, wie der Untergrund auf dem sie stehen. Die Körpertemperatur im Fuß sinkt auf einer Eisfläche auf Null. Das Blut, das in die Füße fließt, wird dabei schrittweise abgekühlt und gibt seine Wärme an das Blut ab, das aus den Füßen zum Körper zurückfließt und sich dadurch langsam wieder erwärmt. Dabei arbeitet der innere Wärmeaustauscher sehr effektiv: die Körpertemperatur der Stockente beträgt ca. 42 Grad; am Körperrumpf sinkt die Temperatur auf 38 Grad, am Beinansatz auf 24

Grad, am Fußgelenk auf 8 Grad und an der Lauffläche dann schließlich auf Null Grad ab.

Diese Beispiele zeigen, wie ausgeklügelt und trickreich die Natur sein kann. Viele Erfindungen der Menschen wurden von der Natur bereits vor Millionen von Jahren vorweggenommen. Die Natur hat Techniken und Materialien entwickelt, die es sich nachzuahmen lohnt. Es wundert daher nicht, daß es eine eigene wissenschaftliche Disziplin gibt, die es sich zum Ziel gesetzt hat, die »Patente der Natur« nachzubilden: die Bionik. Die Bionik ist sozusagen die Wissenschaft des geistigen Diebstahls von der Natur.

Daß die Entstehung der beeindruckenden Mannigfaltigkeit der Arten und Eigenschaften aller Lebewesen auf der Erde, der Tiere, Pflanzen und Menschen durch den Prozeß der Evolution erklärt werden kann und muß, ist, obwohl es uns heute so banal und plausibel erscheint, keine triviale Einsicht gewesen. Dies zeigt sich insbesondere daran, daß die Evolution als wissenschaftliche Theorie noch keine 200 Jahre alt ist. *Darwins* Theorie der Evolution der Arten war und ist nie unumstritten gewesen. Denn trotz ihrer scheinbaren Plausibilität läßt sie noch viele Fragen offen und wird auch heute noch von angesehenen Wissenschaftlern in einigen Details in Frage gestellt.

Wir wollen hier jedoch nicht darüber diskutieren, ob die Theorie Darwins definitiv richtig ist. Wir wollen sie lediglich als eine sehr brauchbare Arbeitshypothese, als eine Modellierung der Anpassungs- und Optimierungsvorgänge in der Natur betrachten. Wir wollen sie als Vorbild nehmen für Computer-Simulationen und uns Anregungen von ihr holen für die Lösung komplizierter technischer und wirtschaftlicher Optimierungs- und Adaptionsprobleme.

Um dies tun zu können, müssen wir die Theorie der Evolution in ihren Grundzügen zunächst etwas genauer verstehen. Deshalb stellen wir im folgenden Kapitel (Kapitel 2: *Evolution und Genetik*) die geschichtliche Entwicklung der klassischen Evolutionstheorie dar und erläutern die für das Verständnis der weiter unten eingeführten Algorithmen und theoretischen Modelle der Evolutionstheorie wichtigen Begriffe und Fakten der *biologischen Evolution* und der *Molekulargenetik.*

In den Kapiteln 3 und 4 stellen wir die derzeit wichtigsten theoretischen und algorithmischen Modelle der computergestützten simulierten Evolution, die *Evolutionsstrategien* und die *Genetischen Algorithmen*, vor. Wir entwickeln jeweils die Grundbegriffe und Methoden der beiden Ansätze.

Im fünften Kapitel stellen wir die Evolutionsstrategie den Genetischen Algorithmen gegenüber und untersuchen die jeweiligen Vorzüge und Schwächen beider Ansätze.

In Kapitel 6 diskutieren wir einige *Parallelisierungsmöglichkeiten* der Algorithmen, und in Kapitel 7 werden klassische und sehr moderne *Anwendungen* der simulierten Evolution vorgestellt.

Um dem interessierten Leser einen detaillierteren Einblick in die Programmierung Genetischer Algorithmen zu ermöglichen, stellen wir im achten Kapitel die wichtigsten *Programmierkonzepte* vor und erläutern die Programmstrukturen anhand ausgewählter Beispiele im Quellcode.

Die erläuterten Programme liegen zur Durchführung eigener Experimente und Simulationen dem Buch bei. Dies gilt auch für den im achten Kapitel vorgestellten *Genetic Optimizer.* Der Genetic Optimizer ist ein Simulations-System für Anwendungen auf der Basis Genetischer Algorithmen.

Das Verständnis der in diesem Buch dargestellten Verfahren wird erheblich erleichtert, wenn man selbst Simulationen mit den beigefügten Programmen durchführt oder wenn man die Algorithmen auf eigene Probleme anwendet. Zudem bekommt man meist erst durch die Beobachtung und Auswertung der eigenen Simulationen ein Gefühl für das Zeitverhalten der Algorithmen und deren Konvergenzverhalten. Nur so lernt man, wie sich welche Parameter auf das Verhalten der Algorithmen auswirken.

Die beiliegenden Programme sollen zu eigenen Experimenten anregen, denn nur Übung macht den Meister!

Wir wünschen allen Lesern viel Spaß bei der Lektüre und beim Arbeiten mit den Programmen.

KAPITEL 2

Evolution und Genetik

Als *Charles Darwin* (1809-1882) im Jahre 1859 sein berühmtes Werk »On the Origin of Species by Means of Natural Selection« (Über die Entstehung der Arten durch natürliche Auslese) herausbrachte, stellte es eine Sensation dar. Die erste Auflage des Buches war bereits am Tag des Erscheinens ausverkauft und innerhalb des folgenden Vierteljahres wurden drei weitere Auflagen des Buches gedruckt.

Darwins Buch wurde nicht nur von den Wissenschaftlern der damaligen Zeit mit großem Interesse gelesen. Seine gesellschaftliche, soziologische und philosophische Bedeutung erlangte das Werk durch die Tatsache, daß Darwin – ohne dies explizit zu formulieren – mit seiner Theorie an dem Selbstverständnis des Menschen als Ebenbild Gottes rüttelte. Er behauptete nämlich ohne Umschweife, daß sich alle Lebewesen über lange Zeiträume hinweg aus primitiveren Arten heraus entwickelt haben. Dies mußte nach Darwins Theorie somit auch für den Menschen gelten, der nach der Evolutionstheorie die gleichen Vorfahren hat wie die Affen! Der Mensch verlor damit seine Sonderstellung als Ebenbild Gottes und wurde zu einem Teil der Natur wie alle anderen niederen und höheren Lebewesen.

Man kann sich vorstellen, wie die damalige Kirche auf diese Theorie Darwins reagiert hat. (Es ist recht amüsant zu wissen, daß Darwin nach einem abgebrochenen Medizinstudium Theologie studierte und später sogar die formale Ermächtigung besaß, sich als Priester der anglikanischen Kirche zu betätigen. Dieses Recht nahm er jedoch nie in Anspruch.) Heutzutage bezweifelt kaum ein Wissenschaftler ernsthaft die Gültigkeit und Korrektheit der Thesen Darwins, wenn auch immer wieder einige Hypothesen seiner Theorie angezweifelt wurden und auch heute noch angezweifelt werden (siehe unten). Die Evolutionstheorie hat sich durchgesetzt und gilt als tausendfach bestätigt. Sie stellt die wichtigste und fundierteste Theorie innerhalb der modernen Biologie dar.

Die historische Entwicklung des Evolutionsgedankens

Darwin war keineswegs der erste, der sich Gedanken über die Entwicklung der Lebensformen gemacht hat. In der Neuzeit haben sich mehrere berühmte Forscher mit dieser Thematik beschäftigt. Zu den bedeutendsten gehörte der schwedische Naturforscher *Carl von Linné* (1707-1778). Linné hatte seit etwa 1740 den Versuch unternommen, die damals bekannten Lebewesen (Pflanzen und Tiere) vollständig zu erfassen und zu katalogisieren. In seiner »systema naturae« führte der Arzt und Mitarbeiter von Celsius ca. 4.000 Tier- und ungefähr 14.000 Pflanzenarten auf.

Man geht heute davon aus, daß seit den Anfängen des Lebens auf der Erde bereits ca. 500 Millionen Arten gelebt haben. Im Vergleich zu dieser immensen Zahl sind die derzeit lebenden ca. 2 Millionen Arten erdgeschichtlich fast zu vernachlässigen.

Trotz der umfangreichen Arbeit, die mit der Klassifizierung und Auflistung der Arten verbunden war, katalogisierte Linné also letztendlich nur einen verschwindenden Bruchteil der tatsächlichen Artenvielfalt, die bis zu diesem Zeitpunkt existiert hat. Linné glaubte nicht an eine Entwicklung der Arten. Der größte Systematiker seiner Zeit ging davon aus, daß die Arten einmal geschaffen worden waren und bis zu seiner Zeit im wesentlichen unverändert geblieben sind. Linné hielt die Arten für unwandelbar und deren Anzahl für konstant. Er glaubte, daß seit der Schöpfung weder Arten entstanden noch ausgestorben sind. Man neigt aus heutiger Sicht dazu, die Gedanken Linnés zu belächeln und die Theorie der Konstanz der Arten über lange Zeiträume als trivialerweise falsch anzusehen. Dabei vergißt man jedoch sehr leicht, daß vor 200 Jahren noch kaum Fossilien bekannt waren, die Belege für ausgestorbene Lebewesen liefern konnten. So wurden z.B. erst 1860 Fossilien der vor ca. 150 Millionen Jahren lebenden »Urvögel« *Archaeopteryx* gefunden. Einige Fossilien waren zwar bereits in der Antike bekannt, aber bis in die Neuzeit war deren Interpretation unklar. Man betrachtete die Fossilien bis dahin als eine Art »Laune« der Natur, mit der man nichts anfangen konnte. Erst das Universalgenie Leonardo da Vinci (1452-1519) erahnte die eigentliche historische Bedeutung der Fossilien.

Die naive Alltagserfahrung spricht auch heute noch eher gegen eine Veränderung der Arten und eher für die Konstanz. Denn wir nehmen in unserem Leben aufgrund der Kürze der individuellen Lebenszeit nur äußerst selten Veränderungen der Arten wahr. Alle Lebewesen erzeugen fast ausschließlich gleichartige und nur unwesentlich veränderte Nachkommen. Wann wird schon ein Tier mit einem neuen Organ geboren? Oder wann kommt ein Lebewesen zur Welt, das über völlig neue Eigenschaften verfügt?

Die Evolution der Arten vollzieht sich, sieht man von Insekten und niederen Lebewesen ab, in der Regel nicht innerhalb weniger Jahre, sondern eher über sehr lange Zeiträume. Die Zeiteinheiten der Evolution höherer Lebewesen sind Jahrtausende oder Jahrmillionen. Die Veränderungen von einer Generation zur nächsten sind meist so geringfügig, daß sie kaum auffallen. Findet tatsächlich einmal eine wahrnehmbare Veränderung statt, so betrachtet man das betroffene Individuum meist als krank, als »*Miß*geburt«, als »entartet«, also eher als ein Mißgeschick oder einen Unglücksfall in der Natur. Da solche Erscheinungen so selten auftreten, erkennt man ihren Sinn und Zweck nicht. Eine Theorie der Konstanz der Arten deckt sich daher auch heute noch mit unserer Alltagserfahrung und war folglich nicht nur zu Zeiten Linné's äußerst plausibel.

Der französische Naturforscher *Georges Baron de Cuvier* (1769-1832) bestritt und widerlegte als Begründer der Paläontologie und der vergleichenden Anatomie die Theorie der Konstanz der Arten. Aufgrund seiner Auswertung fossiler Funde entwickelte er die Theorie, daß die Arten sowohl entstehen als auch aussterben können.

Cuvier machte dafür Naturkatastrophen verantwortlich. Er erklärte die Unterschiede der fossilen Lebensformen zu den lebenden dadurch, daß in bestimmten erdgeschichtlichen Epochen Naturkatastrophen das Aussterben aller Arten zur Folge hätten. Nach den Katastrophen bildeten sich dann vollständig neue Lebensformen heraus, die wiederum nur bis zur nächsten großen Naturkatastrophe Bestand hätten. Damit bestritt Cuvier die Konstanz der Arten in zweifacher Weise: zum einen existierten die jeweiligen Arten nach seiner Katastrophentheorie maximal seit der letzten globalen Katastrophe und nicht seit der Urschöpfung, und zum anderen konnten sie praktisch zu jeder Zeit durch eine Katastrophe aussterben. Cuvier ging jedoch weiterhin wie Linné von der Annahme aus, daß sich die Arten zwischen den Katastrophen nicht weiterentwickelten oder veränderten. Er war sogar ein erbitterter Gegner des Evolutionsgedankens der sich auseinander entwickelnden Arten.

Es war einem anderen französischen Naturforscher, der etwa zur gleichen Zeit lebte wie Cuvier, vorbehalten, auch noch dieses letzte Überbleibsel der Theorie der Konstanz der Arten in Frage zu stellen. *Jean Baptiste de Lamarck* (1744-1829) erkannte aufgrund umfangreicher und systematischer Studien eine Vielzahl abgestufter Ähnlichkeiten zwischen verschiedenen Pflanzen und Tierarten und folgerte daraus, daß es eine Entwicklung der Arten geben müsse. Cuvier bekämpfte Lamarck und versuchte sogar, die Verbreitung seiner Gedanken und Schriften zu verhindern.

Lamarck hatte erkannt, daß sich die Arten häufig so entwickelten, daß sie in ihrer Umwelt optimal zurechtkamen. Er interpretierte die erkennbaren Ähnlichkeiten zwischen den Arten als Verwandtschaftsstufen sich auseinander entwickelnder Lebensformen. 1809 begründete er mit seiner »philosophie zoologique« die erste in sich geschlossene und fundierte Abstammungstheorie der Arten.

Lamarck hatte jedoch ein Problem. Er mußte erklären, wie es überhaupt zu der Auseinanderentwicklung der Arten und der Ausbildung vorteilhafter Eigenschaften kommen konnte. Lamarck postulierte zu diesem Zweck, daß alle Lebewesen bestimmte Bedürfnisse hätten. Die ihm häufig zugeschriebene Forderung nach einem allen Lebewesen innewohnenden »Vervollkommnungstrieb« (Psycholamarckismus) ist nicht richtig. Die Bedürfnisse der Arten sind nach Lamarcks Auffassung verantwortlich für die Ausprägung der individuellen Eigenschaften der Individuen einer Art.

Zusätzlich nahm er an, daß die Umwelteinflüsse zu vererbbaren Veränderungen der Arten führen können. Er entwickelte folglich eine Theorie der Vererbung erworbener Eigenschaften. Nach dieser Theorie können Lebewesen während ihres Lebens ihre Organe und Fähigkeiten aufgrund unterschiedlicher Nutzung und Beanspruchung bis zu einem gewissen Grad verändern. Diese veränderten Eigenschaften der Organe oder die neuen Fähigkeiten vererben die Lebewesen nach Lamarck an ihre Nachkommen. In der Folge der Generationen führt dieser Prozeß zu einer schrittweisen, graduellen Anpassung der Arten an die Erfordernisse der Umwelt und Lebensbedingungen.

Wir wissen heute, insbesondere nach Tschernobyl, daß durch Umwelteinflüsse (Chemikalien, Strahlen etc.) Veränderungen der Erbsubstanz verursacht werden können, die an die Nachkommen (meist mit negativen Auswirkungen) auf dem Generationenweg weitergereicht werden. So einach, wie sich Lamarck die Vererbung erworbener Eigenschaften vorgestellt hat, ist dies jedoch nicht möglich.

Bild 2.1:
Ein typischer
Stammbaum. Er
zeigt aus heutiger
Sicht einige ent-
wicklungsgeschicht-
liche Zusammen-
hänge verschiede-
ner Arten.

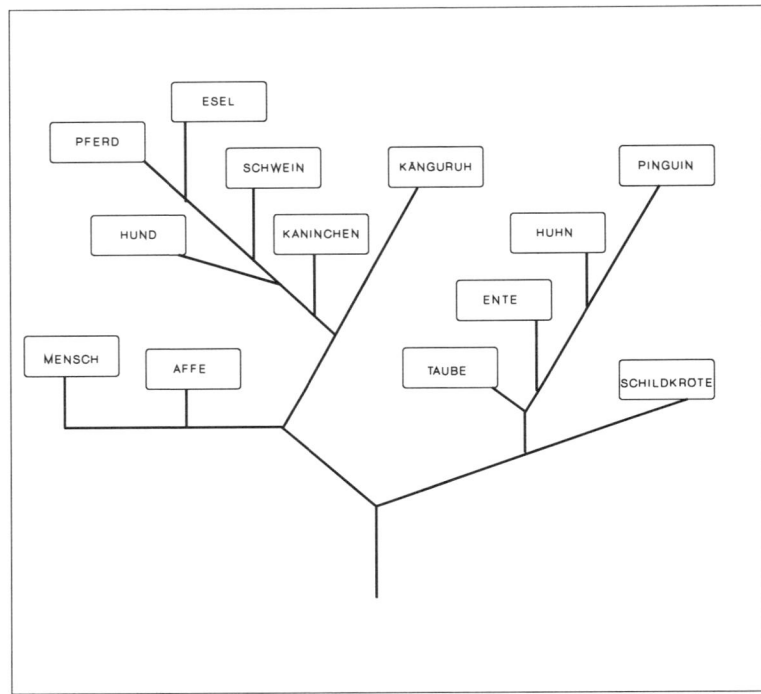

Die Eigenschaften, die sich ein Mensch während seines Lebens etwa durch einen übermäßigen Gebrauch bestimmter Organe aneignet, werden nicht direkt an seine Kinder vererbt. Vererbt wird in der Regel bestenfalls die Veranlagung zur Ausbildung bestimmter Eigenschaften. Der übermäßige Gebrauch bestimmter Organe, Gelenke oder Muskeln stellt lediglich eine Anpassung eines konkreten Individuums an seine Umwelt dar.

Diese individuelle Anpassung ist in der Regel völlig verschieden von der Anpassung einer Art an ihre Umwelt. Daher kommen die Kinder eines Bodybuilders nicht bereits als Muskelpakete auf die Welt, und die Kinder eines Schachspielers müssen die Schachregeln ebenso erlernen wie die Kinder des Bodybuilders. Sie haben keinen Anpassungsvorteil von den antrainierten Eigenschaften ihres Vaters oder ihrer Mutter.

Man muß jedoch vermuten, daß Lamarck nicht solch triviale Vorstellungen von der Veränderung der Arten hatte. Für ihn waren wesentlich die Bedürfnisse der Individuen einer Art dafür mitverantwortlich, daß sie bestimmte Eigenschaften entwickelten. Lamarck vermutete nur, daß sich, wenn diese Bedürfnisse über lange Zeiten konstant bleiben, die entsprechenden, erworbenen individuellen Eigenschaften auch vererben würden. So interpretiert hat Lamarck lediglich die Vererbung von Anlagen behauptet, die durch die Bedürfnisse der Lebewesen verstärkt werden. In diesem Sinne ist Lamarcks Theorie selbst beim heutigen Wissensstand kaum zu widerlegen.

Neben und vor Lamarck hatten bereits einige andere Naturforscher deutlich erkannt, daß es Lebewesen auf unterschiedlichen Entwicklungsstufen gab. So hat z.B. der bedeutende französische Forscher *de Buffon* (1707-1788) in seiner »Histoire naturelle générale et particulière« (Allgemeine und spezielle Naturgeschichte) eine Stufenordnung der Lebewesen erstellt. Der Schweizer Zoologe *Bonnet* (1720-1793) erstellte sogar eine Stufenleiter der irdischen Körper, in der er den Menschen an oberster Stelle direkt oberhalb des Orang-Utans plazierte. Die Stufenmodelle der Lebensformen von Buffon und Bonnet sind jedoch statisch zu verstehen. Die Lebewesen auf den Stufen sind nach deren Verständnis nicht auseinander hervorgegangen, sondern existieren unabhängig voneinander. Selbst *Franz Gräffer* (1785-1858), der durch seine graphische Illustration der Metamorphosereihe vom Frosch zu Apollo berühmt wurde, hat die schrittweise Entwicklung der Physiognomien nicht im Sinne der Evolution verstanden. Buffon, Bonnet und später *Pallas* (1741-1811) formulierten jedoch bereits

zaghaft die Idee eines Stammbaumes der Arten, die dann
in Lamarcks »philosophie zoologique« 1809 deutlich zum
Ausdruck kam. ———

Die Vorläufer und Zeitgenossen Darwins

Unter den Zeitgenossen Darwins waren etliche Forscher,
die den Evolutionsgedanken bereits deutlich vor Darwin
selbst formuliert hatten. So waren beispielsweise die
»Vestiges of the natural History of Creation« (Spuren der
natürlichen Schöpfungsgeschichte) von *R. Chambers* (1802 –
1871) im England des 19. Jahrhunderts weit verbreitet. Der
heute nur noch der Fachwelt bekannte *Alfred Russell Wallace*
(1823-1913) hatte bereits 1855 mit einem Artikel zum
Thema »Über das Gesetz, welches die Einführung neuer
Arten reguliert« Aufsehen erregt. In diesem Artikel formulierte Wallace, der damals noch wesentlich jünger als
Darwin war, bereits sehr klar viele Grundthesen der Evolutionstheorie. Und letztlich führt erst ein Manuskript von
Wallace, das dieser an Darwin zur Begutachtung geschickt
hat, dazu, daß Darwin seine eigenen Thesen und Studien
mit großer Verspätung und etwa zeitgleich mit Wallace
publiziert. Einen direkten Einfluß auf Darwin hatten auch
sein Freund, der Geologe *Lyell* (1797-1875) und der Philosoph *Spencer* (1820-1903). Lyells Einfluß auf Darwin war
sehr groß. Lyell hatte versucht, die Katastrophentheorie zu
überwinden, indem er langzeitliche, einheitlich wirkende
Kräfte für die Erdgeschichte und die Ausbildung der geo-
logischen Strukturen verantwortlich machte. Er ging davon aus, daß sich der Zustand und die Erscheinung geolo-
gischer Gebilde über lange Zeiträume durch die Naturge-
walten verändern und daß noch heute im wesentlichen die
gleichen Kräfte wie vor tausenden von Jahren wirken.
Nach seiner Theorie müssen die urgeschichtlichen Ge-
steinsformationen durch die Naturkräfte erklärbar sein, die
auch heute noch beobachtbar sind (wie Wasser, Wind, Erd-

beben etc.). Die Einsicht, daß sich die erdgeschichtlichen Abläufe über sehr lange Zeiträume hinzogen, war zur damaligen Zeit keineswegs trivial. Im 17. Jahrhundert wurde z.B. das Alter der Erde auf lediglich ca. 4000 bis 5000 Jahre geschätzt. Im 18. Jahrhundert glaubte man an ein Erdalter von immerhin schon ca. 30.000 Jahren. Heute wissen wir, daß es bereits vor ca. 3,5 Milliarden Jahren, also vor 3.500 Millionen Jahren Leben auf der Erde gab. Das Alter der Erde wird heute auf 4,5 bis 5 Milliarden Jahre geschätzt.

(Es ist interessant, daß Kleinkinder etwa im Alter von Schulanfängern, die noch nicht viel über die Erdgeschichte wissen, das Alter der Erde in der Regel ebenfalls auf höchstens einige Tausend Jahre schätzen, sofern sie bereits einen Begriff von solchen Zahlen haben.)

Lyell gab mit seinen Arbeiten Darwin nachweislich wesentliche Impulse für seine Evolutionstheorie (Darwin hat Lyells Werk ausführlich auf seiner berühmten Weltreise, die ihn auch auf die Galapagos Inseln führte, studiert). Darwin übertrug die Idee Lyells von den langfristig, einheitlich wirkenden Kräften auf die Biologie (z.B. durch die natürliche Zuchtwahl) und erklärte damit die Möglichkeit der fortwährenden Veränderung der Arten. Der Philosoph Spencer prägte als Interpret der Werke Darwins den noch heute gebräuchlichen Begriff »Evolution« und die Wendung »survival of the fittest« für das Selektionsprinzip Darwins.

Darwin war sich im klaren darüber, daß er die Evolution nicht »erfunden« hatte. Für die deutsche Ausgabe seines Buches »On the Origin of Species« nennt er selbst über zwei Dutzend Autoren, die Teile seiner Gedanken bereits lange vor ihm formuliert hatten. Wie erklärt sich dennoch Darwins einzigartiger Ruhm und Erfolg? Wieso kennt man seine Vorgänger und Zeitgenossen heute kaum noch und betrachtet Darwin als den eigentlichen Schöpfer der Evolutionstheorie?

Die Leistung Darwins

Interessant ist, daß der Erfolg von Darwins »On the Origin of Species by Means of Natural Selection« letztendlich wohl nicht auf der darin formulierten Schlußfolgerung beruhte, daß der Mensch von den gleichen Vorfahren abstamme wie die Affen. Denn in diesem Buch ist davon außer bei einer kleinen Andeutung eigentlich kaum die Rede. Den Gedanken der stammesgeschichtlichen Verwandschaft von Affen und Menschen formuliert er explizit erst in seinem 1871 erschienenen Spätwerk »The Descent of Man«.

Die Gründe für den Erfolg seines Werkes sind vermutlich in der damaligen gesellschaftlichen Situation Englands zu finden. Darwin traf mit seiner Theorie den Zeitgeist des aufstrebenden und liberal eingestellten Bürgertums. Mit seinen neuartigen Thesen über den Kampf ums Dasein und die natürliche Selektion stärkte er die Ideale des Bürgertums. Nicht die aristokratische Geburt rechtfertigt Erfolg, sondern der, der am geschicktesten ist; der, der sich selbst zu helfen weiß, wird auf lange Sicht erfolgreich sein. In diesen einfachen soziologischen Folgerungen lag die Brisanz des Werkes. Darwins Theorie beruhte im wesentlichen auf drei Beobachtungen und Annahmen. Zunächst hatte er erkannt, daß in der Natur ein potentieller Überschuß von Lebewesen produziert wird. Trotzdem bleibt die Populationsgröße meist relativ konstant. Da fast alle Lebewesen (Tiere und Pflanzen) mehr Nachkommen erzeugen als überleben, stirbt demnach der größere Teil der Nachkommen bereits, bevor er selbst Nachkommen erzeugen kann.

Diese Grundannahme seiner Theorie wurde durch die Arbeiten eines weiteren, berühmten Zeitgenossen Darwins untermauert. Der englische Mathematiker *Malthus* (1766-1834) hatte eine mathematische Modellierung der Entwicklung und Ausbreitung von Populationen entwickelt. Malthus hatte in seinem »Essay on the Principle of Population« im Jahr 1798 dargelegt, daß sich häufig das Bevölkerungswachstum von der Entwicklung der Nahrungsmittel unterscheidet.

Ohne hindernden Einfluß wachsen Populationen in der Regel in einem geometrischen Verhältnis an, während die Nahrungsmittel hingegen meist nur arithmetisch, also wesentlich langsamer zunehmen. Durch diese Diskrepanz entsteht nach Darwin ein »Selektionsdruck«, der zu einer Abnahme der Populationsgröße und damit in der Regel zu einer Stabilisierung und relativen Konstanz der Populationsgröße führt, bis die Nahrungsmittel wieder ausreichen.

Wie wichtig das Populationswachstum und der Selektionsdruck einer Art für das lokale und globale biologische Gleichgewicht der Arten ist, läßt sich sehr schnell an einer einfachen Überschlagsrechnung verdeutlichen.

Nehmen wir an, es existiert eine Läuseart, die genau einmal in ihrem Leben bei der Paarung jeweils zwei zeugungsfähige Nachkommen-Pärchen erzeugt. Nehmen wir weiter an, daß die Geschlechtsreife der Läuse im Mittel nach etwa drei Tagen erreicht ist. Die Kinder des Ausgangspärchens können demnach nach drei Tagen ebenfalls Kinder erzeugen. Zusätzlich nehmen wir an, daß es keinerlei Limitierungen für die Ausbreitung der Läuse gibt, d.h. keine Feinde und genügend Nahrung für alle Läuse.

Die Frage ist nun, wieviele Läusepärchen werden in der hundertsten Generation, also nach 300 Tagen erzeugt?

Nach dem ersten Tag gibt es nur 1 Pärchen, nach dem dritten Tag 2, nach dem sechsten Tag 4, nach dem neunten Tag 8 u.s.w. Nach 300 Tagen haben sich die Läuse insgesamt 100 mal verdoppelt. Folglich gibt es nach 300 Tagen ca. 2^{100} also etwa 10^{30} d.h. 1.000.000.000.000.000.000.000.000.000.000 Läusepärchen.

Wie astronomisch groß diese Zahl ist, verdeutlicht folgende Überlegung: packen wir 1.000 Läusepärchen auf einen Kubikzentimeter, so füllen die Läuse einen Würfel mit einer Kantenlänge von 10.000 km voll aus. Das Volumen dieses Würfels beträgt 10^{12} km³, dies entspricht in etwa dem Volumen der Erde!

An diesem Beispiel erkennt man, daß nicht nur die Geburt, sondern auch der Tod in der Natur eine wichtige Funktion hat. Nur die relative Konstanz der Populationsgrößen aller Arten sichert das biologische Gleichgewicht der Lebewesen untereinander und garantiert durch das Verhindern einer störenden Dominanz das Überleben einer Vielzahl von Arten.

Als bedeutsam betrachtete Darwin weiterhin die Tatsache, daß Lebewesen einer Art sich zwar sehr ähneln können, aber letztlich nie wirklich identisch sind. Es gibt, so stellte er fest, immer – wenn auch nur feine – Unterschiede zwischen den Individuen einer Art. Jede Art ist daher mit einer mehr oder weniger starken Variationsbreite der Erbanlagen ausgestattet. Die dritte Grundeinsicht Darwins war, daß sich erbliche Varianten, die sich im Kampf ums Überleben bewährt haben, bevorzugt in den Folgegenerationen wiederfinden. So können sich die kleinen Variationen der Individuen einer Art quasi addieren und somit im Laufe der Generationen zur Vervollkommnung und Optimierung von Organen und Eigenschaften der Lebewesen führen.

Aus der Kombination dieser drei Grundannahmen leitete Darwin folgendes ab: gewisse Individuen einer Art sind aufgrund ihrer – wenn auch nur geringfügigen – genetischen Variation besser an ihre Lebensbedingungen angepaßt als andere Individuen der gleichen Art. Die Individuen, die mit den jeweiligen Lebensbedingungen (Umwelt, Klima, Nahrung, Feinde etc.) am besten zurechtkommen, erhalten dadurch eine größere Überlebenschance als die weniger gut angepaßten Individuen der gleichen Art. Sie halten dem Selektionsdruck stand, während die weniger gut angepaßten meist frühzeitig sterben.

Die natürliche Begrenzung der Nahrung führt in Kombination mit dem überproportionalen Wachstum der Arten dazu, daß ein großer Teil der jeweils zusammenlebenden Individuen einer Art einen Kampf ums Dasein führen muß. Dieser Kampf muß nicht unbedingt gegen die Individuen der eigenen Art geführt werden, sondern kann ganz allgemein darin bestehen, irgendwie mit den Lebensbedingungen zurechtzukommen, d.h. geschickt vor Feinden zu flüchten, Beute erfolgreich zu jagen u.s.w.

Der Kampf ums Überleben führt zu einer *Zuchtwahl*, also zu einer *natürlichen Auslese* (Selektion). Für die tauglichsten Individuen bestehen die höchsten Chancen zu überleben. In diesem Zusammenhang spricht man noch heute von dem *survival of the fittest*. Das Prinzip des survival of the fittest hat zur Folge, daß an die späteren Generationen bevorzugt die Eigenschaften und Besonderheiten der jeweils aktuellen, gut angepaßten und damit überlebensfähigeren Individuen einer Art weitergegeben werden. Die ursprünglich zufälligen Variationen des Erbgutes haben sich als nützlich erwiesen und werden auf Dauer bei vielen Nachkommen zu finden sein. Langfristig bewirkt dies, daß sich die Arten schrittweise verändern und auseinanderentwickeln. Über einen größeren Zeitraum betrachtet, bewirkt die Evolution eine immer stärkere Anpassung der Arten an ihre Lebensbedingungen.

Darwin wußte natürlich, daß man diese Selektion (Zuchtwahl) auch bewußt herbeiführen kann, indem man Individuen mit einer bestimmten Eigenschaft (Haustiere, Nutzpflanzen) so miteinander kreuzt, daß sich nach einigen Generationen die Merkmale in eine bestimmte Richtung verstärken. In diesem Fall spielt der Mensch Natur, indem er künstlich selektiert und bestimmt, welche Individuen sich fortpflanzen und welche nicht.

Aber es blieb dem Botaniker und Augustinerabt *Gregor Johann Mendel* (1822-1884) vorbehalten, wichtige Gesetzmäßigkeiten, die sich hinter diesem Prozeß verbergen, zu erkennen und zu beschreiben.

Die Mendelsches Gesetze

Mendel entdeckte um das Jahr 1865 die nach ihm benannten Vererbungsgesetze. Seine Arbeiten blieben zur damaligen Zeit jedoch weitestgehend unbeachtet. Erst als die von ihm aufgestellten Gesetze um die Jahrhundertwende unabhängig von drei Botanikern, dem Deutschen *Correns*, dem Österreicher *Tschermak* und dem Niederländer *de Vries* wiederentdeckt wurden, erhielten die Entdeckungen Mendels den Stellenwert, der ihnen zusteht.

In seinen »Untersuchungen über Pflanzenhybride« berichtete Mendel 1865 über Gesetzmäßigkeiten, die er empirisch bei einer großen Anzahl von Kreuzungsversuchen (über 10.000) mit künstlicher Bestäubung bei Erbsen ermittelt hatte. Er fand dabei heraus, daß sich die Erbanlagen nicht beliebig miteinander mischen lassen. Vor Mendels Entdeckung war man davon ausgegangen, daß sich das Erbgut bei der Vererbung mischen läßt wie zwei Flüssigkeiten. Nach den Kreuzungsversuchen Mendels war diese Sichtweise nicht mehr haltbar: das Erbgut kann nur in bestimmten, diskreten Einheiten zusammengestellt werden. Mendel entdeckte die numerischen Verhältnisse dieser Zusammensetzungen in der Generationenfolge. Die Ergebnisse seiner Kreuzungsversuche werden in den drei Mendelschen Gesetzen zusammengefaßt: dem *Uniformitäts-Gesetz*, dem *Spaltungs-Gesetz* und dem *Rekombinations-Gesetz*.

Das *Uniformitäts-Gesetz* besagt, daß bei der Kreuzung zweier reinerbiger Vorfahren (*Parentalgeneration*), die sich in einem oder mehreren Merkmalen unterscheiden, nur einheitlich (uniform) aussehende Nachkommen in der ersten Nachfolgegeneration (*Filialgeneration* 1) auftreten. Das *Spaltungs-Gesetz* besagt, daß bei einer Kreuzung der ersten Filialgeneration untereinander in der zweiten Filialgeneration eine Aufspaltung der Merkmalsausbildungen auftritt. Die Individuen der zweiten Filialgeneration weisen damit kein uniformes Erscheinungsbild mehr auf. Die Anzahl der Individuen mit bestimmten Merkmalsausprägungen läßt sich empirisch ermitteln. Sie ist davon abhängig, ob die unterscheidenden Erbmerkmale in der Parentalgeneration *dominant* oder *rezessiv* waren. (Die hier noch undefinierten Begriffe werden im folgenden Kapitel noch genauer erläutert). Bei einem *dominant-rezessiven* Erbgang gibt es in der zweiten Filialgeneration eine Aufspaltung im Verhältnis 3:1, das heißt, in der zweiten Filialgeneration kommen, statistisch gesehen, auf jedes Individuum mit dem rezessiven Merkmal drei Individuen mit dem dominanten Merkmal. Neben den dominant-rezessiven Erbgängen gibt es noch sogenannte *intermediäre* Erbgänge, bei denen die Merkmalsausprägung in den Filialgenerationen »in der Mitte« zwischen den Ausprägungen der Elterngeneration liegen (z.B. groß und klein ergibt mittelgroß). Bei diesen Erbgängen spaltet sich die zweite Filialgeneration im Verhältnis 1:2:1, das heißt, je einer dominanten und einer rezessiven Merkmalsausprägung stehen zwei intermediäre Ausprägungen entgegen.

Das *Rekombinations-Gesetz* besagt, daß sich bei mehreren Unterscheidungsmerkmalen in der Parentalgeneration die einzelnen Merkmalspaare in der zweiten Filialgeneration unabhängig voneinander aufspalten und frei miteinander rekombiniert werden können. Zwei Merkmale können also doppelt dominant, doppelt rezessiv oder in jeder anderen möglichen Kombination auftreten. Das dritte Mendelsche Gesetz der *freien Rekombination des Erbgutes* ist für die Evolution das wichtigste. Es sagt aus, daß das Erbgut zumindest prinzipiell in allen möglichen Kombinationen neu zusammengestellt werden kann. Diese Neukombinationen des Erbgutes spielen, wie wir noch sehen werden, eine entscheidende Rolle für die Anpassungsfähigkeit der Arten.

Die Mendelschen Gesetze bildeten den Anstoß für die moderne, molekulare Genetik. Denn sie warfen die Frage auf, wie die Erbinformation auf der molekularen Ebene aufgebaut sein muß, um eine solch geregelte Weitergabe der Information zu gewährleisten. Es mußten die eigentlichen Träger der Erbinformation gefunden werden, und deren Funktion und Aufbau mußte bestimmt werden.

Molekular- und Evolutionsgenetik

Die Molekular- und Evolutionsgenetik ist für das Verständnis der Vererbungsvorgänge und der Mechanismen der Evolution von zentraler Bedeutung. Wir wollen deshalb hier überblicksartig die wichtigsten genetischen Begriffe erläutern und die genetischen Wirkungsmechanismen auf der zellulären und molekularen Ebene darstellen. Die Grundbausteine des Lebens sind die *Zellen* und ihre Bestandteile.

Bild 2.2: Schematische Darstellung einiger wichtiger Bestandteile einer Zelle. Links im Bild die Zelle, rechts eine Vergrößerung einiger Zellbausteine.

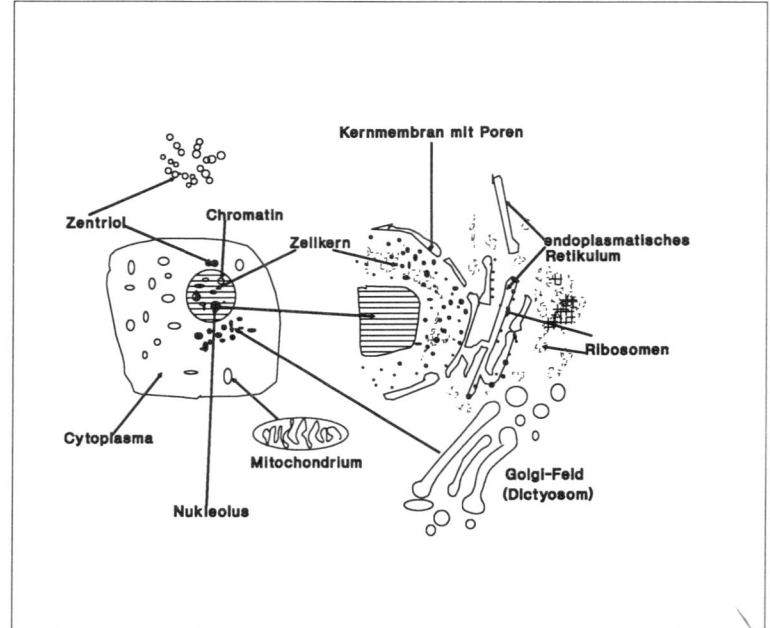

Die Zellen sind Elementarorganismen, die anstelle von Organen sogenannte Organellen besitzen. Die Zelle ist die kleinste noch selbständig reproduktionsfähige Funktionseinheit alles Lebenden, d.h. sie benötigt zu ihrer eigenen Reproduktion keine weiteren lebenden Substanzen.

Trotz ihrer relativen Einfachheit sind Zellen keine undifferenzierten Gebilde. Im Gegenteil: sie besitzen eine komplexe Struktur und Organisation, die bis heute noch nicht in allen Details verstanden wird. Man unterscheidet *prokaryotische* und *eukaryotische* Zellen. Die eukaryotischen Zellen verfügen über einen durch eine Kernmembran geschützten *Zellkern* (*Nukleus*). Fast alle Zellen enthalten einen solchen Zellkern. Lediglich die *Prokaryoten* (Bakterien und Blaualgen) enthalten keinen eigenen Zellkern. Der Zellkern ist eine Art Steuerzentrale der Zelle und für Vererbungsvorgänge von größter Wichtigkeit, daf er die Träger der Erbsubstanz, die *Chromosomen*, enthält.

Die Chromosomen

Im *Kernplasma* (*Karyoplasma*) des Nukleus befinden sich die sogenannten *Chromosomen*. Als Chromosomen werden fadenförmige Gebilde bezeichnet, die durch Färbung (daher der Name) unter dem Mikroskop (in bestimmten Phasen der Zellentwicklung) sichtbar gemacht werden können.

Befindet sich die Zelle nicht in der Phase der Zellteilung, sind die Chromosomen kaum sichtbar. Sie bilden in diesem Stadium (der Teilungsruhe) ein lockeres Netzwerk (*Chromatingerüst*). Die Chromosomen sind die Träger des Erbgutes, der *Gene*. Chromosomen bestehen aus *Nukleinsäuren* und *Proteinen*. Die Feinstruktur der Chromosomen ist noch nicht vollständig bekannt. Sicher ist, daß Chromosomen nach gewissen Gesetzmäßigkeiten während der unterschiedlichen Phasen der Zellteilung ihre Gestalt verändern. Während der Zellteilung verdrillen sich die Chromosomen durch ein schraubenförmiges Sichaufwickeln zu dickeren Fasern und werden dadurch besser unter dem Lichtmikroskop sichtbar. Sie haben in diesem Zustand etwa die Gestalt einer längsverdrillten »Strickleiter«. Diese Struktur wurde zuerst von den Nobelpreisträgern *Watson* und *Crick* erkannt. Die wichtigste, in den Chromosomen vorkommende Nukleinsäure ist die sogenannte *Desoxyribonukleinsäure* (DNS). Sie tritt bei uns Menschen als Doppelstrang (Strickleiter) von einigen Millionen *Nukleotiden* auf. Die Nukleotide sind die *Phosphorsäureester* der Nukleoside. Sie bilden die *Grundbausteine der Nukleinsäuren.*

Bild 2.3:
Schematische Darstellung der Zellteilung:
I. Ausgangszelle; II. und III. Entwicklung der Chromosomen aus dem Chromatingerüst; IV. und V. Anordnung der Chromosomen am Zell-Äquator; VI. und VII. Auseinanderbewegung der Tochterchromosomen durch Wanderung an den Spindelfasern; VIII. Telophase und Einschnürung der Zelle; IX. Zurückbildung des Teilungsapparates.

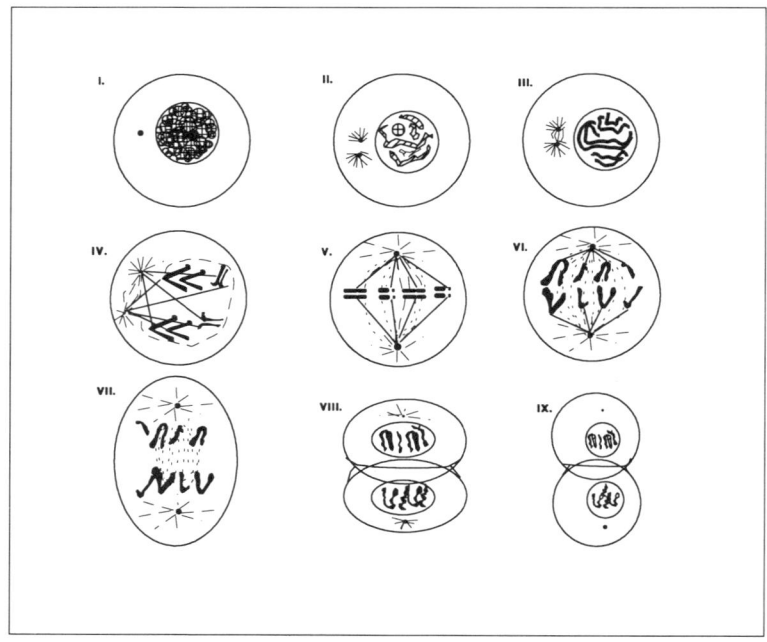

Zwischen den jeweils komplementären *Basen* (siehe unten) des Doppelstranges der DNS bilden sich *Wasserstoffbrücken*. Die so verketteten Nukleotidketten werden dann spiralförmig zu einer *Doppelhelix* verdrillt. Durch die Verdrillung verkürzen sich die Chromosomen enorm. Im Ruhezustand können sie eine Länge von bis zu einem Meter aufweisen. Nach der Verdrillung haben sie jedoch nur noch eine Länge zwischen 1-tausendstel und 30-tausendstel Millimeter. Die Verkürzung der Chromosomen ist wichtig, um bei der *Zellteilung* (*Mitose* und *Meiose*, siehe S. 53ff) die möglichst exakte Aufteilung der Chromosomen zu gewährleisten und um die Gefahr des unkontrollierten Auseinanderreißens der Chromosomen zu minimieren. Die jeweilige Länge und Form der einzelnen Chromosomen ist für sie charakteristisch und verändert sich nur durch »Unfälle«, etwa bei der Zellteilung (*Chromosomenaberration*, siehe unten).

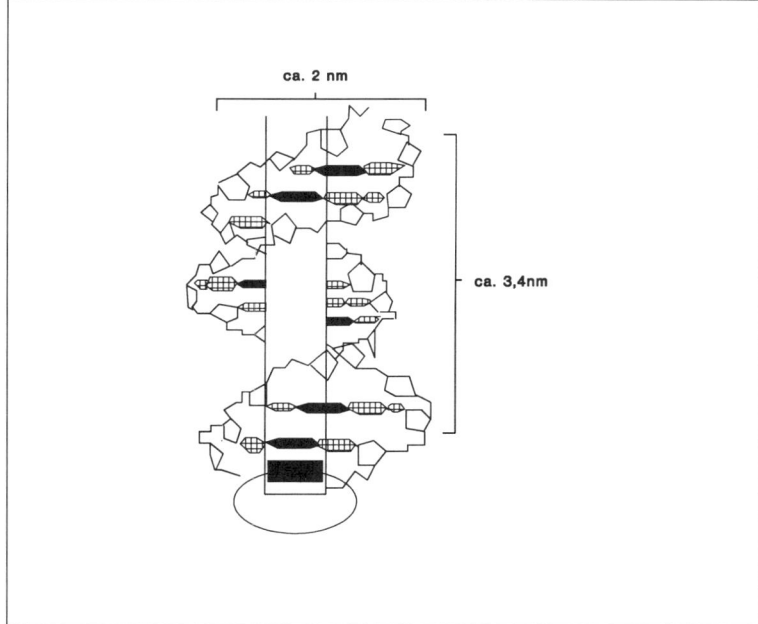

ca. 2 nm

ca. 3,4nm

Bild 2.4: Schema der DNS-Doppelhelix mit Angabe der ungefähren Größenordnung.

Trotz der sich häufig verändernden Gestalt der Chromosomen während der unterschiedlichen Zellteilungsphasen behalten diese über die Generationen hinweg immer ihre wesentliche Funktion als Träger der Gene.

Die Chromosomen des Zellkerns vermehren sich ausschließlich durch Teilung; sie werden nicht neu gebildet. Jedes Chromosom hat eine bestimmte Architektur und eine dauerhafte innere Struktur, die nur durch bestimmte, seltene Ereignisse (Mutationen, Crossover) verändert wird.

Die Anzahl der Chromosomen des Zellkerns bestimmt den *Chromosomensatz* eines Lebewesens. Die Anzahl der Chromosomen kann bei unterschiedlichen Arten stark schwanken (zwischen 2 und einigen Hundert). Die diploiden (siehe unten) menschlichen Körperzellen haben z.B. 46 Chromosomen. Die Anzahl der Chromosomen sagt jedoch nichts über die Entwicklungsstufe eines Lebewesens aus. So gibt es einfache Pflanzentypen, die wesentlich mehr Chromosomen aufweisen als der Mensch: Farne haben beispielsweise ca. 500 Chromosomen. Ist die arttypische Chromosomenzahl pro Zelle verändert, so wirkt sich dies auf die Ausbildung der individuellen Merkmale aus. Gelegentlich kommt es zu einer Vervielfachung des Chromosomensatzes durch Verschmelzung zweier diploider Kerne (siehe Mitose und Meiose) oder durch das Ausbleiben der Kernteilung in bestimmten Phasen der Zellteilung. Während der Mitose und Meiose können die Chromosomen auch fehlerhaft auf die Tochterzellen verteilt werden. Es entstehen dann Zellen, die zuviele oder zuwenige Chromosomen eines Typs haben. Die Auswirkungen solcher Chromosomenverschiebungen sind umso gravierender, je früher sie in der Entwicklung der Lebewesen auftreten.

Die Veränderung der Chromosomenzahl hat bei uns Menschen meist negative Folgen. Fehlt beispielsweise eines der das Geschlecht bestimmenden Chromosomen (X-Chromosom), so führt dies bei Frauen zu Kleinwuchs, körperlicher Unterentwicklung und leichtem Schwachsinn. Die *Trisomie*, also das überzählige Vorhandensein eines Geschlechtschromosoms, führt beim Mann zu dem sogenannten *Klinefelter Syndrom*, das sich in sehr starkem Wachstum, einem eher weiblichen Erscheinungsbild und leichtem Schwachsinn äußert. Die bekannteste Störung dieser Art ist die *Trisomie 21*, bei der das Chromosom 21 dreifach vorhanden ist. Die Trisomie 21 führt zu dem sogenannten *Down Syndrom*, das im Volksmund mit *Mongoloismus* bezeichnet wird. Das Down Syndrom führt zu den charakteristisch »mongoloiden« Gesichtszügen, einem gedrungenen Wachstum und verminderten geistigen Fähigkeiten. Chromosomen können zusätzlich durch unterschiedliche äußere Einwirkungen (Strahlen, UV-Licht, Chemikalien etc.) strukturell verändert und zerstört werden. Dies hat ebenfalls in der Regel einen negativen Effekt für die entsprechenden Individuen. Man spricht in diesen Fällen von sogenannten *Chromosomenaberrationen*.

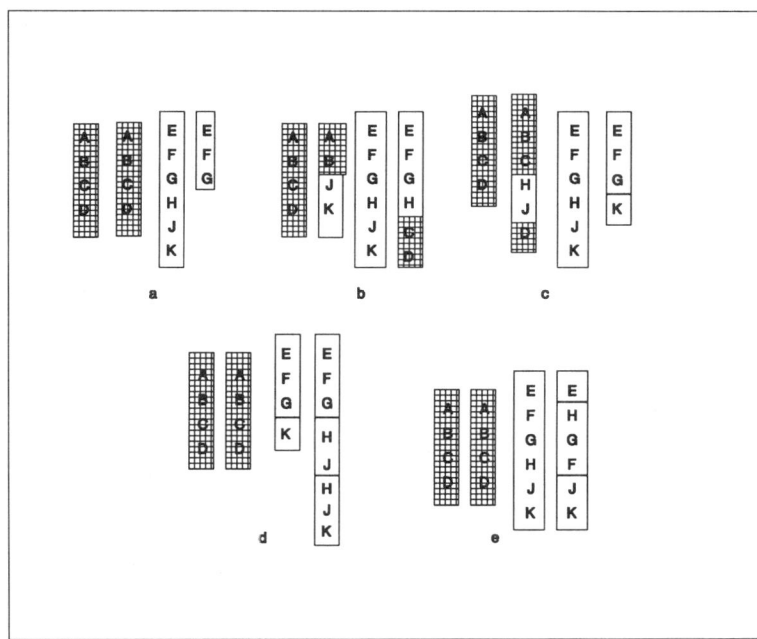

Bild 2.5:
Schematische Darstellung einiger Chromosomenaberrationen:
a) Deletion;
b) Translokation zwischen zwei Chromosomen;
c) Translokation auf einem Chromosom;
d) Duplikation durch Translokation und gleichzeitige Deletion des homologen Chromosoms;
e) Inversion.

Die Chromosomenaberrationen entstehen spontan durch einen oder mehrere Brüche der Chromosomen (etwa durch Röntgenbestrahlung oder UV-Licht) und durch irreguläres Überkreuzen der Chromatidenstränge (vergleiche hierzu das reguläre *crossing-over* während der Meiose). Die Veränderungen der Chromosomenstruktur, die als Folge der Aberrationen auftreten können, sind sehr vielfältig. Durch die Chromosomenaberration können ein oder beide Endstücke der Chromosomen verlorengehen (*Defizienz*), Zwischenstücke können herausbrechen (*Deletion*), Teile des Chromosoms können invertiert werden (*Inversion*), das Chromosom kann sich verlängern, und es können sogar Stücke zwischen ungleichartigen Chromosomen (nicht homologen Chromosomen) untereinander vertauscht werden (*Translokation*). Als Folge der Aberrationen können sich somit die Anzahl, die Reihenfolge und die Gene auf einem Chromosom verändern.

Wegen der in der Regel schwerwiegenden Auswirkungen auf die Individuen ist der Einfluß der Aberrationen auf den Verlauf der Evolution in der Regel meist nicht eindeutig bestimmbar und in der Forschung umstritten. Größere Deletionen sind meist *letal*, das heißt, die betroffenen Lebewesen sind nicht lebensfähig. Man geht deshalb davon aus, daß die Aberrationen die Evolution eher stören als positiv beeinflussen. Dennoch darf man den eventuell positiven Effekt gewisser Aberrationen, etwa den der Inversion, der Translokation und der Chromosomenverlängerung, nicht unterschätzen.

Die Chromosomenverlängerung und damit die Verdopplung von Genen kann für die Evolution einer Art sehr vorteilhaft sein. Sie ist vermutlich dafür verantwortlich, daß sich überhaupt komplexere Organismen entwickeln konnten, da die Länge der Chromosomen und damit die Länge der DNS-Moleküle fast immer mit dem genetischen Informationsgehalt korreliert.

Der unterschiedliche DNS-Gehalt der Zellen von Organismen verschiedener Entwicklungsstufen ist mit großer Wahrscheinlichkeit auf Chromosomenverlängerungen zurückzuführen.

Der DNS-Gehalt ist praktisch proportional zu der Zahl verschiedener Zellen eines Organismus. Die Höherentwicklung ist gekoppelt mit einer Steigerung des DNS-Gehaltes und damit mit einer Verlängerung der Chromosomen. Die

Duplizierung von Genen auf einem Chromosom liefert folglich der Evolution »Spielmasse«. Da die eigentliche Information erhalten bleibt, können die angehängten, duplizierten Gene mutiert werden, und es können auf diesem Wege neue und zusätzliche Varianten des Gens »ausprobiert« werden, ohne dabei die alten zu »vergessen«.

Die Zellteilung

Die Vermehrung und das Wachstum von Einzellern und allen höheren Lebewesen beruht auf dem Vorgang der *Zellteilung*. Durch die Zellteilung wird das Erbgut über die Chromosomen auf die entstehenden Tochterzellen verteilt und zwar so, daß in der Regel alle Tochterzellen die vollständige Erbinformation erhalten. Man unterscheidet zwei Typen von Zell- und Kernteilungsprozessen: die *Mitose* und die *Meiose*.

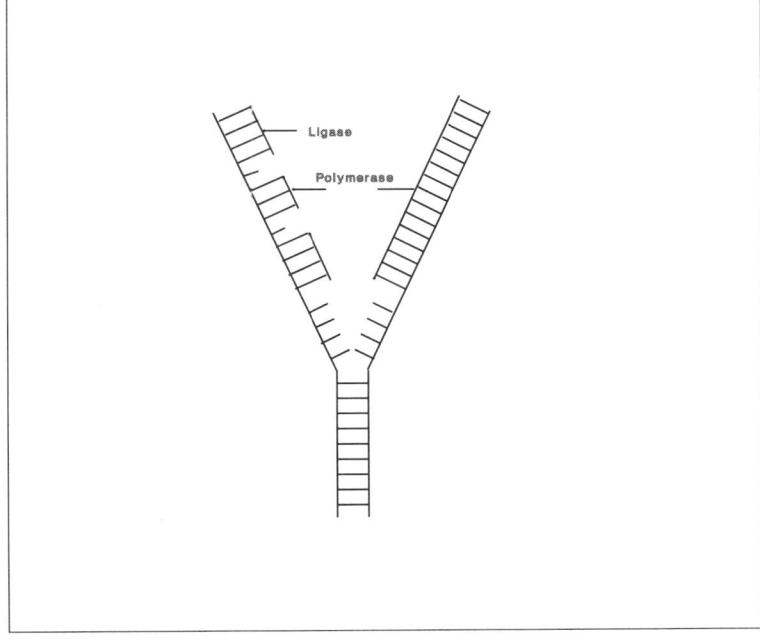

Bild 2.6:
Schema der
Polymerase und der
Verknüpfung von
Teilstücken der
DNS durch Ligasen.

Die Mitose   Die Entwicklung der vielzelligen Organismen aus einer
einzigen befruchteten Eizelle (*Zygote*), das Regenera-
tionswachstum bei Verletzungen oder Verlust von Teilen
von Organen und die bei Pflanzen und niederen Tieren
häufig auftretende ungeschlechtliche Fortpflanzung beruht
auf der *Mitose*.

Die Mitose ist eine erbgleiche Zell- und Kernteilung. Falls
der Prozeß der Mitose störungsfrei verläuft, haben die
Tochterzellen identisches Erbgut mit der Ausgangszelle.
Vor der eigentlichen Zellteilung muß zunächst die Erbinformation verdoppelt werden, da die Information auf die
entstehenden Tochterzellen verteilt werden muß. Die Verdopplung der Chromosomen geht damit der Mitose voraus.
Ermöglicht wird sie durch die *DNS-Replikation*, also einer
identischen Duplizierung der DNS. Die DNS-Replikation
kann man sich wie folgt vorstellen: die Wasserstoffbrücken, die die beiden Nukleotidstränge der DNS-Helix
(Strickleiter) verbinden, brechen auf. Die DNS reißt praktisch auseinander wie ein Reißverschluß beim Öffnen. Aus
den beiden derart getrennten Einzelsträngen werden dann
durch einen komplizierten chemischen Prozeß (unter Verwendung gewisser Enzyme, den *DNS-Polymerasen*) wieder
identische Doppelstränge erzeugt. Bei der Mitose unterscheidet man im wesentlichen 4 Zellteilungs-Phasen:

In der *Prophase* werden die Chromosomen durch Ver-
schraubung und Faltung auf ihre »Transportlänge« ver-
kürzt und die *Bewegungszentren* (*Kinetozentren*), die für
die Wanderung der Chromosomen in der sich teilenden
Zelle verantwortlich sind, bewegen sich zu den beiden
entgegengesetzten Polen der Zelle. In der *Metaphase* wird
ein Fasernetz aus Spindelfasern zwischen den Kinetozentren
an den Polen und den Zentromeren an den Chromosomen
aufgespannt. Die Zentromeren sind Einschnürungen der
Chromosomen und dienen als »Andockstellen« der Spindelfasern an die Chromosomen. Mit Hilfe der Spindelfasern
ordnen sich dann die Chromosomen in der Mitte der Zelle

(Äquatorialebene) an. In der Metaphase läßt sich erst jetzt deutlich erkennen, daß die Chromosomen aus jeweils zwei identischen Chromatiden aufgebaut sind.

Nach der Metaphase folgt die *Anaphase*. In ihr teilen sich die Chromosomen der Länge nach. Dies geschieht durch die Trennung der beiden Chromatiden. Die beiden Chromatiden eines Ausgangschromosoms wandern dann entlang der Spindelfasern zu verschiedenen Polen auseinander. In der abschließenden *Telophase* entschrauben sich die an den beiden Polen angelangten Chromosomen wieder. Um sie herum wird eine neue Kernmembran gebildet. Abschließend wird auf Höhe des Zelläquators die physikalische Teilung der Zelle vollzogen und eine Zellwand in deren Mitte gebildet. Anschließend verdoppeln sich die Chromatiden wie oben beschrieben, und die Zelle ist bereit für eine erneute Zell- und Kernteilung. Das Ergebnis einer ungestörten Mitose einer Zelle sind folglich – wie bereits erwähnt – zwei Tochterzellen mit identischen Chromosomen.

Die *Meiose* ist für das Verständnis der Evolution wichtiger als die ungeschlechtlichen Zellteilungsprozesse der Mitose. Während der Meiose werden nämlich die Chromosomen durch das sogenannte *crossing-over* miteinander rekombiniert und dann, soweit aus heutiger Sicht bekannt, zufällig auf die einzelnen Keimzellen verteilt. Die Meiose ist damit verantwortlich für die Mischung des Erbgutes.

Die Meiose

Ein weiterer Zweck der Meiose ist die Reduzierung der Chromosomen auf einen einfachen Chromosomensatz. Dies ist eine Voraussetzung für die Befruchtung der Eizellen, denn würde diese Reduktion nicht erfolgen, würde sich die Chromosomenzahl bei jeder sexuellen Fortpflanzung verdoppeln und damit im Laufe der Generationen unermeßlich groß werden. Alle Körperzellen und die befruchtete Eizelle besitzen einen doppelten Chromosomensatz, sie sind *diploid*. Die aus der Meiose hervorgehenden *Gameten* (*Geschlechtszellen*) hingegen besitzen nur einen einfachen Chromosomensatz, sie sind *haploid*. Die Meiose umfaßt damit alle Vorgänge, die zur Reduktion des doppelten auf den einfachen Chromosomensatz führen. Die Meiose wird deshalb auch oft als *Reduktionsteilung* bezeichnet. Die Meiose ist im Verhältnis zur Mitose ein relativ seltenes Ereignis, das nicht wie die Mitose in den Körperzellen, sondern nur im spezialisierten Keimgewebe stattfindet. Sie dauert auch normalerweise wesentlich länger als die Mitose. Die Mitose läuft in der Regel in Minuten ab, die Meiose hingegen benötigt oft Tage bis Wochen.

Bild 2.7:
Schematische
Darstellung der
Stadien der Meiose
(von links oben
nach rechts unten):
Formung der Chro-
mosomen; Anfang
der Chromosomen-
paarung; Ver-
kürzung; Verwin-
dung der längs-
gespaltenen
Chromosomen;
Verkürzung und
Crossover;
Tetradenbildung;
Reifeteilung und
Zellteilung.

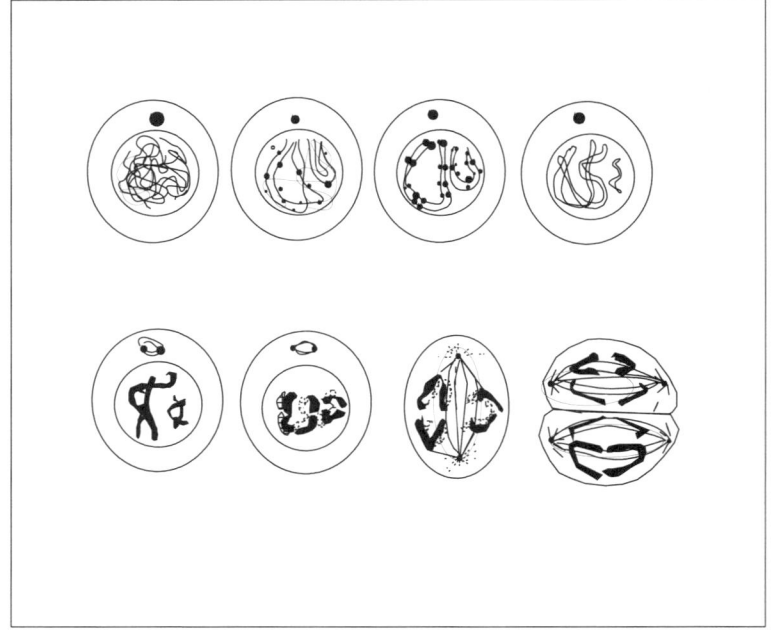

Bei einigen Lebewesen (wie den Menschen) können selbst Teilphasen der Meiose mehrere Jahre dauern. So befinden sich die Eizellen bei den Frauen ab der Pubertät in der Prophase der Meiose. Dauert diese Phase zu lange an, etwa über das vierzigste Lebensjahr hinaus, können durch unterschiedliche Einflüsse irreparable Schäden an den Chromosomen (durch Chromosomenaberrationen) entstehen. Die Gefahr von Mißbildungen der Kinder, die aus diesen Eizellen entstehen, nimmt deshalb signifikant mit dem Alter der Frau zu. Die Meiose läßt sich wie die Mitose in verschiedene Phasen unterteilen. Der Beginn der Meiose ist von der mitotischen Prophase kaum zu unterscheiden. Danach unterscheiden sich die Prozesse jedoch deutlich. Der wichtigste Unterschied ist, daß es während der meiotischen Teilung zu einer Art *Chromosomenpaarung* kommt.

In der Prophase verkürzen sich die Chromosomen durch Spiralisierung. Bei diesem Vorgang werden unterschiedlich färbbare Verdichtungsringe, die sogenannten *Chromomeren*, auf den Chromosomen sichtbar. (Früher nahm man fälschlicherweise an, daß diese Chromomeren die Gene, also die Erbträger, sind. Sie sind jedoch übergeordnete Transkriptionseinheiten für die Eiweißsynthese mehrerer Gene – siehe auch das folgende Kapitel.) Die Chromomeren treten in den gleichen Zellteilungsphasen immer an den gleichen Stellen der Chromosomen auf. Durch sie kann man die Lagebeziehung von Genen bestimmen. *Homologe Chromosomen* stimmen bezüglich der Anzahl, der Orte und der Länge ihrer Chromomeren überein. In der Meiose »paaren« sich die homologen Chromosomen in dem Sinne, daß sich die entsprechenden Chromomeren exakt aneinander und nebeneinander lagern. Während der »Paarung« spalten sich die Chromosomen jeweils der Länge nach in zwei Chromatiden. Es bildet sich folglich ein Paarungsverband von 4 Chromatiden (eine sogenannte *Tetrade*). ach der Tetradenbildung trennen sich die 4 Chromatidenstränge paarweise. Je zwei wandern wie in der Mitose zu den entgegengesetzten Polen der Zelle. Es folgt die zweite meiotische Teilung, in der sich die beiden zunächst gebildeten Tochterzellen nach dem Schema der Mitose erneut aufspalten und die verbliebenen Chromatidenpaare trennen. Es entstehen somit letztendlich vier Zellen, die jeweils einen haploiden Chromosomensatz (je ein Chromatid) enthalten. Bei der Bildung der weiblichen Eizellen sterben in der Regel drei der vier Zellen ab. Bei der Chromosomenpaarung während der Prophase der ersten meiotischen Teilung kommt es an bestimmten Stellen (*Chias-mata*) zu Überkreuzungen (englisch: *crossing-over*) der Chro-mosomen bzw. der Chromatiden. Das crossing-over (auch *Crossover*) ist, wie bereits erwähnt, für die Verteilung des Erbgutes von extremer Bedeutung. Die Meiose mischt die Gene damit in zweifacher Hinsicht: durch das noch genauer zu beschreibende Crossover und durch die Verteilung der Chromatiden auf die Geschlechtszellen.

Bild 2.8:
Schematische
Darstellung
einiger Genre-
kombinationen auf
den Chromosomen
in Folge eines
Crossovers.

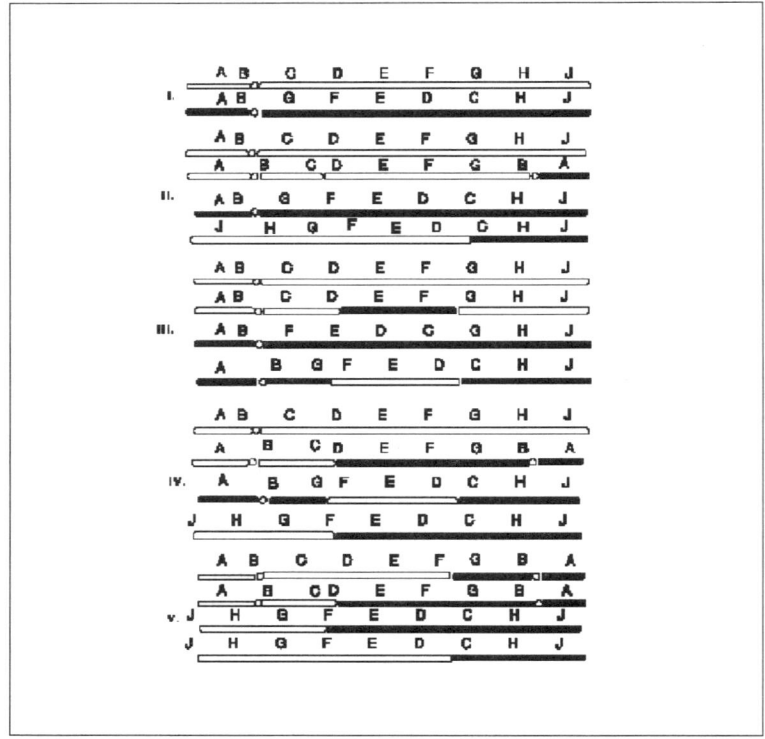

Bei dem Crossover handelt es sich um einen *Chromatiden-stückaustausch* zwischen den homologen Chromosomen. Das Crossover ist nicht wie ein spontanes, den Erbvorgang in der Regel negativ beeinflussendes Ereignis wie die Chromosomenaberrationen zu betrachten. Es ist keine Art »Zellunglück«, bei dem Erbinformationen vertauscht werden. Im Gegenteil: das Crossover ist ein zentraler Vorgang der

Rekombination des Erbgutes, das von der Evolution »gewollt« ist. Dies zeigt sich unter anderem daran, daß die
Häufigkeit des Stückaustausches zwischen den Chromatiden homologer Chromosomen artspezifisch und immer in
einem bestimmten, praktisch konstanten Prozentsatz der
Keimzellen einer Art nachweisbar ist. Bei dem Crossover
treten vor dem eigentlichen Stückaustausch Brüche in den
Chromatiden auf.

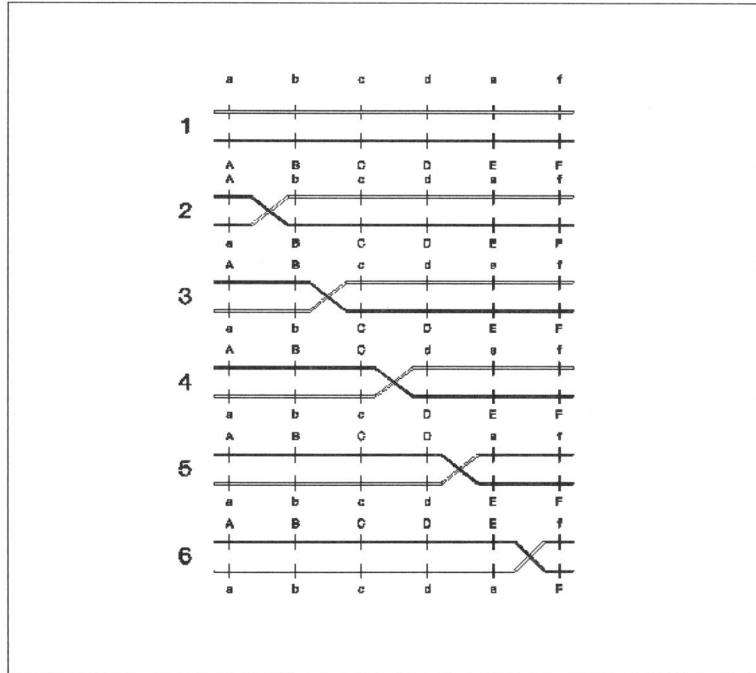

Bild 2.9:
Die Wahrschein-
lichkeit eines
Kopplungsbruches
zwischen zwei
Genen steigt mit
dem Abstand der
Gene.

Nach der Überkreuzung der Chromatiden »verheilen« die
Bruchstellen, indem in das väterliche Chromatid ein Stück
des mütterlichen eingesetzt wird und umgekehrt. Dadurch
wird das Erbgut vermischt und kann in den Gameten neu
verteilt zur Erzeugung von Nachkommen genutzt werden.
Die Nachkommen erhalten damit jeweils einen Teil der
Erbinformation des Vaters und der Mutter. Die Chiasmenbildung findet nicht immer an den gleichen Stellen der
Chromatiden statt, sondern praktisch bei jedem Crossover

an anderen Stellen. Dabei sind die Crossoverstellen in der Regel gleichberechtigt, das heißt, die Wahrscheinlichkeit für das Auftreten einer Bruchstelle ist entlang einer Chromatide fast überall gleich groß.

Das Crossover wird in der klassischen Genetik und Vererbungslehre häufig auch als *Kopplungsbruch* bezeichnet. Der Grund hierfür ist, daß die Gene auf einem Chromosom hinsichtlich der Merkmalsausbildung in der Regel miteinander gekoppelt sind. Dies schlägt sich in den Mendelschen Gesetzen nieder (siehe oben). Durch die zweite meiotische Teilung werden die Gene, die auf unterschiedlichen Chromatiden liegen, nach gewissen statistischen Gesetzen auf die Gameten verteilt. Diese Form der Mischung des Erbgutes zeigt sich deutlich in der Merkmalsausbildung der Individuen. Durch den Chromatidenstückaustausch können feine Merkmalsdifferenzierungen erzeugt werden, die nur durch das Zusammenwirken von Genen möglich sind, die auf *einem* Chromosom liegen.

Das Crossover läßt sich folglich als eine Art evolutionäres Fein-»tuning« der genetischen Rekombination auffassen. Geht man von der Gleichverteilung der Wahrscheinlichkeit der Kopplungsbrüche und der Chiasmenbildung aus und nimmt man an, daß die Gene linear hintereinander auf den Chromosomen angeordnet sind, so kann man die Häufigkeit der Kopplungsbrüche für die Lokalisierung der Gene auf den Chromosomen heranziehen. Denn wenn zwei Gene auf einem Chromosom (Chromatid) nahe beieinander liegen, so ist die Wahrscheinlichkeit, daß sie durch einen Kopplungsbruch getrennt und auf verschiedene Chromosomen verteilt werden, geringer als wenn sie weiter auseinander liegen. Mit der Entfernung der Gene auf dem Chromosom steigt die Wahrscheinlichkeit für einen Kopplungsbruch (Crossover) zwischen den Genen. Hieraus lassen sich unter den obigen Annahmen *Chromosomenkarten* anfertigen, die die relative Lage der Gene auf einem Chromosom anzeigen.

Leider ist die Annahme einer Gleichverteilung der Wahrscheinlichkeiten der Kopplungsbrüche über die Länge der Chromosomen nicht ganz korrekt. In vielen Fällen gibt es Abweichungen von der Gleichverteilung. In bestimmten Abschnitten der Chromosomen ist ein Bruch leichter möglich als in anderen. Damit ist die Häufigkeit der Kopplungsbrüche und des Genaustausches nur eingeschränkt für die Lokalisation der Gene verwendbar. Die Hypothese der linearen Anordnung der Gene auf den Chromosomen gilt jedoch mittlerweile als bestätigt.

Die Gene liegen auf den Chromosomen hintereinander angeordnet wie die Perlen auf einer Perlenkette. Sicher bleibt demnach nur die Tatsache, daß die Trennungswahrscheinlichkeit von Genen mit ihrem Abstand auf dem Chromosom steigt. Wie diese Wahrscheinlichkeit zunimmt, ist von Fall zu Fall verschieden.

Der Anstieg der Wahrscheinlichkeit nimmt in der Regel jedoch nicht proportional oder linear mit der Entfernung zu, da die Häufigkeit der Kopplungsbrüche lokal schwankt. Diese Fakten werden für eine spezielle Art der computergestützten Simulation der Evolution, die *genetischen Algorithmen*, auf die wir im dritten Kapitel noch genauer eingehen werden, von besonderer Bedeutung sein und sich in einem speziellen theoretischen Satz niederschlagen (Schemata Theorem).

Die genetische Information

Wie wir alle wissen, sind die Chromosomen die Träger der Erbinformation, der Gene. Die Chromosomen bestehen aus Nukleinsäuren und Proteinen. Der wichtigste chemische Bestandteil der Chromosomen ist die Desoxyribonukleinsäure (DNS). Am Aufbau der DNS sind vier Basen beteiligt: *Adenin* (abgekürzt: A), *Guanin* (G), *Cytosin* (C) und *Thymin* (T). Die jeweilige Reihenfolge der Basen in der

DNS ist sehr wichtig. Damit in der Nachfolgegeneration einer Art die gleichen Organellen oder Organe und Strukturen entstehen wie in der Elterngeneration, müssen die Anweisungen zu deren Erzeugung an die Nachfolgegeneration weitergereicht werden. Die Zellen müssen an ihre Nachfolger eine unglaubliche Fülle von Informationen weiterreichen. Diese erbrelevante Information nennt man *genetische Information*. Eine Grundvoraussetzung für die Entwicklung eines höheren Lebewesens ist die *Eiweiß- oder Proteinsynthese*. Die genetische Information muß demnach die Information für diese Synthese bereitstellen und sie umzusetzen gestatten. Bei der Eiweißsynthese werden die Basensequenzen der DNS in bestimmte *Aminosäuresequenzen* »übersetzt«.

Bild 2.10:
Die Nukleinsäuren.

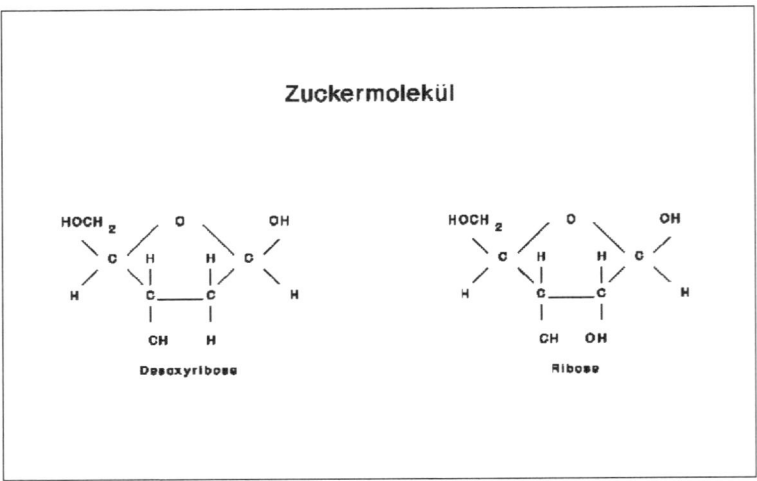

Die Aminosäuren sind die Bausteine der Eiweiße. Aminosäuren sind feste, kristalline, in Wasser lösliche Substanzen mit salzartigem Charakter. Für die Eiweißsynthese werden 20 Aminosäuren benötigt. Der tierische Körper kann nur 12 dieser 20 Aminosäuren aufbauen. Die restlichen 8 müssen über die Nahrung aufgenommen werden.

Die Aminosäuren bilden über die sogenannten *Peptidbindungen* (-CO-NH-) Riesenmoleküle, die *Eiweiße*. Die Aminosäuresequenz entspricht einer bestimmten Reihenfolge der Aminosäuren im Eiweißmolekül. Alle Moleküle eines Eiweißes besitzen die gleiche Aminosäuresequenz. Diese ist genetisch determiniert.

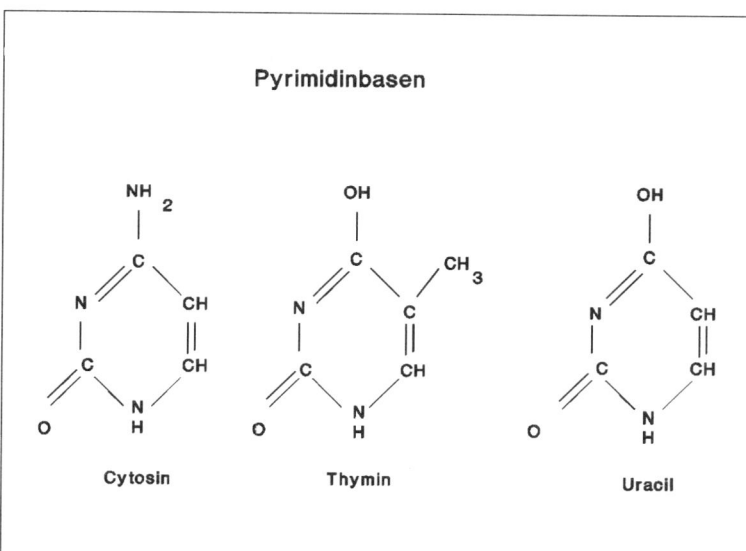

Bild 2.11:
Pyrimidinbasen
der DNS.

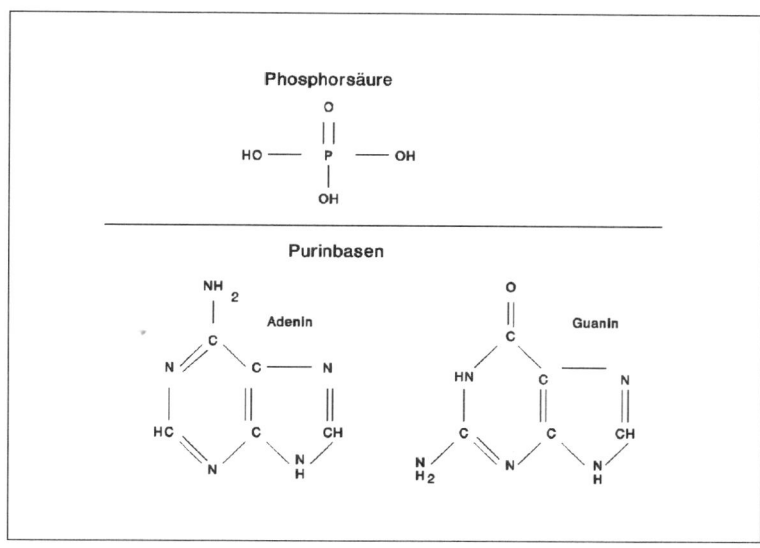

Bild 2.12:
Phosphorsäure
und Purinbasen.

Die Eiweiße (Proteine) sind die wichtigsten Zellbausteine. Sie beeinflussen und steuern als Enzyme oder Hormone den gesamten Stoffwechsel. Sie sind die wichtigsten Bausteine aller Biomembranen im Körper. Im Blut übernehmen sie Transportfunktionen für chemische Stoffe, und als kontraktile Elemente ermöglichen sie Bewegungsabläufe.

Der genetische Code

Die Basensequenzen der DNS und die Anzahl der Basen sind entscheidend für den Informationsgehalt der Gene und damit der genetischen Information. Die Basen stellen eine Art Alphabet eines Schriftzeichensystems dar. Die Sequenzen von Basen (sozusagen die Worte der genetischen Sprache) codieren die genetische Information.

Der genetische Code muß es gestatten, Sequenzen der Basen in Strukturbeschreibungen von Proteinen zu übersetzen. Nun bestehen die Nukleinsäuren jeweils nur aus vier Basenbausteinen. Da die Proteine andererseits aber aus 20 Aminosäuren aufgebaut sein können, ist eine eindeutige Zuordnung nicht möglich. Es müssen jeweils mehrere Basen, also eine Basensequenz, eine Aminosäure codieren.

Bild 2.13:
Die über Wasserstoffbrückenbindungen verknüpften komplementären Basen.

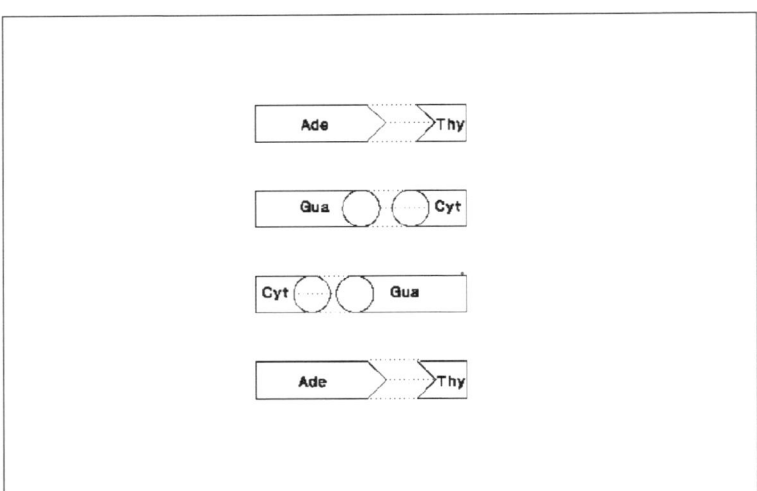

Die Natur hat für diesen Zweck eine *Dreiercodierung* entwickelt. Ein Wort in der Basensequenzsprache besteht aus Dreierketten (*Tripletts*) der vier Buchstaben (Basen). Folglich gibt es maximal $4^3 = 64$ Worte (*Codons*) zur Beschreibung von Aminosäuren. Von den 64 möglichen Worten bezeichnen lediglich 3 keine Aminosäuren. Diese 3 scheinbar überflüssigen Codeworte (*Nonsenscodons* genannt) sind innerhalb des Codes jedoch nicht tatsächlich überflüssig, sondern erfüllen eine wichtige Funktion: sie werden quasi als Steuerzeichen, als »Stopsymbole« zur Steuerung des Abbruchs der Eiweißsynthese verwendet.

Der genetische Code ist hochgradig redundant ausgelegt. Denn die Aminosäuren werden in der Regel durch mehrere Tripletts codiert, da nur 20 verschiedene Aminosäuren in den Proteinen enthalten sind. So wird die Aminosäure Alanin z.B. durch die Tripletts: GCU, GCC, GCA und GCG codiert (man beachte, daß die ersten beiden Basen immer gleich bleiben; die Base U = Uracil ist Baustein der RNS, siehe unten). Der genetische Code *ist in der Natur universell gültig*: alle Organismen übersetzen die Basensequenzen in der gleichen Weise.

Die DNS einer Zelle befindet sich (mit wenigen Ausnahmen) jeweils im Zellkern und verläßt diesen nicht. Die Eiweißsynthese findet jedoch in den *Ribosomen* statt. Die Ribosomen sind Zellorganellen, die vor allem am endoplasmatischen Retikulum, aber auch frei in der Zelle zu finden sind. Die genetische Information muß demnach von der DNS zu den Ribosomen transportiert werden. Diese Aufgabe übernimmt eine bestimmte *Ribonukleinsäure* (RNS), die m-RNS (das »m« steht für *messenger*; auf deutsch »Bote«).

Die Struktur der Ribonukleinsäure gleicht der der DNS. Sie ist aus Ribonukleotiden aufgebaut, die aus Zucker (Ribose), Phosphorsäure und einer der vier Basen Adenin, Guanin, Cytosil oder Uracil bestehen. Die RNS tritt im Gegensatz zur DNS meist einsträngig auf. Anstelle der Desoxyribose enthält sie Ribose, und an die Stelle von

Thymin tritt das Uracil. Die Umsetzung des genetischen Codes gleicht der Interpretation und Ausführung eines Programmes. Die chemisch-biologischen Vorgänge bei der Umsetzung des genetischen Codes zur Eiweißsynthese sind jedoch sehr kompliziert. Wir wollen sie deshalb hier nur grob skizzieren.

Es geht um die Frage, wie wird die Nukleotidsequenz der DNS in Proteine umgewandelt? Die Umsetzung des genetischen Codes erfolgt in zwei Schritten: einer Umschreibung des Codes in eine andere, portable Form (*Transkription*) und einer nachgeschalteten Übersetzung des Codes in entsprechende Aminosäuresequenzen (*Translation*).

Bild 2.14: Grundstruktur der Nukleinsäuren. Kettenförmige Moleküle, die aus einer abwechseln- den Folge von Zucker- (Z) und Phosphat- (P) Mole- külen zusammen- gesetzt sind. Die Zucker sind Pento- sen, also Zucker- moleküle mit 5 Kohlenstoffatomen. An den Zuckermole- külen hängen die organischen Basen.

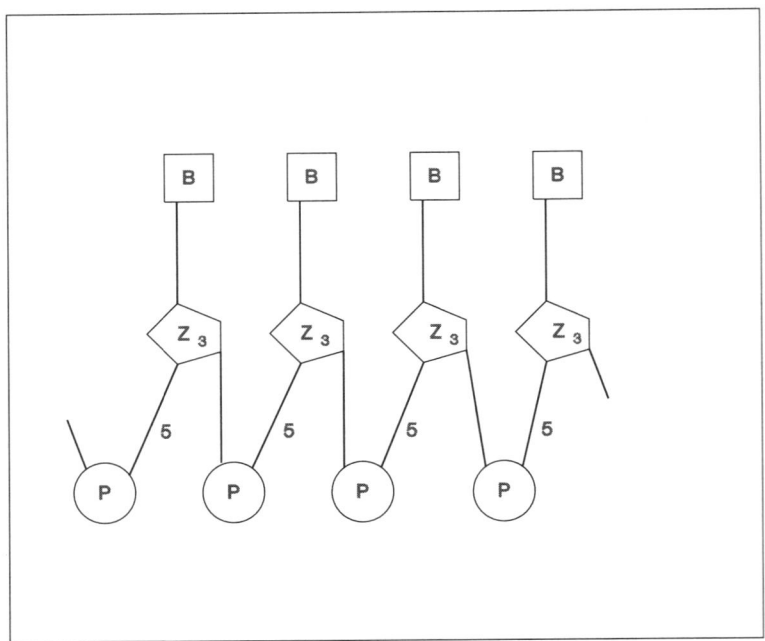

Bei der Transkription wird von der m-RNS eine Art »Wachs- abdruck« der zu transportierenden Nukleotidsequenz an- gefertigt. Von einem Strang des DNS-Moleküls wird durch Anlagerung der jeweils komplementären Nukleotide (Adenin und Guanin; Thymin und Cytosin) und deren Verknüpfung ein m-RNS Molekül aufgebaut. Dieses Molekül dient in der Transkriptionsphase als Vorlage für die Eiweißsynthese. Die Transkription kann übrigens in reifenden, dotterreichen Eizellen von Eiern einiger Wirbeltiere wie Vögeln und Reptilien gut beobachtet werden.

Die m-RNS Moleküle sind wesentlich kürzer als der gesamte DNS-Strang. Es werden folglich immer nur kurze Teile der DNS abgelesen und transkribiert. Die m-RNS hat etwa eine Länge von 50 bis 1.000 Nukleotiden; der DNS-Strang besteht oft aus mehr als einer Millionen Nukleotiden.

Um die Transkription zu ermöglichen, öffnet sich die Doppelhelix der DNS an der Stelle, an der die jeweils abzulesende Information, das Gen, beginnt. Für die Erkennung der Anfangsstelle und die Steuerung der Transkription sind bestimmte Enzyme (*RNS-Polymerasen*) verantwortlich. Die m-RNS trennt sich nach der Transkription und wandert zum Zweck der Eiweißsynthese durch die Poren der Kernmembran zu den Orten der Eiweißsynthese, den Ribosomen.

Dort angelangt, beginnt die Translation, also der eigentliche Aufbau der Proteine. Die für den Aufbau der Proteine nötigen Aminosäuren werden von einem weiteren RNS Derivat, den t-RNS (*transport*-RNS), zu den Ribosomen gebracht. An den Ribosomen entsteht in der Folge ein langer Polypeptidfaden. Dieser entsteht dadurch, daß sich in den Ribosomen die Aminosäuren der t-RNS Moleküle über die Basentripletts und Wasserstoffbindungen an die m-RNS anheften. Jedes Ribosom »verklebt« auf diese Weise jeweils etwa 2 Tripletts. Danach verschiebt sich das Ribosom zum nächsten Triplett der m-RNS und verbindet dies mit der zuständigen, komplementären t-RNS.

Ein m-RNS Molekül kann von mehreren Ribosomen gleichzeitig als »Vorlage« genutzt werden und damit eine große Menge Protein produzieren. Wenn die produzierte

Polypeptidkette ihre Endlänge erreicht hat, muß sie von den Ribosomen abgelöst werden. Dies ermöglichen die Nonsenscodons, die den Translationsvorgang beenden können.

Wir haben bereits erwähnt, daß die RNS-Polymerase-Enzyme für die Erzeugung der m-RNS an der DNS mitverantwortlich sind. Sie müssen unter anderem den Startpunkt für die Transkription erkennen, den *Promotor*. Bei der Eiweißsynthese spielt aber noch eine Reihe weiterer Enzyme eine Rolle. Wenn hier etwas »schiefläuft«, sind die Folgen unabsehbar. Die Frage ist nun, wodurch werden diese Enzyme gesteuert?

Die Antwort auf diese Frage liefern die Gene oder genauer das *Gen-Regulationssystem*. Damit ist es an der Zeit, daß wir uns den Genen zuwenden.

Die Gene

Obwohl wir den Begriff *Gen* bereits mehrfach verwendet haben, haben wir noch nicht definiert, was unter einem Gen eigentlich zu verstehen ist. Gewöhnlich, und das haben auch wir bislang getan, spricht man von den Genen als den Trägern der Erbinformation. Das ist zwar richtig, sagt aber eigentlich wenig aus. In welcher Form »tragen« oder »übertragen« die Gene die Erbinformation? Was genau ist ihre Funktion und wie sehen sie aus?

Die Definition der Gene ist in der Tat nicht einfach. Das Wort *Gen* kommt von dem griechischen Wort *gennan*, was soviel heißt wie *erzeugen*. In vielen Schul-Lehrbüchern und Lexika finden sich nur ungenügende oder zu sehr simplifizierende Definitionen. Der Grund hierfür ist, daß die genaue Funktionsweise und der Aufbau der Grundeinheiten der Erbinformation in vielen Bereichen noch nicht bekannt ist. Hinzu kommt, daß aus der Forschung ständig neue Entdeckungen bekannt werden, die ein einfaches Bild und eine einfache Definition der Gene erschweren.

Nach dem, was wir bisher wissen, scheint die Definition der Gene eine relativ klare und beinahe triviale Sache zu sein: *die Gene sind bestimmte Abschnitte der DNS, die zur Herstellung von Polypeptidketten dienen.* Ein Gen ist folglich eine Art Einheit der DNS, die die Information für die Bildung eines Proteinmoleküls enthält. Diese Definition ist korrekt, solange sie richtig verstanden wird, denn, um es etwas plakativ auszudrücken: Gen ist nicht gleich Gen!

Gene als DNS-Abschnitte

Die Gene setzen sich als DNS-Abschnitt nach obiger Definition aus Nukleotidbasen zusammen. Ein Gen kann ohne weiteres aus Tausenden solcher Basen bestehen, andere Gene hingegen können sehr kurz sein und nur einige hundert Basen umfassen. Aber dies ist nicht wesentlich. Wichtiger ist ein anderes Faktum: die Gene haben eine komplexe innere Struktur, sie können sich auch überlappen, und sie haben teilweise völlig unterschiedliche Funktionsweisen.

Bei den höheren eukaryotischen Zelltypen, also den Zellen, die einen membranumhüllten Zellkern besitzen wie die menschlichen Zellen, bilden die Gene keineswegs direkt zusammenhängende Substrukturen der DNS. Die Gene bestehen vielmehr aus kleinen Einzelstücken, den sogenannten *Introns* und *Exons*. Obwohl die biologische Bedeutung der Zerstückelung der Gene noch weitgehend unklar ist, war die Entdeckung dieser Tatsache eine der bedeutendsten Erkenntnisse der letzten Jahre. Es wird vermutet, daß durch die Zerstückelung der Gene die Evolution der Proteine begünstigt wird.

Die Exons sind die informationstragenden Teile eines Gens, die zur Übertragung der Erbinformation benötigt werden. Die Funktion der Introns hingegen ist unklar. Sie liefern keinen nachweisbaren Beitrag zur Eiweißsynthese. Sie sind im Sinne der genetischen Information eigentlich »überflüssig«. Die Existenz der Introns hat zur Folge, daß nach der Erzeugung der m-RNS die den Introns entsprechenden Sequenzen in einem komplizierten biologischen

»Processing« aus der RNS herausgeschnitten werden, bevor diese zur Proteinsynthese genutzt werden. Exons und Introns werden zwar transkribiert, die den Introns entsprechenden DNS-Sequenzen werden jedoch durch das Processing während einer Reifungsphase wieder eliminiert.

Die Exons werden nach dem Entfernen der Introns, dem sogenannten *Spleißen der RNS*, aneinandergefügt. Die durch das Processing nachbearbeitete, »abgespeckte« m-RNS hat in der Regel einige tausend Basenpaare weniger als die entsprechende, abgelesene Sequenz der DNS. Um ein Beispiel zu nennen: Das Gen für Kollagen ist ca. 40.000 Basenpaare lang. Es enthält jedoch lediglich 50 kurze Exons. Die transkribierende m-RNS enthält nach dem Processing nur noch ca. 5.000 Basenpaare. Das entspricht einer Reduktion durch das Processing um etwa 90%!

Allgemein läßt sich damit feststellen, daß in der Regel nur ein relativ geringer Teil der DNS tatsächlich Informationen trägt und transkribiert wird. Bei einigen Lebewesen, dem Seeigel zum Beispiel, sind es gerade 3% der DNS. Dies ist jedoch nicht nur auf die Introns zurückzuführen, sondern vor allem auch darauf, daß die Gene häufig in mehreren identischen Kopien auf der DNS vorkommen. Bei dem beliebtesten Objekt der Genforschung, der Taufliege *Drosophila Melanogaster* kommen drei kurze Basensequenzen mit je 5 bis 12 Basenpaaren in millionenfachen Kopien auf der DNS vor. Die Kopien der drei Sequenzen machen über 40% der gesamten DNS aus!

Der Sinn und Zweck der hohen Redundanz der Gene ist leider noch ebenso unklar wie die Zerstückelung der Gene in Introns und Exons. Einige Forscher glauben, daß die Redundanz und die Genzerstückelung durch die Evolution der Gene erklärt werden kann. Die Evolution optimiert danach nicht nur die Merkmalsausbildung, sondern auch ihre eigenen Informationsträger, also die DNS und die Gene. Die Redundanz und Zerstückelung muß demnach einen bislang noch nicht bekannten Vorteil bei der genetischen Informationsübertragung liefern.

Bislang haben wir uns noch nicht die Frage gestellt, wie es die Körperzellen fertigbringen, sich zu Organen zusammenzufinden und sich teilweise hochgradig zu spezialisieren. Dies ist eine erstaunliche Leistung bei der großen Zahl der Zellen, aus denen zum Beispiel der menschliche Körper besteht. Die Zellspezialisierung ist umso erstaunlicher, als wir ja wissen (siehe Mitose), daß alle Körperzellen die gleichen Chromosomen und damit die gleichen Gene besitzen. Wie ist dann eine unterschiedliche Entwicklung der einzelnen Zellen überhaupt möglich?

Das Gen-Regulationssystem

Die Antwort auf diese Frage liefert das sogenannte *Gen-Regulationssystem*. Gene weisen unterschiedliche Funktionen auf. Sie stehen nicht alle auf der gleichen Stufe. Es gibt Gene, die andere Gene steuern und Gene, die wiederum die Steuergene steuern. Es gibt eine Hierarchie der Gene und ein sehr komplexes Steuerungssystem für die Aktivierung und Deaktivierung der Gene.

Die Gene sind, wie wir bereits wissen, keine passiven Informationsspeicher. Sie tragen aktiv zur Bildung der Proteine bei. Die Zelldifferenzierung kann nun damit erklärt werden, daß zwar in allen Körperzellen die gleichen Gene vorhanden sind, daß aber je Zelltyp unterschiedliche Gene aktiv sind. Jedes Gewebe und jeder Zelltyp ist durch ein charakteristisches Muster aktiver und inaktiver Gene gekennzeichnet. Dieses Muster kann noch je nach dem Entwicklungsstadium der Zelle variieren. Mit fortschreitender Zelldifferenzierung sind verschiedene Gene aktiv bzw. inaktiv. Wie die Auswahl der zu aktivierenden Gene zur Bildung der m-RNS genau vor sich geht, ist bei höheren Lebewesen noch nicht vollständig geklärt. Bei niederen Organismen wie den Bakterien werden diese Mechanismen jedoch bereits recht gut verstanden. Obwohl bei Bakterien keine Zelldifferenzierung möglich ist, verfügen auch sie über unterschiedlich aktive Gene. Wegen ihrer relativen Einfachheit sind sie daher beliebte Untersuchungsobjekte der Genetiker.

1961 entwickelten die französischen Genforscher und späteren Nobelpreisträger F. Jacob und J. Monod das nach ihnen benannte *Jacob-Monod-Modell* der Gen-Regulation der Transkription. Nach diesem Modell gibt es im wesentlichen drei Typen von Genen: *Strukturgene*, *Operatorgene* und *Regulatorgene*.

Die *Strukturgene* sind die Gene, wie wir sie bisher verstanden haben. Sie steuern die Merkmalsausbildung der Individuen über die Bildung der m-RNS. Solche Strukturgene ergänzen sich oft, indem sie gemeinsam die Syntheseschritte für die Erzeugung bestimmter Aminosäuren steuern. In diesem Fall liegen die Strukturgene meist direkt benachbart auf der DNS nebeneinander.

Den funktionellen Einheiten der Strukturgene sind *Operatorgene* vorgeschaltet. Jedes Operatorgen ist für ein oder mehrere Strukturgene zuständig und befindet sich in direkter Nachbarschaft zu den ihm zugeordneten Strukturgenen. Das Operatorgen kontrolliert die Aktivität der Strukturgene. Die Gruppe aus Operatorgen und den zu ihm gehörenden Strukturgenen wird *Operon* genannt.

Dem Operon übergeordnet sind die *Regulatorgene*. Die Regulatorgene steuern die Aktivität des Operons durch eine Beeinflussung der Operatorgene. Im Gegensatz zu den Operatorgenen stehen die Regulatorgene jedoch meist nicht in direktem räumlichen Kontakt zu den Operatorgenen. Sie können aus der »Ferne« wirken, indem sie sogenannte *Repressoren* bilden, die zu den betreffenden Regulatorgenen wandern und diese kontrollieren.

Aber damit nicht genug: die Repressoren wiederum werden von sogenannten *Effektoren* beeinflußt, die aus dem Zytoplasma stammen können. Die Effektoren können die Repressoren aktivieren und inaktivieren. Über diese Wechselwirkungskette können die Repressoren damit

»Nachrichten« aus der Zelle und der Zellumgebung aufnehmen und verarbeiten. Sie können insbesondere steuern, ob ein bestimmtes Protein weiter produziert wird oder ob seine Produktion beendet werden soll.

Das Jacob-Monod-Modell ist demnach auch deswegen interessant, da es erklären kann, wie sich die Mikroorganismen über die Regulation der Transkription an veränderte Umweltbedingungen anpassen und sich zu völlig unterschiedlichen Zelltypen differenzieren können. Im Bereich der Bakterien ist das Modell vielfach bestätigt worden.

Bei höheren Lebenwesen geht man von ähnlichen Modellvorstellungen aus, die Lage ist dort jedoch weitaus komplizierter. Das Jacob-Monod-Modell ist auf vielzellige Lebewesen nicht ohne größere Modifikationen übertragbar. Bisher konnten zum Beispiel Operatorgene bei Eukaryoten noch nicht mit Sicherheit nachgewiesen werden.

Das Gen-Regulationssystem läßt sich in erster Näherung relativ einfach DV-technisch simulieren. Man nutzt dazu sogenannte *Boolesche NK-Zufallsnetzwerke*. Interessant sind die Ergebnisse der Simulation solcher Netzwerke. Es läßt sich nämlich zeigen, daß solche Modelle des Gen-Regulationssystems mit den Methoden der Chaostheorie interpretiert werden können. Dadurch ergeben sich völlig neuartige Ansätze, die spontane Entstehung geordneter Zellstrukturen zu erklären. Wir werden deshalb weiter unten diese Zusammenhänge näher erläutern.

Neben der Definition der Gene als DNS-Abschnitte sind auch andere Sichtweisen zweckmäßig. In der klassischen Genetik wurden die *Gene gleichzeitig als Grundeinheit der individuellen Merkmalsausprägung, der Mutation und der Rekombination* definiert. Dies ist, wie wir gesehen haben, nach dem heutigen Kenntnisstand nicht mehr akzeptabel. Dennoch bleibt der Ansatz interessant, die Gene als Wirkungsfaktoren, als Funktionseinheiten, zu begreifen. Gene produzieren indirekt Proteine. Ließe sich eine genaue

Vom Gen zum Phän

Zuordnung zu den Proteinen finden, wäre eine funktionelle Definition möglich. Man beschreibt die Prozesse, die von den Genen zu der konkreten Merkmalsausbildung führen, mit dem Schlagwort: *»vom Gen zum Phän«*. »Phän« steht hier für *Phänotyp*, also das konkrete Erscheinungsbild eines Lebewesens. Eine phänotypische Eigenschaft eines Organismus kann durch das Zusammenwirken von mehreren Genen bedingt werden (*Polygenie*). Umgekehrt kann jedoch bereits ein einzelnes Gen mehrere phänotypische Eigenschaften determinieren (*Polyphänie*).

Die Gesamtheit der Gene eines Lebewesens bezeichnet man als *Genotyp*. Diese Unterscheidung ist keine Spitzfindigkeit, sondern bei Lebewesen mit diploiden Zellen wichtig, denn dort können Gene unterschiedliche Ausprägungen, *Allele* genannt, aufweisen. Die Menge aller Gene einer Population nennt man das *Genom* der Population, die Menge aller Allele des Genoms den *Genpool*.

Früher glaubte man, daß jedes Gen jeweils ein bestimmtes Merkmal codiert (diese Hypothese ist bekannt unter dem Schlagwort »ein-Gen-ein-Merkmal-Hypothese«).

Bei Organismen mit doppeltem Chromosomensatz (diploide Organismen) kommt jedes Gen zweimal vor. Gene, die die entsprechenden gleichen Orte auf homologen Chromosomen besetzen, nennt man *Allele*. Wenn die Allele identisch sind, nennt man die betreffenden Organismen *homozygot*, im anderen Fall *heterozygot*. Die Merkmalsausbildung ist davon abhängig, welches Allel *dominant* ist. In der Regel wirkt sich nur das dominante Allel phänotypisch aus. Dies ist jedoch nicht zwingend. Gelegentlich haben auch die nicht dominanten (*rezessiven*) Allele einen Anteil an der Merkmalsausbildung. In diesen Fällen handelt es sich um sogenannte *intermediäre Erbgänge*.

Die Allele können durch *Mutationen* ineinander überführt werden, das heißt, sie können spontan gleiche oder unterschiedliche Basensequenzen aufnehmen. Damit ist eine eindeutige Zuordnung von Genen zu Merkmalen des Phänotyps nicht mehr möglich. Durch die Entdeckung der Allele war die Zuordnung »ein Gen = ein Merkmal« folglich nicht mehr haltbar.

Deshalb stellten *Beadle* und *Tatum* bereits 1940 eine alternative Hypothese auf, die man kurz mit »ein-Gen-ein-Enzym« zusammenfassen könnte. Wie wir im vorigen Kapitel gesehen haben, sind die Gene als DNS-Abschnitte verantwortlich für die Eiweißsynthese. Die wichtigste Gruppe der Eiweiße sind die *Enzyme*. Sie ermöglichen und beschleunigen die Stoffwechselprozesse der Zellen. Ein komplexer Organismus benötigt eine große Zahl von Enzymen, in der Regel viele Tausend. Wegen der zentralen Rolle der Enzyme für den Stoffwechsel und die erst dadurch ermöglichte Merkmalsausbildung war die Vermutung naheliegend, daß die Gene gerade die Einheiten sind, die die Enzyme synthetisieren.

Aus heutiger Sicht ist die »ein-Gen-ein-Enzym« Hypothese jedoch noch etwas zu ungenau. Denn in der Regel werden für die Synthese eines komplexen Enzyms mehrere Gene benötigt, nämlich immer dann, wenn das entsprechende Enzym aus mehreren Polypeptidketten besteht. Jede Polypeptidkette des Enzyms wird normalerweise von einem eigenen Gen synthetisiert. Folglich gilt heute die Ansicht, daß die »ein-Gen-ein-Enzym« Hypothese genauer eigentlich »ein-Gen-ein-Polypeptid« Hypothese heißen müßte. Endgültig läßt sich der funktionale Zusammenhang von Gen und Merkmal kaum bestimmen.

Der Grund hierfür ist, daß zwischen der Eiweißsynthese und der eigentlichen Merkmalsausbildung gewöhnlich ein langer Weg liegt. Nur wenige Stoffwechselprozesse werden von einem einzigen Enzym gesteuert. Deshalb konzentriert sich die Forschung heute auf die Untersuchung von sogenannten *Genwirkketten*, also von Genketten, die gleichzeitig oder nacheinander an der Produktion von Enzymen beteiligt sind.

Mutationen Wir haben die Möglichkeit der spontanen Veränderung von Genen durch sogenannte *Mutation* bereits kurz erwähnt. Da die Mutationen für die Varianz des Genoms und damit für die Adaptionsfähigkeit der Lebewesen eine wesentliche Bedeutung haben, wollen wir uns nun noch etwas eingehender mit den Mutationen und ihren Auswirkungen beschäftigen.

Der dänische Botaniker *Johannsen*, der übrigens das Wort *Gen* eingeführt hat, hat als erster die eigentliche Bedeutung der Mutationen erkannt. Nach Darwin sorgen die Mutationen für eine Varianz der Arten, aus der die Selektion dann die »besten« Individuen herausgreift und damit für eine Weiterentwicklung sorgt. Das Prinzip der Entwicklung beruht nach dem Darwinismus im wesentlichen auf der Selektion, der natürlichen Zuchtwahl. Die Mutationen sind nach der Darwinschen Theorie lediglich die Mechanismen, die der Selektion eine Auswahl ermöglichen. Sie sind nicht für die Weiterentwicklung der Lebewesen verantwortlich.

Johannsen hat in seiner Kritik des Darwinismus darauf hingewiesen, daß dieses Bild modifiziert werden muß. Ohne Mutationen würde sich die Evolution »festfahren«. Dies kann man an einem einfachen Beispiel sehr leicht nachvollziehen. Angenommen, es gäbe mehrere Gene, die zur Ausbildung eines Merkmales beitragen, sagen wir die Gene G1, G2 und G3. Die entsprechenden Allele nennen wir A und a, B und b sowie C und c. Die stärkste Merkmalsausprägung und damit der größte Selektionsvorteil sei durch die Kombination AA, BB und CC gegeben. Der Selektion gelingt es dann in der Regel sehr schnell, die meisten der Individuen mit dieser Allelkombination auszustätten, indem sie die anderen Kombinationen aussondert.

Was geschieht nun aber, wenn alle oder fast alle Individuen die Kombination AA, BB und CC besitzen? In diesem Fall hat die Selektion keine Wirkung mehr. Die Evolution hätte sich »festgefahren«, denn eine Weiterentwicklung ist nicht mehr möglich. Die Selektion kann zwar das Erbgut verbessern, sie kann jedoch keine wesentlich neuen Faktoren ins Spiel bringen. Sind gut angepaßte Genkombinationen durch die Selektion zusammengefügt, bleibt sie so lange wirkungslos bis neue Allele ins Spiel kommen. Dafür sorgen erst die Mutationen.

Aus der Sicht von Optimierungsverfahren betrachtet, verhindern die Mutationen das »Hängenbleiben« der Evolution in lokalen Optima. Solche lokale Bestwerte stellen gut angepaßte, aber nicht optimal angepaßte Lebensformen dar. Die objektiv bestangepaßte Lebensform bezeichnet man (im Gegensatz zu den lokalen Optima) als *globales Optimum*.

Mutationen sind spontan auftretende, strukturelle Veränderungen der Chromosomen. Treten die Mutationen in den Keimzellen auf, sind sie vererbbar. Mutationen in Körperzellen sind nicht vererbbar, führen jedoch in der Regel zu Schädigungen der Lebewesen, insbesondere dann, wenn sie in der Embryonalentwicklung auftreten. Die Vorgänge, die zu Mutationen führen, nennt man *Mutagenese*; die mutierten Organismen heißen *Mutanten*.

Es gibt unterschiedliche Formen von Mutationen: die *Chromosomenmutationen*, die *Genommutationen* und die eigentlichen *Genmutationen*, auch *Punktmutationen* genannt. Chromosomenmutationen sind mit den in bereits besprochenen *Chromosomenaberrationen* identisch (siehe S. 51f). Sie sind strukturelle Veränderungen der gesamten Chromosomen wie der Verlust von Teilstücken, die Verdopplung von Teilstükken etc. Da wir die Chromosomenaberrationen bereits besprochen haben, gehen wir hier nicht weiter auf sie ein. Gleiches gilt für die Genommutationen. Bei ihnen wird die Anzahl einzelner Chromosomen oder ganzer Chromosomen gegenüber der normalen Anzahl der Chromosomen eines Lebewesens verändert. Auch diesen Mutationstyp haben wir bereits mit seinen Auswirkungen vorgestellt.

Folglich bleiben noch die Genmutationen zu erklären. Die Genmutationen sind *Veränderungen der Basensequenzen der DNS*. Für das Eintreten einer solchen Mutation reicht im Extremfall bereits die Veränderung eines einzigen Basenpaares aus. Faßt man die Gene als funktionale Abschnitte der DNS auf, wie wir es oben getan haben, so können die Gene nicht als Grundeinheiten der Mutation angesehen werden, da innerhalb eines DNS- Abschnittes, gleichgültig ob dieser zusammenhängend ist oder nicht (man erinnere sich an die Introns und Exons), mehrere Mutationen auftreten können.

Es ist in der Regel nicht leicht festzustellen, ob eine Mutation eingetreten ist oder nicht. Wird beispielsweise in einem diploiden Organismus ein rezessives Allel mutiert, so ist dies phänotypisch nur selten sichtbar. Das ist sogar die Regel: ein durch Mutation neu entstehendes Allel wirkt sich gegenüber der Gesamtheit der bereits vorhanden Allele, dem sogenannten *Wildtyp*, zunächst meist rezessiv aus.

Genmutationen können wie die Aberrationen durch äußere und innere Einflüsse verursacht werden. Chemikalien und Strahlen, insbesondere energiereiche Strahlung wie Röntgenstrahlen und UV-Licht, sind die wichtigsten Ursachen der Mutationen. Das UV-Licht hat sein Wirkungsmaximum bei 2.600 Angström. Bei der gleichen Wellenlänge weisen gerade die Purin- und Pyrimidinbasen der DNS ihr Absorptionsmaximum auf. Die UV-Strahlung kann damit besonders die Pyrimidine verändern.

Wegen der potentiellen Schäden, die durch UV-Licht in Zellen bewirkt werden können, ist das sogenannte *Ozonloch* in der Erdatmosphäre so gefährlich, denn die Ozonschicht der Erde filtert einen großen Teil des auf die Erde einstrahlenden UV-Lichtes heraus. Das UV-Licht mutiert die Chromosomen der Körperzellen und insbesondere der Hautzellen, die dem UV-Licht schutzlos ausgesetzt werden. Durch das Ozonloch steigt damit die Gefahr des Hautkrebses. Als chemische Wirkstoffe sind vor allem Nitrite in saurem Medium, also salpetrige Säuren gefährlich. Nitrit kann unter bestimmten Umständen die Basen Cytosin und Guanin in chemisch ähnliche Stoffe umwandeln. Diese Stoffe können die Basen in der DNS ersetzen, wodurch Mutationen entstehen.

Auf der molekularen Ebene können die Genmutationen noch etwas genauer unterschieden werden. Die Punktmutationen sind *Basenaustauschmutationen*, da bei dieser Form der Mutationen Basen der DNS gegen andere Basen ausgetauscht werden. Man unterscheidet dabei *Transitionen* und *Transversionen*. Bei den Transitionen wird ein Purin gegen ein anderes ausgetauscht. Bei der Transversion hingegen wird ein Purin gegen Pyrimidin ausgetauscht. Das oben erwähnte Nitrit bewirkt Basenaustauschmutationen.

Die möglichen Effekte dieses Mutationstyps können bereits an einfachen Beispielen erläutert werden. Wir betrachten eine kurze DNS-Sequenz und den Effekt einiger Mutationen:

▶ -C-C-U-G-A-G-G-A-G-
Normaltyp

▶ -C-C-U-G-A-A-G-A-G-
Die Mutation G -> A ist unkritisch wegen der Redundanz des genetischen Codes; die Sequenz codiert noch immer die gleiche Aminosäuresequenz.

▶ -C-C-U-G-C-G-G-A-G-
Mutation A-A -> C-G verändert die Aminosäurensequenz, führt jedoch nicht zu einer Einschränkung der Enzymaktivität.

▶ -C-C-U-G-U-G-G-A-G-
Mutation C -> U hat gravierende Folgen; führt zur Sichelzellenanämie beim Menschen.

▶ -C-C-U-U-A-G-G-A-G-
Mutation G-U -> U-A führt zum Abbruch der Proteinsynthese, da das Triplett U-A-G einem nonsenscodon entspricht, das die Proteinsynthese stoppt.

Besonders gravierende Effekte können die sogenannten *Schubmutationen* haben. Hierbei werden durch chemische Substanzen Nukleotide aus der DNS entfernt oder in sie eingefügt. Durch das Einschieben oder Entfernen von Nukleotiden der DNS kann der gesamte genetische Code zerstört werden. Schubmutationen wirken sich im Normalfall auf das Triplettraster des genetischen Codes aus, da das Leseraster der RNS-Polymerase verschoben wird. Auch hier ein Beispiel:

▶ -A-G-A-G-U-A-A-A-C-
   Wird in dieser Sequenz die Guanin Base entfernt, so entsteht:

▶ -A-G-A-U-A-A-A-C-
   also die Triplets: A-G-A und U-A-A. Aus dem Triplett G-U-A ist U-A-A geworden, also wieder ein nonsenscodon, das die weitere Eiweißsynthese blockiert. Schubmutationen können sich jedoch gegenseitig selbst neutralisieren, nämlich dann, wenn zunächst eine Base entfernt und im Gegenzug eine andere wieder eingesetzt wird, die im Sinne des genetischen Codes keine Veränderung der Eiweißsynthese gegenüber der Ausgangssequenz bewirkt.

Mutationsraten und -häufigkeiten

Die *Mutationshäufigkeit* ist bei den Lebewesen recht verschieden. Sie kann um einige Zehnerpotenzen schwanken (auch innerhalb einer Art). Die absolute *Mutationsrate*, also die Anzahl der Mutationen pro Gen und Generation, ist jedoch meist sehr gering. Bei höheren Organismen erwartet man eine Mutationsrate von einer Mutation auf 10^5 bis 10^9 Gene. Bei niederen Organismen ist die Mutationsrate meist noch geringer.

Die einzelnen Gene können unterschiedlich hohe Mutationsraten aufweisen. Auch innerhalb der Gene kann es unterschiedliche Mutationsraten geben. So werden beispielsweise die Introns häufiger mutiert als die Exons. Hier einige Beispiele für Mutationsraten: das »Farblos«-Gen des

Mais' mutiert einmal pro 10.000 Fortpflanzungszellen; das für die Kornform verantwortliche Mais Gen nur einmal pro 1 Million Fortpflanzungszellen. Die sich negativ, letal, auswirkenden Genmutationen liegen in etwa in der gleichen Größenordnung. Sie betragen 10^{-5} bei der Taufliege und 10^{-4} bis 10^{-5} beim Menschen.

Hinsichtlich der Neigung zur Mutation lassen sich eher labile von stabilen Genen unterscheiden. Es ist *nicht* davon auszugehen, daß alle Gene eines Genoms mit gleicher Wahrscheinlichkeit mutieren. Zudem gibt es Gene, die die Mutationsneigung anderer Gene beeinflussen können, sogenannte *Mutatorgene*.

Man darf sich bei der Auftrittswahrscheinlichkeit von Mutationen nicht von den geringen, absoluten Wahrscheinlichkeiten täuschen lassen. Die Wahrscheinlichkeit, daß ein *bestimmtes* Gen mutiert wird, liegt bei vielen Lebewesen, wie wir gerade erwähnt haben, in der Größenordnung von ca. 10^{-5}. Da höhere Lebewesen sehr viele Gene besitzen können, ist die Wahrscheinlichkeit dennoch häufig relativ groß, daß eines oder mehrere der Gene eines Genotyps mutiert auftreten. Deshalb treten zum Beispiel bei der Taufliege ungefähr bei 3% aller Individuen sichtbare Mutationen auf. Beim Menschen enthalten sogar bis zu 40% aller Keimzellen einer Generation ein mutiertes Gen. Die Mutationen wirken sich jedoch nur sehr selten direkt phänotypisch sichtbar aus.

Ein Grund für die erwähnte relativ geringe phänotypische Auswirkung von Mutationen sind *Genwirkketten*. Denn für die Merkmalsausbildung sind meist *mehrere* Gene verantwortlich. Die Mutation eines einzelnen Gens kann dadurch nivelliert werden und fällt deswegen eventuell nicht auf.

Wir wissen bereits, daß neue Allele eines mutierten Gens in der Regel rezessiv auftreten, sich also kaum im Phänotyp zeigen. Dies ändert sich jedoch, wenn die Mutanten in einer Population häufiger vorkommen. In diesem Fall

werden die Mutanten meist dominant. Es sind Gene nachgewiesen worden, die das Dominantwerden von Mutanten
bewirken, die sogenannten *Modifikatorgene.*

Ein weiterer Grund für die relativ seltene phänotypische
Expression von Mutationen sind die sogenannten *Rückmutationen.* Wenn von einer Mutationswahrscheinlichkeit
und von Mutationsraten gesprochen wird, so wird jeweils
nur ein Mutations*ereignis* berücksichtigt, nicht jedoch
dessen Effekt. Genau genommen müßte man die effektive
Mutationsrate ausrechnen, also die Anzahl der Mutationen,
die einen phänotypischen Effekt zur Folge haben. Denn die
Mutationen können sich gegenseitig aufheben.

Man unterscheidet zwei Arten von Rückmutationen: die
echten Rückmutationen und die *Suppressormutationen.* Bei
den echten Rückmutationen wird die Veränderung des
Gens durch eine erneute Mutation an der gleichen Stelle
wieder rückgängig gemacht. Diese Form der Mutation ist
selten, wie sich leicht ausrechnen läßt.

Die Suppressormutationen hingegen kommen relativ häufig vor. Eine Suppressormutation bewirkt durch eine Mutation an einem anderen Ort eine Unterdrückung oder Ni-
vellierung der Auswirkung der ursprünglichen Mutation.
So können sich beispielsweise eine Deletion und eine Duplikation von Genen gegenseitig nivellieren, wenn sie in
benachbarten Genorten (*Genloci*) auftreten.

Der wichtigste Grund für die geringe Anzahl sich phänotypisch ausdrückender Mutationen ist jedoch bei einem
ganz anderen Phänomen, nämlich der *Selbstreparatur der
DNS,* zu finden. Wir hatten bereits gesehen, daß Mutationen durch UV-Strahlen verursacht werden können. Die
Reparatur, also die Beseitigung von Mutationen, kann
ebenfalls durch UV-Strahlen bewirkt werden. Man spricht
in diesen Fällen von einer *Photoreparatur.* UV-Licht mit
einer Wellenlänge von 3100 bis 4400 Angström bewirkt die
Bildung von Enzymen, die die Schäden, die von UV-Licht

mit kürzerer Wellenlänge verursacht werden, wieder rückgängig machen können.

Neben der Photoreparatur gibt es noch einen Reparaturmechanismus, der kein Licht benötigt und deswegen auch *Dunkelreparatur* genannt wird. Die Dunkelreparatur macht von der Doppelstrangstruktur der DNS-Helix Gebrauch.

Der Mutationsschaden wird bei der Dunkelreparatur durch mehrere Enzyme beseitigt. Zunächst schneidet ein Enzym den DNS-Doppelstrang an der Schadstelle auseinander. Ein zweites Enzym trennt die mutierte Stelle ab, und eine DNS-Polymerase ergänzt das nun fehlende Stück durch das ursprüngliche, wobei der zweite Strang der DNS als Vorlage dient. Abschließend verknüpft eine *Ligase* die beiden DNS-Stränge wieder miteinander. Die Mutationen ermöglichen der Evolution die Auswahl aus einer Menge unterschiedlich geeigneter »Kandidaten«. Dem *Mutationsdruck*, also der Summe der in einer Population auftretenden Mutationen, steht der *Selektionsdruck* gegenüber. Die natürliche Auslese greift die untauglichen Mutanten heraus und verhindert deren weitere Verbreitung. Die Mehrzahl der Mutanten wird wieder verschwinden, da im Laufe der Evolution die Gene eines Genoms immer stärker miteinander harmonieren. Eine Mutation hat deshalb mit zunehmendem Entwicklungsstand eines Organismus' in der Regel mit größerer Wahrscheinlichkeit einen negativen Effekt als einen positiven.

Evolutionsfaktoren und die Mechanismen der Evolution

Zur Programmierung von Evolutionsalgorithmen genügt der bisherige Überblick noch nicht ganz. Unser Ziel ist es, Grundwissen über die biologische Evolution bereitzustellen, um darauf aufbauend Simulationen evolutionärer Prozesse durchzuführen und diese zur Lösung praktischer und theoretischer Probleme heranzuziehen. Deshalb müssen wir noch einige Begriffe genauer verstehen und uns klarmachen, welche Mechanismen und Faktoren der Evolution sich in welcher Weise auswirken. Die modernen Ergänzungen der klassischen Evolutionstheorie werden auf S. 107ff kurz vorgestellt. Wir haben bislang im wesentlichen drei Evolutionsfaktoren kennengelernt: die natürliche Selektion, die (sexuelle) Rekombination und die Mutationen. Dies sind und waren die zentralen Themen der klassischen Evolutionstheorie. Es ist wichtig zu wissen, daß neben den klassischen Wirkungsfaktoren noch weitere Faktoren für die Adaption der Arten und die Evolution verantwortlich sind. Hierzu zählen insbesondere *Populationswellen* und diverse *Zufallsfaktoren*.

Der Zufall Beginnen wir mit dem Zufall. Der Zufall spielt in vielen Bereichen der Evolution eine entscheidende Rolle. Die Zellteilung, die sexuelle Rekombination, die Auswahl der Geschlechtszellen, die natürliche Zuchtwahl, das crossing-over und viele andere Prozesse unterliegen dem Einfluß von Zufallsfaktoren.

Die Mutationen sind in dem Sinne als zufällig anzusehen, als nicht vorhergesagt werden kann, wo und mit welchem Effekt sie auftreten werden. Zwar läßt sich die spontane Mutationsrate durch Temperatursteigerungen, UV-Licht und Chemikalien erhöhen, die Auswirkungen erhöhter Mutationen unterliegen jedoch dem Zufall und lassen sich beim heutigen Stand der Gentechnik noch nicht gezielt beeinflussen. Mutationen sind demnach als zufällige, ungerichtete Ereignisse zu verstehen. Sie stellen keinen deterministischen Wirkungsfaktor der Evolution dar.

Zufällige Ereignisse, die nichts mit den eigentlichen Evolutionsmechanismen zu tun haben, können die natürliche Selektion erheblich stören und damit den Verlauf der Evolution entscheidend beeinflussen. Nehmen wir beispielsweise an, die Evolution habe ein an seine Umwelt optimal angepaßtes Tier hervorgebracht. Dieses Individuum sei auch in der Lage, sich sehr gut gegen seine Feinde zu verteidigen, zum Beispiel durch eine extrem schnelle und geschickte Flucht. Falls dieses Tier nun angegriffen wird und flüchtet, sich aber bei der Flucht zufällig verletzt (etwa weil es sich in einer Erdmulde ein Bein bricht) und daraufhin getötet wird, so hat dies gravierende Auswirkungen auf die Artentwicklung, wenn das Tier noch nicht fortpflanzungsfähig war. Denn nur wenn es in der Art bereits sehr ähnlich veranlagte Individuen gab, ist es wahrscheinlich, daß die Evolution erneut ähnlich leistungsfähige Individuen erzeugt. Man muß jedoch nicht unbedingt auf solche dramatischen und konstruierten Beispiele zurückgreifen, um einzusehen, welche entscheidende Rolle der Zufall generell in der Evolution spielt.

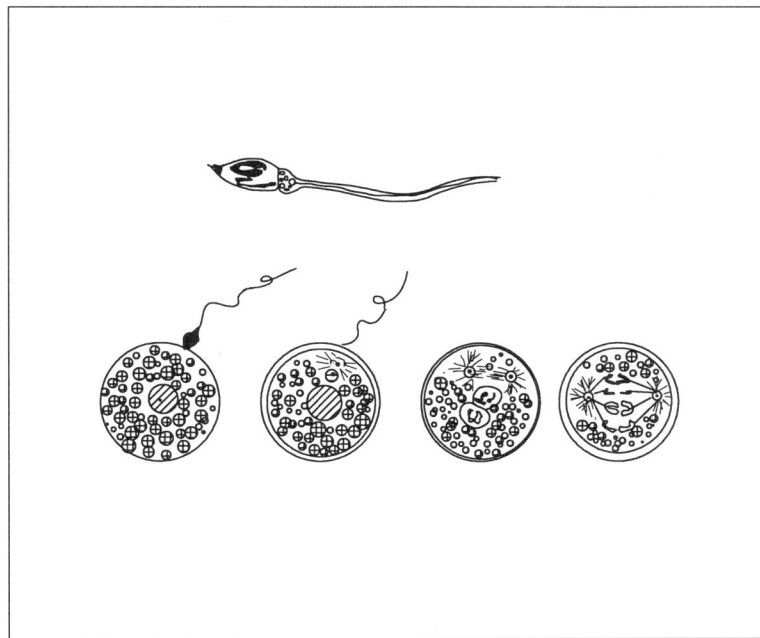

Bild 2.15:
Sperma und
Schema der
Ei-Befruchtung.

Es genügt ein Blick auf die Keimbahn der menschlichen Zellen. Ein zeugungsfähiger Mann produziert bei einem Samenerguß etwa 200 bis 300 Millionen Spermien. Bei durchschnittlich einer Ejakulation pro Woche und einer zeugungsfähigen Zeit von durchschnittlich ungefähr 50 Jahren ergibt dies eine Gesamtzahl erzeugter Spermien in der Größenordnung von etwa 750.000 Millionen. Von diesen Spermien werden jedoch nur sehr wenige (weniger als 0,0000000001%) eine weibliche Eizelle befruchten und damit Nachkommen erzeugen. Welche Spermien für die Befruchtung herangezogen werden, wird, soweit bekannt, praktisch ausschließlich vom Zufall bestimmt!

Eine einfache Überschlagsrechnung zeigt zudem, daß mit großer Wahrscheinlichkeit alle von einem Mann jemals produzierten Spermien eine unterschiedliche Genkombination darstellen. Denn von den etwa 100.000 Genen, die wir Menschen besitzen, liegt eine große Anzahl heterozygot vor (unterschiedliche Allele pro Gen). Nehmen wir an, daß lediglich 1% = 1000 Gene heterozygot vorliegen. Dann gibt es mindestens 2^{1000}, also ungefähr 10^{300}, Möglichkeiten, die Allele während der Meiose zu rekombinieren.

Ein Mann müßte demnach zu Lebzeiten über 10^{290} Samenergüsse haben, um mit einer halbwegs akzeptablen Wahrscheinlichkeit zwei Spermien mit der gleichen Allelkombination zu erzeugen. Damit wären sogar Millionen von Casanovas hoffnungslos überfordert.

Bei der Meiose sind zwei Zufallsprozesse beteiligt: der Crossoverpunkt zwischen den homologen Chromosomen wird nach dem heutigen Kenntnisstand durch Zufall bestimmt.

Obwohl die Wahrscheinlichkeit für ein crossing-over vermutlich nicht an jeder Stelle des Chromosoms gleich groß ist, kann der Crossoverpunkt praktisch an jeder beliebigen Stelle des Chromosoms liegen. Die Rekombination der Gene ist damit letztendlich dem Zufall überlassen. Das Gleiche gilt für die Verteilung der mütterlichen und väterlichen Chromosomen auf die vier haploiden Geschlechtszellen während der Reifeteilung. Die Aufteilung erfolgt, soweit bekannt, ebenfalls zufällig.

Es läßt sich lange darüber streiten, was eigentlich das Zielobjekt der Evolution ist. Welche Objekte sind es, die durch die Evolution angepaßt und schrittweise optimiert werden? Sind es die Individuen, sind es die verschiedenen Arten oder sind es die Gene oder Chromosomen?

Die Evolution von Populationen

Die Antwort auf diese Frage ist tatsächlich nicht einfach. Die derzeit vorherrschende Meinung ist, daß das Objekt der Evolution die Gesamtheit der Allele einer Population ist, also der Genpool.

Diese Einschätzung hat wichtige Konsequenzen. So wird beispielsweise die Phänosphere stark vernachlässigt. Das konkrete Individuum spielt nur noch eine untergeordnete Rolle. Das Individuum degeneriert zu einer Art »Testinstanz«, zu einem sterblichen »Behälter« eines kleinen Teils des Genpools. Es ist in dieser Hinsicht nur von »statistischer« Bedeutung. Die Populationen und die Gesamtheit ihrer Gene sind die von diesem abstrakten Standpunkt aus interessierenden Evolutionseinheiten.

Verfolgt man die Evolution nicht mehr vom Standpunkt der Molekulargenetik, sondern aus dem Blickwinkel der Populationen, so wechselt man sozusagen vom Mikroskop zum Fernglas. Die molekulargenetischen Erscheinungen und Fakten treten in den Hintergrund. Sie sind nur noch insoweit von Interesse, als sie sich statistisch auswerten lassen. Im Mittelpunkt stehen an ihrer Stelle Betrachtungen und Berechnungen von *Populationsschwankungen* und deren Auswirkungen auf die Evolution.

Wenn der Genpool tatsächlich das Objekt ist, das von der Evolution verändert und angepaßt wird, so sollte sich dies messen und beobachten lassen. Bezeichnet man die Auftrittshäufigkeit eines Allels in einer Population als *Allelenfrequenz*, so läßt sich die Evolution folglich unter anderem *an der nicht rein zufälligen Veränderung der Allelenfrequenzen über die Zeit* nachvollziehen. Die mathematische Modellierung sich ändernder Populationen und Allelenfrequenzen kann jedoch äußerst schwierig werden. Die Schwankungen von Populationsgrößen können in realistischen Modellen ein kompliziertes Verhalten aufweisen. So werden beispielsweise Datensätze, die die Schwankungen einer Population in einem Terrain mit beschränkten Nahrungsmitteln beschreiben, oft als Beispiele für chaotische, und damit praktisch nicht prognostizierbare Zeitreihen herangezogen. Als klassisches Beispiel kann die sogenannte *Feigenbaum-Reihe* dienen:

$$x_i = 4 * x_{i-1}(1-x_{i-1}), \quad x_0 \in]0,1[.$$

(x_i gibt hier die Populationsgröße zum Zeitpunkt i an) Der Verlauf dieser rekursiv definierten Reihe kann sich bei unterschiedlichen Startwerten x_0 drastisch ändern, das heißt, die Feigenbaum-Reihe verhält sich chaotisch.

Wegen der Komplexität der Materie beschränken wir uns hier auf die Darstellung einiger rudimentärer, sehr einfacher Analysen von Populationsschwankungen und deren Auswirkungen. Den interessierten Lesern empfehlen wir zur Vertiefung dieses Themas das Studium der mathematischen Evolutionstheorie oder Bücher über Chaostheorie und dynamische Systeme. Literaturhinweise finden sich im Quellenverzeichnis.

Das Hardy-
Weinberg-Gesetz

Die Auswirkungen von Populationsschwankungen auf die Evolution lassen sich am einfachsten abschätzen, wenn man von *idealen Populationen* ausgeht. Eine »ideale« Population ist durch folgende Eigenschaften gekennzeichnet: sie enthält keine Mutanten; sie ist theoretisch unendlich groß; es herrscht Panmixie, und es gibt keine Selektion. (*Panmixie* bedeutet hier, daß kein Individuum der Population bei der Paarung bevorzugt oder benachteiligt wird, und daß alle Paare die gleiche Anzahl Nachkommen erzeugen).

Nach allem, was wir bisher wissen, scheint die Annahme einer solchen idealen Population geradezu unsinnig. Sie scheinen praktisch all dem zu widersprechen, was wir bisher erläutert haben. In der Natur gibt es tatsächlich keine »idealen« Populationen. Für ein mathematisches Modell kann die Postulation einer idealen Population aber dennoch sinnvoll sein, will man feststellen, ob es im »Idealfall« gewisse, statistische Gesetzmäßigkeiten gibt. Sollte dies der Fall sein, kann man schrittweise die vereinfachenden Voraussetzungen wieder fallen lassen und untersuchen, welchen Effekt sie haben und wie sie das Idealbild stören.

Für ideale Populationen gilt das nach dem englischen Mathematiker *Hardy* und dem deutschen Arzt *Weinberg* benannte und bereits 1908 formulierte *Hardy-Weinberg-Gesetz*. Das Gesetz besagt, auf eine Kurzformel gebracht, daß es in idealen Populationen keine Evolution geben kann!

Dies erscheint angesichts der diversen, gravierenden Voraussetzungen (keine Mutationen, keine Selektion etc.) für eine ideale Population nicht gerade überraschend. Etwas präziser ausgedrückt, liefert das Gesetz aber dennoch eine gewisse Information, denn es besagt, daß die *in einer idealen Population vorkommenden Allelenfrequenzen in ihren Proportionen untereinander über alle Generationen konstant bleiben.*

Die Gültigkeit dieses Gesetzes läßt sich leicht durch einige elementare Überlegungen nachvollziehen. Betrachten wir einen Genpool mit einem Gen, das in allen Individuen der Population vorkommt und in zwei Allelen A und a vorliegt. Wir bezeichnen die Häufigkeit des Auftretens eines Allels X in der Population mit p(X) und setzen die Gesamthäufigkeit per Definition auf 1.

Es gilt dann:

$p(A) + p(a) = 1$ und $p(A) = 1 - p(a)$.

Diese Zusammenhänge sind jedoch nur dann exakt gültig, wenn bei jedem Individuum genau eines der Allele zur Ausprägung kommt und wenn sich das Fehlen des entsprechenden Gens letal auswirkt, also wenn das betreffende Individuum, bei dem das Gen nicht aktiv wird, vor der Geschlechtsreife stirbt. Kommen A und a in der Population gleich häufig vor, so ist

```
p(A) = p(a) = 0.5.
```

In der Regel wird jedoch eines der Allele dominant sein, so daß Verhältnisse wie

```
p(A) = 0.6, p(a) = 0.4   o.ä.
```

wahrscheinlicher sind. Die Frage ist nun, wie durch die sexuelle Rekombination in einer idealen Population das Verhältnis von homozygoten (also AA oder aa) zu heterozygoten Individuen (also Aa oder aA) verändert wird. Nehmen wir an, A sei dominant, dann ergibt sich für die Häufigkeit der Allelkombinationen bei der sexuellen Rekombination:

```
(p(A)+p(a))*(p(A)+p(a))= p(A)²+2p(A)*p(a)+p(a)² = 1
```

Die dominant homozygoten haben einen Anteil von $p(A)^2$, die rezessiv homozygoten einen Anteil von $p(a)^2$ und die heterozygoten einen Anteil von $2*p(A)*p(a)$ an der Gesamtpopulation. Dies ist der eigentliche Inhalt des Hardy-Weinberg-Gesetzes. Die Genauigkeit des Gesetzes ist umso größer, je näher eine Population einer idealen Population kommt. Bei den natürlichen Populationen, etwa der der Menschen in der Bundesrepublik, gilt das Gesetz nur approximativ. Nach dem Hardy-Weinberg-Gesetz bleiben trotz Rekombination die Ausgangsverhältnisse des Auftretens der Allele (Allelfrequenzen) gleich. Dies erkennt man an einem einfachen Beispiel. Sei die Ausgangshäufigkeit von A=60%, die von a=40%.

So ist nach obiger Formel mit p(A)=0.6 und p(a)=0.4

```
p(A)²+2*p(A)*p(a)+p(a)² = 0.36+2*0.24+0.16.
```

Damit sind die Allelfrequenzen von A und a

```
0.36+0.24 + 0.16+0.24 = 0.6 + 0.4, also
```

exakt wie vor der Rekombination. Das Gesetz wird dann nutzbringend und sinnvoll anwendbar, wenn man abschätzen will, wie groß die Wahrscheinlichkeit des Auftretens einer bestimmten Allelkombination in einer Population ist. Wenn zum Beispiel die heterozygote Allelkombination eines Gens eine Erbkrankheit darstellt, die sich für das Individuum etwa in einer körperlichen Behinderung ausdrückt, so kann man bei ungefährer Kenntnis von $p(A)$ oder $p(a)$ die Wahrscheinlichkeit ermitteln, mit der die nachteilige Allelkombination in der Population auftritt.

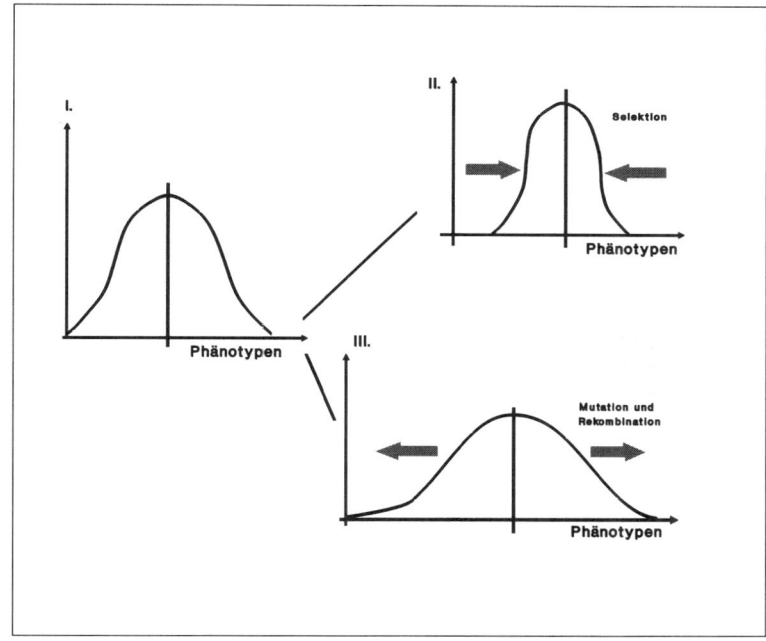

Bild 2.16:
Schematische
Darstellung der
Auswirkung der
Selektion auf die
Verteilung der
Phänotypen einer
Population.

Hier ein Beispiel: angenommen, es komme unter 10.000 Individuen durchschnittlich einmal die Allelkombination aa vor. Somit ist nach dem Hardy-Weinberg-Gesetz $p(a)^2 = 1/10.000$.

Folglich ist $p(a) = \sqrt{(1/10.000)} = 0.01$ und damit $p(A) = 1 - p(a) = 0.99$.

Hieraus ergibt sich

```
2*p(A)*p(a) = 2*0.01*0.99 = 0.02 = 1/50.
```

Demnach tritt ungefähr einmal unter 50 Individuen der Population die krankhafte Allelkombination auf.

In natürlichen Populationen gilt das Hardy-Weinberg-Gesetz aufgrund der wirkenden Störeinflüsse (Selektion, Mutationen, endliche Populationsgrößen, keine Panmixie etc.), wie bereits erwähnt, nur näherungsweise. Die realen Randbedingungen können die idealen Bedingungen natürlicher Populationen völlig verändern. Wenn zum Beispiel die Anzahl der Individuen der Population relativ klein ist, kann sich die Allelfrequenz allein durch zufällige Ereignisse drastisch verschieben. Die auf Zufall beruhende signifikante Veränderung von Allelfrequenzen bezeichnet man als *Gendrift*.

In einer kleinen Population kommt in der Regel nur ein geringer Teil der Nachkommen zur Fortpflanzung. Die Wahrscheinlichkeit einer durchgängigen Rekombination der Gene des Genpools sinkt. Nur ein kleiner Teil des Genpools wird phänotypisch realisiert und »getestet«. Je kleiner die Population ist, desto geringer wird die genotypische Varianz: die Population driftet in Richtung Gleichförmigkeit ab. Am Ende dieser Entwicklung steht die *Inzucht* nahe verwandter Individuen, die praktisch keine Varianz der Individuen mehr ermöglicht. Kleine, abgeschlossene Populationen neigen zur Inzucht. In inzestuösen Populationen haben chromosomale Defekte einen wesentlich stärkeren Einfluß als in Populationen ohne Inzucht. Deshalb führt Inzucht beispielsweise bei Menschen meist bereits nach wenigen Generationen zu deutlich sichtbaren Degenerationserscheinungen.

Ein ähnlicher Effekt tritt auf, wenn sich Populationen aufspalten und voneinander isolieren. Die einzelnen getrennten Populationsteile werden in sich gleichartig, entwickeln sich als Populationen jedoch durch Gendrift und

Genverlust, also durch das Ausbleiben der Expression aller Allele eines Gens, auseinander. Auf diese Weise sind viele Tier- und Menschenrassen entstanden.

Kleine Populationen zeigen folglich in der Regel eine völlig andere Tendenz der Entwicklung des Genpools als große Populationen. In einer großen, ursprünglich uneinheitlichen Population herrscht ein starker Mutationsdruck. Es sind vielfältige Rekombinationen des Genbestandes möglich. In einer kleinen, abgesonderten Population ohne Zuwanderungen gleichen sich die Individuen an. Der Genpool wird reduziert.

Große Populationen tendieren daher im Gegensatz zu Kleinpopulationen eher zu einer Ungleichförmigkeit des Erbgutes. Je kleiner die Population und je weniger die Zuwanderung von neuen Erbanlagen, desto gleichförmiger werden die Individuen. Die Auswirkungen von Selektion, Zufall und Gendrift sind in kleinen Populationen dramatisch. Sie wirken sich in der Regel wesentlich schneller auf die Allelfrequenzen aus als in großen Populationen.

Entsteht in einer großen Population dennoch eine gewisse Gleichförmigkeit der Erbanlagen, so wird dies durch den Selektionsdruck und den Selektionsvorteil gewisser Genotypen verursacht, also durch die natürliche Auslese gewisser Genkombinationen und deren überproportionale Vermehrung. Der Selektionsdruck wirkt vereinheitlichend, der Mutationsdruck hingegen wirkt diversifizierend.

Eine zu große Gleichartigkeit der Genotypen einer Population kann für die Population gefährlich werden. Ändern sich nämlich die Lebensbedingungen plötzlich, so sind die Individuen oft nicht mehr optimal angepaßt. Hat sich nun im Laufe der Zeit eine Einheitlichkeit der Erbanlagen herausgebildet, so hat die Population als Ganze genetisch kaum Reaktionsmöglichkeiten (dies war vermutlich die Ursache für das plötzliche Aussterben der Dinosaurier).

Man sagt in diesem Fall, daß die genetische *Reaktionsnorm* eingeschränkt wurde.

Die Reaktionsnorm ist besonders bei Lebewesen mit kurzen Generationszeiten und großen Populationen (z.B. bei Insekten) sehr breit angelegt. Bei Insekten ist die Anpassungsfähigkeit des Genpools beeindruckend. Sie wird ermöglicht durch den starken Mutationsdruck, der auf die großen Insektenpopulationen einwirkt und sich in einer breiten Varianz der Genotypen zeigt. Deshalb sind Insekten selbst gegen stärkste Insektizide meist bereits nach wenigen Generationen resistent. In einer uneinheitlichen, genetisch gut durchmischten Population ist die Wahrscheinlichkeit groß, daß immer einige Individuen existieren, deren Genotyp durch eine Reihe kleinerer Mutationen in relativ kurzen Zeiträumen so verändert werden kann, daß die resultierenden Individuen mit den veränderten Lebensbedingungen besser zurecht kommen.

Verloren gehen in kleinen Populationen vorwiegend selten auftretende Allele, die unter veränderten Bedingungen sehr wichtig werden könnten. In großen Populationen gibt es selbst von seltenen Allelen meist mehrere Exemplare. In kleinen hingegen meist nur einige wenige oder gar keine.

Populationswellen

Populationen können, wie wir bereits erwähnt haben, starken Größenschwankungen unterliegen. Populationen können als Ganze oder zu großen Teilen zugrundegehen (Lemminge). Es kann andererseits aber auch zu *Populationswellen* kommen, in denen sich die Individuen explosionsartig vermehren (Heuschreckenplagen). Die Gründe für die Populationsschwankungen können sehr vielfältig sein. Häufig sind die Umweltbedingungen (Futtermangel oder Futterüberfluß, Beutetierzyklen, Temperaturschwankungen etc.) verantwortlich. Starke Bestandsschwankungen sind von vielen Tierarten bekannt (Wildhasen, Rotwild, Mäuse, Ratten, Käfer, Läuse etc.).

Populationswellen können zu Aufspaltungen der Populationen in geographisch getrennte Areale führen. Dabei kommt es häufig zu *Einnischungen* (auch *Annidationen* genannt). Bei der Einnischung stoßen in ihrer ursprünglichen Umgebung eher benachteiligte Varianten auf ein Umfeld, in dem sie besser zurechtkommen und dadurch plötzlich keinen Selektions*nachteil* mehr haben. Einnischungen müssen jedoch nicht mit einem Ortswechsel verbunden sein. Sie kommen oft durch Spezialisierungen zustande, die es den Individuen ermöglichen, insbesondere dem Konkurrenzdruck innerhalb der eigenen Art auszuweichen. So können zum Beispiel kleinere Lebewesen, die in ihrer ursprünglichen Umwelt aufgrund ihrer geringen Größe benachteiligt waren, sich in Nischen zurückziehen, in denen eine geringe Körpergröße von Vorteil ist.

Nischenbildung

Bei der Einnischung sind die sich spezialisierenden Populationen meist zunächst relativ klein. In diesem Fall wirkt sich die geringe Populationsgröße jedoch positiv aus, da die *Gründerindividuen*, die die Nische »entdecken«, besser an diese Umwelt angepaßt sind als andere Individuen, da sie sonst die Nische nicht erfolgreich einnehmen würden. Die Nachkommen der Gründerindividuen sind sich ähnlich, und es kommt erst nach und nach mit wachsender Populationsgröße und steigendem Mutationsdruck zu einer langsam zunehmenden Varianz der Nachkommen.

In natürlichen Populationen ist trotz der häufig feststellbaren Bestandsschwankungen bei vielen Arten auch ein gegenläufiger Trend feststellbar: die Populationsgröße *strebt einem konstanten Wert* zu. Dies ist intuitiv einleuchtend. Denn die meisten Arten haben in ihrer natürlichen Umwelt Feinde, die dafür sorgen, daß sich ihr Bestand nicht beliebig vergrößert. Darüber hinaus ergeben sich aus den verfügbaren Nahrungsquellen und Umweltfaktoren Schranken für einen ungehinderten Bestandzuwachs.

Stabile Populationsgrößen

Die Faktoren, die den Bestand einer Art in ihrer natürlichen Umwelt regulieren, nennt man zusammenfassend die *Tragekapazität* der Umwelt. Die Tragekapazität entspricht einem dämpfenden Regler, der den Bestand im Normalfall auf einen konstanten Wert einregelt. Die Populationen streben damit einem *Gleichgewichtszustand* zu, in dem sich der Bestand nur noch relativ geringfügig ändert. Die Geschwindigkeit, mit der eine Population diesen Gleichgewichtszustand einer annähernd konstanten Bestandsgröße erreicht, hängt von der durchschnittlichen Reproduktionsrate der Individuen der Population und damit von den bekannten Evolutionsfaktoren ab.

Die Evolution als Optimierungsprozeß

Aus der Sicht des Ingenieurs stellt die Evolution nichts anderes dar als ein spezielles, sehr interessantes *Optimierungsverfahren*, das offenbar in der Lage ist, durch Manipulation der Erbinformation und die damit verbundenen grundlegenden Steuerungsmechanismen selbst komplexeste Organismen und Lebensformen in relativ kurzen Zeiträumen an ihre Umwelt- und Lebensbedingungen anzupassen. Die Evolution ist eine Art *Suchprozeß* im Raum der genetischen Informationen bzw. im Raum der möglichen Erbanlagen. Ihr Ziel ist es, diejenigen Erbanlagen zu finden, die ein Individuum oder eine Art am besten dazu befähigen, sich im Kampf um das Dasein zu bewähren. Die Effizienz der Evolution ist beeindruckend. Betrachten wir z.B. die genetische Information des Menschen. Nach Rechenberg (siehe [Rechenberg 72]) läßt sich der Suchraum, den die Evolution zur Adaption der Individuen nach optimalen Lösungen durchsuchen muß, durch einen diskreten Raum beschreiben. Die Gitterpunkte dieses Raumes stehen für alle möglichen Kombinationen von Nukleotidbasen, die im menschlichen Chromosom vorkommen können (nach Rechenberg ca. $3*10^9$). Rechenberg schätzt demnach die Anzahl der Gitterpunkte dieses Raumes, also die möglichen Alternativen, die die Evolution potentiell durchsuchen muß, auf mindestens 4$^{3.000.000.000}$. Selbst wenn diese Schätzung absolut um einen Faktor von mehreren Milliarden falsch liegt, ist das Ergebnis noch immer beeindruckend, denn ein Optimierungsverfahren, das sich wie die Evolution effizient in einem solch gigantischen Suchraum »zurechtfindet«, verdient in der Tat größte Aufmerksamkeit und Beachtung.

Für den Ingenieur ist die erstaunlichste Eigenschaft der Evolution die relative Einfachheit ihrer Vorgehensweise und das Zusammenwirken der verschiedenen Steuerungsmechanismen.

Vernachlässigt man einige Details, so beruht der von der Evolution durchgeführte Suchprozeß auf drei einfachen Prinzipien: der Mutation des Erbgutes, der Rekombination der Erbinformation (Crossover) und der Selektion aufgrund der Tauglichkeit (im wertneutralen Sinne) eines Individuums.

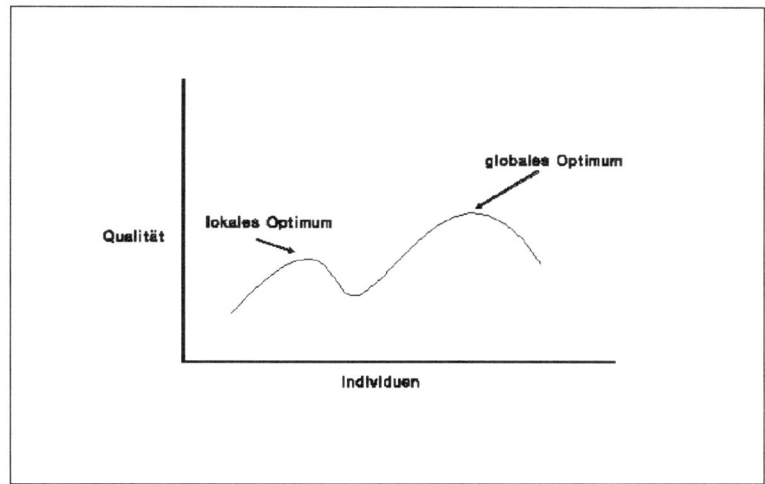

Bild 2.17:
Lokale und
globale Optima.

Die Evolution kombiniert dabei geschickt ungerichtete Suchprozesse mit gerichteten. Die Mutation des Erbgutes ist ein ungerichteter Prozeß, dessen Sinn einzig in der Erzeugung von Varianten und Alternativen liegt. Aus der

Sicht der Optimierungstheorie kommt der Mutation die Aufgabe zu, lokale Optima zu überwinden. Durch zufällige Veränderungen des Erbgutes wird ein »Einpendeln« der Evolution bei suboptimalen Lösungen verhindert. Daß die Mutationen tatsächlich nicht dazu dienen, den Suchprozeß aktiv zu steuern, sondern vorwiegend zur Vermeidung eines genetischen Abdriftens in suboptimale Regionen des Nukleotidraumes dienen (siehe S. 127ff), zeigt sich bereits daran, daß die Mutationswahrscheinlichkeiten pro Gen und Generation in der Natur im Allgemeinen sehr gering sind. Die Mutationswahrscheinlichkeiten (Punktmutationen) pro Gen liegen, wie wir bereits gesehen haben, in der Regel zwischen $5*10^{-5}$ und $5*10^{-7}$.

Die Rekombination (Crossover) liegt hinsichtlich ihres Beitrages zur Zielfindung im Rahmen der Evolution quasi zwischen der Mutation und der Selektion. Die Stellen, an denen ein Crossover zwischen homologen Chromosomen stattfindet (one-point-crossover), werden, davon geht man heute aus, zufällig bestimmt. Die eigentliche Rekombination der Gene erfolgt dann jedoch nicht mehr zufällig. Es werden lange Nukleotidketten unter den Chromosomen ausgetauscht. Dabei werden nahe beieinanderliegende und funktional verbundene Gene seltener getrennt als weiter auseinanderliegende Gengruppen. Die Rekombination bewirkt damit zwar ein zufälliges Mischen des Erbgutes, sie folgt aber gewissen statistischen Gesetzmäßigkeiten (siehe auch die Mendelschen Gesetze).

Die Selektion ist für die eigentliche Steuerung der Evolution verantwortlich. Sie bestimmt die Richtung, in die sich das Erbgut verändert, indem sie festlegt, welche Phänotypen sich stärker vermehren und welche weniger stark. Dadurch legt die Selektion die grundlegende Ausprägung und Ausrichtung des Genoms einer Art fest. Die Selektion wäre, wenn es keine Störungen gäbe, demnach eine deterministische Komponente innerhalb der Evolution. Sie würde den Lauf der Evolution festlegen. In der Natur wird die Selektion jedoch immer wieder – insbesondere durch zufällige Ereignisse – gestört. Auch die am besten an ihre Umwelt und Lebensverhältnisse angepaßten Lebewesen können durch ein Unglück sterben, bevor sie Nachkommen erzeugen können. Damit kann die Evolution die Ausbildung eines optimalen Genoms »verpassen«. Die Selektion greift in diesen Fällen »daneben«. Zwei weitere Einflüsse machen die Selektion zu einem indeterministischen Faktor. Die Selektion ist keine konstante Größe, da sich die Umwelt und Lebensbedingungen der Individuen und Arten ständig ändern können (zum Beispiel durch das Klima, Erdbeben, Überschwemmungen, Feuer etc.). Im Sinne der Optimierung gibt es daher keine fixe Selektionsfunktion, sondern eher eine Familie von Funktionen, aus der je nach Umwelt und Lebensbedingungen eine spezielle Selektionsfunktion aktiv wird. Die zweite Einflußgröße, die den deterministischen Charakter der Selektion stört, ist die Rückkopplung der Umwelt mit den Individuen. Diese können durch Eingriffe in die Umwelt (wie weiter unten noch erläutert wird) ihre eigene Selektion beeinflussen.

Die Natur geht im allgemeinen verschwenderisch mit ihren Geschöpfen um. Sie nimmt keine Rücksicht darauf, wieviele Individuen zugrunde gehen, wenn eine Adaption des Genpools an neue Umweltbedingungen erreicht werden soll. Warum geht die Natur so vor? Warum versucht sie nicht, mit einer minimalen Anzahl von Lebewesen auszukommen?

Evolution als kombinierte Suchstrategie

Betrachtet man, wie wir es hier tun, die Evolution als einen Suchprozeß im Raum der genetischen Rekombinationsmöglichkeiten, so wird verständlich, weshalb die Natur nicht gerade mit Individuen »geizt«, denn soll eine Art (ein Genpool) an sich verändernde Lebensbedingungen angepaßt werden, so ist die Meßlatte in der Regel die *Zeit*. Folglich gibt es für eine möglichst effiziente Optimierungsstrategie im wesentlichen nur zwei Alternativen: entweder werden die Generationsfolgen sehr kurz gehalten, damit sich die Individuen in der Generationsfolge schnell den veränderten Bedingungen anpassen können, oder es werden jeweils möglichst viele Individuen zur gleichen Zeit erzeugt, so daß auf diese Weise die benötigte Evolutionszeit minimiert wird.

Die Evolution verfolgt vermutlich eine annähernd optimale Kombination dieser beiden Strategien. Die bei fast allen Arten unterschiedliche Kombination von Reproduktionszeit und Reproduktionsquote bewirkt im Sinne klassischer Suchstrategien eine gekoppelte *Tiefen-* und *Breitensuche* bzw. eine Kombination aus serieller und paralleler Suche.

Die Parallelisierbarkeit der evolutionären Suche ist besonders interessant und wichtig. Indem jeweils mehrere Individuen der gleichen Art zur gleichen Zeit leben, werden diese simultan auf ihre »Tauglichkeit« getestet. Damit ist es der Evolution möglich, den hochdimensionalen Suchraum der genetischen Mannigfaltigkeiten simultan von mehreren Punkten (= Genotypen) aus zu durchsuchen. Dies spart Zeit, erhöht die Wahrscheinlichkeit, optimale Punkte zu erreichen, und reduziert gleichzeitig die Wahrscheinlichkeit, suboptimale Pfade zu verfolgen, also auf lange Zeit fehlgeleitet zu werden.

Die Evolution kann demnach wohl mit Recht als ein effizientes Suchverfahren betrachtet werden. Sie kombiniert geschickt gerichtete und ungerichtete Suchstrategien sowie serielle und parallele Suchprozesse miteinander. Die Parallelisierbarkeit macht die Evolution als Modell geeignet für Simulationen auf modernen, leistungsstarken Parallelrechnern. Dies werden wir in einem späteren Kapitel noch genauer untersuchen und vertiefen.

Globale und lokale Optima

Als Grundlage für die folgenden Ausführungen und Kapitel müssen wir hier zunächst einige elementare Definitionen aus der Optimierungs-Theorie einführen und angeben, was eigentlich unter einem *Optimum* zu verstehen ist. Das Ziel der Evolutionsstrategen ist das systematische und schnelle Finden von möglichst optimalen Parameterwerten. Gegeben seien reelle (Parameter-)Vektoren

$$x \in M = M_1 \; x \; M_2 \; ... \; x \; M_n$$

und eine Zielfunktion z, die jedem solchen Vektor eindeutig einen (Qualitäts- oder Güte-) Wert zuordnet:

$$z: M = M_1 \; x \; M_2 \; ... \; x \; M_n \rightarrow R \; , \quad M \; /= 0.$$

»R« steht hier für die Menge der reellen Zahlen.

Aufgabe bei einem Optimierungsproblem ist es, einen Vektor $x^* \in M$ von Parametern (Argumenten der Zielfunktion) zu finden, derart daß

für alle x aus M gilt:

$$z(x) \geq z(x^*).$$

Existiert ein solches x^*, so nennt man es ein *globales Minimum*.

Neben den globalen Minima gibt es in der Regel auch noch sogenannte *lokale Minima*. Ein lokales Minimum x_{lok} ist definiert durch:

es gibt ein e, so daß für alle x gilt, wenn

$$|x - x_{lok}| \; < \; e, \; \text{so ist} \; z(x_{lok}) \leq z(x).$$

Im Gegensatz zu einem globalen Minimum stellt folglich ein lokales Minimum nur innerhalb eines bestimmten Gebietes einen Extremwert dar. Außerhalb dieses Gebietes kann es noch kleinere Werte der Zielfunktion geben.

Die Beschränkung auf die Behandlung von Minimierungsproblemen stellt keine wirkliche Einschränkung dar, denn Maximierungsprobleme können sehr einfach auf Minimierungsprobleme zurückgeführt werden (und umgekehrt), da

$$\text{maximum} \; \{z(x)|x \in M\} \; = \; - \; \text{minimum} \; \{-z(x)|x \in M\}.$$

Die Zielfunktion z bezeichnet man bei der Simulation der Evolution meist als *Qualitätsfunktion Q*. Mittels Genetischer Algorithmen und der Evolutionsstrategie (siehe Kapitel 3 und 4) wird versucht, möglichst effizient diejenigen Parametervektoren (=Chromosomen bzw. Individuen) zu finden, bei denen die Qualitätsfunktion einen optimalen Wert annimmt.

Konventionelle Optimierungsverfahren

Zum Verständnis der Evolution als Optimierungsverfahren ist es sinnvoll, sie einigen konventionellen Verfahren gegenüberzustellen. Wir gehen hier jedoch nur in aller Kürze auf einige klassische Verfahren ein. Dem interessierten Leser empfehlen wir zur Vertiefung der Gegenüberstellung von Evolutionsstrategien und klassischen Methoden das ausgezeichnete Buch von Prof. Dr. Schwefel: *Numerische Optimierung von Computer-Modellen mittels der Evolutionsstrategie* (Literaturverzeichnis).

Die klassischen Optimierungsverfahren lassen sich grob in deterministische und nicht deterministische Verfahren untergliedern.

Deterministische Optimierungs- verfahren

Die bekanntesten deterministischen Optimierungsverfahren, die auch für die Suche in hochdimensionalen Parameterräumen geeignet sind, sind unter anderen die *Gauß-Seidel Strategie*, das *Simplex-Verfahren* und die *Gradienten-Strategie*. Diese Verfahren können unter dem Schlagwort »hill-climbing« Strategien zusammengefaßt werden, da sie sich im Prinzip wie ein Bergsteiger verhalten, der sich, um zum Gipfel zu kommen, immer an dem lokalen Anstieg orientiert und sich bevorzugt dorthin bewegt, wo ein Anstieg festzustellen ist.

Zur Erläuterung der Verfahren nehmen wir an, es sei ein n-dimensionaler Parameterraum mit den Parametern $<p_1,...,p_n>$ vorgegeben und eine Qualitätsfunktion Q, die es gestattet, jede Parameter-Kombination eindeutig zu bewerten (wir betrachten hier nur Optimierungsprobleme im

Sinne einer Maximierung). Gesucht sind die optimalen Parameter-Werte p_{io}, für die $Q(p_{1o},...,p_{no})$ maximal wird.

Die *Gauß-Seidel Strategie* geht sukzessive und nach einem recht einfachen Schema vor. Zunächst wird der Parameter p_1 in eine Richtung verändert. Steigt die Qualitätsfunktion, so wird der Parameter ständig weiter in diese Richtung verändert, bis der maximal zulässige Wert für p_1 erreicht ist oder bis der Wert der Qualitätsfunktion »kippt«, also kleiner wird. In diesem Falle wird der nächste Parameter p_2 verändert. Fällt der Wert von Q nach dem ersten Schritt der Veränderung von p_1, so wird genau wie oben, jedoch in entgegengesetzter Richtung weiterverfahren. Diese Prozedur wird so lange fortgesetzt, bis alle Parameter angepaßt wurden und beginnt dann von neuem, bis ein zufriedenstellender Wert für Q erreicht wurde.

Die *Gradienten-Strategie* ist das wohl bekannteste Optimierungsverfahren. Es ist vermutlich jedem Studenten bei der Kurvendiskussion zur Bestimmung von Minima oder Maxima differenzierbarer Funktionen bereits im Mathematikunterricht der Schulzeit begegnet. Die Gradienten-Strategie richtet sich in jedem Punkt des n-dimensionalen Qualitätsgebirges nach dem steilsten Tangentenanstieg. Dazu wird jeweils die partielle Ableitung der Qualitätsfunktion nach den Parametern bestimmt. Die Parameteranpassung erfolgt in Richtung des steilsten Gradienten und proportional zur Steigung, das heißt in der Nähe des Optimums erfolgen kleine Adaptionsschritte (geringe Steigung) und in weiterer Entfernung in der Regel größere Schritte.

Die Gradienten-Verfahren sind in der Praxis nicht auf differenzierbare Funktionen beschränkt, da an der Stelle der Ableitung oft mit Differenzenquotienten gearbeitet werden kann. Das größte Manko der Gradienten-Verfahren ist, daß sie in lokalen Maxima »hängenbleiben« können, da die Ableitung (Differenzen) dort Null ist (sind) und in der nahen Umgebung alle Gradienten negative Steigung haben. Das *Simplex-Verfahren* arbeitet nach einem gänzlich anderen Prinzip. Es ähnelt den Evolutions-verfahren darin, daß nicht von einem Startpunkt (einem speziellen Parametervektor) ausgegangen wird, sondern von mehreren gleichzeitig. Anstelle eines Startpunktes werden im n-dimensionalen Raum n+1 Startpunkte ver-wendet. Sie werden so gesetzt, daß sie untereinander glei-che Abstände haben.

Im 2-dimensionalen Raum ergibt dies ein gleichseitiges Dreieck, im 3-dimensionalen Raum einen Tetraeder und im n-dimensionalen Raum ein reguläres Polyeder (*Simplex*). Im ersten Schritt nach der Festlegung der Startpunkte werden diese bewertet.

Der Eckpunkt des Simplex mit dem schlechtesten Wert wird gestrichen. An seine Stelle tritt ein neuer Punkt, der durch Spiegelung des gestrichenen Punktes am Mittel-punkt des verbleibenden n-Ecks hervorgeht. Durch dieses Vorgehen kann es zu Oszillationen kommen, da der neue Punkt ebenfalls der schlechteste sein kann, was dazu füh-ren würde, daß der gerade gestrichene Punkt wieder er-zeugt werden würde.

Um solche Oszillationen zu verhindern, wählt man in diesem Fall den zweitschlechtesten Punkt für die Spiege-lung und verfährt dann wie geplant. Nach einigen Itera-tionen werden nur noch Polyeder erzeugt, die um den Eckpunkt mit dem höchsten Qualitätswert rotieren. In diesem Stadium kann nur noch eine Qualitätsverbesserung erreicht werden, wenn die Kantenlänge der Polyeder ver-kürzt (etwa halbiert) wird.

Neben den hier vorgestellten Verfahren gibt es natürlich noch eine beinahe unüberschaubare Fülle weiterer, teil-weise sehr leistungsstarker Optimierungsverfahren. Hier-zu gehören unter anderem die *Newton*-Strategien, die *Complex*-Strategie von *Box* u.v. a.m. Wir können hier jedoch nicht weiter auf diese Verfahren eingehen.

Die Grundidee nicht deterministischer Optimierungsverfahren besteht darin, anstelle von komplizierten deterministischen Vorschriften bei der Suche nach den Optima in großen Suchräumen, vom Zufall Gebrauch zu machen. Dies scheint naiv betrachtet nicht sinnvoll, da der Zufall gerade in sehr großen Räumen keine brauchbare Richtschnur für das Suchen bereitzustellen scheint. Suchverfahren, die auf der Basis von Zufallsprozessen arbeiten, scheinen daher ineffizient zu sein.

Nicht deterministische Optimierungsverfahren

Diese naive Sicht ist jedoch in der Regel falsch. Man neigt dazu, Zufall mit Willkür gleichzusetzen, und das ist ein Fehler, denn man kann sehr systematisch und effizient mit dem Zufall arbeiten, obwohl dies beinahe wie ein Widerspruch klingt. Die systematische Nutzung des Zufalls ist eines der Erfolgsrezepte der Evolution. Wenn über die Lage der Optima in einem großen Suchraum keine Kenntnisse vorhanden sind, und das ist in der Praxis leider nur zu oft der Fall, sind zufallsgesteuerte Verfahren eventuell weitaus effizienter als deterministische Algorithmen. Die Gefahr, Optima zu »verpassen«, ist beispielsweise bei einer gleichmäßigen Streuung der Zufallsstichproben im Suchraum relativ gering.

Diese Gefahr besteht jedoch bei einer deterministischen Suche immer dann, wenn die Systematik, also die Art der Suche, so angelegt ist, daß durch sie, *ohne daß man es weiß*, die optimalen Werte nicht gefunden werden können. Basiert das deterministische Verfahren auf einer auch nur geringfügig falschen Annahme, kann es bereits völlig nutzlos sein. Wenn man nicht weiß, wo die Optima im Suchraum liegen und wie sie aussehen, so weiß man in der Regel auch nicht, ob man die richtige Suchstrategie gewählt und die richtigen Annahmen getroffen hat. In diesen Fällen ist eine systematische, zufallsbasierte Suche daher oft zuverlässiger als ein Algorithmus, bei dem jeder Suchschritt exakt vorgegeben wird. Denn kennt man die Verteilung der Stichproben im Suchraum, also den Zufallsprozeß auf dem ein nicht deterministisches Verfahren basiert, so kann man zumindest die Wahrscheinlichkeit abschätzen, mit der man die Optima findet – oder verpaßt ! Dies ist bei deterministischen Verfahren oft noch nicht einmal ansatzweise möglich.

Die Monte-
Carlo-Methode

Das einfachste auf Zufallsprozessen basierende Verfahren ist das Monte-Carlo-Verfahren. Der Name deutet auf ein Glücksspiel hin. Das ist jedoch völlig irreführend. Wie wenig die Methode mit »Glück« zu tun hat und wie effizient und elegant sie sein kann, soll folgendes Beispiel verdeutlichen.

Angenommen, wir wollen den Flächeninhalt einer komplizierten Fläche berechnen. Dafür gibt es eine Unzahl deterministischer Algorithmen. Die meisten dieser Verfahren zerlegen die komplizierte Fläche in eine mehr oder weniger große Zahl einfacherer Flächen (z.B. Dreiecke), deren Flächenberechnung schnell durchgeführt werden kann. Die Gesamtfläche ergibt sich dann approximativ als Summe der einfacheren Flächen.

Bei Verwendung der Monte-Carlo-Methode kann man den Flächeninhalt sehr einfach ermitteln: zunächst zeichnet man um die zu berechnende Fläche ein Quadrat (oder Rechteck). Dann erzeugt man zufällig Punkte innerhalb des Quadrates. Dabei muß man lediglich darauf achten, daß jeder Punkt innerhalb des Quadrates mit etwa der gleichen Wahrscheinlichkeit erzeugt wird.

Einige der Punkte werden in der Fläche liegen, deren Inhalt berechnet werden soll, die restlichen Punkte werden innerhalb des Quadrates, aber außerhalb der zu berechnenden Fläche liegen. Aus dem Verhältnis der Anzahl der Punkte, die innerhalb der zu berechnenden Fläche liegen, zur Zahl der insgesamt erzeugten Punkte läßt sich nun sofort der Inhalt der Fläche errechnen. Ist nämlich Q die Fläche des Quadrates, r die Anzahl aller Punkte und t die Zahl der Treffer (= Punkte innerhalb der zu berechnenden Fläche), so ergibt sich die Fläche aus:

$Q^*(t/r)$. Je größer die Gesamtzahl der generierten Punkte, desto genauer wird die Berechnung.

Man erkennt an diesem Beispiel deutlich, daß es sehr sinnvoll sein kann, systematisch vom Zufall Gebrauch zu machen. Ein großer Vorteil der klassischen Monte-Carlo-Methode ist, daß alle Proben (im obigen Beispiel alle Punkte) unabhängig voneinander und damit simultan erzeugt werden können. Die Entscheidung über das jeweils weitere Vorgehen, also die Wahl der nächsten Stichproben, hängt nicht von den bisherigen Stichproben ab, da die Wahrscheinlichkeit für einen Treffer aufgrund der Gleichverteilung der Stichproben jeweils gleich groß ist. Monte-Carlo-Methoden arbeiten »blind«, sie benutzen keine Information über den Verlauf der Qualitätsfunktion. Es ist wichtig einzusehen, daß die Evolution *nicht* wie eine primitive Monte-Carlo-Methode vorgeht. Die Evolution arbeitet wesentlich zielgerichteter als ein reines zufallsbasiertes Suchverfahren. Als »Gedächtnis« dienen der Evolution die Chromosomen mit der Erbinformation. Durch das *survival of the fittest* werden bevorzugt bewährte, erfolgreiche Gene miteinander rekombiniert. Die Evolution sucht folglich nicht mit gleicher Wahrscheinlichkeit alle Punkte des Suchraumes ab, was in der Tat sehr ineffizient wäre, sondern sie sucht bevorzugt, also mit größerer Wahrscheinlichkeit, in den Regionen des Suchraumes, in denen eine überdurchschnittliche Zunahme der Fitneß zu erwarten ist. Dies ist das Erfolgsrezept der Evolution. Weitere Ausführungen über die Optimierungseigenschaften der Evolution entnehmen Sie bitte den späteren Kapiteln.

Aspekte der modernen Evolutionstheorien

Evolutionstheorien unterliegen selbst einer gewissen Evolution. Die Wissenschaften entwickeln sich weiter, und neue Erkenntnisse sollten soweit wie möglich in die bestehenden Theorien aufgenommen werden. Seit Darwin hat sich unser Weltbild in mancherlei Hinsicht verändert. Es sind ganze Wissenschaften und Wissenschaftszweige neu entstanden. Wir haben in weiten Bereichen eine andere Sicht der Dinge als Darwin, denn vieles kann aus heutiger Sicht nicht mehr so gesehen werden, wie Darwin und seine Zeitgenossen es deuteten.

Die Änderung der Einschätzung einiger Faktoren der Evolution und gewisse neue Interpretationen biologischer Fakten kennzeichnen die moderne Evolutionstheorie. Wir wollen daher im folgenden Kritik an einigen Dogmen der Evolutionstheorie üben und die Umrisse alternativer Ansätze und mögliche Erweiterungen der klassischen Theorie skizzieren.

Evolution als Rückkopplungsprozeß

Die biologischen Vorgänge werden heute aufgrund der wesentlich verbesserten Informationstechnologie oftmals unter globalen Gesichtspunkten gesehen. Wir wissen zu jeder Zeit, was auf der Welt geschieht. Wir wissen daher auch, daß wir als Objekte der Evolution nicht nur passiv sind, daß wir nicht Billardkugeln gleichen, die von der Evolution mit dem »Mutations-Queue« hin und her gestoßen werden.

Die Umweltkatastrophen (Ozonloch, Klima, Tschernobyl, Waldsterben, Meeresverschmutzung etc.), die durch Menschen verursacht werden, zeugen nachdrücklich davon, daß die Individuen einer Art nicht nur passiv in ihrer Umwelt leben, sondern daß Evolution eigentlich ein komplizierter Prozeß mit starken Rückkopplungen ist.

Die Natur beeinflußt die Entwicklung der Lebewesen, und diese beeinflussen und verändern die Natur. Dieser Aspekt der Evolution wurde von den klassischen Evolutionstheoretikern fast völlig vernachlässigt.

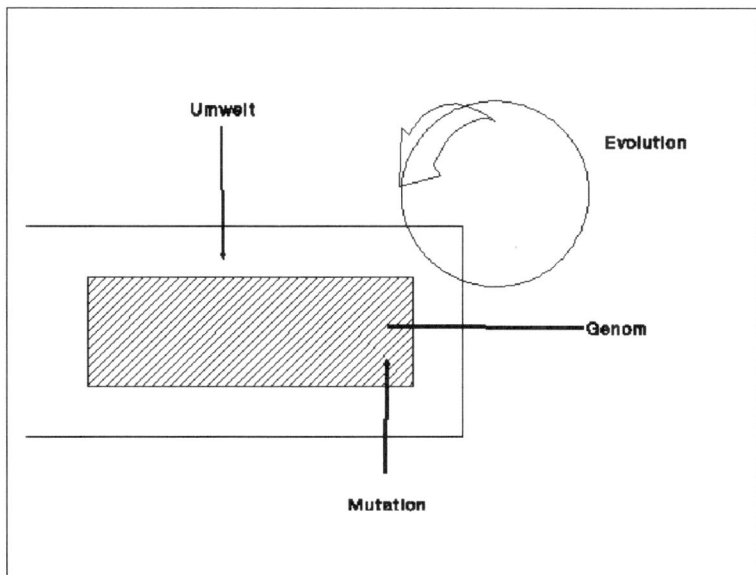

Bild 2.18:
Schematische
Darstellung der
Rückkopplung
zwischen Natur und
Umwelt, Genom
und Evolution.

Genaugenommen haben die frühen Lebensformen unsere Welt nachhaltiger beeinflußt, als wir Menschen es bislang getan haben (wenn auch die »Chance« besteht, daß wir alles bislang Dagewesene negativ übertreffen werden). Tiere und Pflanzen haben seit jeher die Zusammensetzung der Atmosphäre wesentlich mitbeeinflußt. Die Uratmosphäre bestand vorwiegend aus Wasserstoff, Methan, Ammoniak, Wasserdampf und Schwefelwasserstoff. Sie enthielt praktisch keinen Sauerstoff. Unsere heutige Atmosphäre wäre für sehr alte Lebensformen giftig und unverträglich gewesen, genau wie die frühe Atmosphäre für uns. Der von uns benötigte Sauerstoff war für die Urformen des Lebens ein tödliches Gift. Erst durch die Photosynthese der Pflanzen und die Energieumwandlung der Tiere wurde die Atmosphäre nach und nach zu der, die sie heute ist. Verantwortlich für den »Sauerstoff-Holocaust« waren die *Zyanobakterien*, die das Sauerstoff-»Umweltgift« freisetzten.

Was global gilt, gilt in diesem Fall auch lokal. Alle Tiere und Pflanzen verändern und beeinflussen alleine durch ihre Existenz die Umwelt. Bei aktiven Tieren und insbesondere bei uns Menschen ist der Einfluß auf die Natur sehr stark. Dies wiederum hat Einfluß auf unsere Entwicklung. Kinder, die heute in Großstädten aufwachsen, haben etwa tausendmal mehr Blei im Blut als Kinder vor 100 Jahren. Blei wirkt im Gehirn wie ein Nervengift.

Wir nehmen täglich Unmengen an Kohlenmonoxid durch die Luft und chemische Konservierungsstoffe über die Nahrungskette auf. Die von uns produzierten Umweltgifte haben Krankheiten zur Folge. Strahlen und Chemikalien können unsere Erbanlagen verändern. In dieser Weise entsteht ein von uns induzierter, sich langfristig auf unsere Erbanlagen negativ auswirkender Regelungskreis.

Betrachtet man diese Prozesse, so ergibt sich ein Problem für die Evolutionstheorie, eine Art Henne-Ei-Problem: Was ist die Triebfeder der Veränderung der Arten? Ist es die Evolution, die mittels Selektion und Mutation Veränderungen hervorbringt? Oder sind es die Individuen selbst, die durch ihr Eingreifen in die Natur die Veränderungen an den Individuen direkt oder indirekt hervorrufen? Die klassische Evolutionstheorie betrachtet die Individualentwicklung und die Entwicklung der Lebensräume als weitestgehend unabhängig voneinander. Aus heutiger Sicht gibt es hier jedoch eine starke Rückkopplung. Die Individuen können die Selektionsmechanismen für sich selbst und andere Arten beeinflussen. Die Selektionsmechanismen wiederum haben Einfluß darauf, wie sich die Arten in ihrer Umwelt entwickeln etc. Damit bestimmen die Arten letztlich die Selektionsmechanismen, die ihre Entwicklung bestimmen. Eine scheinbar paradoxe Situation.

Der Rückkopplungsmechanismus läßt sich auch etwas abstrakter verstehen. Die Evolution versucht danach, die Individuen als Subsysteme eines globalen Systems (etwa die Erde) optimal an das globale System zu adaptieren. Durch die Veränderung der Subsysteme verändert sich jedoch auch das globale System, das sich aufgrund seiner Komplexität noch nicht in einem Gleichgewichtszustand befindet. Das globale System erzeugt damit ständig neue Bedingungen für die Adaption der Subsysteme, woraufhin die Subsysteme neu adaptiert werden müssen u.s.w.

Chaos, Fraktale und Selbstorganisation

Mit Rückkopplungen hat auch ein junger, moderner und sehr vielversprechender Wissenschaftszweig, die *Chaostheorie*, zu tun, die ein völlig neues Licht auf die Vorgänge des Lebens und der Natur zu werfen vermag. Die Chaostheorie untersucht das Verhalten komplexer, rückgekoppelter Systeme. Da alle lebenden Organismen Beispiele für solche Systeme darstellen (die einzelnen Zellen und Wirkstoffe beeinflussen sich gegenseitig), untersucht die Chaostheorie implizit auch die Gesetzmäßigkeiten, die das Verhalten und die Entwicklung von Organen und Lebewesen bestimmen. Wenn man sich die aus heutiger Sicht große Bedeutung der Chaostheorie vor Augen führt, so stellt sich die Frage, warum sie erst vor wenigen Jahrzehnten entwickelt wurde. Um dies zu verstehen, muß man sich die »Evolution« unseres derzeitigen Weltbildes klarmachen. Unser westliches Weltbild wurde bis in unser Jahrhundert zu einem großen Teil durch die zweifellos genialen Denker der griechischen Antike geprägt. Namen wie: *Sokrates, Platon, Aristoteles, Euklid, Thales* und viele andere sind uns allen bereits aus dem Schulunterricht geläufig. Von ihnen hat unser Kulturkreis und die gesamte Menschheit u.a. gelernt, mit idealen Gebilden wie Punkten, Geraden, Kreisen, Dreiecken und Quadraten umzugehen und zu rechnen. Von ihnen haben wir gelernt, was Beweise sind, was exakte Mathematik ist und was Philosophie bedeutet.

Kennzeichnend für die Denkweise des Altertums ist die Platonische Welt der *Ideen*. Für Platon war die wirkliche Welt nur eine Art billiger Abklatsch der eigentlichen Welt der idealen Entitäten, der Ideen. In der Realität gibt es keine echten Geraden, keine wirklichen Kreise, keine Punkte, keine Zahlen. Es gibt nur physikalische Objekte, die diesen idealen Formen mehr oder weniger nahe kommen. Für die griechischen Denker finden sich in der Natur nur unvollkommene Realisierungen der Ideen.

Der Vorteil dieses Platonismus und seine Berechtigung ist, daß er es gestattet, von Nebensächlichkeiten zu abstrahieren. Für geometrische Berechnungen, etwa des Flächeninhaltes eines Quadrates, ist es irrelevant, wie dick z.B. die Begrenzungslinien sind. Es ist auch irrelevant, daß es in der physikalischen Welt gar keine vollkommen ebenen Quadrate gibt. Diese Abstraktionen erscheinen uns heute so geläufig, daß wir praktisch nie über ihre teilweise gravierenden Konsequenzen nachdenken.

Fraktale Es ist dem berühmten Mathematiker *Benoit Mandelbrot* zu verdanken, daß wir heute die scheinbaren Unvollkommenheiten der Natur nicht mehr als Makel der Natur betrachten, sondern darin einen tieferen Sinn sehen. Mandelbrot hatte erkannt, daß die »Holprigkeit« der Natur kein Mangel ist, sondern in vielen Fällen Ausdruck einer beeindruckenden und komplizierten Gesetzmäßigkeit. In seinem Hauptwerk »Die fraktale Geometrie der Natur« hat er nachgewiesen, daß die scheinbaren Unregelmäßigkeiten, Unebenheiten, Faltungen, Klümpchenbildungen etc. die fast überall in der Natur anzutreffen sind, Ausdruck eines grundlegenden Prinzips sind.

Mandelbrot zeigte, daß Galaxien, Pflanzen, Schneeflocken, Gebirge, Küstenlinien, ja selbst unsere Lungen und unser Gehirn sich alle in einem gewissen Maße gleichen: sie sind Beispiele für sogenannte *fraktale*, zersplitterte Strukturen mit gebrochener, nicht ganzzahliger Dimension.

Die Entdeckung der fraktalen Struktur der Natur und vieler Lebensformen hat die moderne Evolutionsforschung nachhaltig beeinflußt. Die idealisierende Vernachlässigung der Feinstruktur der Lebewesen als Folge des Platonismus hatte den Blick verbaut auf ein Grundprinzip des Lebens: die Erzeugung einer großen Formen- und Strukturenvielfalt durch rekursive und rückgekoppelte Prozesse.

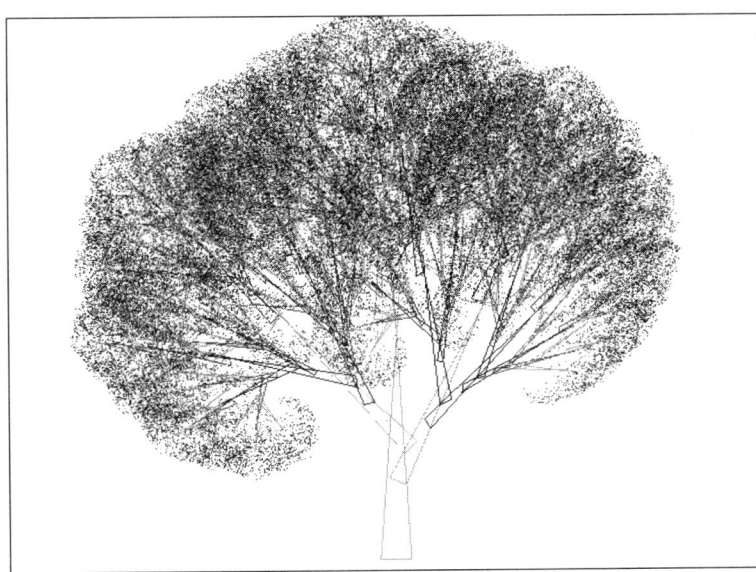

Bild 2.19:
Ein Baum als fraktale Struktur. Die Teile (Zweige) des Baumes sind selbstähnlich. Man nennt solche Gebilde auch »Graphtale«, da man mit ihnen komplexe reale Strukturen wie Bäume etc. sehr gut graphisch repräsentieren kann.

Erst durch diese Einsicht wird die Artenvielfalt und die unglaubliche Anzahl unterschiedlicher Formgebungen in der Natur verständlich. Im Laufe der Evolution hat die Natur (lange vor den Menschen) das Prinzip der Fraktale entdeckt und nutzt es seitdem in folgender Weise: in den Genen werden nicht nur die Strukturmerkmale der Lebewesen codiert, sondern rekursive oder rückkoppelbare Erzeugungsfunktionen, die den Phänotyp der Individuen repräsentieren. Anstelle eines komplexen Bauplanes des Phänotyps wird über die Gene der Algorithmus des Gen-Regulationssystems weitergereicht, mit dem der Bauplan der einzelnen Zellen erzeugt werden kann! Dadurch läßt sich die Erbinformation sehr viel kompakter und zuverlässiger speichern.

Gleichzeitig wird durch das Konzept der Fraktale modellhaft verständlich, wieso bereits geringfügige Mutationen der Gene relativ große Modifikationen der Phänotypen erzeugen können: eine Mutation ersetzt – intuitiv gesprochen – die in den Genen codierten Steueranweisungen der Algorithmen für die Eiweißsynthese durch andere.

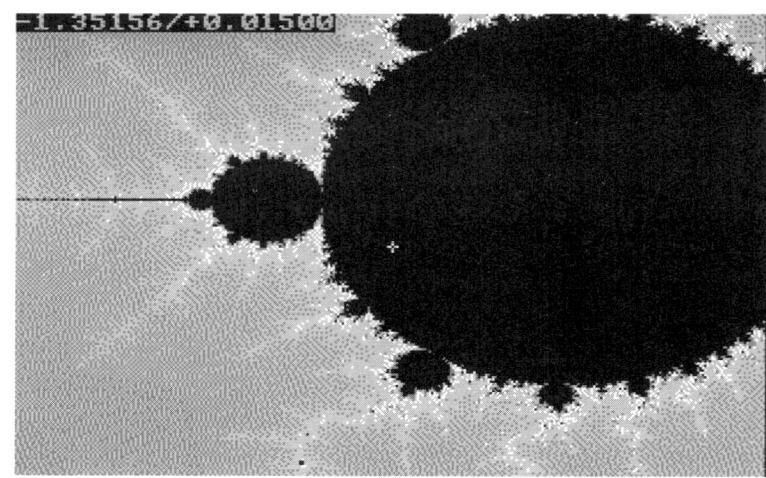

Bild 2.20:
Das berühmteste
fraktale Gebilde:
das Apfelmännchen
oder die Mandel-
brot-Menge. Dieses
Gebilde ist der
»Superstar« unter
den Fraktalen.

Ein derart erzeugter Phänotyp kann folglich eine völlig andere Gestalt (insgesamt oder in Teilen) annehmen, als ein Phänotyp, bei dem die Mutation nicht stattgefunden hat.

Chaos und Fraktale

Zwischen fraktalen und *chaotischen* Strukturen bestehen vielfältige Zusammenhänge. Fraktale Strukturen haben in der Regel eine unregelmäßige und zersplitterte Gestalt. Die »nützlichen« Fraktale, also Fraktale, mit deren Hilfe natürliche Objekte und Prozesse modelliert werden können, enthalten häufig eine Zufallskomponente. Sie bilden faszinierende Folgen von abwechselnder Regularität und scheinbarer oder echter Irregularität. Zudem sind fraktale Strukturen *selbstähnlich*, das heißt, sie sind *skaleninvariant*: sie besitzen in allen Größenbereichen denselben Grad an Regularität/Irregularität und Zersplitterung. Vergrößert man einen beliebigen Ausschnitt einer fraktalen Figur, so hat der Ausschnitt in etwa die gleiche Gestalt wie die gesamte Figur. So lassen sich Fraktale auch intuitiv definieren: als Strukturen, deren Ausschnitte bei sukzessiver Maßstabsvergrößerung immer wieder eine ähnliche Form annehmen, ohne dabei gegen eine Grenzform zu konvergieren.

Das Problem einer exakten Charakterisierung von Fraktalen liegt in den Begriffen »Ordnung«, »Unordnung«, »Zersplitterung«, »Selbstähnlichkeit« u.s.w. Rein mathematisch betrachtet kann die exakte Definition der Fraktale auf die des Dimension-Begriffes zurückgeführt werden. *Ein Fraktal ist danach eine Menge, deren spezielle (gebrochene!) Dimension die gewöhnliche topologische Dimension übersteigt.*

Der Wechsel zwischen Ordnung und Unordnung ändert sich bei Fraktalen in Abhängigkeit von der Größenskala, in der man eine fraktale Struktur betrachtet. Was sich in einer bestimmten Größenordnung als Unregelmäßigkeit oder Zersplitterung darstellt, erscheint auf einer anderen Größenskala als über- oder untergeordnetes Ordnungsprinzip.

Der spontane Wechsel zwischen Ordnung = Stabilität und Unordnung = Instabilität macht das Chaos als Forschungsobjekt so interessant. Die Frage ist, ob sich trotz der Unvorhersehbarkeit chaotischen Verhaltens Gesetzmäßigkeiten für das Entstehen chaotischer Systeme finden lassen.

Man unterscheidet zwischen *deterministischem* und *indeterministischem* Chaos. Bei dem deterministischen Chaos spielt der Zufall keine Rolle. Die Unvorhersehbarkeit deterministisch chaotischer Systeme wird einzig und allein durch die Eigendynamik dieser Systeme erzeugt. Bei indeterministischem Chaos werden die Übergänge zwischen den Systemzuständen durch zufällige Faktoren beeinflußt. Ihre Unvorhersehbarkeit beruht daher im wesentlichen darauf, daß der Zufall (per Definition!) nicht vorhersehbar ist.

Wir wollen uns hier im folgenden nur mit dem deterministischen Chaos beschäftigen, da dies in der belebten und unbelebten Natur eine wichtige Rolle spielt, und nennen diese Form des Chaos' der Kürze halber einfach nur noch

Chaos. Die Einsicht, daß Unvorhersehbarkeit des Verhaltens nichts mit Zufall zu tun haben muß, ist sehr wichtig und eröffnet eine neue Sichtweise physikalischer und biologischer Vorgänge. Ein dynamisches System wird dann »chaotisch« genannt, wenn es sich selbst bei nur geringfügigst veränderten Randbedingungen (kleinen Störungen) gravierend anders verhalten kann. Die Folge davon ist, daß sich ein solches dynamisches System in leicht gestörtem und ungestörtem Zustand völlig unterschiedlich »benimmt«. Da die Störungen bei realen dynamischen Systemen (Wind, Wirbel, Schwingungen, Stoffwechselvorgänge, Gen-Regulationssysteme, Strömungen, etc) häufig unter der Meßbarkeitsschwelle liegen, scheinen sich diese Systeme extrem unregelmäßig, also »chaotisch«, zu verhalten und sind wegen der prinzipiellen Ungenauigkeit der Messung der Randbedingungen in ihrem zukünftigen Verhalten faktisch unvorhersagbar. Diese Eigenschaften chaotischer Systeme scheinen alle negativ zu sein. Was kann man mit einem System anfangen, das sich chaotisch verhält? Und was kann man folglich mit einer Theorie des Chaos anfangen?

Nun, das Interessante an den chaotischen Systemen sind der Wechsel und die Übergänge zwischen unregelmäßigem und regelmäßigem Verhalten. Das Chaos birgt in sich die Möglichkeit einer Art *Anti-Chaos*, also Bereiche, in denen plötzlich hochgradige Ordnung herrscht. Nicht durch die völlige und gleichmäßige Unordnung wird ein System chaotisch, sondern durch den unvorhersehbaren Wechsel zwischen eventuell hochgradiger Ordnung und Unordnung. Durchgängige Unordnung ist – im Gegensatz zum naiven Sprachgebrauch – kein Chaos, sondern eher ein Spezialfall von Ordnung.

Angewandt auf die Fragen nach der Evolution des Lebens werden chaotische Prozesse deshalb interessant, weil sie ein erstes Verständnis der spontanen Entwicklung geordneter Strukturen auch dort ermöglichen, wo sonst keine

Ordnung herrscht. Die Chaostheorie vermag daher ein Modell für die Entstehung des Lebens aus toter Materie zu liefern, und sie vermag eventuell auch zu erklären, wieso sich Milliarden von Zellen zu einem komplexen, hochgradig geordneten Ganzen strukturieren, das wir unseren Körper nennen.

Wir wollen wegen der Bedeutung der Chaostheorie für die moderne Evolutionsforschung das bislang Angedeutete durch die Beschreibung eines Ansatzes von *Stuart Kauffman* verdeutlichen. Kauffman hat bereits vor über 20 Jahren das Problem untersucht, wie durch das Genom eines höheren Lebewesens die Ausbildung seines individuellen Phänotyps zu erklären ist. Wir wissen heute, daß die Gene eines Chromosoms nicht unabhängig voneinander aktiv sind. Die Gene bilden komplizierte Aktivitätsmuster aus und steuern so die Produktion von Proteinen. Die Aktivität eines einzelnen Gens wird dabei mit der Aktivität anderer Gene rückgekoppelt.

Simuliertes Chaos

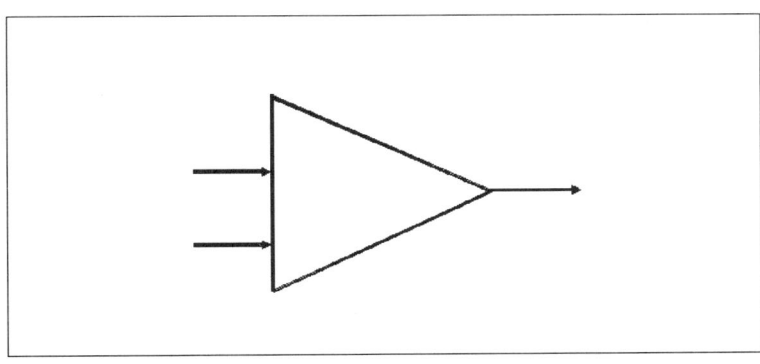

Bild 2.21:
Schema eines einfachen Booleschen Schaltelementes, etwa eines ODER Gatters.

Betrachten wir ein einfaches Modell des Genoms eines Lebewesens. In diesem Modell können die Gene nur zwei Zustände »aktiv« und »inaktiv« (0 und 1) annehmen. Die Gene sind durch Signalkanäle untereinander verbunden. Jedes Gen empfängt Signale von einigen anderen Genen und schickt selbst Signale an nachgeschaltete Gene weiter. Je nachdem, welche Signale ein Gen empfängt, schaltet es

auf aktiv oder inaktiv und sendet das Signal weiter. Kauffman hat dieses Genom-Modell durch sogenannte *Boole'sche
NK-Zufallsnetzwerke* auf Computern simuliert. Seine Ergebnisse gestatten erstaunlich exakte Vorhersagen über die
Entwicklung von Zellen und Zelltypen.

**Boole'sche NK-
Zufallsnetzwerke**

Ein *Boole'sches NK-Zufallsnetzwerk* ist ein Netzwerk, bei
dem die Gene durch logische Funktionen (UND, ODER,
XOR, etc) simuliert werden. Die Schaltelemente (»Gene«)
des Netzwerkes sind folglich simple Logikprozessoren, die
ihre Aktivität je nach dem angelegten Input binär ändern.
Liegt z.B. an einem UND-Element der Input (1,1) an, so
schaltet das Element seinen Output auf 1; liegt hingegen
der Input (1,0) an, so schaltet es auf 0 u.s.w. Die Parameter
N und K geben bei den NK-Zufallsnetzwerken an, wieviele
Elemente das Netzwerk hat (N) und wieviele Eingänge
jedes Schaltelement hat (K). Der Term *Zufalls*-Netzwerk
kommt dadurch zustande, daß Kauffman aus der Klasse
aller Booleschen NK-Netzwerke bei seinen Simulationen
mit Repräsentanten dieser Klasse arbeitet, die er durch
Zufallsoperationen herausgreift und manipuliert (mutiert).

*Bild 2.22:
Mögliche Verschal-
tung eines NK-
Zufallsnetzwerkes
mit N=4 und K=2.*

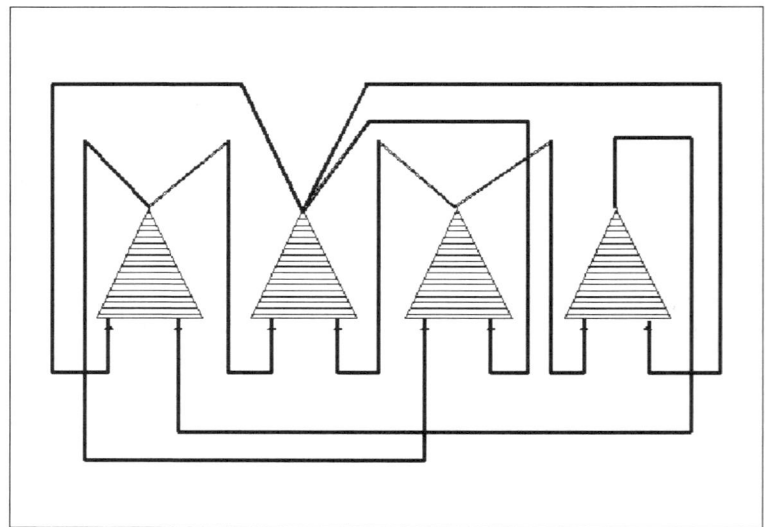

Obwohl diese Netzwerkmodelle der Genaktivität sehr einfach sind, weisen sie komplexe, chaotische Verhaltensmuster auf. Kauffman hat überraschende Resultate bei der Simulation solcher Netzwerke erzielt.

Um dies zu verstehen, betrachten wir ein Beispiel: Nehmen wir an, ein Netzwerk bestehe aus 200 Elementen (d.h. N=200). Ein solches Netzwerk kann eine gigantische Zahl möglicher Zustände einnehmen (als Zustand wird hier der jeweilige Aktivitätsvektor von Nullen und Einsen der Outputs der Elemente des Netzes bezeichnet). Die Anzahl möglicher Zustände ist 2^{200} also ungefähr 10^{60}. Würde man mit einem Computer versuchen, die möglichen Zustände dieses Netzes zu berechnen, und ginge man davon aus, daß ein Zustand in maximal einer Mikrosekunde berechnet werden kann, so würde der Computer länger rechnen als das Universum bislang alt ist.

Das Erstaunliche ist nun aber, daß ein NK-Zufallsnetzwerk in der Regel keinesfalls alle seine möglichen Zustände durchläuft, wenn es mit einer zufälligen Belegung der Aktivitäten gestartet wird. Alle Elemente berechnen synchron ihre Aktivität und erzeugen einen neuen Output, also den nächsten Aktivitätsvektor des Netzwerkes. Kauffman fand heraus, daß die K=N-1-Zufallsnetzwerke ein besonders interessantes Verhalten zeigen.

NK-Netzwerke bei denen K=N-1 ist, d.h. jedes Element bekommt von allen anderen Elementen Informationen (Input), verhalten sich in Abhängigkeit von den Booleschen Funktionen oft chaotisch. Eine minimale Änderung des Anfangszustandes der Aktivitäten läßt gewisse Netzwerke völlig andere Zyklen durchlaufen, da alle Elemente miteinander rückgekoppelt sind und sich eine Änderung der Aktivität eines Elementes kaskadenartig fortpflanzen kann.

Unter einem *Zyklus* versteht man hier eine sich wiederholende Sequenz von Aktivitäten des Netzes. Sind $s_i,...,s_j$

Zustände eines Netzes, so ist ein Zyklus eine Sequenz der Art: $s_i,...,s_j,...,s_i$. Da die Übergänge bei den Boolschen Netzen deterministisch sind, haben gleiche Zustände jeweils gleiche Nachfolgezustände. Tritt demnach in einer Zustandssequenz ein Zustand zweimal auf, so definiert dieser einen Zyklus, da das Netzwerk in diesem Fall immer wieder die gleichen Zustände nacheinander durchlaufen muß. Die Anzahl der Zustände zwischen zwei gleichen Elementen einer Zustandssequenz bezeichnet man als die Länge des Zyklus'.

Bild 2.23:
Ein Zyklus der
Länge k.

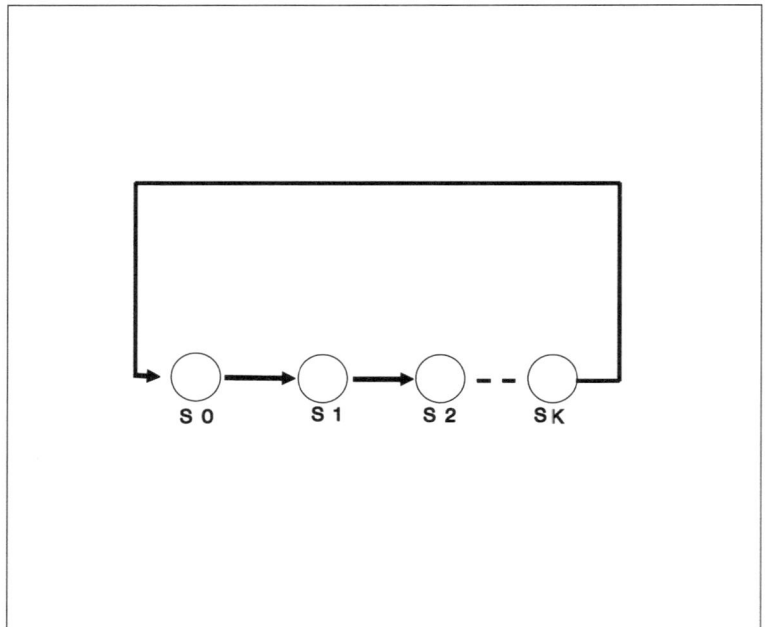

Man würde nun erwarten, daß die Anzahl der Zyklen, die ein solches K=N-1-Netzwerk durchlaufen kann, sehr hoch ist. Kauffman fand jedoch durch diverse Berechnungen und Simulationen heraus, daß dies keinesfalls so ist. Zwar ist die durchschnittliche Zykluslänge eines solchen Netzwerkes recht hoch. Sie liegt in der Größenordnung etwa bei der Wurzel aus der Anzahl aller möglichen Zustände des Netzes. Bei dem obigen Beispiel mit 200 Elementen bedeutet dies eine durchschnittliche Zykluslänge von 10^{30}, eine immer noch astronomisch große Zahl. Die Anzahl tatsächlich durchlaufener Zyklen ist jedoch, und das ist das eigentlich Erstaunliche, in der Regel sehr viel kleiner. Sie liegt in der Größenordnung bei der Anzahl der Elemente des Netzwerkes dividiert durch die Basis des natürlichen Logarithmus' e (=2,718...). Für unser Beispiel mit 200 Elementen ergibt dies eine Anzahl von 200/e, also gerundet lediglich 74 mögliche Zyklen!

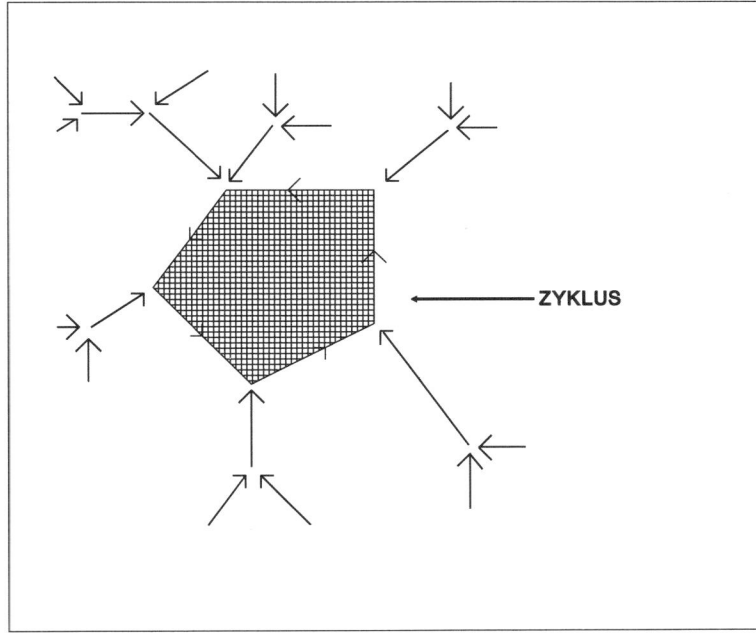

Bild 2.24: Schematische Darstellung eines Attraktors. Gelangt ein Netzwerk in den Zyklus, so kommt es aufgrund der deterministischen Entscheidungen aus dem Zyklus nicht mehr heraus. Es wird sozusagen von dem Attraktor angezogen.

Um die Relevanz dieser Ergebnisse für die Evolutionstheorie einzusehen, ist es hilfreich, noch einen weiteren Begriff aus der Chaostheorie einzuführen, nämlich den Begriff des *Attraktors*. Die möglichen Zustände eines NK-Netzwerkes definieren einen abstrakten N-dimensionalen (Zustands- oder Phasen-) Raum, dessen Punkte durch die jeweiligen Zustandsvektoren bestimmt sind. Beginnt nun ein Netzwerk in einem dieser Zustände, so läßt sich eine Zustandssequenz als ein Weg von Punkt zu Punkt in diesem Raum beschreiben (im Fachterminus: durch eine *Trajektorie*). Ein Zyklus wäre ein solcher Weg, dessen Ausgangspunkt gleich dem Endpunkt ist. Die Zyklen bezeichnen wir nun als Attraktoren, weil sie Zustände des Netzes quasi »anziehen«. Die Menge aller Zustände, die in einen Attraktor einmünden, und die Zustände des Attraktors selbst, bezeichnen wir als *Einzugsbereich* des Attraktors.

Im dreidimensionalen physikalischen Raum kann man sich die Attraktoren am einfachsten als Mulden oder kleine Krater in einem hügeligen Terrain vorstellen. Rollt man eine Kugel durch ein solches Terrain, so besteht die Wahrscheinlichkeit, daß die Kugel in eine Mulde rollt. Der Rand der Mulde und die abgeschrägte Fläche, die in die Mulde führt und die Kugel in die Mulde rollen läßt, entspricht anschaulich dem Einzugsbereich des Attraktors.

Bild 2.25: Der Henon-Attraktor. Dieser Attraktor ist ein »seltsamer« Attraktor, da er eine fraktale Struktur aufweist.

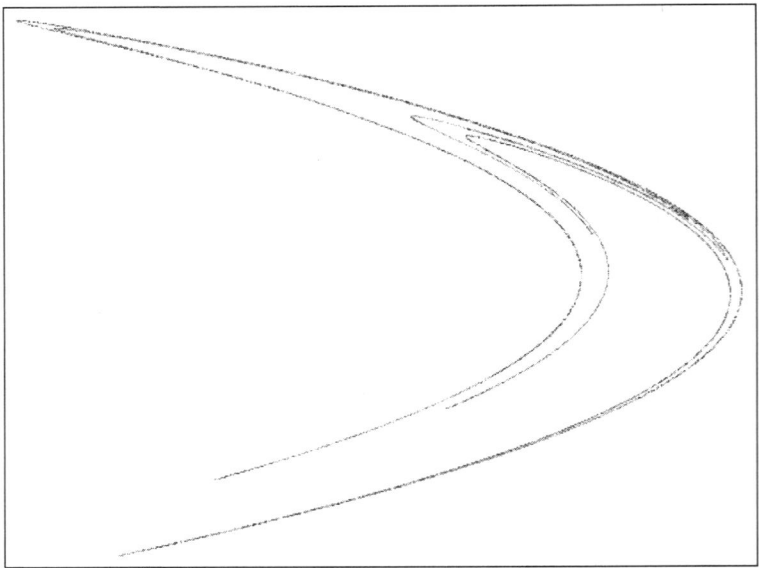

Kauffman hat seine Ergebnisse der Simulation der Booleschen NK-Zufallsnetzwerke auf die Differenzierungsprozesse biologischer Zellen angewandt. Dabei legt er jedoch nicht K=N-1-Netzwerke zugrunde, sondern NK-Netzwerke mit K=2 und beliebigem N. Diese Einschränkung ist biologisch sinnvoll, denn die Gene eines Genoms sind zwar untereinander rückgekoppelt aber nicht so stark wie in einem K=N-1-Netzwerkmodell. Bei den K=2-Netzwerken lassen sich noch genauere Abschätzungen der durchschnittlichen Attraktorlänge (also Länge der Zyklen) und der Anzahl der Attraktoren angeben. Beide Werte sind in diesen Netzwerkmodellen praktisch gleich groß und liegen in der Größenordnung der Wurzel aus der Anzahl der Elemente!

Kauffman interpretiert Zelltypen als Attraktoren des Gen-Regulationssystems. Dies macht Sinn, denn die Gene regulieren die Erzeugung der Zellen. Nimmt man das Genom des Menschen als Beispiel, so besteht dies aus ca. 100.000 Genen. Nach Kauffmans Abschätzungen müßte die durchschnittliche Länge eines Attraktors in der Größenordnung der Wurzel aus 100.000, also bei ca. 370 liegen. Daraus läßt sich nun die Länge eines durchschnittlichen Zellzyklus' berechnen. Es ist experimentell bestätigt, daß ein Gen einer Zelle wischen einer und zehn Minuten benötigt, um auf einen zentsprechenden Auslöser hin aktiv zu werden. Folglich sollte die Zykluslänge von Zellen zwischen 1*370 und 10*370 Minuten, also ca. 6 Stunden bis 60 Stunden (= 2.5 Tagen) betragen. Dies deckt sich tatsächlich mit der Realität.

Aber damit nicht genug. Da die Anzahl der Attraktoren in den K=2-Netzwerken mit 100.000 Elementen ebenfalls etwa 370 beträgt, läßt sich damit auch die ungefähre Zahl möglicher Zelltypen (= Anzahl der Attraktoren) im menschlichen Körper abschätzen. Die tatsächlich gefundene Zahl liegt in der richtigen Größenordnung, ist jedoch etwas geringer als erwartet, nämlich ca. 260. Bei einer Anzahl möglicher Zustände des Genoms von $2^{100.000}$ ist diese geringe Abweichung jedoch wahrlich vertretbar und akzeptabel.

Die bereits kurz angesprochene spontane Neigung gewisser NK-Netzwerke zur Selbstorganisation verdient besondere Aufmerksamkeit. Kauffman und andere Forscher (unter ihnen *Norman Packard, Sonke Johnson, Dietrich Stauf-*

Selbstorganisation in NK-Netzwerken

fer, *Bernard Derrida* und *Gerard Weisbuch*) haben mittels Computersimulationen diese spontane Neigung genauer untersucht und interessante Ergebnisse erzielt.

Die Forscher fanden experimentell heraus, daß gewisse Netzwerke eine größere Neigung zu spontaner Ordnung zeigen als andere. Um dies zu verstehen muß zunächst definiert werden, was man unter »Ordnung« in einem NK-Netzwerk überhaupt verstehen will. Ein Netzwerk verhält sich umso *chaotischer*, je länger die Zyklen sind, die es durchläuft. Die Neigung eines Netzwerkes zu chaotischem Verhalten zeigt sich folglich darin, wie oft die Elemente des Netzwerkes nach einer zufälligen Initialisierung im Mittel ihren Zustand verändern.

Die Elemente eines Netzwerkes werden sich in der Regel nicht alle gleich verhalten. Einige werden ihren Zustand häufig ändern, andere weniger häufig oder gar nicht. Färbt man nun anschaulich gesprochen die Elemente, die ihren Zustand ständig oder häufig ändern, mit einer Farbe ein, sagen wir blau, und die Elemente, die ihre Zustände nur selten ändern, mit einer anderen Farbe, z.B. rot, so verhalten sich vorwiegend blaue Netzwerke chaotischer als Netzwerke, bei denen die roten Elemente in der Überzahl sind. Damit hat man ein gewisses Maß für Ordnung in NK-Zufallsnetzwerken: die Ordnung nimmt proportional mit dem Quotienten aus roten/blauen Elementen zu. Die Ordnung ist umso größer, je mehr die Zahl der roten Elemente die der blauen übersteigt. Ordnet man die Elemente eines Netzwerkes in einem zweidimensionalen, planaren Schema auf einer Ebene an, so bilden die blauen und die roten Elemente ein Muster. In der Regel wird es Inseln blauer und roter Elemente geben. In einem überwiegend roten Netzwerk werden die roten Elemente häufig benachbart liegen und somit zusammengehörige Flächen (»Länder«) gleicher Farbe bilden. In diesen Ländern liegen dann blaue »Meere des Chaos«. Der umgekehrte Fall ist aber ebenso möglich: in einem blauen Meer des Chaos bilden sich spontan rote Inseln der Ordnung. Die oben genannten Forscher haben nun herausgefunden, daß die Neigung zu spontaner Ordnung mit den Parametern N und K und dem Typ der Elemente der Netzwerke zusammenhängt. Bei großen Werten für K (K >> 2) und K=N-1 zeigt sich praktisch keinerlei Ordnung, die Netzwerke dieser Art verhalten sich fast völlig chaotisch. Senkt man den Parameter K hingegen stark ab, so zeigt sich ab K=2 eine massive Neigung zur Ausbildung von Ordnung.

Ein K=2-Netzwerk zeigt sehr häufig große zusammenhängende rote, also stabile Regionen. Dadurch werden die »Meere des Chaos'« sozusagen zu »Seen des Chaos'« und sind voneinander getrennt. Sie können dann keinen starken Einfluß mehr auf die anderen Elemente ausüben.

Eine geringe Rückkopplung (K<=2) durch eine geringe Verbindungsdichte ist demnach wesentlich verantwortlich für die Bildung von Ordnung. Die geringe Rückkopplung zwischen den Elementen ist aber keineswegs eine notwendige Voraussetzung für die spontane Bildung von Ordnungsstrukturen. Auch in Netzwerken mit einer hochgradigen Vermaschung der Elemente bildet sich Ordnung, sofern die Elemente eine gewisse Eigenschaft haben: sie dürfen nur durch eine geringe Anzahl der an sie anlegbaren Kombinationen von Inputs (0 und 1) ihren Zustand verändern. Ein Beispiel für eine solche Funktion ist die ODER-Funktion. Sie schaltet bei den Kombinationen (1,1), (1,0) und (0,1) auf 1 und nur bei (0,0) auf 0. Ein Zufallsnetzwerk von Elementen mit der ODER-Funktion hat deshalb eine starke Neigung, einen Zustand anzunehmen, in dem viele Elemente den Zustand 1 haben.

Welche Bedeutung haben diese Ergebnisse nun für die Evolutionstheorie? Das Genom höherer Lebewesen läßt sich nach dem derzeitigen Kenntnisstand der Forschung in erster Näherung durch NK-Zufallsnetzwerke beschreiben, deren Elemente den ODER-Funktionen entsprechen und bei denen K etwa den Wert 2 hat. Damit gestatten auch diese Computerexperimente Vorhersagen über die spontane Bildung von Ordnung im Gen-Regulationssystem. So läßt sich beispielsweise auf der Basis der oben beschriebenen Computerexperimente abschätzen, welche Auswirkungen Mutationen auf die Gen-Regulation haben werden.

K=2-Netzwerke mit ODER-Funktionen als Elemente verhalten sich, wie wir gesehen haben, eher geordnet als chaotisch. Folglich sollten Mutationen keine größeren Kaskaden der Aktivitätsänderungen von Genen nach sich ziehen. Dies wurde experimentell bestätigt. Eine durch ein Hormon herbeigeführte Mutation eines Gens bei der Taufliege Drosophila führt zu einer Kaskade von 150 Veränderungen der Genaktivitäten der über 5.000 Gene der Fliege. Bei entsprechenden Computersimulationen mit NK-Zufallsnetzwerken mit N = 5.000 wurde ein Wert von 160 vorhergesagt!

Diese knappen Ausführungen über Fraktale, Chaos und Anti-Chaos (spontane Ordnung) und ihre Relevanz für die Evolutionstheorie sollten belegen, daß es noch viele interessante Aspekte der Evolutionsforschung gibt, von denen Darwin und seine Zeitgenossen nicht einmal geträumt haben und die bislang nur in ersten Ansätzen untersucht und verstanden werden.

Das Verständnis der Prozesse des Lebens und seiner Evolution wird sich zukünftig nicht mehr trennen lassen vom Verständnis dynamischer, rückgekoppelter Systeme. Wenn es um Chaos und spontane Selbstorganisation biologischer Systeme geht, spielen die zentralen Begriffe der klassischen Evolutionstheorie, wie etwa das *survival of the fittest*, nur noch eine untergeordnete Rolle. Von einer allgemeinen Theorie, die die Vorgänge des Lebens ähnlich wie die Evolutionstheorie, aber mit Begriffen wie Chaos, Ordnung, Rückkopplung, Attraktoren, Selbstorganisation etc. beschreibt, sind wir – sofern dies überhaupt möglich ist – jedoch noch sehr weit entfernt.

Gradualismus versus Saltationismus

Seit dem Aufkommen der Evolutionstheorie gibt es einen Streit der Forscher darüber, wie genau der Fortschritt – oder besser – die Veränderung der Arten vonstatten geht, der von der Evolutionstheorie postuliert wird. Ein besonderer Streitpunkt ist seit jeher, ob die Veränderungen der Arten durch kontinuierliche, geringfügige Veränderungen vor sich gehen, die sich quasi addieren (*Gradualismus*), oder ob die Veränderungen durch größere, qualitative Sprünge im Erbgut verursacht werden (*Saltationismus*). Darwin war ein Anhänger und klarer Verfechter des Gradualismus. In seinem Hauptwerk schreibt er: »Da die natürliche Zuchtwahl nur durch Häufung kleiner, aufeinanderfolgender günstiger Abänderungen wirkt, so kann sie keine großen oder plötzlichen Modifikationen hervorrufen«. Darwin beruft sich dann explizit auf das Leibniz'sche Prinzip: *natura non facit saltus*, die Natur macht keine Sprünge.

Diese Ansicht war bei Leibniz, dem Entdecker der Differentialrechnung, verständlich. Im Rahmen der Evolution ist dieser Ansatz jedoch keineswegs trivial. Selbst in unserer Gegenwart wird noch heftig darüber gestritten, ob die evolutionären Fortschritte durch Anhäufungen kleiner Adaptionen erklärbar sind. Und tatsächlich lassen sich auch für beide Ansätze Belege finden. So gibt es beispielsweise Fossilien, die eindeutig kleine, schrittweise Veränderungen im Körperbau verschiedener Lebewesen nachzuvollziehen gestatten. Andererseits gibt es aber auch Fossilien, bei denen dies nicht der Fall ist, Fossilien also, zu denen bis zum heutigen Tag noch keine Überreste verwandter oder ähnlich gestalteter Lebewesen gefunden wurden. Solche Fossilien deuten demnach eher auf Evolutionssprünge hin. Insgesamt belegen die Fossilien eher den Saltationismus, da die Funde, die einen graduellen Übergang der Arten dokumentieren, vergleichsweise selten sind. Aus der Sicht der modernen Genetik ist der Gradualismus ebenfalls wenig plausibel. Neue Merkmale von Individuen, die ihnen einen Vorteil verschaffen, also zum Beispiel ein neues Organ, erfordern eine unvorstellbar große Anzahl von Mutationen und Änderungen des genetischen Codes. Es ist extrem unwahrscheinlich, daß sich beispielsweise unsere Augen durch eine Folge kleiner Veränderungen des Gehirns und des Schädels gebildet haben.

Die Saltationisten versuchen die Entstehung neuer Organe durch sogenannte Makromutationen, also durch eine gleichzeitige Veränderung vieler Gene eines Genoms zu erklären. Makromutationen sind jedoch bislang noch nicht nachgewiesen worden. Hinzu kommt, daß auch Makromutationen, selbst wenn sie in der Natur tatsächlich vorkommen sollten, nur mit einer verschwindend geringen Wahrscheinlichkeit für die Bildung neuer Organe verantwortlich gemacht werden können, da die überwiegende Zahl der Makromutationen wegen des schwerwiegenden Eingriffs in das Erbgut der Individuen vermutlich keine lebensfähigen Lebewesen erzeugen würden.

Obwohl der Streit bislang noch nicht wissenschaftlich entschieden worden ist, scheinen sich die Gradualisten durchzusetzen. Sie haben einen bedeutenden Vorteil gegenüber den Saltationisten, denn *Ingo Rechenberg* und der Nobelpreisträger *Manfred Eigen*, die derzeit wohl bekanntesten Verfechter des Gradualismus, haben zu seiner Rechtfertigung ein interessantes Modell entwickelt. Dieses Modell und seine Rechtfertigung wollen wir im folgenden kurz diskutieren, da diese Diskussion weiteren Aufschluß über einige interessante Aspekte der Evolution liefert. Die Schwierigkeiten des Gradualismus liegen darin, daß er erklären muß, wie durch eine Reihe kleiner mutativer Veränderungen der Gene eine hinreichend große Varianz des Genoms erzeugt werden kann. Denn dies ist die notwendige Voraussetzung dafür, daß größere Veränderungen im Phänotyp der Individuen einer Art möglich werden, die dann bewirken, daß die Individuen einen nachhaltigen Vorteil im Kampf ums Dasein erhalten.

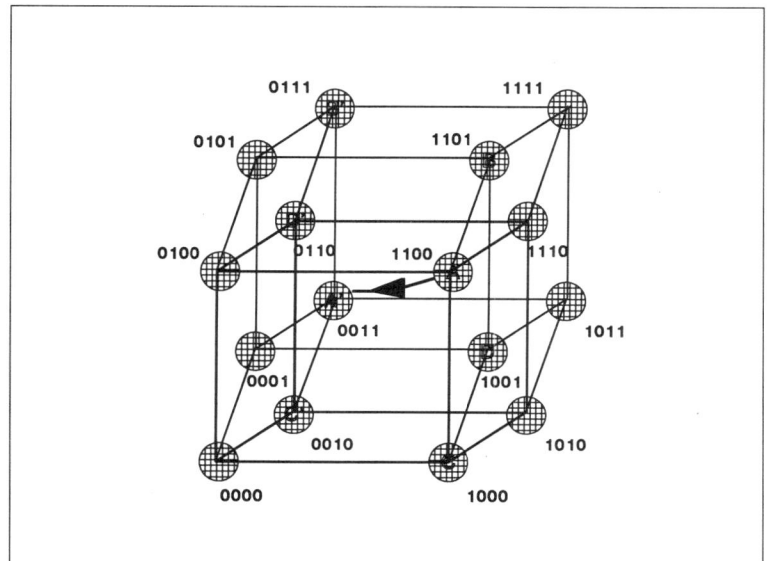

Bild 2.26: Modell der Chromosomenmutationen in einer 2-dimensionalen Darstellung des 4-dimensionalen Raumes nach Rechenberg.

Rechenberg hat ein Modell konstruiert (siehe [Rechenberg 72]), indem er die Struktur des genetischen Codes der Basensequenzen zugrundelegte. Denn Rechenberg hat eingesehen, daß ein gradualistisches Evolutions-Modell nur funktionieren kann, wenn der Suchraum, in dem sich die Evolution bewegt, eine ganz besondere, gradualistisch geeignete Struktur aufweist: er muß nämlich so geartet sein, daß im Prinzip jede genetische Kombination durch eine im Verhältnis zur Anzahl der Möglichkeiten relativ kurze Folge kleinerer Mutationen erreicht werden kann. Auf diesem »Königsweg der Evolution«, dem *Rechenbergschen Gradientenpfad,* müssen zudem die sich völlig unterschiedlich auswirkenden Mutationseffekte erreichbar sein: von jedem Punkt des Suchraumes aus müssen im gleichen Maße sich im Sinne der Selektion positiv wie negativ auswirkende und auch neutrale Mutationsschritte möglich sein. Kleine mutative Schritte und Richtungsänderungen in diesem Suchraum dürfen sich nur geringfügig auf die

Tauglichkeit der Individuen auswirken, großen Schritten hingegen müssen deutliche Tauglichkeitsunterschiede entsprechen.

Der Sequenzraum   Wie sieht nun das gradualistische Modell konkret aus? Die Konstruktion des Modells ist erstaunlich einfach. Die Grundlage des Modells bildet, wie bereits erwähnt, die Basensequenzsprache des genetischen Codes. Die Erbinformation ist durch eine sehr lange Sequenz der vier Basen Adenin, Thymin, Guanin und Cytosin in einem Spiralstrang der DNS-Doppelhelix codiert.

Wir betrachten nun einen Raum, dessen Dimension n gerade der Anzahl der Basen in diesem Spiralstrang entspricht. Auf jeder Achse dieses n-dimensionalen Raumes ordnen wir die vier Basen in diskreten Abständen hintereinander an. Jeder Punkt dieses Raumes codiert damit genau eine Sequenz der vier Basen der Länge n, also jeweils die gesamte Erbinformation. Man beachte, daß dieser Raum in der Regel eine sehr hohe Dimension hat. Man bezeichnet diesen Raum als *Sequenzraum*, da er auf der Basensequenzcodierung beruht.

Der Sequenzraum hat tatsächlich die oben geforderten Eigenschaften. Bei einer Mutation wird eine Base innerhalb einer Basensequenz durch eine andere ausgetauscht. Ein solcher Austausch entspricht gerade dem Übergang von einem Punkt des Sequenzraumes zu einem anderen. Ähnliche Sequenzen liegen im Sequenzraum nahe beieinander. Geringe mutative Änderungen entsprechen damit kleinen Schritten im Sequenzraum und Mutationssprünge großen Distanzen. Wir wissen bereits, daß der genetische Code stark redundant ausgelegt ist. Jedem Codewort (Codon) der Basensequenzsprache ist eindeutig eine Aminosäure zugeordnet, aber nicht jeder Aminosäure nur ein Codon. Der genetische Code ist so aufgebaut, daß ähnliche Codewörter ähnliche Aminosäuren codieren. Folglich haben einzelne Mutationen sehr häufig nur geringfügige Effekte – ein Faktum, das den Gradualismus stärkt.

Wir haben bereits darauf hingewiesen, daß der Sequenzraum in der Regel eine sehr große Dimension hat. Räume
mit mehr als drei (vier) Dimensionen übersteigen unser
Vorstellungsvermögen. Dies ist nicht eine belanglose Fest-
stellung ohne Konsequenzen. Im Gegenteil: in Räumen mit
hoher Dimension herrschen Gesetze, die unserer Intuition
teilweise völlig widersprechen und uns daher über-
raschen.

Die scheinbar
paradoxe Welt
der hohen
Dimensionen

Die hohe Dimension des Sequenzraumes bereitet auch den
Gradualisten erhebliche Probleme. Nehmen wir an, daß
der Sequenzraum »lediglich« 1.000.000 Dimensionen hat.
Diese Zahl ist keineswegs unrealistisch. Im Gegenteil, sie
ist sehr viel kleiner als die von den Gradualisten (Rechenberg) geschätzte Anzahl. In diesem Fall muß die Evolution
in jedem Punkt des Raumes eine Entscheidung aus 1.000.000
alternativen Fällen treffen.

Die Situation ist vergleichbar mit der eines Wanderers, der
durch eine unwegsame Gegend läuft und eine Herberge
sucht, in der er etwas zu Essen und zu Trinken findet und
übernachten kann. Was soll der Wanderer tun, wenn er an
einer Wegkreuzung ankommt und auf einen Wegweiser
stößt, der 1.000.000 Richtungspfeile ohne Entfernungsan-
gaben hat? Alle Pfeile weisen zu Orten, die er nicht kennt.
Welchem Pfeil soll er folgen? Wenn er zufällig in eine bestimmte Richtung läuft, wird er sehr wahrscheinlich einen
Umweg machen. Zudem besteht die große Gefahr, daß er
Wege verfolgt, die sich als Sackgassen herausstellen, so
daß ihm am Ende des Weges nichts anderes übrig bleibt,
als zu dem Wegweiser zurückzukehren. Erstaunlicherweise ist der Wanderer in unserer dreidimensionalen Welt
sehr viel verlorener als in einer Welt mit 1.000.000 Dimensionen! Dies erscheint zunächst unplausibel, denn die Ent-
scheidungsmöglichkeiten müßten in einem Raum mit sehr
vielen Dimensionen sehr viel größer sein als in unserem
physikalischen Raum. Dies ist richtig. Aber dennoch hätte
es der Wanderer im folgenden Sinne in einem Raum mit

vielen Dimensionen einfacher als bei uns: in einem diskreten, hochdimensionalen Raum gibt – anschaulich gesprochen – praktisch kaum Umwege und keine Sackgassen! Obwohl der Abstand zwischen zwei Punkten maximal
so groß sein kann wie die Dimension des Raumes, so ist
doch der Abstand von zwei *zufällig* gewählten Punkten
(z.B. Wegweiser und Herberge) erstaunlicherweise nicht
beliebig groß, sondern annähernd konstant, und das Ziel
(die Herberge) ist praktisch von jedem Punkt aus ohne
Rückkehr erreichbar.

Wir wollen diese Behauptungen wegen ihrer Relevanz für
die Simulation evolutionärer Prozesse auf Computern noch
etwas genauer begründen. Benoit Mandelbrot hat bei
seiner Untersuchung fraktaler Landschaften die Frage
aufgeworfen, ob ein zufällig vom Himmel fallender Regen-
tropfen in einer solchen Landschaft immer einen Rinnsal
findet, der zum Meer führt. In der Nähe des Meeres ist dies
sehr wahrscheinlich. Aber wie ist die Wahrscheinlichkeit
in einer Gebirgslandschaft?

Bild 2.27:
Ein »fraktales
Gebirge«. Die
Höhen und Tiefen
des Gebirges
entstehen durch
die Generierung
von Zufallszahlen.

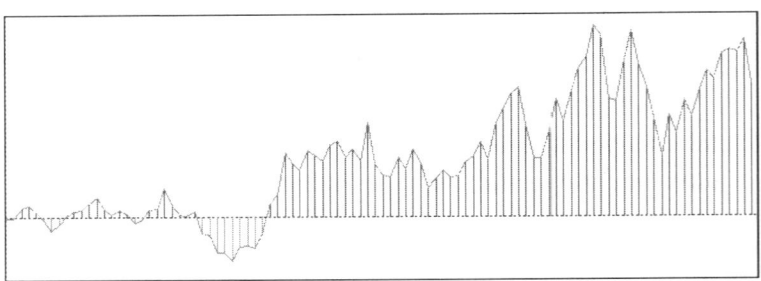

Auf unseren Wanderer übertragen, lautet das Problem:
wenn sich der Wanderer an einer zufälligen Stelle in
einem Gebirge befindet, gibt es dann immer einen Pfad ins
Tal, der nicht über einen Gebirgskamm führt? Die Antwort
auf diese Frage hängt, wie man sich leicht klarmacht, von
der Dimension des Raumes ab. Setzt man den Wanderer an
einem zufälligen Ort eines *zweidimensionalen* Gebirges ab,
so lautet die Antwort im Regelfalle: nein. Der Wanderer

wird mit großer Wahrscheinlichkeit von hohen Fels-
wänden umgeben sein. Es wird vermutlich keinen direkten Pfad ins Tal geben. Will er zu einem tiefer gelegenen
Punkt gelangen, muß er die Bergwände überklettern, die
ihn umgeben.

Im *dreidimensionalen* Raum nimmt nun die Wahrscheinlichkeit, einen geeigneten Pfad zu finden, nicht etwa ab, sondern sie nimmt zu! Bei einem Rundumblick um 360° wird
er mit relativ großer Wahrscheinlichkeit einen Ausweg aus
seinem Bergkegel finden, der ihn nicht über einen hochge-
legenen Bergkamm führt, da es unwahr-scheinlich ist, daß
alle umliegenden Bergkämme höher liegen als der aktuelle Standpunkt des Wanderers. In einem Raum mit weiteren Dimensionen steigen seine Chancen, einen geeigneten
Pfad zu finden, demnach immer mehr an. Auf den
Sequenzraum angewandt, sagt uns dieses anschauliche
Beispiel, daß die Evolution zum einen nicht zu einem früher bereits erreichten Punkt zurückkehren muß, um die
Individuen an ihre Umwelt anzupassen, und zum anderen,
daß das gradualistische Modell des Sequenzraumes mit
dieser Einsicht verträglich ist, denn sie zeigt u.a., daß jeder
Punkt des Raumes prinzipiell durch eine Sequenz gering-
fügiger Mutationen erreicht werden kann.

Es bleibt jedoch noch zu klären, wie lang eine solche Folge
von Mutationen in der Regel sein muß. Die Evolution muß
die Arten in möglichst kurzen Zeiträumen an veränderte
Lebensbedingungen anpassen können, also durch eine
relativ kurze Folge von Mutationsschritten. Gelingt es
nicht, diese Möglichkeit nachzuweisen, ist das Modell untauglich. Das Sequenzraum-Modell hat, wie bereits angedeutet, die geforderten Eigenschaften. Aus der Sicht der
Evolution (unser Wanderer) ist von jedem Punkt des
Sequenzraumes jeder andere Punkt – also auch jeder
optimale – Punkt ungefähr gleich weit entfernt. Um dies
einzusehen, vereinfachen wir den Sequenzraum zu einem
binären Raum mit n Dimensionen. Jeder Punkt des

Raumes läßt sich somit durch einen binären Vektor der Länge n beschreiben. Betrachten wir einen beliebigen Startpunkt $s=\langle x_1, \ldots x_n\rangle$ und einen zweiten, beliebigen Punkt als Ziel $z=\langle y_1, \ldots, y_n\rangle$. Die x_i und y_i sind jeweils entweder 1 oder 0 (im Sequenzraum können die x_i und y_i jeweils 4 Werte annehmen). Nehmen wir weiter an, daß der Achsabstand zwischen den jeweiligen Werten 0 und 1 gerade eine Einheit beträgt. Wir können dann den euklidischen Abstand $d(s,z)$, der eine Verallgemeinerung des Abstandes im dreidimensionalen Raum ist, von zwei zufällig gewählten Punkten des binären Raumes bestimmen. Er ist

$$d(s,z) = \sqrt{(\Sigma_n (x_i - y_i)^2)}.$$

Um den Wert $d(s,z)$ abzuschätzen, genügt folgende Überlegung. Die Differenz $(x_i - y_i)$ trägt nur dann etwas zu dem Abstandsterm bei, wenn x_i und y_i verschieden sind. Da x_i und y_i zufällig und unabhängig voneinander gewählt wurden, ist die Wahrscheinlichkeit dafür, daß x_i und y_i verschieden sind $2/4 = 1/2$, denn es gibt vier Kombinationen (0,0; 1,1; 0,1 und 1,0), von denen zwei die Bedingung erfüllen. In der Summe

$$\Sigma_n (x_i - y_i)^2$$

werden demnach bei hinreichend großem n etwa n/2 der Summenterme einen von Null verschiedenen Wert, also eine 1, liefern. Demnach ist

$$d(s,z) = \sqrt{(\Sigma_n (x_i - y_i)^2)} \approx \sqrt{(n/2)}.$$

Wir sehen, daß der Abstand zweier zufällig gewählter Punkte s und z in diesem Raum unabhängig von der Wahl von s und z ist und sich mit wachsender Dimension ungefähr in der Größenordnung der Wurzel der halben Dimension bewegt, also konstant ist. Für den abstrakten Basensequenzraum gilt prinzipiell das Gleiche: der Abstand zweier beliebiger Punkte (in unserem Fall *Start* und *Ziel*) ist mit wachsender Dimension praktisch konstant und nicht mehr von den Punkten, sondern nur noch von der Dimension abhängig.

Damit ist gezeigt, daß sich der Gradualismus rechtfertigen läßt. Ob er sich tatsächlich auf Dauer durchsetzen wird, läßt sich aber dennoch ernsthaft bezweifeln. Denn ein tieferes Verständnis der Evolutionsfortschritte und des Einflusses der Mutationen auf die Anpassung der Arten läßt sich vermutlich durch einen Bezug zur Chaostheorie (siehe S. 111ff) und die spontane Neigung des Gen-Regulationssystems zur Erzeugung geordneter Strukturen erzielen. Leider ist bis dahin noch ein weiter Weg.

Kommunikation, Kultur und Kooperation

Die klassische Evolutionstheorie vernachlässigt auch noch einen weiteren Bereich, der gerade bei höher entwickelten Lebensformen eine bedeutende Rolle spielt: die Kommunikation zwischen den Individuen und – insbesondere bei uns Menschen – die Evolution der Kultur.

Nach der Darwin'schen Evolutionstheorie erfolgt der »Erfahrungsaustausch« zwischen den Individuen einer Art im wesentlichen über den Erbgang. Kleine Änderungen des Erbgutes werden an die Nachfolger weitergereicht, falls sie sich beim Kampf ums Dasein bewähren. Das Erbgut stellt damit eine gewisse Art von Gedächtnis dar: sich positiv auswirkende Artmerkmale werden beibehalten, andere werden »vergessen«, indem die sie tragenden Individuen nur geringe Überlebenschancen haben.

Die Ausbildung von Sozialgefügen bei einigen Species und die Entwicklung von Kommunikation hat einen erheblichen Einfluß auf die Evolution. Bei einer ausgeprägten Kommunikationsform kann Wissen überliefert werden und dazu genutzt werden, den Selektionsdruck zu mindern. Individuen einer Art können ihre Erfahrungen an die anderen Individuen durch gezielte Kommunikation sehr viel schneller und effizienter weiterreichen als über den Vererbungsprozeß. Durch Kommunikation erhält ein Individuum in der Regel eine höhere Überlebenschance, als wenn es auf sich alleine gestellt wäre. Die Entwicklung von Organen, die die Kommunikation zwischen Individuen ermöglichen, stellt einen wichtigen Einschnitt im Evolutionsgeschehen dar. Durch Kommunikation entstehen Kulturgemeinschaften, die als ganze aktiv werden und sich als ganze im Daseinskampf behaupten können. Die Evolution hat damit im Laufe von Jahrmillionen das *Prinzip der Kooperation* »entdeckt«. Dies zeigt sich auch in der Entstehung der mehrzelligen Lebewesen.

Aus Darwins Theorie folgt, daß die Selektion in der Natur u.a. dadurch bewirkt wird, daß sich die Individuen bekämpfen und sich um die verfügbare Nahrung und das Territorium streiten. Dies ist tatsächlich in der Natur häufig der Fall – aber bei weitem nicht immer. Genaugenommen finden aggressive Auseinandersetzungen zwischen den Individuen einer Art und zwischen den Arten sogar relativ selten statt. Meist sind die Zeiten der Auseinandersetzungen und Kämpfe auf einen kurzen Lebensabschnitt (Jagd, Balz, Nestbau, Aufzucht der Jungtiere etc.) beschränkt. Bei vielen Arten sind die Kämpfe zwischen den Individuen der gleichen Art zudem nur noch in ritualisierter Form existent; die Kämpfe werden nicht bis zum bitteren Ende geführt, sondern nur so weit, bis einer der Rivalen sich als unterlegen zu erkennen gibt. Auch bei uns Menschen ist das Kooperationsprinzip in der Regel stärker ausgeprägt als das Konkurrenzprinzip. Kriege und Kämpfe finden meist zwischen unterschiedlichen Soziostrukturen und -kulturen statt. Innerhalb einer Soziokultur sind Kämpfe der Individuen relativ selten (Bürgerkriege, Revolutionen etc.). Aggressionen zwischen den Menschen werden in den meisten Soziokulturen unterdrückt und kanalisiert (in unserer westlichen Kultur sind dies vorwiegend: die Karriereleiter, der Gang zum Rechtsanwalt oder zum Gericht, die Politik, gewisse Formen des Journalismus, der Sport u.s.w.).

Die Kooperation der Individuen und der Arten (zum Beispiel bei der Symbiose von Lebewesen) verändert den Lauf der Evolution, da hier die Gemeinschaften und deren Ziele im Vordergrund stehen. Das Individuum tritt in seiner Bedeutung zurück, es muß sich in der Regel der Gemeinschaft unterordnen. Dies kann so weit gehen, daß sich die Individuen für die Gemeinschaft aufopfern.

Die Kulturen kooperierender Individuen und Arten unterliegen vermutlich ebenfalls einer Art »Evolution«. Wir Menschen haben beispielsweise bereits eine große Anzahl unterschiedlichster Kulturstufen und -formen durchlaufen und »ausprobiert«. Einige der »getesteten« Gesellschaftsformen haben sich als robust und »überlebensfähig« erwiesen, andere sind »ausgestorben« (siehe z.B. die Gegensätze und Unterschiede zwischen dem frühgeschichtlichem Matriarchat, dem altertümlichem Patriarchat, der mittelalterlichen Feudalstruktur, dem Kommunismus, den diversen Diktaturen, dem Kapitalismus etc.).

Die »Evolution« – wenn man den Übergang und Wechsel der Kulturstufen und -formen so nennen will – soziokulturell verbundener Staaten und Gemeinschaften verläuft teilweise nach gänzlich anderen Gesetzen als sie die klassische Evolutionstheorie kennt und beschreibt.

Das Ende der Evolution oder: die Krönung der Schöpfung Teil II

Die klassische Evolutionstheorie geht davon aus, daß die Evolution ewig wirkt. Hier gibt es beinahe einen systemimmanenten Widerspruch: das einzig Konstante in der Entwicklungsgeschichte ist für den Evolutionstheoretiker das Wirken der Evolution. Evolution gab es für ihn seit der Enstehung des Lebens, und es wird sie in seinem Weltbild immer geben. Schaut man sich die technischen Entwicklungen im Bereich der Gentechnik an, so kommen jedoch

Zweifel daran auf, ob die Evolution tatsächlich ewig wirken wird. Denn der Mensch hat heute bereits so viel Wissen über die Evolutionsprozesse erworben, daß er zumindest theoretisch in der Lage wäre, die Evolution durch natürliche Selektion zu beenden.

Durch die moderne Gentechnik sind wir in der Lage, in bisher unbekanntem Maße in den Evolutionsprozeß einzugreifen. Sehen wir von ethischen Selbstbeschränkungen ab, so sind wir heute nicht mehr weit davon entfernt, die Erbsubstanz vieler Tiere und Pflanzen praktisch nach unseren Vorstellungen zu manipulieren. Wenn wir die gentechnischen Prozesse bei der Enstehung des Menschen endgültig verstanden haben, könnten wir die Evolution »aushebeln«. Sie hätte ein Ende, denn wir könnten alle niederen und höheren Lebewesen schrittweise durch von uns gen-manipulierte Lebewesen ersetzen. Wir könnten unsere eigene Art gezielt in ihrem Erbgut verändern. Wir könnten Mutationen hervorrufen und bewußt entscheiden, wer oder was überleben soll.

In diesem Sinne wären wir Menschen wirklich die »Krönung der Schöpfung«. Wir wären die erste (und vermutlich letzte) Art, die über die Möglichkeit verfügt, ihr eigenes Erbgut und das aller anderen Arten so zu verändern, wie wir es für richtig halten. Wir wären unsere eigenen Götter. Kommt es wirklich so weit, werden die »Menschen« der Zukunft vermutlich anstelle von Familiennamen Patentnummern tragen. Spätestens dann wird eine neue Evolutionstheorie nötig, eine Art »Meta«-Evolutionstheorie, die erklärt, wie das Wissen über die Evolution zu einem eigenen Evolutionsfaktor werden kann und wie dies die weitere Evolution beeinflussen wird.

Evolution ohne Scheuklappen Die Evolution ist, wie wir gesehen haben, nicht erst seit den Tagen Darwins Gegenstand wissenschaftlicher Arbeiten, und die bis zum heutigen Tage verfaßten Schriften und Bücher über Evolution und Genetik sind praktisch kaum noch überschaubar.

Wenn wir uns daher in diesem Kapitel mit den Grundlagen der biologischen Evolution und der Genetik beschäftigt haben, so geschah dies nicht etwa, um einen auch nur andeutungsweisen Überblick über den derzeitigen Kenntnisstand zu geben, sondern hauptsächlich darum, kein »Scheuklappen-Verständnis« von der Evolution aufkommen zu lassen. Viele Details des Lebens und seiner Entstehung sind – trotz der beachtlichen Zunahme der Kenntnisse in den letzten Jahrzehnten und der Fortschritte der Gentechnologie – noch weitgehend unbekannt. Wir konnten hier nur einen kleinen Ausschnitt der Thematik der biologischen Evolution darstellen und diskutieren. Auf viele interessante Theorien konnten wir nicht eingehen. So bleibt zum Beispiel die Frage, wie es überhaupt zur Evolution kommen konnte, noch völlig offen. Gibt es evolutionäre Prozesse erst seit der Entstehung des Lebens, oder gab es sie bereits vorher?

Manfred Eigen hat sich mit dieser Frage beschäftigt und über Evolution vor der Entstehung von Leben nachgedacht (präbiotische Evolution; siehe [Eigen 71]). Er hat auch darüber nachgedacht, wie die Entstehung des Lebens und der Evolution mit der Entstehung von Information zusammenhängt (siehe [Eigen 76]). Diese Fragen und Themen sind ausgesprochen interessant. Sie würden jedoch für dieses Buch zu weit von der Thematik abführen. Deshalb belassen wir es hier – schweren Herzens – bei diesen knappen Andeutungen. Der Sinn dieses Kapitels war es, anzudeuten, daß es der Wissenschaft bislang noch nicht gelungen ist, die Evolution und die Prozesse, die ihr zugrunde liegen und sie steuern, vollständig zu verstehen. Dessen sollte sich der Leser beim Studium der Vorgänge des Lebens immer bewußt sein. Die nachfolgend dargestellten Algorithmen und Verfahren sind, verglichen mit den wirklichen Prozessen des Lebens, die sie simulieren sollen und von denen sie »abgeguckt« sind, geradezu lächerlich einfach. Die Wirklichkeit ist weitaus komplizierter als jede Evolutionstheorie und alle Simulations-Modelle zusammengenommen. Das muß jedoch nicht heißen, daß Simulationen der Evolution nutzlos wären. Im Gegenteil: wir werden zeigen, daß sich sogar rudimentäre Modelle der Evolution in vielen Bereichen mit großem Gewinn nutzbringend einsetzen lassen. Dies belegt erneut die »Genialität der Natur«: selbst einfachste Nachahmungen und Modelle der Prozesse des Lebens sind bereits so mächtig, daß man mit ihnen die erstaunlichsten Resultate erzielen kann.

KAPITEL 3

Evolutionsstrategien

Nachdem wir uns im zweiten Kapitel relativ ausführlich mit der biologischen Evolution beschäftigt haben, wenden wir uns nun mathematischen und algorithmischen Modellen der Evolution zu. Es gibt bislang im wesentlichen zwei Modelle der Evolution, die sich für Computersimulationen und Anwendungen in der Informatik besonders eignen: die in diesem Kapitel zu behandelnden *Evolutionsstrategien* und die *Genetischen Algorithmen* (siehe Kapitel 4).

Die Evolutionsstrategien (im folgenden auch mit »ES« abgekürzt) basieren auf einem Modell der Evolution, das in den sechziger Jahren von *Ingo Rechenberg* an der Technischen Universität in Berlin entwickelt wurde.

Die Evolution der Evolutionsstrategien

In den 20 Jahren seit dem Erscheinen seines klassischen Buches »Evolutionsstrategie« (siehe [Rechenberg 72]) wurde das Modell von Rechenberg selbst und mehreren anderen Forschern noch wesentlich verbessert und erweitert. Besonders hervorzuheben sind in diesem Zusammenhang die Arbeiten von *Hans-Paul Schwefel* in den 70er und 80er Jahren (siehe u.a. [Schwefel 68, 75b, 1]).

Aufgrund der vielfältigen Erweiterungen der ursprünglichen Evolutionsstrategie von Rechenberg aus den 60er und 70er Jahren kam es im Laufe der letzten Jahrzehnte zur Entwicklung mehrerer in sich abgeschlossener und aufeinander aufbauender Evolutionsstrategien zunehmender Komplexität. Die ersten Modelle der Evolutionsstrategen waren sehr abstrakt und haben viele Details der biologischen Evolution vernachlässigt. Im Laufe der Jahre haben Rechenberg und Schwefel das Evolutionsmodell jedoch stärker an die tatsächlichen biologischen Gegebenheiten angelehnt. Die verschiedenen Evolutionsstrategien stellen deshalb auch unterschiedliche Stufen der Imitation der biologischen Evolution dar, wobei Rechenberg jedoch immer betont hat, daß er eine naturgetreue Kopie der Evolution in der Regel nicht für sinnvoll hält.

Deshalb schreibt er: »Nun ist es auch falsch zu glauben, ein natürliches Vorbild müsse möglichst genau kopiert werden, um höchste Vollkommenheit in der technischen Ebene zu erreichen. (...) Das biologische Vorbild bestimmt einen Anfangspunkt, von dem aus eine Weiterentwicklung unter den speziellen technischen Bedingungen einsetzen kann. Das gilt auch für die Nachahmung der biologischen Evolution. Es muß nicht unbedingt am besten sein, jeden Evolutionsfaktor genauestens zu kopieren. Das Verstehen des jeweiligen biologischen Vorganges kann ebenso wertvoll sein, wenn es darauf gelingt, ein idealisiertes Schema zu entwerfen, das die gleiche Wirkung hervorbringt.« ([Rechenberg 72], S. 15,16).

Die einzelnen Varianten der Evolutionsstrategie unterscheiden sich deshalb hauptsächlich in der Modellierung der Details der biologischen Evolution und der Repräsentation der Art und Weise, wie die Individuen einer Population oder mehrerer Populationen mutiert und jeweils untereinander rekombiniert, zusammengefaßt und selektiert werden.

Die Existenz verschiedener Varianten und Ausprägungen der Evolutionsstrategie deutet auf ein prinzipielles Dilemma *aller* Modelle und Simulationen der Evolution hin. Die zentrale Frage, die sich jedem Forscher stellt, der ein Modell der Evolution entwickelt, ist: wie exakt muß oder sollte man die Evolution nachahmen? Verliert man etwas oder verhindert man Einsichten, wenn man bestimmte Details nicht berücksichtigt? Kann man die Evolution andererseits auch »überrepräsentieren«, indem man zu viele, eventuell irrelevante Details ins Auge faßt und damit sozusagen den Wald vor lauter Bäumen nicht mehr sieht?

Auf diese Fragen gibt es keine allgemeingültigen und zufriedenstellenden Antworten.

Die Frage nach der besten oder geeignetsten Repräsentation oder Modellierung der relevanten Details hat die Evolutionstheoretiker in (mindestens) zwei Lager gespalten. Auf der einen Seite steht die deutsche Schule der Evolutionsstrategen um Rechenberg, die die biologische Evolution sozusagen nur als Richtschnur für die Entwicklung eines leistungsstarken Such- und Optimierungsverfahrens benutzen will (siehe das obige Zitat von Rechenberg). Auf der anderen Seite steht die eingangs genannte amerikanische Schule der Verfechter der Genetischen Algorithmen um Holland und Goldberg (siehe Kapitel 4), die sich stärker für die Frage interessiert, wie es der Evolution gelingt, Informationen zu codieren, zu verarbeiten und diese Informationen über die Generationen hinweg weiterzureichen.

Die Anhänger der beiden Schulen nehmen die Leistungen der jeweiligen Gegenseite kaum zur Kenntnis. Lediglich Schwefel und einige neutrale Theoretiker (Bäck, Hoffmeiser, Schöneburg u.a.) bemühen sich um ein tieferes Verständnis beider Ansätze und versuchen, sie zu vergleichen (siehe z.B. [Hoffmeister]), ihre jeweiligen Vorteile herauszuarbeiten bzw. sie in Anwendungen miteinander zu kombinieren (siehe [Schöneburg 3 bis 7]). Wir vertreten hier einen eher neutralen Standpunkt und werden uns deshalb dem Streit der Schulen nicht anschließen, sondern versuchen, die beiden Modelle mit ihren jeweiligen Vorzügen und Schwächen möglichst objektiv darzustellen (siehe hierzu auch Kapitel 5).

Grundbegriffe und Notationen

Rechenberg hat für seine Evolutionsstrategie eine sehr kompakte und einprägsame grafische Darstellungsform entwickelt. Die Individuen einer simulierten Population werden grafisch als »Spielkarten der Natur« dargestellt und die Evolutionsmechanismen durch Symbole, die für Manipulationen, Auswahl und Bewertung von Karten stehen.

Die Rechenbergsche Grafik-Notation

Obwohl es eine große Fülle möglicher Evolutionsstrategien gibt, kommt Rechenberg mit lediglich 10 Grundsymbolen für ihre Darstellung aus. Er verwendet ein Karten-Symbol für ein konkretes Individuum, auf dem die Gene bzw. Chromosomen durch Punkte angedeutet sind. Mehrere hintereinander gezeichnete Individuen-Symbole stellen eine Population von Individuen dar.

Werden aus einer Population einige Individuen zufällig oder aufgrund ihrer Qualität ausgewählt (Selektion), so wird die Population in einen Kreis gezeichnet, der eine Auswahlurne andeuten soll. Erfolgt die Auswahl zufällig, so zeigt ein Pfeil mit einem w an den Kreis; erfolgt die Auswahl aufgrund der Qualitätsfunktion Q, so führt von dem Kreis ein mit einem Q bezeichneter Pfeil weg.

Zeigt ein Pfeil mit einem Q auf ein Individuen-Symbol (Karte), so deutet dies seine Bewertung an. Die Umwandlung des Genotyps eines Individuums in den Phänotyp ist eine Voraussetzung für seine Bewertung. Diese Umwandlung kann z.B. dann nötig sein, wenn die Erbinformation erst durch einen experimentellen Aufbau hinsichtlich ihrer Güte oder Eignung beurteilt werden kann, weil kein DV-Modell existiert.

Diese Umwandlung der abstrakten Erbinformation in ein konkretes Individuum (eine konkrete Versuchsanordnung)

wird durch eine Zickzack-Linie unterhalb des Individuen-
Symbols angedeutet. Um anzudeuten, daß der Phänotyp
nun bewertet werden kann, findet man in der Symbolik
deshalb noch ein Pfeil mit einem Q, der auf den Phänotyp
zeigt. Bei reinen Computersimulationen ist der Wechsel
von der genotypischen Interpretation zu einer phänotypischen Realisierung im Sinne einer Versuchsanordnung
nicht nötig.

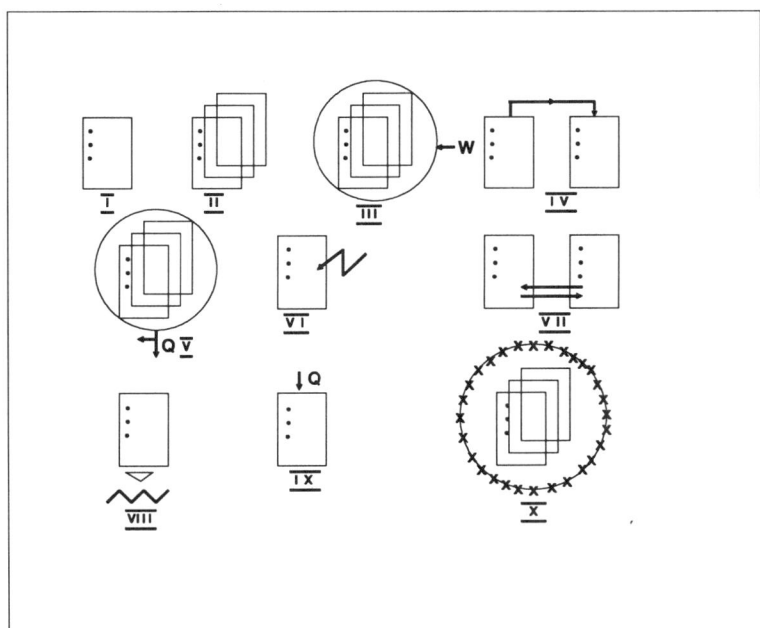

Bild 3.1:
Die Rechenberg-
schen Grund-
symbole: I Individu-
ensymbol; II Popu-
lation; III Gleichver-
teilte Auswahl;
IV Duplikation;
V Auswahl(urne)
nach Qualitätsfunk-
tion; VI Mutation;
VII Rekombination
und Mischung;
VIII Phänotypische
Realisation;
IX Bewertung und
X isolierte
Population.

Meist ist jedoch ebenfalls eine Umrechnung oder phänotypische Interpretation der Vektoren nötig. Ein Beispiel soll
dies verdeutlichen: angenommen, es soll der optimale Weg
bestimmt werden, der einen Roboterarm zu einem Objekt
führt. Mittels einer ES ließe sich ein optimaler (kürzester)
Weg für den Roboterarm bestimmen. Codieren die reellen
Parameter eines Chromosoms die Winkeländerungen, die
ein Roboterarm zurücklegen muß, um von einer Greifpo-
sition zur nächsten zu gelangen, also um ein Objekt zu
greifen, so kann dieser Vektor nicht direkt hinsichtlich

seiner Güte bewertet werden. Es muß zuvor die reale Trajektorie (Bewegungsbahn) des Armes ermittelt werden, die sich aus den Winkeländerungen ergibt.

Genügt diese Bahn den Optimierungskriterien, erhält das Individuum (der Vektor der Winkeländerungen) einen hohen Qualitätswert, ansonsten einen schlechten. Die Umrechnung der Winkel auf den Weg stellt hier den Übergang von der genotypischen Interpretation zur konkreten phänotypischen Realisierung dar.

Die Duplikation eines Individuums (dies repräsentiert die Erzeugung von Nachkommen durch Duplikation des Erbgutes = DNS-Selbstreplikation) wird durch einen Pfeil mit zwei Pfeilspitzen von dem Ausgangsindividuum zu dem Duplikat symbolisiert. Mutationen werden durch einen gezackten Pfeil, der auf ein Individuensymbol zeigt, veranschaulicht. Die sexuelle Rekombination wird durch zwei gegenläufige Pfeile zwischen den zu rekombinierenden Symbolkarten dargestellt.

Für die Behandlung abgeschlossener, isolierter Populationen verwendet Rechenberg noch ein spezielles Symbol: einen gekreuzten Kreis (»Stacheldrahtzaun«). Mit diesem Kreis soll die Abgrenzung einer Population von anderen symbolisiert werden. Innerhalb der durch den »Stacheldrahtzaun« abgegrenzten Region können vollständige, in sich abgeschlossene Evolutionsprozesse ablaufen (wie im Falle einer sich neu bildenden Inselpopulation; siehe die Darwin-Finken auf den Galapagos Inseln). Auf den »Stacheldrahtzaun« kann ein Pfeil gerichtet sein, der mit einer ganzen Zahl versehen ist. Diese Zahl gibt die Zeit der Isolation bzw. die Anzahl der Generationen an, während der die eingezäunte Population isoliert ist.

Zwischen den einzelnen Symbolen werden je nach Bedarf weitere Pfeile gezeichnet, um beispielsweise das Einsortieren einer Karte in die Auswahlurne oder den Übergang zwischen den einzelnen Evolutionsschritten anzudeuten.

Im folgenden werden zur Erläuterung die wichtigsten Varianten der Evolutionsstrategie jeweils auch in der grafischen Darstellung angezeigt.

Codierung durch Vektoren reeller Zahlen

Die Evolutionsstrategen verfolgen einen an Realzahlen orientierten Codierungsansatz. Sie gehen nicht auf die Genstruktur oder eine detailliertere Chromsomencodierung der Individuen ein. Aus der Sicht der Evolutionsstrategen läßt sich die relevante (Erb-) Information eines Individuums in (Vektoren von) reellen Zahlen codieren. Die Chromosomen werden mit diesen Vektoren identifiziert ebenso wie die Individuen einer Population mit ihren Chromosomen. Die Individuen einer »Population« von möglichen Parameterwerten sind für den Evolutionsstrategen folglich nichts anderes als Vektoren reeller Zahlen, und eine Population von Individuen ist einfach eine Menge solcher Vektoren.

Dieser Ansatz hat historische Gründe. Rechenberg war als Ingenieur mit seinen Mitarbeitern von Beginn an vor allem an der Lösung von Problemen der reellen Parameter-Optimierung interessiert. Er wollte schwierige ingenieurtechnische Probleme lösen, indem er die Evolution und ihre Mechanismen als Vorbild nahm. Seine Forschung konzentrierte sich daher jahrelang auf Probleme, bei denen das Finden optimaler Systemparameter das größte Problem darstellte (siehe Kapitel 7).

Die Repräsentation von Optimierungsproblemen durch Vektoren reeller Parameter war und ist daher für Rechenberg und seine Anhänger naheliegend, denn sie stellt die kompakteste Form der Codierung dar. Ob diese Realzahlorientierte Codierung für die simulierte Evolution immer die zweckmäßigste ist, läßt sich jedoch bezweifeln (siehe Kapitel 4). In der Regel hängt die Codierung der relevanten

Informationen von der jeweiligen Aufgabenstellung ab. Es gibt keine Problem-invariante optimale Codierung. Bei diskreten Optimierungsaufgaben oder bei der Suche nach optimalen Strukturen sind binäre Codierungen naheliegend und meist geeigneter als reelle Codierungen.

Bild 3.2: Der Codierungsansatz der Evolutionsstrategen: Chromosomen werden meist als Vektoren reeller Zahlen interpretiert.

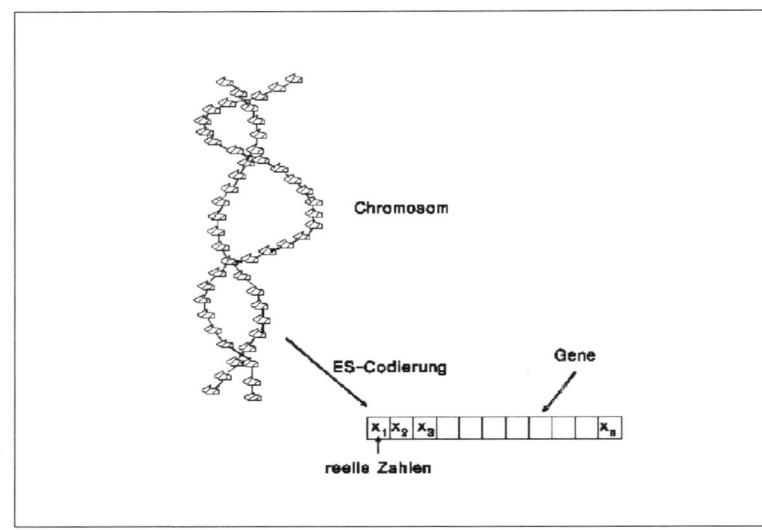

Für den »frühen« Evolutionsstrategen gab es nur zwei wesentliche Informationen: die konkreten Werte der zu optimierenden Parameter und die Werte der zu optimierenden Qualitätsfunktion, also die Qualität der Individuen. Da die Evolutionsstrategen die Codierung der biologischen Erbinformation in den Anfängen derart verdichteten und die Individuen auf ihre qualitativ meßbaren Merkmalsausprägungen (die Parameterwerte) reduzierten, hat man ihren Ansatz treffend als eher *phänotypisch* orientiert bezeichnet.

Phänotypische Orientierung

Die (1+1)-ES

Die einfachste Form der ES ist die sogenannte »zweigliedrige« *(1+1)-ES*. Sie wurde bereits 1964 von Rechenberg in einem seiner klassischen Experimente zur optimalen Einstellung von Gelenkwinkeln einer Gelenkplatte eingesetzt (siehe ebenfalls Kapitel 7).

Das Grundschema der (1+1)-ES ist denkbar einfach. Ausgehend von einem »Ur-Individuum« (einem Vektor reeller Zahlen), einem Elter, wird ein zweites Individuum (ein zweiter Vektor), also ein Nachkomme oder »Kind« erzeugt, indem der Ausgangsvektor zunächst einfach dupliziert wird. Dieser Vorgang simuliert nach Rechenberg den Prozeß der DNS-Selbstverdopplung.

In einem zweiten Schritt wird das Duplikat (Kind) zufällig (aber nicht willkürlich) modifiziert. Das Duplikat wird mutiert, indem auf jeden einzelnen Parameter des Vektors ein zufälliger (in der Regel kleiner) positiver oder negativer Wert addiert wird. (Auf die Mutation gehen wir weiter unten noch genauer ein, da ihr in der Evolutionsstrategie eine entscheidende Rolle zukommt.)

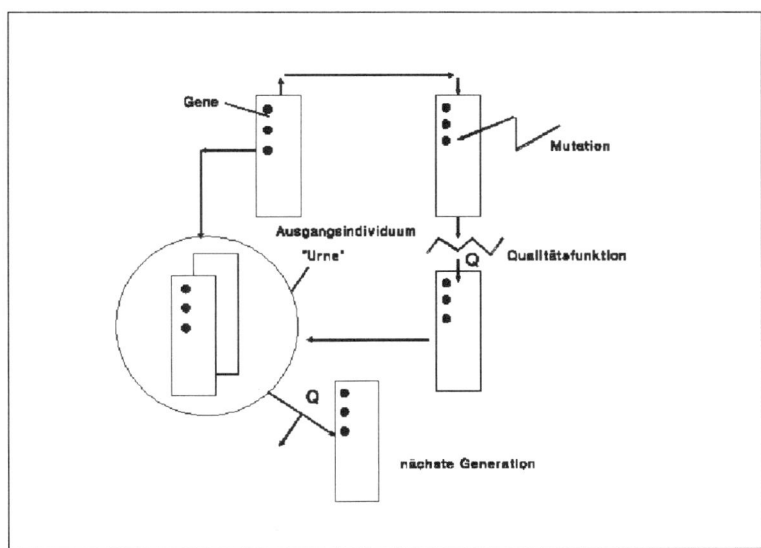

Bild 3.3:
Schema der
(1+1)-ES nach
Rechenberg.

Im nächsten Schritt werden der Ausgangsvektor (Elter) und das mutierte Duplikat (Kind) bewertet. Hier kommt es zu einem *survival of the fittest*: der Vektor, dem die Qualitätsfunktion den besseren Wert zuordnet, »überlebt« und wird zur Erzeugung neuer Nachkommen nach dem gleichen Schema herangezogen. Der schlechtere von beiden wird »vergessen« und nicht weiter berücksichtigt. Haben Elter und Kind den gleichen Qualitätswert, so wird einer von beiden zufällig als neuer Elter ausgewählt.

Die drei wesentlichen Schritte: Selbstreproduktion (Duplikation), Mutation und Selektion werden so oft wiederholt, bis die Qualität eines Nachkommens hinreichend gut ist. Wann dieser Punkt erreicht ist, ist von Problem zu Problem verschieden. Bei einigen Problemstellungen *muß* eine *optimale Lösung* gefunden werden, weil jede suboptimale Lösung nutzlos ist.

Bei anderen Problemstellungen, wie etwa bei der Suche nach der kürzesten Verbindung zwischen mehreren Städten, also dem berühmten *Travelling-Salesman*-Problem (siehe S. 271ff), genügt es in der Regel, annähernd optimale Lösungen (Approximationen der Optimallösung) zu finden. Bei solchen Problemstellungen ist das Optimum zudem oft unbekannt, so daß man häufig nicht weiß, ob eine Lösung tatsächlich optimal oder nur suboptimal ist. Außer der Veränderung der Qualität der Nachkommen können noch beliebige andere Abbruchkriterien für die Iteration der ES verwendet werden. Ein häufig benutztes Kriterium ist die Zeit, die für die Berechnungen benötigt wird. Wird eine gewisse Zeit überschritten, wird die Simulation – naheliegenderweise – aus Zeitgründen abgebrochen.

Neben der Rechenzeit wird oft auch die Anzahl der erzeugten Generationen von Nachkommen als Kriterium für die Beendigung der Iterationen herangezogen. Der iterativen Erzeugung von Nachkommen und neuen Eltern ordnet man als ganzzahliges Zeitmaß *die Generation G* zu. Das Ausgangsindividuum bildet die nullte Generation G_0. Der Nachkomme bildet die erste Generation G_1 usw. Die

Simulation wird dann beispielsweise nach 100 oder 1000 oder einer anderen Anzahl von Generationen abgebrochen.

Wählt man *nicht* die Qualität der Individuen als Abbruchkriterium für die ES, sondern ein Kriterium, das von der Qualität unabhängig ist, so besteht jedoch immer die Gefahr, daß man das Finden einer optimalen Lösung durch einen zu frühzeitigen Abbruch verhindert!

Die (1+1)-ES hat ihren Namen daher, daß Elter und Nachkomme *zusammen* (deshalb das »+« zwischen den Einsen) in eine »Wahlurne« gesteckt werden und nur einer wieder herausgezogen wird und »überlebt«, frei nach dem Motto: *Die Guten ins Töpfchen, die Schlechten ins Kröpfchen.* Rechenberg hat seine (1+1)-ES daher treffend auf folgende Telegramm-artige Kurzformel gebracht (siehe [Rechenberg 92]):

Elter erzeugt mutierten Nachkommen; der bessere überlebt.

Die (1+1)-ES reduziert die Evolutionsmechanismen auf ein Minimalgerüst: die Erbinformation wird in der kompaktesten Form durch Vektoren reeller Zahlen dargestellt, die Varianz des Erbgutes wird ausschließlich durch Mutationen herbeigeführt, und die sexuelle Rekombination des Erbgutes bleibt völlig unberücksichtigt. Die (1+1)-ES ist zudem ein Modell eines rein seriellen Prozesses. Es gibt keine Populationen, sondern lediglich jeweils maximal zwei Individuen zur gleichen Zeit, nämlich ein Elter und ein Nachkomme. Die (1+1)-ES stellt demnach in mehrerer Hinsicht nur eine erste Näherung für die tatsächliche Evolution dar. Es ist erstaunlich, daß die (1+1)-ES trotz ihrer Einfachheit überhaupt sinnvolle Anwendungen ermöglicht. Der Grund hierfür liegt nicht in den bislang dargestellten Evolutionsschritten, sondern in der weiter unten noch genauer zu erläuternden *adaptiven Schrittweitenregelung* der Mutation der Nachkommen.

Die (μ+λ)-ES

Die (μ+λ)-ES stellt eine naheliegende Verallgemeinerung der ursprünglichen (1+1)-ES dar. Sie dient dem Zweck, den seriellen Charakter der (1+1)-ES zu überwinden. An die Stelle eines Elters treten nun mehrere (μ) Eltern und mehrere (λ) Nachkommen. So ist beispielsweise eine (μ+λ)-ES mit μ=4 und λ=8 eine (4+8)-ES. μ und λ repräsentieren demnach beliebige ganze Zahlen. λ und μ sind immer so zu wählen, daß λ ≥ μ ≥ 1 ist. Die Evolutionsschritte der (μ+λ)-ES bleiben im wesentlichen gleich wie bei der (1+1)-ES. Aus den μ Eltern werden λ Eltern für die Erzeugung von λ Nachkommen (Duplikate) zufällig ausgewählt. Die Auswahl trifft mit gleicher Wahrscheinlichkeit (statistische Gleichverteilung) jedes Individuum der Elternpopulation. Eine Mehrfachauswahl eines Elters ist zulässig und insbesondere im Fall λ > μ nötig.

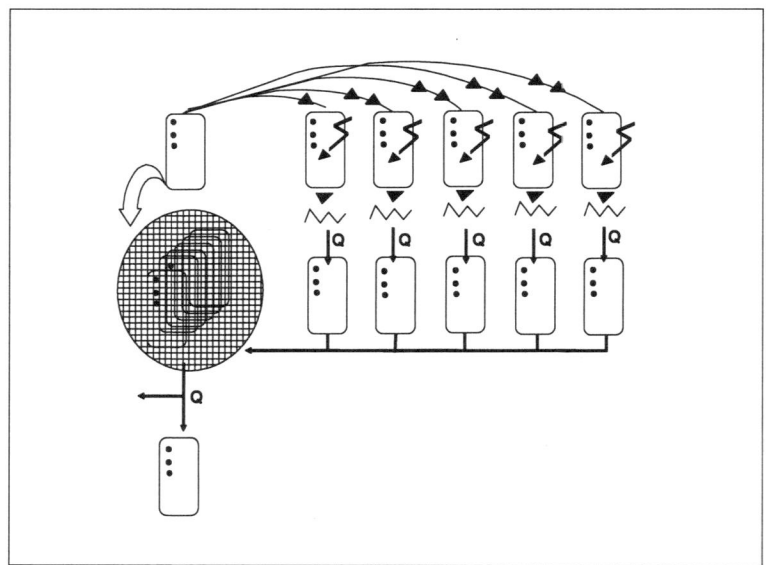

Bild 3.4: Schema einer (1+5)-ES nach Rechenberg.

Die λ Duplikate werden dann wie bei der (1+1)-ES mutiert und zur Bewertung mit den Eltern in eine Urne geworfen. Aus dieser Urne werden die μ besten Individuen als Eltern der nächsten Generation ausgewählt. Die Größe der Eltern-population bleibt demnach wie bei der (1+1)-ES konstant (gleich μ).

Die Tatsache, daß zur Auswahl der besten jeweils die Eltern **und** die Nachkommen zusammen herangezogen werden, hat einen bedeutenden Effekt: betrachtet man die Qualität der Besten über mehrere Generationen, so wird die Qualität des Besten von Generation zu Generation nie schlechter!

Ist demnach B_1 das beste Individuum der Generation G_n und B_2 das beste Individuum der Generation G_{n+k}, so gilt (falls die Qualitätsfunktion zu minimieren ist) immer:

$Q(B_2) \leq Q(B_1)$.

Auch die $(\mu+\lambda)$-ES läßt sich auf eine prägnante Kurzformel bringen:

μ **Eltern erzeugen λ mutierte Nachkommen; die μ besten überleben.**

Die (μ,λ)-ES

Bei der $(\mu+\lambda)$-ES werden die Eltern und die Nachkommen $(\mu+\lambda)$ einer Generation gemeinsam bewertet, und die jeweils μ besten überleben. Dies hat zur Folge, daß Individuen, die hinsichtlich der Qualitätsfunktion wesentlich besser sind als die meisten anderen Individuen, viele Generationen hindurch überleben können.

Dieser Effekt ist bis zu einem gewissen Maße gewollt, denn das bislang beste Individuum wird bei der $(\mu+\lambda)$-ES nicht »vergessen«. Diese Eigenschaft der $(\mu+\lambda)$-ES kann sich jedoch in bestimmten Anwendungen auch negativ auswirken, zum Beispiel dann, wenn das mehrere Gene-rationen überlebende Individuum nur ein *lokales* Optimum (Minimum) der Qualitätsfunktion darstellt. In diesen

Fällen tendiert eine (μ+λ)-ES zu einer vorzeitigen Konvergenz gegen das lokale Optimum. Das globale Optimum wird dann oft nicht gefunden. Die (μ+λ)-ES wird, anschaulich gesprochen, von dem lokalen Optimum auf einen falschen Suchpfad geleitet.

Um diesen Effekt zu vermeiden, hat Schwefel in seiner Dissertation 1975 die *Komma-Notation* eingeführt und den Selektionsmechanismus verändert. Anstelle des »+« Symbols steht nun das », « Symbol. Im Gegensatz zur (μ+λ)-ES werden bei diesem Ansatz die μ besten nur noch aus den λ *Nachkommen* selektiert; die Eltern der Vorgängergeneration werden vergessen.

Bild 3.5: Schema einer (3,7)-ES nach Rechenberg.

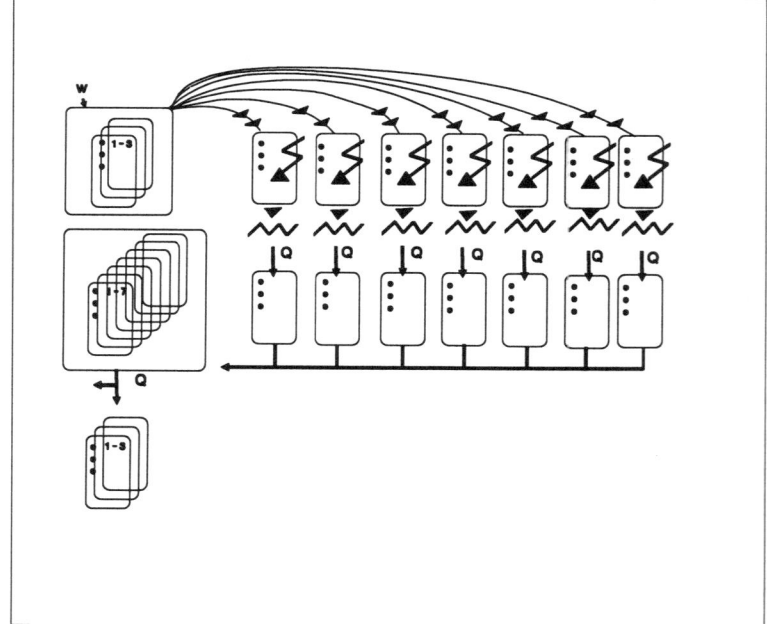

Die (μ,λ)-ES modelliert die biologische Evolution naturgetreuer als die (μ+λ)-ES. Es gibt keine potentiell unsterblichen Individuen mehr. Jedes Individuum lebt nur noch für die Dauer einer Generation. Dies entspricht zwar ebenfalls noch nicht völlig der Realität (viele Lebewesen können mehrere Generationen überleben), ist jedoch plausibler als unsterbliche Individuen.

Das Verhindern einer vorzeitigen Konvergenz hat jedoch eventuell auch gravierende Nachteile. Die Qualitätsfunktion verhält sich bei der (μ,λ)-ES nämlich gänzlich anders als bei der $(\mu+\lambda)$-ES. Betrachtet man den Verlauf der Qualitätsfunktion der jeweils besten Individuen über mehrere Generationen, so verläuft die Qualitätsfunktion bei der $(\mu+\lambda)$-ES *monoton* (steigend oder fallend, je nachdem, ob die Qualitätsfunktion minimiert oder maximiert werden soll). Bei der (μ,λ)-ES hingegen kann die Qualitätsfunktion von Generation zu Generation sowohl nach oben als auch nach unten stark schwanken. Sie verhält sich in der Regel *nicht* monoton.

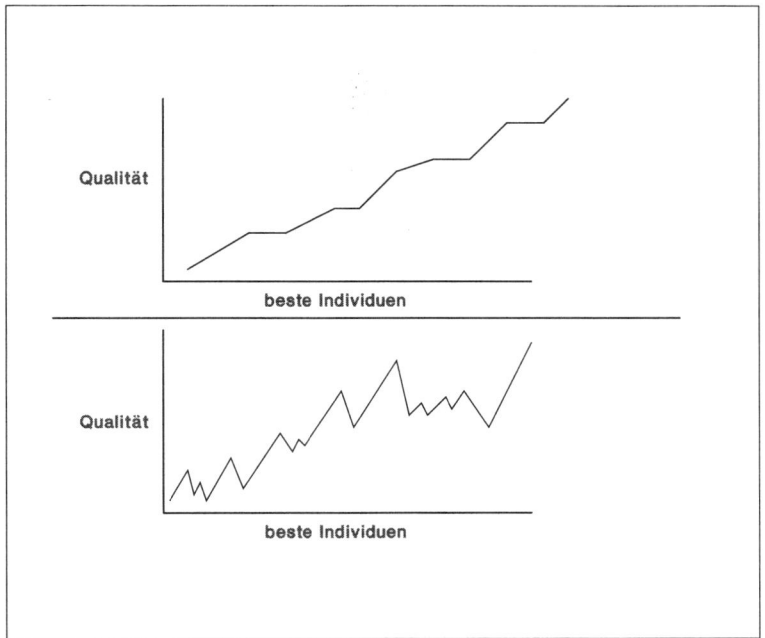

Bild 3.6:
Unterschiedlicher Verlauf der Qualitätsfunktion bei der »+« Variante (oberes Bild) und der »,« Variante der ES. Bei der »+« Variante kann der Verlauf der Qualitätsfunktion nicht schlechter werden.

Der Grund hierfür ist einfach: in der $(\mu+\lambda)$-ES wird das jeweils beste Individuum in die nächste Generation übernommen; die Qualität des Besten kann damit im Laufe der

Generationen nur besser werden. Werden hingegen wie in der (μ,λ)-ES die Eltern »vergessen«, so kann es im Extremfall sogar vorkommen, daß selbst die besten Nachkommen von der Qualitätsfunktion *schlechter* bewertet werden als die schlechtesten Eltern! Die Qualität des besten Individuums in Generation G_{n+1} kann demnach insbesondere schlechter sein als die des besten in Generation G_n. Die Evolution macht in dieser Situation einen (eventuell kurzfristigen) »Rückschritt«.

Die Schwankungen der Qualitätsfunktion können durch die Mutation der Duplikate beeinflußt werden. Sind die Mutanten von den Originalen nur geringfügig verschieden, so unterscheiden sich in der Regel die Werte der Qualitätsfunktionen ebenfalls nur geringfügig (Ausnahme sind chaotische und »boshafte« Qualitätsfunktionen, siehe hierzu auch Kapitel 5). Sorgt man demnach dafür, daß die Mutationen bevorzugt geringfügig ausfallen, so werden stärkere, sprunghafte Veränderungen der Qualitätsfunktion relativ unwahrscheinlich. Der Mutationsmechanismus der ES bevorzugt unter anderem aus diesem Grund tatsächlich geringfügige, normalverteilte Mutationen (siehe oben). Viele der folgenden Ausführungen gelten sowohl für die $(\mu+\lambda)$-ES und ihre Varianten als auch für die (μ,λ)-ES und ihre Varianten. Wenn die jeweilige Selektionsstrategie keine Rolle spielt, so werden die beiden ES-Varianten unter der Bezeichnung *$(\mu\#\lambda)$-ES* zusammengefaßt. Das »#« steht in diesen Fällen wahlweise für »+« oder für »,«.

Selektionsdruck und Populationswellen

Die $(\mu\#\lambda)$-ES erlauben sowohl eine einfache Beschreibung und Simulation des Selektionsdruckes innerhalb einer Population als auch von Populationswellen, also die Berücksichtigung zweier wichtiger Evolutionsfaktoren. Der *Selektionsdruck* wird durch den Quotienten $s=(\mu/\lambda)$ bestimmt. Je kleiner der Quotient $s=(\mu/\lambda)$ ist, desto stärker ist der Selektionsdruck innerhalb einer Population. Denn ist λ im Verhältnis zu μ groß, so findet eine starke Auslese statt, da die Folgegeneration in der $(\mu\#\lambda)$-ES immer nur aus den μ besten Individuen besteht. Ist also λ sehr viel größer als μ, so werden wesentlich mehr Individuen erzeugt als in die nächste Generation übernommen werden können. Es herrscht ein großer Selektionsdruck.

Liegt umgekehrt μ etwa in der gleichen Größenordnung wie λ, so findet praktisch keine Selektion statt, denn es werden nur wenige Individuen anhand der Qualitätsfunktion aussortiert. Ein Selektionsdruck ist dann kaum noch vorhanden.

Durch eine geeignete Wahl der Werte von μ und λ und damit des Quotienten $s=(\mu/\lambda)$ kann demnach der Selektionsdruck zwischen den Extremwerten 1 (geringer Selektionsdruck) und 0 (starker Selektionsdruck) im Prinzip beliebig genau eingestellt werden. Will man bei verschiedenen Simulationsläufen von Evolutionsstrategien den Effekt des Selektionsdruckes auf das Ergebnis studieren, so genügt es demnach, den Quotienten s systematisch zu variieren, indem man entweder die Größe der Elternpopulation verändert oder die Anzahl der Nachkommen.

Nach dem gleichen Schema lassen sich bei $(\mu\#\lambda)$-ES auch *Populationswellen* simulieren, indem man den Wert von μ systematisch oder zufallsgesteuert verändert. Will man Populationswellen mit gleichbleibendem Selektionsdruck erzeugen, so müssen die Parameter μ und λ jedoch im gleichen Verhältnis verändert werden, so daß der Quotient s gleich bleibt.

Will man hingegen Populationswellen mit sich veränderndem Selektionsdruck simulieren, so genügt es, einen der Parameter konstant zu halten, während man den anderen in irgendeiner Weise verändert. Hält man beispielsweise den Parameter λ fest und vergrößert gleichzeitig den Wert von $\mu\leq\lambda$, so vergrößert sich die Population bei abnehmendem Selektionsdruck. Dies entspricht in erster Näherung dem sich ändernden Populationswachstum bei einer Nischenbildung. Die Individuen können sich verstärkt vermehren bei einer geringen Anzahl natürlicher Feinde.

Die Größen μ und λ können unter Beachtung der Restriktion $\mu \leq \lambda$ beliebig verändert werden. Biologisch besonders interessant sind periodische und zyklische Variationen des Quotienten s, wie sie etwa durch den Einsatz von Sinus-Funktionen erreicht werden können.

Die $(\mu/\rho\#\lambda)$-ES

Die bislang eingeführten Varianten der ES machen keinen Gebrauch von der sexuellen Rekombination. Um dieses Manko zu beseitigen, wurden die $(\mu/\rho\#\lambda)$-ES eingeführt. Das Grundschema dieser Varianten ist wieder analog zu den bereits bekannten ES-Varianten zu verstehen. Der einzige Unterschied besteht in der Erzeugung der Duplikate. Wie bei den $(\mu\#\lambda)$-ES erzeugen μ Eltern λ Nachfolger, indem sie zunächst λ Duplikate erzeugen, die dann noch mutiert werden.

Das Erzeugen der λ Duplikate wird nun jedoch in mehrere Schritte unterteilt. Zunächst werden aus der Elterpopulation nicht mehr einzelne Individuen zur Erzeugung der Nachkommen herangezogen, sondern Gruppen. Diese Gruppen bestehen jeweils aus ρ Elementen. Im Standardfall ist $\rho=2$, das heißt, es werden jeweils λ Zweiergruppen (Pärchen) gebildet. Die Wahl der Eltern erfolgt wie immer zufällig mit gleicher Wahrscheinlichkeit für jedes Elter.

Im nächsten Schritt müssen die Gruppen wieder auf einzelne Duplikate reduziert werden, damit wie bei den $(\mu\#\lambda)$-ES fortgefahren werden kann. Die Reduzierung erfolgt durch eine modellhafte Simulation der Erzeugung der haploiden Zellen der Keimbahn. Zur Erläuterung nehmen wir an, ρ sei gleich 2. Wir erinnern uns, daß die Individuen für den Evolutionsstrategen nichts anderes sind als Vektoren reeller Zahlen. Es stellt sich folglich das Problem, wie aus zwei (oder im allgemeinen aus n) reellen Vektoren ein neuer Vektor erzeugt werden kann, der jeweils einen Teil der in den beiden Ausgangsvektoren codierten Informationen enthält.

Die Evolutionsstrategen verwenden im wesentlichen zwei unterschiedliche Rekombinationsstrategien der Duplikate (also der Parametervektoren):

1. die jeweils an gleicher Position befindlichen reellen Zahlen der zu rekombinierenden Vektoren werden gemittelt, das heißt, das neue Individuum entsteht dadurch, daß es jeweils den Mittelwert der Zahlen zugeordnet bekommt, die bei den Duplikaten an der entsprechenden gleichen Stelle stehen.

   Betrachten wir ein Beispiel. Angenommen die Duplikate seien die Vektoren:

   a = <3,7,2.8,9,5> und b = <7,7,2,5,1>

   so entsteht durch das gerade beschriebene Rekombinationsschema der Vektor

   c = <(3+7)/2,(7+7)/2,(2.8+2)/2,(9+5)/2,(5+1)/2> also

   c = <5,7,2.4,7,3>.

   Der jeweils derart erzeugte gemittelte Vektor wird in jeder der λ Gruppen mit ρ Elementen das Ausgangsduplikat für die nachfolgenden Mutationen. Ist $\rho > 2$, so wird pro Position einfach der Mittelwert aller ρ Zahlen gebildet. Dies erklärt auch die Notation $\downarrow\mu/\rho$«, da der erzeugte Vektor quasi nur den ρ-ten Teil der Information der einzelnen Positionen erhält. Werden mehr als zwei Eltern ($\rho > 2$) für die Rekombination herangezogen, so sprechen die Evolutionsstrategen von einer *Multirekombination*.

2. Die zweite alternative Rekombinationsstrategie geht etwas anders vor sich. Es handelt sich hier um eine

vollständige, diskrete Vertauschung der reellen Zahlen auf den Vektoren. Dazu werden nicht die Mittelwerte der einzelnen Vektorpositionen gebildet, sondern die Vektoren tauschen untereinander per Zufall ihre Parameterwerte auf den sich entsprechenden Positionen der Vektoren aus.

Im Spezialfall der Rekombination zweier Eltern wird pro Vektorposition per Zufall entschieden, ob die reellen Zahlen auf der jeweiligen Position vertauscht werden sollen oder nicht. Ist diese Prozedur für alle Positionen der Vektoren durchgeführt, so wird einer der Vektoren erneut per Zufall als Nachkomme ausgewählt. Werden mehrere Duplikate miteinander nach dieser Methode rekombiniert, so wird ebenfalls per Zufall entschieden, welcher Vektor mit welchem anderen Vektor welchen Parameter austauscht.

Auch hierzu ein Beispiel: gegeben seien wieder die Vektoren aus dem obigen Beispiel:
a = <3,7,2.8,9,5> und b = <7,7,2,5,1>

Nun erzeugen wir durch Würfeln zufällig für jede Position eine 1 oder eine 0. Angenommen, das Ergebnis sei:
Maske: <1,1,0,1,0>.

Eine 1 stehe für die entsprechende Position von Vektor a, eine 0 für die von Vektor b.
Demnach ergibt sich als Resultat:
c = <3,7,2,9,1>.

ES mit Populationen

Die bislang eingeführten Varianten der ES arbeiten auf der Basis einzelner Individuen. Für Simulationen der Evolution werden jedoch häufig auch ganze Populationen von Individuen herangezogen. Insbesondere auf Parallelrechnern ist die gleichzeitige Entwicklung unterschiedlicher, eventuell miteinander konkurrierender Populationen ein genaueres Studium wert (siehe auch Kapitel 6). Die μ/λ-Notation kann leicht auf ganze Populationen verallgemeinert werden. Zu diesem Zweck benutzt Rechenberg neben den runden Klammerausdrücken zusätzlich eckige Klammern. Die μ und λ Werte innerhalb runder Klammern stehen weiterhin für Individuen, die Werte außerhalb hingegen bezeichnen Populationen. In dieser Weise läßt sich der bisherige Formalismus elegant auf die Evolution von Populationen erweitern. So beschreibt beispielsweise der Ausdruck

[2,3(4,7)]-ES

eine ES, bei der *zwei* unabhängige Population jeweils *drei* neue Populationen erzeugen. Dies erfolgt völlig analog zur Erzeugung der Duplikate von Individuen. Jede Population besteht aus jeweils *vier* Individuen. Innerhalb dieser Populationen werden aus den vier Individuen wie bei einer (4,7)-ES *sieben* Nachfolger generiert. Aus diesen sieben Nachfolgern werden die jeweils vier besten zu drei neuen Populationen zusammengefaßt. Diese drei neuen Populationen werden in eine Urne geworfen. Bei der »,« Variante werden dann aus den drei Populationen die zwei Qualitätsbesten herausgezogen, und der Prozeß kann von neuem beginnen.

Zur Bestimmung der (in unserem Beispiel zwei) besten Populationen muß ein Qualitätsmaß festgelegt werden. Ein naheliegendes Maß ist die mittlere Qualität aller Individuen der entsprechenden Populationen.

Es sind jedoch auch andere, frei definierbare Populationsgütemaße möglich und sinnvoll. So könnte man beispielsweise die Qualität des Besten einer Population mit der Qualität der Gesamtpopulation gleichsetzen, oder man könnte die Varianz (Streuung) der Qualitäten der Einzelindividuen für die Qualitätsbewertung einer Population mit heranziehen usw. Man beachte, daß bei einer auf Populationen basierenden ES jede beliebige Kombination von »+«

und »,« innerhalb und außerhalb der runden Klammern sinnvoll ist. Die obige [2,3(4,7)]-ES ist demnach auch zusätzlich noch in allen folgenden Varianten möglich: [2+3(4+7)], [2+3(4,7)], [2,3(4+7)]. Die Interpretation der jeweiligen Varianten dürfte nach den bisherigen Beispielen klar sein.

Bild 3.7:
Schema einer
[2,3(4,7)]-ES nach
Rechenberg '92.

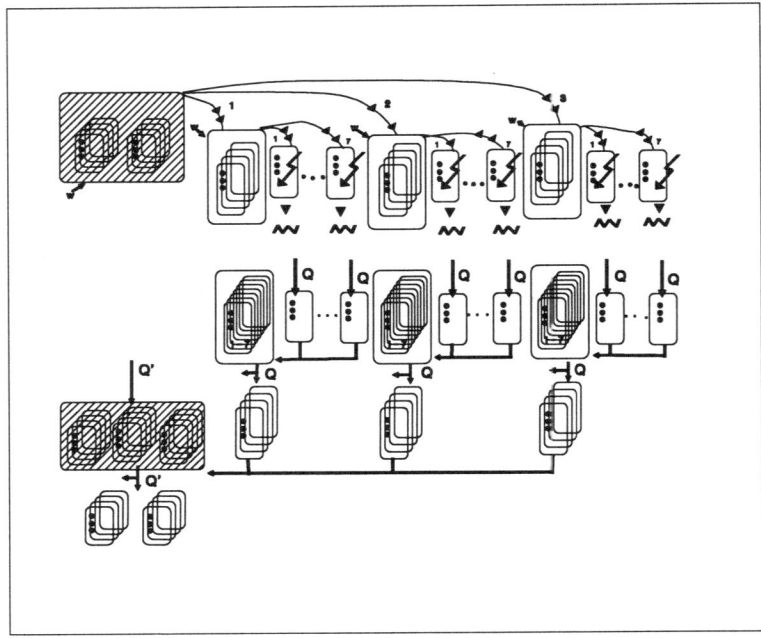

Die »/«-Variante

Auf der Ebene der Populationen verwenden die Evolutionsstrategen zusätzlich noch eine ähnliche Notation wie bei der sexuellen Rekombination. Bei der Betrachtung von Populationen werden jedoch nicht einzelne Gene zwischen den Populationen ausgetauscht, sondern ganze Individuen. Diese ES-Variante ist eine Verallgemeinerung der »/«-Variante der S. 158ff. Das Mischungssymbol »/« kann innerhalb der runden Klammern (bezogen auf Individuen) und innerhalb der eckigen Klammern (bezogen auf Populationen) vorkommen.

Bei einer [4/2#3(5#7)]-ES zum Beispiel werden aus jeweils 4 Populationen 2 zufällig zur Erzeugung von 3 neuen Populationen ausgewählt. Die aus den ursprünglich 4 Populationen ausgewählten 2 Populationen werden zu je 3 Zweiergruppen zusammengefaßt und »gemischt«, indem die Individuen der beiden Populationen jeweils zufällig untereinander ausgetauscht werden. Die ursprünglichen Populationsgrößen bleiben dabei erhalten. Jede einzelne der 3 derart neu erzeugten Populationen wird danach nach dem Schema einer (5#7)-ES weiterverarbeitet. Der Sinn dieser »/«-Variante ist die Simulation des Genflusses zwischen Populationen. Diverse Populationen können sich parallel entwickeln. Zwischen den Populationen wandern Individuen hin und her. Das »Migrationsschema« kommt bei der ES rein zufällig zustande. Es sind jedoch auch planmäßige Varianten denkbar, bei denen beispielsweise jeweils nur die Besten einer Population in eine andere Population »auswandern« (siehe Kapitel 6).

ES mit isolierten Populationen

Für die Simulation isolierter Populationen hat Rechenberg eine weitere Variante der ES eingeführt. In der grafischen Darstellung wird, wie bereits oben erwähnt, um die isolierte Population mit ihrem eigenen Evolutionsgeschehen quasi ein Stacheldrahtzaun gezogen. In der formalen μ-λ Notation kommt die Isolation durch eine hochgestellte Isolationszahl zum Ausdruck, die die Dauer der Isolation in einem Zeitmaß (z.B. in Sekunden) oder in Anzahl Generationen angibt. So stellt zum Beispiel eine

[1,2(4,7)/30]–ES

eine ES-Variante dar, bei der die beiden Populationen von 4 Individuen, die jeweils 7 Nachkommen erzeugen, 30 Generationen lang isoliert werden. Die beiden isolierten Populationen durchlaufen 30 Generationen lang eine unabhängige Entwicklung. Erst nach Ablauf dieser Zeit werden sie gemeinsam in die Auswahlurne geworfen, und die bessere von beiden wird Ausgangspunkt einer neuen Evolutionskette.

Das Isolations-Modell versucht die Entwicklung von abgeschotteten, isolierten Populationen nachzubilden. Vom Standpunkt der Optimierungstheorie nutzt das Modell zweifach die implizite Parallelität der ES aus. Zum einen wird innerhalb einer Population durch die Evolution jedes Individuum adaptiert und optimiert. Simultan dazu bewegen sich die Populationen als ganze im Optimierungsraum. Sie durchsuchen simultan jeweils andere Regionen des Suchraumes. Es ist daher naheliegend, besonders diese ES-Variante auf Parallelrechnern zu simulieren, da bei dieser Variante eine hochgradige und mehrfache Parallelität der Suche möglich wird.

Die Standard-Evolutionsstrategie

Die bislang eingeführten ES ermöglichen eine unendliche Anzahl unterschiedlichster Varianten. Durch die Wahl der ganzzahligen Parameter μ, ρ, λ etc. können bereits ES mit beliebig großen Populationen, frei wählbarem Selektionsdruck, zyklischem Wachstum usw. simuliert werden. Durch den zusätzlichen Einsatz der »/«, »+«, »,« Varianten lassen sich zudem noch eine Fülle von Isolations-, Rekombinations- und Selektionsstrategien realisieren. Wir haben ES-Varianten für Individuen und Populationen kennengelernt. Der Rechenbergsche Ansatz läßt sich aber natürlich noch beliebig iterieren. Es sind ES für Populationen von Populationen von Populationen von Populationen von ... möglich. Und in gleicher Weise lassen sich die »/«-Varianten und die »+« und »,« Varianten iterieren. Somit sind

$$\{y''/x''\#z''[y'/x'\#z'(y/x\#z)^{/1}]^{/m}\}^{/n}-\mathrm{ES}$$

und noch tiefere Schachtelungen konstruierbar. Es macht jedoch für praktische Anwendungen in der Regel wenig Sinn, die Iterationsmöglichkeiten ab einer bestimmten Stufe weiterzuverfolgen. Die Standard-Evolutionsstrategie endet bei der zweiten Iterationsstufe und hat damit die Form:

$$[u/v \# w (x/y \# z)^{/n}]\text{–ES}.$$

Es sind den Autoren keine Anwendungen der ES bekannt, bei der eine weitere Iteration einen erkennbaren Vorteil gebracht hätte. Man beachte, daß bei einer mehrfachen Iteration der ES und insbesondere bei Verwendung der »/«-Varianten noch zusätzlich festgelegt werden muß, wann auf welcher Stufe eine weitere Iteration erfolgt. Wenn beispielsweise eine

$$\{\dots[\dots(\dots)^{/m}]^{/n}\}\text{–ES}$$

simuliert wird, so läuft die (...)-ES m Generationen (oder Zeiteinheiten) isoliert ab. Danach läuft die [...]-ES auf der Ebene der Populationen eine Generation weiter, dann wieder die (...)-ES m Generationen usw. Je Iterationsschritt der $[\dots]^{/n}$-ES werden demnach m Generationen (Iterationen) der (...)-ES durchlaufen. Insgesamt werden folglich n Schleifen mit jeweils m Iterationen durchlaufen.

Bei der gerade angedeuteten potentiellen Vielfalt der Variationsmöglichkeiten der Strategie-Parameter der Evolutionsstrategien stellt sich sofort die Frage: gibt es eventuell optimale Einstellungen der Parameter μ, λ, ρ etc. und wie sehen diese aus ?

Optimale Strategie-Parameter

[Rechenberg 92] empfiehlt für einfache, »glatte« Qualitätsfunktionen die (1#5)-ES. Um mit der mutativen Schrittweitenregelung (siehe unten) eine gleichmäßige Konvergenz zu erreichen, empfiehlt er, λ auf 10 zu erhöhen, also die (1#10)-ES einzusetzen. Benötigt man eine hohe Zuverlässigkeit der Algorithmen, so ist der Selektionsdruck und damit das Verhältnis von μ und λ ausschlaggebend.

Rechenberg empfiehlt für den Quotienten μ/λ Werte zwischen 1/5 und 1/3. Hieraus ergeben sich optimale Werte von λ in Abhängigkeit von μ nach folgender Tabelle:

μ	1	2	3	4	5	6	7	8	9	10
λ	5	8	11	13	16	19	22	25	27	30

Für das Mischungsverhältnis ρ einer $(\mu/\rho\#\lambda)$-ES empfiehlt er den Maximalwert $\rho=\mu$ und damit eine vollständige »Multirekombination«. Wenn μ größer als 2 ist, haben die Individuen in diesem Fall eventuell mehr als 2 Eltern! Zu diesen Werten ist jedoch folgendes anzumerken: die angegebenen »optimalen« Strategie-Parameter sind nur als Richtwerte anzusehen. Der tatsächlich optimale Wert jedes einzelnen Strategie-Parameters ist sehr stark problemabhängig. Die obigen Werte sind nur für einfache und »gutartige« Probleme sinnvolle Richtwerte. Sie versagen bei rea-len, komplexen Qualitäts- und Testfunktionen, wie sie beispielsweise in Kapitel 5 vorgestellt werden, zum Teil völlig.

Schwächen der Notation Trotz der Prägnanz der Rechenberg-Schwefelschen Notation ist doch auch eine knappe Kritik angebracht: Die Notation ist in mehrerer Hinsicht unvollständig und mehrdeutig. Die jeweils anzuwendenden Mutations- und Rekombinationsverfahren sind in der Standard-Notation nicht angeführt (obwohl es Ansätze gibt, wie dies durch eine Indizierung angegeben werden könnte). Die jeweiligen Verfahren müssen gesondert notiert und beschrieben werden.

Insbesondere bei der »/«-Variante müßte sowohl auf der Ebene der Individuen als auch auf der Populationsebene genau angegeben werden können, wie die Rekombination vorgenommen wird, da diese in der Regel einen entscheidenden Einfluß auf den Ablauf der ES hat.

Es ist in der allgemeinen Notation zudem nicht möglich, innerhalb einer $[u\#v(w\#x)^{/n}]$-ES auszudrücken, daß sich die v isolierten Populationen zwar simultan aber dennoch unterschiedlich entwickeln sollen. Es ist oft sinnvoll zu untersuchen, was passiert, wenn z.B. eine Population n Reproduktionszyklen durchläuft, während eine andere k (>n) Zyklen, aber mit weniger Individuen oder einem anderen Rekombinationsverfahren durchläuft. Dies ist zwar mit der Grundphilosophie der ES verträglich, läßt sich aber in der Standard-Notation nicht ausdrücken und darstellen.

Die Mutationen

Wir sind bislang noch nicht genauer auf die Mutationen eingegangen. Den Mutationen kommt im Rahmen der ES eine besondere Bedeutung zu. Die Evolutionsstrategen richten ihr Augenmerk vor allem auf die Mutationsstrategie. Sie kümmern sich deshalb im Gegensatz zu den Anhängern der Genetischen Algorithmen auch weniger um spezielle oder besonders geeignete Rekombinations- oder Selektionsstrategien. Die ES basiert auf dem Grundgedanken der Nachkommenerzeugung durch die DNS-Selbstverdopplung. Ein neues Individuum wird erzeugt, indem der Variablenvektor des Ausgangsindividuums (des Elter) dupliziert und dann mutiert wird. Diese Mutation erfolgt nach dem Prinzip der statistischen *Normalverteilung* (siehe unten). Die Selektion von Individuen und Populationen, die Mischung von Populationen und die Rekombination der Variablenvektoren erfolgt hingegen nach dem Prinzip der statistischen *Gleichverteilung* (siehe unten), nach der jede Entscheidung mit der gleichen Wahrscheinlichkeit erfolgt. *Die Selektion der Individuen zum Zweck der Erzeugung von Nachkommen erfolgt damit unabhängig von der individuellen Fitneß.*

Um die Bedeutung der Mutationen für die ES und insbesondere die der *adaptiven Schrittweitenregelung* zu verstehen, benötigen wir zunächst noch einige Grundbegriffe aus der Wahrscheinlichkeitstheorie. Diese wollen wir im folgenden kurz einführen. Leser, die nicht an den mathematischen Details interessiert sind, können das folgende Kapitel überspringen.

Exkurs in die Wahrscheinlichkeitstheorie

Es seien n nicht notwendigerweise verschiedene Werte a_1, ...,a_n gegeben. Der *Mittelwert* m der Werte ergibt sich nach

$$m := \frac{1}{n} \sum_{i=1}^{n} a_i$$

Aus dem Mittelwert lassen sich zwei wichtige Streuungs-maße für die Wertereihe ableiten. Die Streuungsmaße *Varianz* und *Standardabweichung* geben an, wie stark die Werte variieren. Die *Varianz s* ist definiert als:

$$s^2 := \frac{1}{n} \sum_{i=1}^{n} (a_i - m)^2$$

Die *Standardabweichung s* ist definiert als positive Wurzel aus der Varianz:

$$s := \sqrt{s^2} = \sqrt{\frac{1}{n} \sum_{i=1}^{n} (a_i - m)^2}$$

Die Varianz und die Standardabweichung bleiben unver-ändert, wenn man die Werte a_i um einen konstanten Wert c vergrößert oder verkleinert. So ist beispielsweise die Varianz der Reihe: 1,2,3,4,5 gleich der der Reihe: 1001, 1002,1003,1004,1005. Für beide Reihen ist $s^2=2$ und damit $s=\sqrt{2}$.

Zur Vereinfachung von mathematischen Berechnungen ist es oft sinnvoll, nicht mit den original Reihenwerten, sondern mit standardisierten Reihenwerten zu arbeiten. Ziel der Standardisierung ist es, Reihen zu erhalten, die besonders einfache Mittelwerte und Varianzen aufweisen. Durch die Transformation:

$$a_i^* := \frac{a_i - m}{s}$$

erhält man eine neue Reihe mit den Werten

$$a_1^*, a_2^*, \ldots, a_n^*$$

Diese Reihe hat immer den Mittelwert 0 und eine Varianz $s^2=1$ und damit eine Standardabweichung s=1. Jede nicht trivial Reihe (also jede Reihe, bei der nicht alle Werte identisch sind) läßt sich auf die angegebene Weise standardisieren.

Die Evolutionsstrategen betrachten Chromosomen wie wir gesehen haben in der Regel als Vektoren reeller Zahlen. Diese Zahlenvektoren werden nach gewissen Prinzipien, die wir gleich noch genauer erläutern, mutiert. Im Verständnis der Evolutionsstrategen stellen die einzelnen Positionen der Vektoren Variable dar, deren Wert nach gewissen Regeln vom Zufall abhängt.

Allgemein bezeichnet man Variable, deren Werte durch Zufallsereignisse (Würfeln, Zufallsgenerator etc.) bestimmt oder verändert werden, naheliegenderweise als *Zufallsvariable*. Zufallsvariable können ihre Werte diskret oder stetig ändern. Im ersten Fall spricht man daher von *diskreten-*, im zweiten von *stetigen Zufallsvariablen*.

Nimmt eine Zufallsvariable X einen konkreten Wert x_i an, so spricht man von einer *Ausprägung* oder *Realisation*. Die Wahrscheinlichkeit, mit der eine Zufallsvariable X die Ausprägung x_i annimmt, beschreibt man mit der Notation:

`W(X=x_i).`

Die Funktion, die für jede Ausprägung der Zufallsvariable die Wahrscheinlichkeit ihres Auftretens angibt, bezeichnet

Zufallsvariable und Wahrscheinlichkeitsfunktionen

man als *Wahrscheinlichkeitsfunktion* oder *Wahrscheinlich-keitsverteilung f* der Zufallsvariable X:

$$f(x_i) = W(X=x_i).$$

Die Wahrscheinlichkeitsfunktion muß per Definition die beiden Eigenschaften besitzen:

$$1)\ f(x_i) \geq 0$$

$$2)\ \sum_i f(x_i) = 1$$

Mit Hilfe der Wahrscheinlichkeitsfunktion f läßt sich die sogenannte *Verteilungsfunktion F* definieren. Die Vertei-lungsfunktion gibt die Wahrscheinlichkeit dafür an, daß die Zufallsvariable X *höchstens* den Wert x annimmt. Es ist demnach

$$F(x) = W(X \leq x) = \sum_{x_i \leq x} f(x_i)$$

Der Graph einer Verteilungsfunktion einer diskreten Variable ist eine Treppenfunktion.

Ist X eine stetige Zufallsvariable, die innerhalb eines Inter-valls jeden beliebigen Wert annehmen kann, so ist der Graph der Verteilungsfunktion

$$F(x) = W(X \leq x)$$

eine stetige Funktion, die im allgemeinen folgende Eigen-schaften hat:

$$1)\ 0 \leq F(x) \leq 1$$

$$2)\ x_i < x_j \Rightarrow F(x_i) < F(x_j)$$

$$3)\ \lim_{x \to -\infty} F(x) = 0$$

$$4)\ \lim_{x \to +\infty} F(x) = 1$$

Die Ableitung F'(x)=f(x) der Verteilungsfunktion wird als *Dichtefunktion f(x)* oder *Wahrscheinlichkeitsdichte* be-zeichnet. Für den Zusammenhang zwischen Verteilungs-funktion und Dichtefunktion gilt folglich:

$$1)\ F'(x) = f(x)$$

$$2)\ F(x) = \int_{-\infty}^{x} f(v)dv$$

Unter dem *Erwartungswert E(X)* für eine diskrete Zufallsvariable versteht man den Wert:

$$E(x) = \sum_i x_i W(X = x_i) = \sum_i x_i f(x_i)$$

Für stetige Variable mit Dichtefunktion f gilt entsprechend:

$$E(x) = \int_{-\infty}^{+\infty} x\ f(x)dx$$

Als Streuungsmaße für Ausprägungen einer Zufallsvariable verwendet man ebenfalls die *Varianz*. Sie ist für diskrete Variable definiert als:

$$VAR(X) = \sum_i (x_i - E(X))^2 * f(x_i)$$

Für stetige Variable erhält man analog:

$$VAR(X) = \int_{-\infty}^{+\infty} (x - E(X))^2 * f(x)dx$$

Wir hatten bereits gesehen, daß die Evolutionsstrategen in der Regel von einer Gleichverteilung bei der Auswahl der Eltern für die Nachkommenerzeugung und bei der Rekombination ausgehen. Die Mutationen werden hingegen nach einer Normalverteilung vorgenommen. Der bisherige Exkurs diente lediglich dazu, die Begrifflichkeiten für die beiden statistischen Verteilungsformen bereitzustellen. Eine diskrete Zufallsvariable gilt dann als *gleichverteilt*, wenn jede ihrer k Ausprägungen x_i die gleiche Wahrscheinlichkeit besitzt, also wenn gilt:

Gleichverteilung und Normalverteilung

```
W(X=x_i) = 1/k          für alle i=1,2,...,k.
```

Die *Normalverteilung* ist wesentlich schwieriger zu verstehen als die triviale Gleichverteilung. Sie ist die wichtigste statistische Verteilung. Der Grund dafür ist, daß sehr viele Eigenschaftsausprägungen in der Natur normalverteilt auftreten.

So sind beispielsweise bei den Menschen die Körpergröße, das Gewicht, die Schuhgröße, der Intelligenzquotient oder die Schulnoten gewöhnlich normalverteilte Größen. Der zweite Grund ist, daß viele andere Verteilungen mittels der Normalverteilung einfach und elegant approximiert werden können (z.B. die diskrete Binomialverteilung).

Bild 3.8a:
Verschiedene
Glockenkurven
mit unterschied-
lichen Mittelwerten
und Standardab-
weichungen.

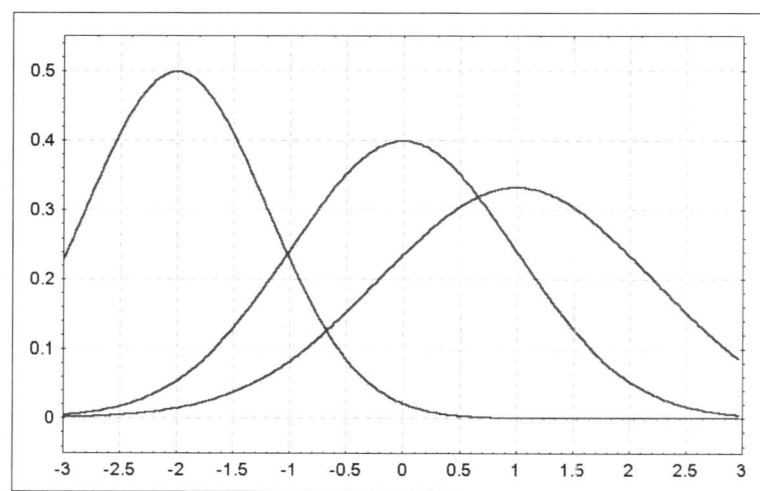

Die Dichtefunktion der Normalverteilung hat die Gestalt einer Glocke und wird deshalb auch oft als Gauß'sche Glockenkurve bezeichnet. Die konkrete Gestalt der Glockenkurve hängt von drei Parametern ab: von den Ausprägungen x der stetigen Variable X und ihren Auftrittwahrscheinlichkeiten, dem Erwartungswert m und der Standardabweichung s.

$$f(x, m, \sigma) = \frac{1}{\sqrt{2\pi\sigma^2}} e^{-\frac{(x-m)^2}{2\sigma^2}}$$

Für die Normalverteilung gilt:

1) $E(X) = m$
2) $VAR(X) = s^2$.

m bestimmt die Lage der Glockenkurve und s die Streuung. Die Dichtefunktion hat ihr Maximum bei x=m. Die Wendepunkte der Glockenkurve liegen bei m-s und m+s.

Die Normalverteilung läßt sich nach dem oben angedeuteten Verfahren durch eine lineare Transformation standardisieren. Als *Standardnormalverteilung* bezeichnet man die Normalverteilung mit den Parametern m=0 und s =1.

Die Dichtefunktion ergibt sich dann als Spezialfall zu:

$$\frac{1}{\sqrt{2\pi}} e^{-\frac{x^2}{2}}$$

Die Verteilungsfunktion der Normalverteilung hat eine S-förmige Gestalt:

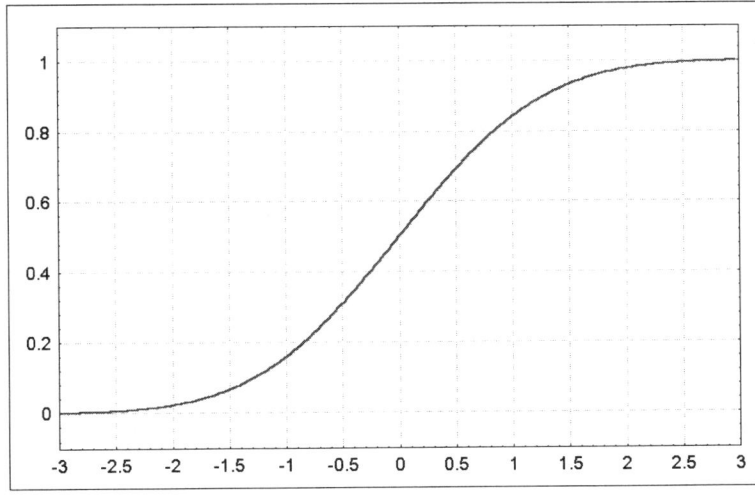

Bild 3.8b:
Die Verteilungs-funktion der Normalverteilung.

Ihre Formel lautet:

$$\frac{1}{\sqrt{2\pi\sigma^2}} \int_{-\infty}^{x} e^{-\frac{(t-m)^2}{2\sigma^2}} \, dt$$

Nach diesen knappen Ausführungen über einige elementare Fakten der Statistik und Wahrscheinlichkeitsrechnung können wir uns nun dem ausgefeilten Prozeß der Schrittweitensteuerung der Evolutionsstrategien zuwenden.

Die mutative Schrittweitensteuerung

Bei der Erzeugung von Nachkommen werden aus dem Ausgangsindividuum (Elter) jeweils ein oder mehrere Kinder erzeugt, indem auf den Ausgangsvektor (Elter) einfach ein Zufallsvektor addiert wird. Dabei wird jedoch darauf geachtet, daß – ähnlich wie in der Natur – kleine Änderungen des Erbgutes (also der Vektorkomponenten) mit größerer Wahrscheinlichkeit auftreten als große. Formal läßt sich die Erzeugung mutierter Nachkommen in einer Generation also wie folgt beschreiben:

$$x_{neu} = x_{alt} + N(0, \sigma),$$

wobei $N(0, \sigma)$ ein Vektor von unabhängigen Gauß-verteilten Zufallszahlen mit Mittelwert 0 und Standardabweichung σ darstellt.

Nach dieser Formel werden demnach auf die einzelnen Komponenten des Elters zufällige Zahlen addiert, die um die Null herum schwanken. Die maximale Schwankungsbreite der Zufallszahlen wird durch den Streuungsparameter σ festgelegt. Man beachte, *daß σ für jede Vektorkomponente unterschiedlich ausgeprägt sein kann*, daß also beispielsweise die erste Komponente durch Zufallszahlen mit einer Standdardabweichung 1 modifiziert wird, die zweite Komponente durch Zufallszahlen mit einer Standardabweichung von 0.836 etc. Da die Zufallszahlen gemäß einer Gauß-Verteilung um die Null herum variieren, werden kleine Veränderungen bevorzugt. Zudem werden sowohl positive als auch negative Zahlen auf die Vektorkomponenten addiert. Die resultierenden Vektorkomponenten können damit bei den Nachkommen sowohl größer als auch kleiner als bei den Eltern werden. Betrachten wir ein einfaches Beispiel:

gegeben sei der Vektor (Elter):

x_{alt} = <0.3, −0.6, 2.5>

und die Standardabweichungen

σ = <1, 0.5, 6>.

Die mit den dadurch bestimmten Standardabweichungen $N(0,1)$, $N(0,0.5)$ und $N(0,6)$ gewürfelten Gauß-verteilten Zufallszahlen seien:

<−0.8, 0.1, −3.2>

Somit ergibt sich als Nachkomme:

x_{neu} = x_{alt} + $N(0,\sigma)$ = <−0.5, −0.5, −0.7>.

Durch die Addition der Gauß-verteilten Zufallszahlen werden zwar kleine Änderungen und damit kleine Such-schritte bevorzugt, es wird jedoch keine bestimmte Such-*richtung* bevorzugt! Denn betrachtet man die Individuen (Eltern und Nachkommen) als Punkte im n-dimensionalen Raum, so erzeugt der obige Mutationsprozeß potentiell um jeden Elter eine Sphäre (Hyperkugel) von Nachkommen. Diese Sphäre ist in der Nähe der Eltern dicht gepackt mit Nachkommen und wird immer »dünner«, je weiter der radiale Abstand zu den Eltern wird. In jeder Raumrichtung befinden sich jedoch etwa gleich viele Nachkommen.

Bei der ursprünglichen Variante der Mutationen der Eltern zur Erzeugung der Nachkommen wurde die Varianz σ^2 der Zufallsänderungen über alle Generationen hinweg *fest ge-wählt und unverändert beibehalten*. Deshalb kann man hier noch nicht von einer *adaptiven* Schrittweitenregelung sprechen. Es fehlt ein Mechanismus beziehungsweise eine Vorschrift, die festlegt, wie in Abhängigkeit von dem je-weiligen Erfolg oder Mißerfolg der Suche die Varianz der

Die optimale Streuung der Zufallszahlen

Zufallsänderungen verändert werden muß, um möglichst schnell ans Ziel (Optimum) zu kommen.

Es stellt sich demnach die Frage, wie man eine optimale Streuung der Zufallszahlen finden kann. Das Problem dabei ist, daß bei einer sehr kleinen Streuung der Zufallszahlen die Fortschrittsgeschwindigkeit der Suche in der Regel sehr langsam ist, da sich die Suche im Suchraum jeweils nur auf einen kleinen Unterraum konzentriert. Bei einer großen Streuung (Schrittweite) besteht andererseits die Gefahr, daß man eventuell sehr viele unkoordinierte und unnötige Sprünge im Suchraum ausführt, die letztlich nicht zu einer Beschleunigung der Suche nach den optimalen Werten führen. Wie sollte also die optimale Streuung der Zufallszahlen aussehen? Diese Frage läßt sich leider nur für relativ einfache Problemstellungen analytisch beantworten. Für zwei einfache Qualitätsfunktionen hat Rechenberg die optimalen Schrittweiten analytisch untersucht: für eine lineare Funktion, die Rechenberg *Korridor-Modell* nennt, und eine quadratische Funktion, das *Sphären-Modell*.

Bild 3.9: Anschauliche Darstellung des Korridor-Modells im 3-dimensionalen Raum nach [Rechenberg 72].

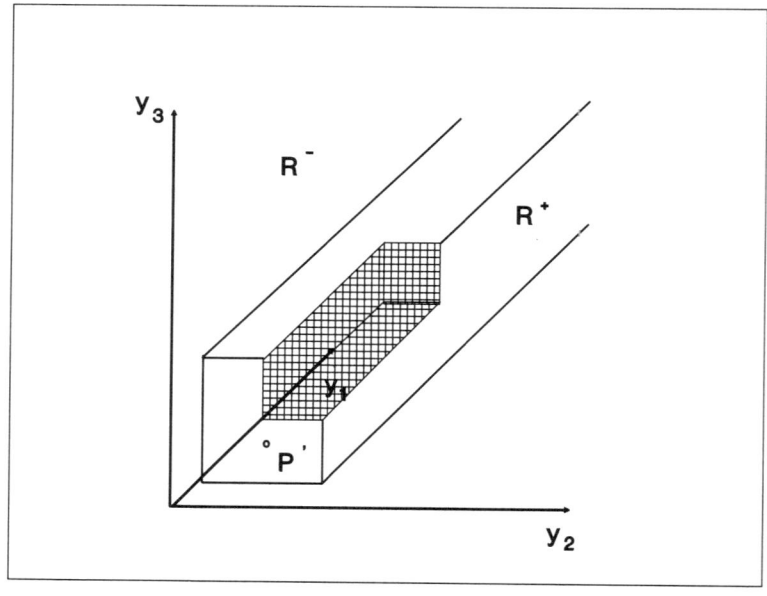

Das Korridor-Modell wird durch eine Qualitätsfunktion Q definiert, die entlang einer Raumachse des Hyperraumes linear wächst. Sämtliche Punkte mit positiver Qualität müssen innerhalb eines »Korridors« um diese Achse liegen. Punkte außerhalb des Korridors werden mit einer unendlich negativen Qualität bewertet:

$Q_{korr}(x_1,...,x_n) := a + c*x_1$

und für alle x_i (i > 1) muß gelten: x_i aus [-b, +b].

$Q_{korr}(x_1,...,x_n) := - \infty$ für alle anderen Vektoren.

Die quadratische Funktion, das Sphären-Modell, ist definiert durch:

$Q_{sphär}(x_1,...,x_n) := x_1^2 + ... + x_n^2.$

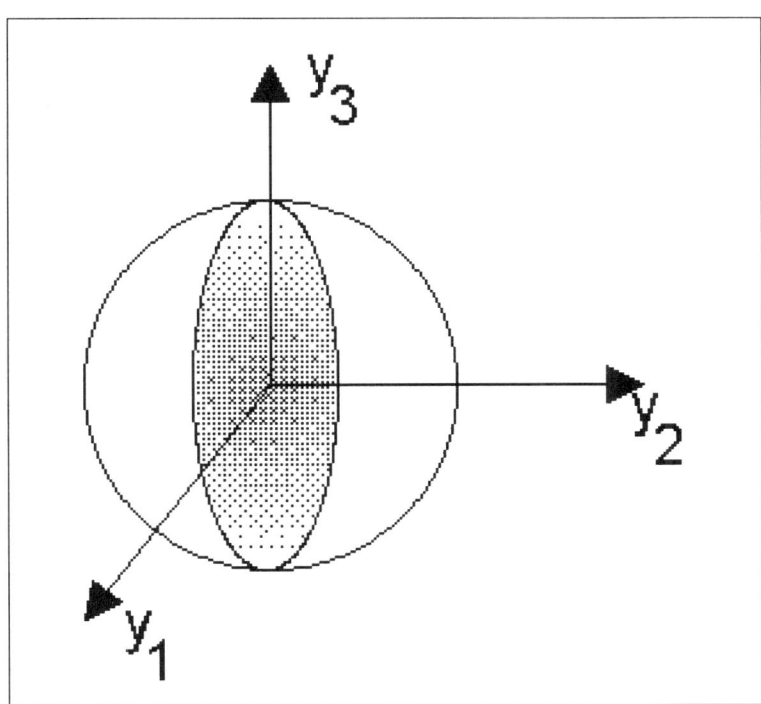

Bild 3.10:
Das Sphären-
Modell nach
[Rechenberg 72].

Für diese Funktionen ermittelte Rechenberg als optimale Standardabweichung der Mutationen:

$$\sigma_{korr} = \sqrt{2\pi} * \frac{b}{n}$$

$$\sigma_{sphär} = 1,224 * \frac{r}{n}$$

(r ist hier der euklidische Abstand zum Optimum)

Bei diesen optimalen Streuungen der Mutationen ergibt sich eine Erfolgswahrscheinlichkeit p für den Fortschritt der Suche im Hyperraum durch Mutationen von

p_{korr} = 0.184 und
$p_{sphär}$ = 0.27

Diese Werte liegen nahe bei 0.2 also bei etwa 1/5. (Man beachte, daß die Erfolgswahrscheinlichkeit in beiden Fällen umgekehrt proportional zur Länge des Vektors x ist!)

(Das Nachvollziehen der mathematischen Herleitung der optimalen Streuung und damit der Schrittweite der Mutationen setzt zum Teil erhebliche mathematische und statistische Kenntnisse voraus, auf die wir hier nicht noch zusätzlich eingehen können. Wer sich dennoch mit den Details dieser Herleitung auseinandersetzen möchte, der sei erneut auf [Rechenberg 72, 92] oder [Schwefel 1] verwiesen.)

Diese Abschätzung der Erfolgswahrscheinlichkeiten für die Mutationen hat Rechenberg dazu veranlaßt, eine Heuristik für die Anpassung der Mutationsschrittweiten zu formulieren: die berühmte 1/5-Erfolgsregel. Sie lautet:

1/5 Erfolgsregel: *Der Quotient aus den erfolgreichen Mutationen (also den Mutationen, die eine Verbesserung der Qualität bewirken) zu allen Mutationen sollte mindestens 1/5 betragen. Ist der Quotient größer als 1/5, so sollte die Streuung der Mutationen erhöht werden; ist der Quotient geringer (also die Mutationen seltener erfolgreich), so sollte die Streuung verringert werden.*

Die Idee hinter dieser Heuristik ist, daß man, wenn der Quotient größer als 1/5 ist, größere Schritte im Suchraum machen kann, da man sich offensichtlich in einem Gebiet des Hyperraumes befindet, in dem Fortschritte wahrscheinlicher sind als normalerweise zu erwarten wäre. Im negativen Fall, wenn der Quotient kleiner als 1/5 ist, was bedeutet, daß im Mittel mehr als 5 Mutationen durchgeführt werden müssen, um wenigstens eine Verbesserung der Qualitätsfunktion zu erreichen, sollte in kleineren Schritten gesucht werden, um die Erfolgswahrscheinlichkeit wieder zu erhöhen.

Schwefel hat die aus theoretischen Überlegungen abgeleitete 1/5-Erfolgsregel durch Simulationen indirekt bestätigt. Bei Testläufen fand er mit seinem Team heraus, daß bei (1,5)-ES und (1,6)-ES im Mittel jeweils ein Individuum pro Generation eine Verbesserung der Qualität aufwies, das heißt, die Wahrscheinlichkeit für eine evolutiven Fortschritt beträgt ca. 1/5 bzw. 1/6. Diese Werte liegen damit in einem Bereich, der gut mit den theoretischen Überlegungen vereinbar ist. Aus der 1/5-Erfolgsregel ergibt sich folgender algorithmischer Ansatz für die Veränderung der Schrittweiten nach n Generationen:

$\sigma(t+n) = c*\sigma(t)$ wenn p > 1/5;
$\sigma(t+n) = d*\sigma(t)$ wenn p < 1/5 und
$\sigma(t+n) = \sigma(t)$ wenn p = 1/5.

Dabei ist p die über mehrere Generationen durchschnittlich erreichte Erfolgsquote der Mutationen. Die Konstanten c und d sollten nach Schwefel wie folgt gewählt werden:

c = 1,22   und   d = 0,82.

Die 1/5-Erfolgsregel ist natürlich nur eine grobe Faustregel für die Adaption der Schrittweite. Unschön ist, daß sie »hart« codiert werden muß und nicht problemabhängig automatisch angepaßt wird. Sie kann zudem zu einer ungewollten, frühzeitigen Konvergenz des Verfahrens und damit zum Hängenbleiben in lokalen Optima führen.

Selbstregulierende
Schrittweiten-
anpassung

Aus den oben genannten Gründen hat Schwefel die Schrittweitensteuerung über die 1/5-Erfolgsregel hinaus noch verfeinert. Schwefel faßt einen Vektor des Hyperraumes (also ein Individuum) als Tupel

$$<x,\sigma>$$

auf, wobei x der gewöhnliche Vektor ist, σ hingegen der Vektor der komponentenbezogenen Standardabweichungen. Das Objekt der Evolutionsstrategie ist damit nicht mehr nur der Vektor x selbst, sondern auch der Vektor der Standardabweichungen. Dieser wird als gleichwertig betrachtet und in den Mutations- und Selektionsprozeß einbezogen. Damit wird der Steuerungsparameter selbst Objekt und Spielmasse der Evolution!

Hinter diesem Ansatz steht die berechtigte Hoffnung, daß die optimalen Standardabweichungen nicht aufwendig und jeweils problemabhängig analytisch ermittelt werden müssen, sondern sich durch den Mutationsmechanismus und die Selektion quasi von selbst einstellen. Die biologische Evolution hat sich ja ebenfalls im Laufe der Jahrmillionen selbst weiterentwickelt. Mit der erweiterten Codierung der Individuen als Tupel entstehen neue Rekombinationsmöglichkeiten. Seien

$$<x,\sigma1> = <(x_1,\ldots,x_n),(\sigma1_1,\ldots,\sigma1_n)>$$

und

$$<y,\sigma2> = <(y_1,\ldots,y_n),(\sigma2_1,\ldots,\sigma2_n)>$$

zwei Individuen, so können nun Kinder

$$<z,\sigma> = <(z_1,\ldots,z_n),(\sigma_1,\ldots,\sigma_n)>$$

erzeugt werden, deren Komponenten z_i und σ_i jeweils zufällig von einem der Eltern stammen. Es ist auch möglich, die Komponenten der Kinder als Mittelwerte der jeweiligen Komponenten der Eltern zu bilden oder irgendein anderes geeignetes Rekombinationsschema zu wählen. Die

Mutation eines Individuums $\langle x_{alt}, \sigma_{alt} \rangle$ wird nach folgendem Schema durchgeführt:

```
σ_neu := σ_alt*e^N(0,D) und
x_neu := x_alt + N(0,σ_neu)
```

Der Parameter Δ ist hier ein frei wählbarer Parameter, der die Größe der Anpassung der Schrittweite bestimmt. Die Modifikation der Schrittweite σ durch die Exponentialfunktion hat den Sinn, negative Streuungen zu vermeiden und gleichzeitig kleine Änderungen (Multiplikation mit Werten nahe 1) zu bevorzugen. Bei einem negativen Zufallswert $N(0,\Delta)$ wird die Schrittweite σ verkleinert, bei einem positiven vergrößert. Rechenberg hat vorgeschlagen, einen ähnlichen Mechanismus für die Mutation des Objektvektors einzusetzen. Danach soll die Vektorkomponente x_i wie folgt mutiert werden:

```
x_neu = x_alt + Schrittweite*N(0,1/√n)
```

Der Faktor Schrittweite setzt sich aus zwei Faktoren

```
Schrittweite := x*y
```

zusammen. Der erste Faktor x ist konstant und stellt die eigentliche Schrittweite dar. Der zweite Faktor y wird adaptiert und entweder deterministisch oder zufällig gewählt. Bei einer (μ,λ)-ES wird zur Bestimmung von y für jedes der λ Individuen entschieden, ob y größer oder kleiner wird. Rechenberg schlägt einen Faktor von 1.5 für die Adaption von y vor, das heißt, für jedes Individuum wird zufällig bestimmt, ob

```
y_neu = y_alt*1.5      oder
y_neu = y_alt*1/1.5    wird.
```

Neben der zufälligen Bestimmung der Schrittweitenadaption kann auch folgender deterministischer Ansatz verfolgt werden: eine Hälfte der Population erhält eine größere Schrittweite (durch Multiplikation mit einem Faktor z.B. 1.5), die andere Hälfte eine entsprechend niedrigere

Schrittweite (also z.B. 1/1.5). Ist die Populationsgröße durch 3 teilbar, so ist auch folgende Aufteilung denkbar und sinnvoll: 1/3 der Bevölkerung erhält die Schrittweite des besten Individuums der vorherigen Population, das zweite Drittel der Population erhält eine etwas geringere Schrittweite und das letzte Drittel eine größere Schrittweite. Es muß jedoch betont werden, daß es für die Wahl dieser Parameter und der Schrittweite bislang keine fundierte Theorie gibt! Die angegebenen Werte können deshalb nur als grobe Schätzungen und nur als Richtwerte angesehen werden. Schwefel hat die Schrittweitenanpassung noch um einen zusätzlichen Faktor erweitert, der verhindern soll, daß die Suche sich ausschließlich an den Koordinatenachsen im Hyperraum orientiert, die sogenannte *korrelierte Mutation*. Ihr Verständnis setzt jedoch erheblich mathematische Kenntnisse voraus, weshalb wir hier nicht weiter darauf eingehen können und den interessierten Leser auf [Hoffmeister] verweisen.

Das Evolutions-
fenster

Die Mutationen und die adaptive Schrittweitenanpassungen sind die ausgefeiltesten Teile der Evolutionsstrategien, aber gleichzeitig auch deren Archillesferse! Eine geeignete Mutationsstrategie und eine gute Schrittweitenanpassung garantieren der Erfolg.

Woher weiß man jedoch, wie gut die Mutationsstrategie und die Schrittweitenanpassung bei einem konkreten Problem funktionieren? Rechenberg hat diese zentrale Schwierigkeit der ES erkannt und das Problem mit der Begriffsbildung des *Evolutionsfensters* auf den Punkt gebracht.

Der Fortschritt der ES bei der Suche nach einem Optimum wird – abgesehen von der Selektion – im wesentlichen durch die Mutationen und deren Varianz erreicht. Das in der Regel extrem schmale Band der für die Evolution sinnvollen und effektiven Schrittweiten ist das Evolutionsfenster. Liegen die Mutationen außerhalb dieses vorteilhaften Bereichs, kann es zu einem evolutiven Rückschritt der Suche kommen, da es außerhalb des Evolutionsfensters zu viele Mißerfolge bei der Suche gibt, was bewirkt, daß die Fortschrittsgeschwindigkeit rapide abnimmt.

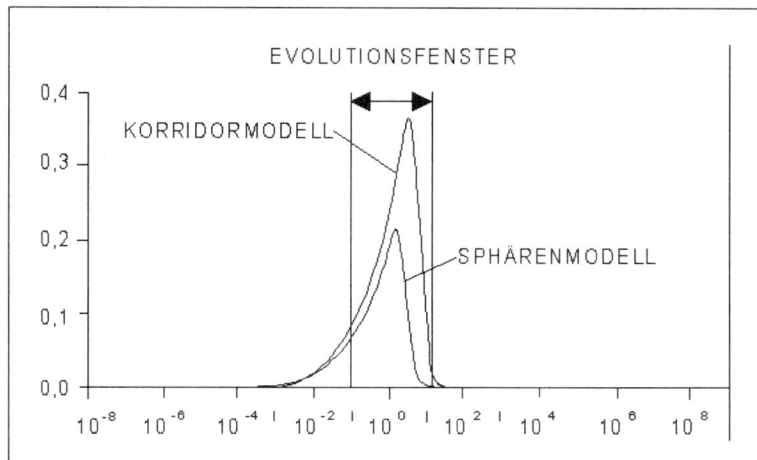

Bild 3.11:
Das Evolutions-
fenster nach
[Rechenberg 72].

Deshalb schreibt Rechenberg (siehe [Rechenberg 92]): »Man könnte das Diagramm so kommentieren: Rechts vom Evolutionsfenster sitzen die Revolutionäre (große Änderungen = Rückschritt) und links davon die Erzkonservativen (keine Experimente = Stagnation).« Die große Kunst und die Schwierigkeit bei der Anwendung der Evolutionsstrategien besteht darin, mit den Mutationen möglichst oft in das Evolutionsfenster zu treffen. Gelingt dies, läßt sich beinahe jedes Optimierungsproblem schnell und effizient lösen. Gelingt es nicht – so geben uns die Evolutionsstrategen leider keine Richtschnur, wie man weiter vorgehen soll. Nachdem wir in diesem Kapitel recht ausführlich die ES studiert haben, wenden wir uns nun der amerikanischen Evolutionsschule und damit den Genetischen Algorithmen zu.

KAPITEL 4

Genetische Algorithmen

Was Ingo Rechenberg für die Evolutionsstrategien bedeutet, bedeutet *John Holland* für die Genetischen Algorithmen. Holland und Rechenberg begannen sich praktisch zeitgleich, aber völlig unabhängig voneinander, ab Mitte der sechziger Jahre mit der Simulation und dem theoretischen Unterbau der Evolution zu beschäftigen.

John Holland wählte für seine Untersuchungen und Theorien jedoch einen etwas anderen Blickwinkel als Rechenberg. Er interessierte sich vorwiegend für die informationstheoretischen Aspekte der Evolution. Nicht die praktischen Anwendungen auf ingenieurtechnische Fragen standen für ihn im Vordergrund, sondern das Problem, wie durch die genetischen Mechanismen Informationen gewonnen, verarbeitet, ausgewertet, zerstört und von Generation zu Generation ohne größere Fehler weitergereicht werden können.

Er stellte sich die Frage, wie es die Natur fertigbringt, mit Hilfe des genetischen Codes und der genetischen Prozesse so etwas erstaunliches wie Intelligenz, Selbstorganisation und die komplexesten Formen der Adaption hervorzubringen, und wie man dies auf künstlichem Wege nachbauen und nutzen kann. Deshalb trägt sein bereits 1975 erschienenes, klassisches und noch heute sehr lesenswertes Hauptwerk den bezeichnenden Titel *Adaptation in Natural and Artificial Systems*.

Es wäre jedoch völlig falsch anzunehmen, daß Holland an praktischen Anwendungen seiner Arbeiten nicht interessiert gewesen wäre. In seinem Hauptwerk geht er u.a. auf Anwendungsmöglichkeiten seiner Theorien in so unterschiedlichen Bereichen wie der Ökonomie, der Spieltheorie, der Muster- und Gestalterkennung, des maschinellen Lernens und der künstlichen Neuronalen Netzwerke ein, und er entwickelt sogar eine durch den genetischen Code motivierte allgemeine, formale Sprache (die berühmte *broadcast language*) zur Beschreibung der Instruktionen und Grammatiken von (Programmier-)Sprachen. Zudem hat Holland klar erkannt, daß sich die GAs insbesondere zur Lösung komplexer Optimierungsprobleme eignen, und er hat viele seiner Schüler dazu angeregt, sich mit derartigen Anwendungen zu beschäftigen (siehe hierzu Kapitel 7).

Der Pseudocode eines GA

Auf den ersten Blick ähneln sich Genetische Algorithmen und Evolutionsstrategien sehr. Es gibt in der Tat auch viele Gemeinsamkeiten. Das Grundgerüst der beiden Algorithmentypen ist gleichartig aufgebaut. Ähnlich wie bei den ES gibt es auch bei den GAs mittlerweile eine nahezu unüberschaubare Fülle unterschiedlichster Varianten. Die Anhänger der GAs haben jedoch im Gegensatz zu den Evolutionsstrategen bislang keine einheitliche formale Notation für die Darstellung der diversen Ausprägungen der GAs entwickelt. Deshalb beschreiben wir das Grundgerüst eines GA zunächst in der Form eines leicht verständlichen Pseudocodes.

Der Aufbau eines Standard-GA ist damit bereits in seinen wesentlichen Teilen beschrieben.

Die unterschiedlichen Varianten der GAs unterscheiden sich hauptsächlich darin, wie die verschiedenen, kursiv hervorgehobenen Subroutinen arbeiten. Wir wollen daher im folgenden speziell auf die kursiv hervorgehobenen Fragmente dieses Pseudocodes eines GA noch etwas genauer eingehen. Der Pseudocode eines Genetischen Algorithmus' (im folgenden kurz auch »GA«, im Plural »GAs«) sieht wie folgt aus:

Pseudocode Genetischer Algorithmus:

0. Wähle eine geeignete *Codierung* der Chromosomen
1. Initialisiere zufällig eine Population von Chromosomen
    und nenne die Ausgangspopulation Generation 0

    Wiederhole bis Bewertung bzw. Fitneß zufriedenstellend
    oder Abbruchbedingung (z.B. Generation ≥ 1000) erreicht
    ist

2. Bewerte alle Elemente der aktuellen Generation gemäß
    Bewertungs- und/oder Fitneßfunktion
3. Selektiere Paare (oder größere Subpopulation) gemäß
    Heiratsschema und erzeuge mittels *Rekombination
    (Crossover)* Nachkommen der aktuellen Generation
4. *Mutiere* die Nachkommen
5. Ersetze Elemente der aktuellen Generation durch die
    Nachkommen gemäß *Ersetzungsschema* und erzeuge
    so eine neue Generation (survival of the fittest)
6. Aktualisiere Abbruchbedingung (z.B. Generationszähler)

Der Aufbau eines Standard-GA ist damit bereits in seine
wesentlichen Teilen beschrieben. Die unterschiedlichen
Varianten der GAs unterscheiden sich hauptsächlich darin,
wie die verschiedenen kursiv hervorgehobenen Subroutinen arbeiten. Wir wollen daher im folgenden speziell auf
die kursiv hervorgehobenen Fragmente dieses Pseudocodes
eines GA noch etwas genauer eingehen.

Das Codierungsproblem

Holland und seine Anhänger haben dem Codierungsproblem besondere Aufmerksamkeit geschenkt, das heißt, sie
haben vor allem die Frage der Codierung der genetischen
Information in den Vordergrund ihrer Untersuchungen gestellt und die Konsequenzen, Vorteile und Limitierungen
bestimmter Codierungsformen der genetischen Information analysiert. Es ist amüsant zu beobachten, wie die Evo-

lutionsstrategen auf diese Untersuchungen der amerikanischen Schule reagieren. Die Evolutionsstrategen kennen praktisch kein Codierungs-Problem – oder genauer: sie ignorieren es weitgehend. Obwohl der biologische genetische Code diskret ist und auf Basensequenzen beruht, besteht die Evolutions-Welt für die Evolutionsstrategen aus reellen Vektoren. Dies ist erstaunlich, da sich Rechenberg in seinem Frühwerk ausgiebig der Thematik des diskreten Basensequenzraumes (siehe Kapitel 2) widmet.

Der späte Rechenberg geht sogar soweit, daß er sich ([Rechenberg 92]) offen und teilweise stark überzogen über die Codierungsansätze der amerikanischen Evolutionstheoretiker lustig macht. Er ist der Meinung, daß die GA-Theoretiker das Objekt ihrer Untersuchungen nicht richtig erkannt haben. Er glaubt, daß sich die Anhänger der GAs durch die Konzentration auf die Codierung quasi von den eigentlichen Problemen und der Realität ablenken lassen. Hier ein kurzes und prägnantes Beispiel für Rechenbergs Einschätzung des Codierungs-Themas (zitiert nach [Rechenberg 92]):

Nachdem ich meine Position so unverblümt dargelegt habe, möchte ich die Denkweise der GA-Theoretiker nochmals an einem Gleichnis darstellen: Ein Patient soll operiert werden. Es gilt für die anwesenden Medizinstudenten, möglichst viel von der Operationstechnik des herbeigerufenen berühmten Chirurgen zu lernen. Fast alle schauen gespannt auf die Technik der operierenden Kapazität. Doch was machen die GA-Denker unter den Studenten? Sie starren einzig und allein auf den Instrumententisch und zählen die Skalpelle, Pinzetten, Klammern, Tupfer,... Anders gesagt: Sie versuchen, aus der zeitlichen Veränderung des Musters der Operationswerkzeuge auf dem Operationstisch den Operationsablauf zu verstehen. Ein direkter Blick auf den Ort des Geschehens gilt unter den GA-Studenten als unfein.

Einem Sherlock Holmes würde diese kriminalistische Technik zur Ehre gereichen. Doch der GA-Theoretiker – er wohnt der Tat doch bei – könnte ebensogut seine Aufmerksamkeit auf das originale Objekt richten. Worin liegt also die vermeintliche Raffinesse, den Optimierungsvorgang z.B. allein in der Bit-Ebene zu verfolgen ?...

Rechenberg hat, wie man sieht, Sinn für Humor. Es ist jedoch ebenso offensichtlich, daß Rechenberg die Codierungs-Problematik unterschätzt. In seinem Frühwerk [Rechenberg 72] betont er zwar die Wichtigkeit eines optimalen Codes, schenkt dieser Thematik jedoch nur auf einigen wenigen Seiten Beachtung, und in seinem Spätwerk behandelt er das Codierungs-Problem eigentlich nur, um sich über die GAs lustig zu machen. Sowohl in der praktischen Arbeit mit Evolutionsalgorithmen als auch aus der Sicht der Theorie ist die Frage nach der optimalen Codierung der Chromosomen von zentraler Bedeutung. Denn die besten Evolutionsalgorithmen können nicht funktionieren, wenn die Codierung ungeeignet ist. Die Codierung und die genetischen Operatoren müssen teilweise bis auf das Feinste aufeinander abgestimmt werden, um zum Erfolg zu führen! Wir versuchen deshalb in den folgenden Abschnitten zu verstehen, weshalb sich die GA-Theoretiker so sehr dem Thema der Codierung widmen.

Der Binärcode

Der augenfälligste Unterschied der GA zu den ES besteht darin, daß die Anhänger der GA die Chromosomen einer Population in der Regel als *binäre Vektoren* codieren. Dies ist verblüffend, denn die Evolutionsstrategen benutzen, wie wir gesehen haben, die kompakteste aller möglichen Codierungen: reelle Zahlen. Die GA-Theoretiker stellen sich hingegen auf den genau entgegengesetzten Standpunkt: die Information wird nicht so kompakt wie möglich, sondern so breit wie möglich (binär) codiert! Um die nachfolgenden Absätze und Kapitel verständlich zu halten, müssen wir zunächst etwas genauer auf diese Binärvektoren eingehen. Wir betrachten hier ausschließlich binäre Vektoren auf der Grundmenge M := {0,1} (bei den ES ist die Grundmenge M die Menge der reellen Zahlen). Ein binärer Vektor x aus M heißt *Chromosom* und ist folglich ein Element aus

$$M^n = \{0,1\}^n \ ,$$

wobei n eine beliebige natürliche Zahl ≥ 1 ist und n die Länge $l(x)=n$ des Vektors bezeichnet. Wir stellen die binären Vektoren in der üblichen Vektornotation

$$x = <x_1,x_2,\ldots,x_n> \text{ dar.}$$

M^n und jede Teilmenge N von M^n bezeichnen wir als *Population*. Die i-te Position eines Chromosoms $x = <\ldots,x_i,\ldots> \in M^n$ heißt das i-te *Gen* des Chromosoms. Der jeweilige Wert eines Gens heißt *Allel*. Die Gene entsprechen damit wie bei den ES *Variablen*, die als Platzhalter dienen, und die Allele sind die jeweiligen Werte dieser Variablen. Oft ist es nötig, nicht nur einzelne Chromosomenpositionen als Gene zu bezeichnen, sondern auch Binärsequenzen, also *zusammenhängende Chromosomenabschnitte als Gene* zu definieren. Welche Definition gemeint ist, ergibt sich aus dem jeweiligen Zusammenhang.

Beispiele: $x = <0,1,1,1,0,1,0>$ ist ein Chromosom, also ein Element aus einer Population von M^7. Das erste, fünfte und siebente Gen haben das Allel 0 und die anderen Gene das Allel 1. $y = <<1,1,0>,1>$ ist ein Chromosom mit zwei (!) Genen. Das Allel des ersten Gens ist $<1,1,0>$, das des zweiten ist 1. Die binäre Codierung der genetischen Information hat, wie zu erwarten ist, sowohl triviale als auch hintergründige Vorzüge und Nachteile. Bei der Optimierung reeller Parameter ist die binäre Codierung gegenüber der reellen Codierung der ES eher umständlich und oft nachteilig. Bei diskreten Optimierungsproblemen hingegen ist meist genau das Gegenteil der Fall. Welche Codierungsform vorteilhafter ist, ist damit zunächst und vordergründig von dem jeweils zu lösenden Problem abhängig (siehe hierzu auch die Kapitel 7 und 8).

Rein programm-technisch gesehen, hat die binäre Codierung der Individuen gegenüber der reellen Codierung teilweise erhebliche Vorteile. Denn obwohl die reellen Zahlen theoretisch die kompakteste Codierungsform darstellen, ist die Abbildung und Implementierung von reellen Zahlen auf Digitalrechnern je nach gewünschter Genauigkeit und Präzision der Rechnungen in der Regel nur mit relativ hohem Speicheraufwand möglich (32 oder 64 bit pro reeller Zahl). Die heute gängigen Digitalrechner unterstützen im Gegensatz zu den früher üblichen Analogrechnern speziell binäre Codes und Operationen. Dies spielt insbesondere bei der Simulation großer bis sehr großer Populationen eine wesentliche Rolle. Mit binären Codierungen lassen sich Individuen oft wesentlich kompakter im Speicher der Rechner repräsentieren und verarbeiten als auf der Basis reeller Zahlen.

Diesem für Simulationen und Testläufe von GAs wesentlichen Vorteil steht jedoch ein gravierender theoretischer und praktisch relevanter Nachteil der binären Codierung gegenüber. Eine relle Zahl, die Werte aus einem vorgegebenen reellen Intervall annehmen kann, kann durch eine einzige Variable und damit durch ein einziges Gen repräsentiert werden. Dies ist bei binären Codierungen nicht möglich, da eine binäre Variable nur maximal 2 Werte annehmen kann. Soll ein reeller Wert oder ein bestimmter Zahlenbereich binär repräsentiert werden, so werden folglich immer mehrere bit-Positionen zur Darstellung benötigt. Dadurch wird der potentielle Speichervorteil einer binären Codierung oft wieder kompensiert. Das wäre für sich allein genommen meist nicht weiter tragisch, da der Vorteil der binären Codierung – wie gerade angesprochen – ja auch in der schnelleren Verarbeitung binärer Codierungen (Stichwort: Shift-Operationen anstelle der aufwendigen und rechenintensiven Realzahlarithmetik auf Digitalcomputern) besteht. Dieser Vorteil wird durch die »breitere« Codierung durch mehrere Gene nicht kompensiert.

Es gibt jedoch noch ein weiteres, schwierigeres Problem, nämlich die Interpretation einer Sequenz von Binärwerten und die damit verbundene Thematik der *Positionsabhängigkeit der Codierung*. Betrachten wir hierzu ein einfaches Beispiel. Zur Darstellung von 8 natürlichen Zahlen benötigt man maximal 4 Binärwerte. Die natürlichen Zahlen 1 bis 7 werden binär wiefolgt codiert:

```
1 -> 0001
2 -> 0010
3 -> 0011
4 -> 0100
5 -> 0101
6 -> 0110
7 -> 0111
```

Die nächste natürliche Zahl, die 8, hat binär die Gestalt:

```
8 -> 1000
```

Vergleicht man nun die beiden direkt aufeinander folgenden Zahlen 7 und 8, also

```
0111 und 1000,
```

so sind alle 4 Binärstellen verschieden. Beim Übergang von der 7 auf die 8 müssen demnach sämtliche Bitpositionen geändert werden! Dieser Effekt tritt bei jeder Zweierpotenz 2^n auf und wird mit der Größe von n immer drastischer. Die Zahl 1023 wird binär als

```
1023 = 01111111111   dargestellt.
```

Der Zahl $1024 = 2^{10}$ hingegen entspricht

```
1024 = 10000000000.
```

Man erkennt an diesen einfachen Beispielen bereits, daß kleine Änderungen in einer Codierungsform nicht automatisch ebenfalls zu kleinen Änderungen in einer anderen Codierungsform führen. Dieses scheinbar triviale Faktum kann erhebliche Folgen für die Konvergenz von GAs haben! Dies kann man sich am einfachsten an dem obigen Beispiel klar machen. Nehmen wir an, ein GA soll ein Optimierungproblem lösen, bei dem das Optimum bei genau 1024 liegt. Bekannt sei lediglich, daß das Optimum in einem Bereich zwischen 500 und 2000 liegt. Bei einer rellen Codierung, wie sie die Evolutionsstrategen verwenden, »ähneln« sich zwei Zahlen, die nahe bei 1024 liegen, zum Beispiel

1022.887 und 1025.096

sehr stark. Denn es ist in diesem Fall zu erwarten, daß durch eine Standard-Rekombination der beiden Näherungswerte und durch die übliche Addition von Gauss-verteilten Mutationen mit Mittelwert 0 das Optimum 1024 schnell und beliebig genau approximiert wird. Betrachten wir nun eine vergleichbare Situation bei einer Binärcodierung. Zwei Binärzahlen nahe 1024 seien

01111111110 und 10000000101.

Praktisch jede standardmäßige Rekombination dieser beiden Binärwerte wird zu einem wesentlich *schlechteren* Wert führen! Auch durch Mutationen ist praktisch keine Verbesserung zu erwarten, da die Wahrscheinlichkeit sehr gering ist, daß genau und nur die letzte und drittletzte Stelle der zweiten Approximationszahl 10000000101 auf Null mutiert werden, aber andererseits keine weitere Position auf 1 (was zu einer erheblichen Verschlechterung der Approximation führen würde)! Und bei der ersten Binärzahl 01111111110 ist die Wahrscheinlichkeit einer sich positiv auswirkenden Mutation sogar noch wesentlich geringer. Zur Vermeidung der »Sprünge« bei der binären Codierung natürlicher Zahlen sind spezielle Codes entwickelt worden, bei denen beim Übergang von n auf n+1 im Dezimalcode jeweils nur *ein* Bit verändert wird. Der bekannteste Binärcode mit dieser Eigenschaft ist der sogenannte *Gray-Code*.

Hier ein Vergleich der Codierung der ersten 8 Zahlen in den beiden Codierungsarten:

```
n        binär      Gray-Code
0        0000       0000
1        0001       0001
2        0010       0011
3        0011       0010
4        0100       0110
5        0101       0111
6        0110       0101
7        0111       0100
8        1000       1100
```

Aufgrund der angesprochenen Probleme mit dem Standardbinärcode ist der Gray-Code bei vielen praktischen und theoretischen Problemen dem gewöhnlichen Binärcode vorzuziehen. Der gewöhnliche Binärcode hat noch einen weiteren, gravierenden Nachteil: die Positionen innerhalb des Codes sind nicht gleichwertig. Die führenden Stellen codieren definitionsgemäß größere Zweierpotenzen als die hinteren Stellen einer Binärzahl. So ist der Code für die Dezimalzahl 10 im Binärcode bekannterweise wie folgt aufgebaut:

$$10_{10} = 1010_2 = 1*2^3 + 0*2^2 + 1*2^1 + 0*2^0$$

Diese Eigenschaft des Binärcodes führt teilweise zu erheblichen Problemen bei der Rekombination und Mutation der Chromosomen, da die einzelnen Positionen dadurch unterschiedliches Gewicht haben. Wird beispielsweise bei der Binärzahl

$$10000000001_2 \quad (=2^{10}+1=1025)$$

die erste Stelle mutiert und auf Null gesetzt, so ergibt sich

$$00000000001_2$$

also die Zahl 1. Wird hingegen die letzte Stelle der Zahl 1025 in der Binärdarstellung von 1 auf 0 mutiert, so ist das Ergebnis die Zahl 1024; die Änderung fällt damit praktisch nicht ins Gewicht. Im ersten Fall verändert eine einzige binäre Mutation demnach den Wert der Zahl um einen Betrag von 1024, im zweiten Fall hingegen gerade um 1!

Um diesen Effekt zu kompensieren, muß innerhalb von GAs oft mit Mutationen gearbeitet werden, bei denen die *Mutationswahrscheinlichkeit eine Funktion der Position der einzelnen Gene* ist (siehe hierzu auch die Ausführungen über die Mutationen bei GAs weiter unten). Insgesamt muß gesagt werden, daß das Problem der Codierung der Chromosomen bei den GA in der Regel schwieriger ist als bei den ES.

Die Fitneß- und Bewertungsfunktionen

Die *Bewertungsfunktion* legt, wie die Qualitätsfunktion bei den ES, das eigentliche Optimierungskriterium und -ziel fest. Ein GA versucht, durch systematisches Erzeugen von (in der Regel suboptimalen) Lösungen das Optimum (Minimum oder Maximum – je nach Problemstellung) der Bewertungsfunktion zu finden oder zu approximieren. Die Bewertungsfunktion mißt, wie nahe ein Chromosom dem oder den gesuchten optimalen Werten ist. Sie ist ein Maß für die Güte. An die Bewertungsfunktion muß in der Regel keine besondere Anforderung gestellt werden. Selbst die häufig erwähnte Einschränkung für die Bewertungsfunktion, daß sie sich stetig oder *streng kausal* verhalten soll (gemäß dem berühmt/berüchtigten *Prinzip der strengen Kausalität* von Rechenberg, siehe [Rechenberg 92]), d.h. geringfügige Veränderungen eines Chromosoms sollten nur geringfügige Veränderungen der Bewertung zur Folge haben, muß meist nicht beachtet werden.

Dennoch ist zu beachten, daß bei einer »sprunghaften« Bewertungsfunktion ein GA in Abhängigkeit von der binären Codierung der Chromosomen häufig nicht effizient gegen ein Optimum konvergieren kann. Die Evolutionsstrategen unterscheiden nicht zwischen der Bewertung eines Individuums und seiner Fitneß. Die Bewertung ist die Fitneß für den Evolutionsstrategen. Der Grund hierfür ist, daß bei der Selektion der Eltern zur Erzeugung der Nachkommen die individuelle Fitneß nicht berücksichtigt wird. Diese wird nur herangezogen, um darüber zu entscheiden, ob ein Individuum überlebt oder nicht. Die Selektion der Eltern für die Erzeugung der Nachkommen trifft jedes Individuum mit gleicher Wahrscheinlichkeit (siehe Kapitel 3). Dies wird bei den GAs völlig anders gehandhabt. Die Bewertung eines Individuums wird zunächst in einen Fitneßwert umgerechnet. Auf der Basis dieses Wertes wird dann entschieden, mit welcher Wahrscheinlichkeit ein Individuum an dem Prozeß der Erzeugung von Nachkommen teilhaben darf. Die Gleichsetzung der *Fitneß* eines Chromosoms mit seiner Bewertung ist daher streng genommen falsch. Die Bewertungsfunktion mißt, wie gut ein Chromosom das Optimum approximiert. Die Fitneß hingegen gibt an, wie sich aus der Güte – also der Bewertung des Chromosoms – die Chance für das Chromosom errechnet, sich in der nächsten Generation zu reproduzieren. Bewertung und Fitneß sind daher eigentlich voneinander völlig unabhängige Begriffe. Daß man dennoch oft zwischen den Begriffen nicht unterscheidet, liegt daran, daß man für die Bewertung und die Fitneß häufig die gleiche Funktion verwenden kann (aber nicht muß), oder daran, daß die Fitneß-Funktion der Einfachheit halber meist eine simple Transformation der Bewertung darstellt. Im folgenden sei b_i die Bewertung von Chromosom x_i,

$$B := \Sigma_{i \leq n} \ b_i$$

und n = Anzahl der Chromosomen in der aktuellen Generation. Identifiziert man die Fitneß eines Chromosoms (Individuums) mit seiner Bewertung, so läßt sich dies demnach wie folgt ausdrücken:

$$Fit(x) = b_x.$$

In diesem Fall entspricht die Fitneß direkt der Bewertung. In der Regel ist die Fitneß jedoch eine Funktion der Bewertung. Gebräuchlich sind vor allem folgende Fitneß-Funktionen:

Proportionale Fitneß: Prop$_{fit}$.

Bei der proportionalen Fitneß, der meistgebrauchten Fitneßfunktion bei GAs, wird die Fitneß eines Chromosoms proportional zum Verhältnis der Bewertung des Chromosoms zur Summe der Bewertungen aller Chromosomen einer Generation (Population) errechnet gemäß:

$Prop_{fit}(b_i) := a*b_i/B.$

Bei Einsatz dieser wichtigen Fitneßfunktion erhält jedes Individuum eine seiner Bewertung (=Güte) direkt proportionale Chance, sich in den folgenden Generationen fortzupflanzen (siehe Heirats-Schema *Roulette*).

Lineare Fitneß: L$_{fit}$.

Sei L eine lineare Funktion auf den reellen Zahlen, so ist

$L_{fit}(b_i) = L(b_i).$

Häufig verwendete Varianten von L_{fit} sind:

$L_{fit1}(b_i) = 1/(B-b_i),$ oder

$L_{fit2}(b_i) = 1/(B-i*k),$ für konstantes k >0,

$L_{fit3}(b_i) = K-i*step,$ für konstante K, step >0.

Einige der Fitneßfunktionen sind gegenseitig durcheinander definierbar. So ist z.B.

$L_{fit1}(b_i) = Prop_{fit}(b_i)$ für a= $B/(b_i*(B-b_i)).$

Die Definition der Fitneß- und Bewertungsfunktionen ist wie bei der Qualitätsfunktion der ES immer problemspezifisch. Es lassen sich daher keine allgemeinen Regeln für sinnvolle Fitneß- oder Bewertungsfunktionen angeben.

Das Crossover und die Rekombination der Chromosomen

Wir hatten in Kapitel 3 gesehen, daß die Evolutionsstrategen der Mutation besondere Aufmerksamkeit schenken und sich von den ausgefeilten Mutationsmechanismen viel für die Effizienz ihrer Algorithmen versprechen. Im Gegen-

satz dazu widmen die Anhänger der GA ihr besonderes
Augenmerk eher den diversen problemabhängigen Cross-
over- und Rekombinationsschemata. Der Sinn gezielter
crossing-over Verfahren ist es, den Suchraum effizient zu
durchschreiten. Wird ein geeignetes Rekombinationsverfahren eingesetzt, ist zu erwarten, daß Regionen des Suchraumes mit höherer durchschnittlicher Güte wesentlich
schneller erreicht und durchschritten werden als durch
rein zufälliges Suchen. *Die Hauptgrund für die Konzentration der GA-Theoretiker auf die Crossover-Mechanismen ist,
daß in ihnen problemspezifisches prozedurales Wisse über
den Suchraum abgelegt werden kann. Der Grundalgorith-
mus eines GA bleibt unverändert, während die Crossover-
Mechanismen individuell auf die speziellen Optimierungsprobleme zugeschnitten und angepaßt werden können!* Die
einfachste Form der Rekombination von Chromosomensät-
zen ist das *one-point-crossover*:

Crossover-Schema: one-point-crossover
Für jedes gemäß Heiratsschema selektierte Chromosomen-
Paar a_1, a_2

1. Generiere gleichverteilte, natürliche Zufallszahl
   $p \in [1, l(a_i)[$
2. Generiere neues Chromosomen-Paar a_{1neu}, a_{2neu} wie folgt:
   Für $i \leq p$ setze:
   ```
   a1neu(i) := a2(i)      und
   a2neu(i) := a1(i).
   ```
   Für $i > p$ setze:
   ```
   a1neu(i) := a1(i);
   a2neu(i) := a2(i).
   ```

Eine etwas komplexere Variante des one-point-crossover
ist das *two-point-crossover*. Dieses Crossover-Schema wird
in Suchräumen benötigt, bei denen die Suche in Hyperebenen des Suchraumes durchgeführt werden muß, deren
definierende Koordinaten in den Chromosomen sich nicht
durch ein one-point-crossover erzeugen lassen. Die Einführung eines two-point-crossover bringt im allgemeinen
Vorteile und eine schnellere Konvergenz des GA mit sich.

Crossover-Schema: two-point-crossover
Für jedes selektierte Chromosomen-Paar a_1, a_2

1. Generiere gleichverteilte, natürliche Zufallszahlen
$p_1, p_2 \in [1, l(a_i)[$
2. Generiere neues Chromosomen-Paar a_{1neu}, a_{2neu} wie folgt:
(o.B.d.A. $p_1 \_ p_2$). Für $p_1 \leq i \leq p_2$ setze:
$a_{1neu}(i) := a_2(i)$ und
$a_{2neu}(i) := a_1(i)$.
Für $p_2 < i < p_1$ setze:
$a_{1neu}(i) := a_1(i)$;
$a_{2neu}(i) := a_2(i)$.

Bei einem two-point-crossover können jedoch ebenfalls Hyperebenen existieren, die auch mit diesem erweiterten Crossover-Schema aus zwei Hyperebenen nicht erzeugt werden können. In solchen Fällen würde man ein 3-point-crossover oder *n-point-crossover* benötigen. Will man sicherstellen, daß jeder Punkt des n-dimensionalen Raumes konstruierbar ist, so ist folgendes Schablonen-Schema geeignet:

Crossover-Schema: Zufalls-Schablone
Für jedes selektierte Chromosomen-Paar a_1, a_2

1. Generiere einen binären Zufallsvektor z mit $l(z) = l(a_i)$;
d.h. $z_i = 1$ oder $z_i = 0$
2. Generiere neues Chromosomen-Paar a_{1neu}, a_{2neu} wiefolgt:
ist $z_i = 1$, so setze
$a_{1neu}(i) := a_1(i)$.
ist $z_i = 0$, so setze
$a_{1neu}(i) := a_2(i)$.
setze
$a_{2neu}(i) := 1 - a_{1neu}(i)$.

Das Zufalls-Schablonen crossing-over wird in ähnlicher Form sehr häufig auch bei den ES eingesetzt. Wir wollen an dieser Stelle nicht weiter auf die diversen Rekombinationsverfahren eingehen und verweisen auf die Literatur. Die Fülle der eingesetzten problemspezifischen Crossoververfahren ist im Laufe der Jahre so groß geworden, daß sie kaum noch überschaubar ist. In Kapitel 7 werden für eine konkrete Problemstellung (Travelling-Salesman-Problem)

mehrere verschiedene Rekombinationsverfahren vorgestellt und hinsichtlich ihrer Performancevorteile miteinander verglichen.

Mutationen

Wir haben die Mutationen bereits ausführlich bei den ES
besprochen und bereits mehrfach in diesem Kapitel über
Mutationen bei GAs gesprochen, ohne jedoch genauer zu
sagen, wie diese auf Binärvektoren eigentlich zu verstehen
sind. Zunächst kann man feststellen, daß die Mutationen
bei den GAs eine wesentlich geringere Rolle spielen als bei
den Evolutionsstrategien. Man könnte beinahe sagen, sie
seien zu vernachlässigen. Mutationen dienen bei den GAs
vorwiegend und fast ausschließlich dem Zweck, eine zu
frühzeitige Konvergenz (premature convergence) zu verhindern und für eine gewisse Divergenz und Inhomogeni-
tät innerhalb der Populationen zu sorgen. Der Selektionsdruck und die Bewertungen der Individuen führen im
Laufe der Generationen zu immer homogeneren Populationen. Die Mutationen sollen dem entgegenwirken.
Holland bezeichnet deshalb in diesem Zusammenhang die
Mutationen lediglich als *Background-Operatoren*.

Im Vergleich zu den ES dienen die Mutationen bei den GAs
folglich nicht als zusätzliche Suchoperatoren oder Effizi-
enzbeschleuniger. Es gibt auch keinen Adaptionsmecha-
nismus wie bei den ES. Die Mutationswahrscheinlichkeiten werden als externe Parameter angesehen und sind in
der Regel kein Bestandteil des genetischen Codes. Trotz
des relativ geringen Gewichts, das den Mutationen bei den
GAs zukommt, *darf man sie nicht unterbewerten oder gar
vernachlässigen*. Es gibt auch bei den GAs eine ganze
Reihe schwieriger Probleme, die mit den Mutationen zu-
sammenhängen. Eine typische Mutation für ein Chromosom
$x = <x_1,...,x_n>$ sieht folgendermaßen aus:

Mutations-Schema: gleichverteilte Mutation

1. Wähle eine gleichverteilte Zufallszahl z mit $1 \leq z \leq n$.
2. Betrachte das Gen x_z;
3. $x_z := 1 - x_z$;

Dies ist die Standardvariante der Mutationen bei den GAs. Eine häufig verwendete Abart dieser Mutationsvariante ist:

Mutations-Schema: gleichverteilte Mutation/2

1. Wähle eine gleichverteilte Zufallszahl z mit $1 \leq z \leq n$.
2. Betrachte das Gen x_z;
3. wähle $z' \in \{0,1\}$ zufällig
   setze $x_z := z'$;

Man beachte, daß die Mutationswahrscheinlichkeit pro Gen, d.h. die Wahrscheinlichkeit, daß der Wert des betreffenden Gens verändert wird, bei der Muationsvariante *gleichverteilte Mutation/2* im Mittel nur halb so groß ist wie bei der ersten Variante – daher die Bezeichnung. Die ».../2« Variante ist im Prinzip auch bei allen noch nachfolgend beschriebenen Mutationsformen möglich.

Mutations-Schema: normalverteilte Mutation

1. Wähle eine normalverteilte Zufallszahl z mit $1 \leq z \leq n$.
2. Betrachte das Gen x_z;
3. $x_z := 1 - x_z$;

In vielen praktischen Anwendungen ist es wichtig, die Genmutationen pro Chromosom nicht mit gleicher Wahrscheinlichkeit für alle Gene auszuführen. Der Grund hierfür ist die oben angesprochene positions-abhängige Wertigkeit einzelner Gene bei der Standard-Binärcodierung. Deshalb müssen bestimmte Positionen eines Chromosoms häufig mit gößerer oder kleinerer Wahrscheinlichkeit mutiert werden als andere. Dies läßt sich auf mehrere Weisen erreichen. Benötigt man z.B. eine Normalverteilung der

Mutationswahrscheinlichkeit über das Chromosom, so ist obriger Algorithmus anwendbar.

Analog läßt sich ein Schema »normalverteilte Mutation/2« definieren. Das allgemeinste Mutations-Schema dieser Art entsteht, wenn pro Position eine Zufallsentscheidung über die Mutation getroffen wird. Auf diesem Gedanken beruht folgendes Schema:

Mutations-Schema: Positions-Mutation

1. Wähle für jede Position (Gen) x_i des Chromosoms eine Zahl z_i mit $0 \leq z_i \leq 1$.
2. Wähle für jede Position x_i eine Zufallszahl $z2_i$ mit $0 \leq z2_i \leq 1$.
3. Ist $z_i \leq z2_i$, so setze $x_i := 1 - x_i$; ansonsten lasse x_i unverändert.

Mit der Positions-Mutation kann man für jede Genposition auf dem Chromosom eine individuelle Mutationswahrscheinlichkeit festlegen. Wir haben bei den bisher besprochenen Mutationen immer vorausgesetzt, daß es sich quasi um Punktmutationen handelt, das heißt, daß jeweils ein Gen von 0 auf 1 oder umgekehrt mutiert wird. Mutationen in diesem Sinne bewirken demnach nichts anderes als Bits »zu kippen«.

Das reine, zufällige Kippen von einzelnen Positionen eines Chromosoms wirkt sich – abgesehen von den oben angesprochenen Positionseffekten – bei einer geringen Mutationswahrscheinlichkeit und insbesondere bei sehr großen und langen Chromosomen oft nur unmerklich auf die Fitneß eines Chromosoms aus. In diesem Sinne wirkt die Mutation tatsächlich nur als background operator, der lediglich ein gewisses Rauschen in den Suchprozeß einführt, um eine zu frühzeitige Konvergenz zu vermeiden.

Natürlich lassen sich auch bei den GAs ähnlich wie bei den ES die Mutationen bei einer etwas allgemeineren Definition als aktive, zusätzliche Suchoperatoren nutzen. Dies wird in der Praxis sogar oft die Regel sein, denn normalerweise heiligt der Zweck die Mittel, da jeder Mechanismus, der dazu taugt, den Suchvorgang zu beschleunigen, meist auch eingesetzt wird.

Man beachte jedoch, daß bei den GAs selbst bei einer aktiven Nutzung der Mutationen der Mutationsmechanismus völlig anders funktioniert als bei den ES. Konkret heißt dies, daß Mutationen oft nicht nur als reine »Bit-kipp-Operationen« aufgefaßt werden, sondern wesentlich allgemeiner und abstrakter. Eine Mutation in diesem Sinne ist praktisch jede zufällige, aber zielgerichtete Veränderung von Genen bzw. Gensequenzen.

Inversion von Chromosom $x = <x_1,...,x_n>$

1. Wähle zwei gleichverteilte Zufallszahlen
    $1 \leq a1, a2 < n$ (o.B.d.A. $a1 \leq a2$)
2. Für alle $i \leq a2 - a1$
    setze: $x_{a1+i} := x_{a2-i}$

So kann es beispielsweise etwa bei Tourenplanungsproblemen sehr sinnvoll sein, zufällig ausgewählte Sequenzen von Genen eines Chromosoms einfach umzukehren. Durch eine solche Operation simuliert man die biologisch tatsächlich nachweisbare *Inversion* von Gensequenzen.

Die biologisch motivierte Inversion bringt i.d.R. jedoch nur bei speziellen Problemen und Anwendungen einen spürbaren Effizienzgewinn. Diese Einschränkung gilt für fast alle allgemeineren Mutationsformen. Ähnlich wie die speziell ausgewählten Crossoveroperatoren für bestimmte Anwendungen bringen auch die allgemeineren Mutationen meist nur bei bestimmten Problemstellungen meßbare Geschwindigkeitsvorteile. Dennoch lohnt sich oft der Aufwand, effektivere und zielgerichtetere Mutationsmechanismen zu suchen als die einfachen »Bit-kipp-Mutationen« (für weitere Beispiele siehe Kapitel 7).

Das Heirats-Schema

Das Heirats-Schema legt fest, welche Elemente einer Population zur Erzeugung neuer Chromosomen (Crossover) herangezogen werden. Üblicherweise werden jeweils aus zwei Chromosomen zwei neue Chromosomen erzeugt. In einigen Fällen ist es jedoch vorteilhaft, eine »entartete« Erzeugung von Nachkommen zuzulassen und ähnlich wie bei den ES beispielsweise lediglich aus einem »Elter«, also einem Ausgangschromosom, ein oder mehrere »Kinder« zu erzeugen, oder im allgemeinen Fall aus n Eltern in einem Schritt k $\neq$ n Kinder zu erzeugen.

Das klassische Heirats-Schema wählt die Kandidaten für die Erzeugung von Nachkommen mit einer Wahrscheinlichkeit aus, die proportional zu ihrer Fitneß (Bewertung) ist. Dadurch soll erreicht werden, daß Nachkommen hoch bewerteter Elemente einer Population in der nächsten Generation mit größerer Wahrscheinlichkeit vertreten sind als durchschnittliche Elemente. Ziel dieses Prozesses ist es, über die Generationen hinweg ein kontinuierliches Ansteigen der Güte der Populationen zu erreichen. In dem folgenden Heirats-Schema mit der klassischen Bezeichnung:

Heirats-Schema: Roulette

1. Bewerte jedes Chromosom x_i mit Bewertungsfkt. und ermittle somit individuelle Bewertung Bew(x_i) für Chromosom x_i
2. Addiere alle Bewertungen Bew = $\sum_i$Bew(x_i)
3. Ordne Chromosomen zufällig und indiziere die Chromosomen mit natürlichen Zahlen i;Wiederhole bis genügend Chromosomen-Paare gebildet:
4. Generiere Zufallszahlen n,m mit $1 \leq n,m \leq$ Bew
5. Wähle Chromosom x_i nach folgender Berechnung: Finde die kleinste Zahl i, für die gilt : $\sum_{j \leq i}$Bew(x_j) $\geq$ n
6. Wähle Chromosom x_j wie bei 5. mit m anstelle n.
7. Liefere x_i und x_j als Chromosomen-Paar zurück.

Roulette-Wheel oder kurz Roulette, wird der Einfachheit halber die Bewertung mit der Fitneß identifiziert; dies ist jedoch keine Bedingung. Anstelle der Bewertung ließe sich auch überall die jeweilige Fitneß einsetzen.

Das Roulette-Prinzip ist das Standard-Heirats-Schema bei den GAs. Es stellt sicher, daß die Individuen einer Population eine zu ihrer Fitneß (oder Bewertung) proportionale Chance erhalten, sich fortzupflanzen. Man beachte, daß nach diesem Schema keinesfalls nur überdurchschnittlich gute Individuen zur Nachkommenerzeugung herangezogen werden. Auch Individuen mit geringer Fitneß erhalten prinzipiell die Chance, sich fortzupflanzen, nur die Wahrscheinlichkeit dafür ist wesentlich (im Laufe der Generationen exponentiell) geringer als bei Individuen mit hohen, überdurchschnittlichen Fitneßwerten. Wie dieses Schema effizient implementiert werden kann, wird in Kapitel 8 erläutert.

Das Ersetzungsschema

Mit dem Heirats-Schema werden die Kandidaten für die Reproduktion ausgewählt. Nach der Erzeugung der Nachkommen muß entschieden werden, was mit den bisherigen Elementen der Population geschehen soll. Diese Aufgabe übernimmt das Ersetzungsschema. Die einfachste Form der Ersetzung ist das sogenannte *generational replacement* Schema:

Ersetzungsschema:
Generational Replacement
Ersetze die aktuelle Population vollständig durch ihre Nachkommen.

Dieses Verfahren entspricht in etwa der »Komma«-Variante der ES und birgt folglich ähnliche Gefahren in sich, denn durch die Ersetzung der gesamten Generation kann es vorkommen, daß sowohl die Bewertung des besten Individuums der Nachfolgegeneration als auch die durchschnittliche Bewertung der neuen Generation schlechter ist als in der Elterngeneration. Die ·Bewertungsfunktion ist dann weder für das beste Individuum noch für den Durchschnitt über die Generationen monoton steigend.

Dieser Nachteil des generational replacements kann durch einen wesentlichen Vorteil bei einigen Optimierungsaufgaben kompensiert werden: durch den vollständigen Austausch der Generationen kann die Dominanz einiger weniger guter Elemente der Ausgangspopulation durchbrochen werden. Das Risiko einer zu frühzeitigen Einschränkung der Suche im Suchraum kann mit diesem Ersetzungs-Schema etwas reduziert werden. Nachteilig ist, daß dadurch i.d.R. gleichzeitig die Konvergenzgeschwindigkeit abnimmt. Um die Konservierung der besten Elemente einer Population zu erreichen und damit ein monotones Ansteigen der Bewertung der besten Elemente über die Generationen zu gewährleisten, wurde das *Prinzip der Eliten* entwickelt:

Ersetzungsschema:
Elitismus
Übernehme die n besten Elemente (die Elite) der aktuellen
Population unverändert in die nächste Generation

Der Elitismus verhält sich quasi reziprok zum generational replacement. Durch die Beibehaltung der n besten (in der Regel ist n = 1 oder nur geringfügig größer) Elemente in der nächsten Generation kann es zu einem Dominanzeffekt kommen, wenn der Unterschied der Güte zu den anderen Elementen der neuen Generation sehr groß ist (Stichwort: »Super-Individuum«). Durch die proportional zur Fitneß vorgenommene Vermehrung dominieren die Nachkommen der Besten die nächste Generation. Der Effekt kann eine suboptimale, zu homogene und damit zu frühzeitige Stagnation des Evolutionsprozesses sein. Um diesen Effekt zu verhindern oder abzuschwächen, kann mit einem schwachen Elitismus gearbeitet werden. Hierbei werden die n besten nicht direkt und unverändert in die nächste Generation übernommen, sondern vor ihrer Weiterverwendung zunächst mutiert:

Ersetzungsschema:
Schwacher Elitismus
Übernehme die n besten Elemente (die Elite) der aktuellen Population in mutierter Form in die nächste Generation

---

Üblicherweise wird bei den Ersetzungs-Schemata die Gesamtgröße der Populationen über die Generationen hinweg konstant gehalten. Das heißt, daß in jeder Generation neu entschieden werden muß, welche Elemente aus der aktuellen Population zu Gunsten der Nachkommen zu entfernen sind. Beim generational replacement werden alle Elemente ersetzt. Die nächstliegende Lösung dieses Problems ist folgendes Schema:

Ersetzungsschema:
delete-n-last
Ersetze die n schlechtesten Elemente der aktuellen Population durch n Nachkommen der Vorgängergeneration

---

Bei diesem Schema ist noch nicht definiert, wie die Nachkommen der Vorgängergeneration ausgewählt werden, die die n alten Elemente ersetzen sollen. Wird die Nachkommenerzeugung nach dem Heirats-Schema Roulette durchgeführt, kann die Auswahl der Elemente durch n gleichverteilte Zufallszahlen erfolgen. In diesem Fall werden dann n Nachkommen der Vorgängergeneration (und damit bevorzugt Nachkommen der Besten) die n Schlechtesten ersetzen und dadurch eine neue Generation erzeugen.

Ist der Wert von n in dem delete-n-last Schema klein, d.i. n << Populationsgröße, so spricht man auch von einem

»steady-state« Ersetzungs-Schema. Für n=1 erhält man eine minimale Änderung pro Generation; für n=Populationsgröße erhält man das generational replacement.

Ersetzungsschema: delete-n-last ohne Duplikate
1. Entferne die n schlechtesten Elemente aus der aktuellen Population.

Wiederhole n mal:
2. Erzeuge neues Element x nach Heirats-Schema
3. Ist x verschieden von allen Elementen der aktuellen Population, erweitere die Population um x; ansonsten mutiere x solange, bis x von allen Elementen der Population verschieden ist. Erweitere die Population um x.

Beim Einfügen neuer Elemente in eine Generation kann es nach obigem Schema vorkommen, daß die einzufügenden Elemente bereits in der Population vorhanden sind. In diesem Fall fügt man Duplikate in eine Generation ein. Dieser Effekt kann je nach Anwendung erwünscht oder unerwünscht sein. Bei einigen Optimierungsproblem kann es vorteilhaft sein, nicht immer die schlechten Individuen durch bessere zu ersetzen, sondern die zu ersetzenden Individuen vom Zufall bestimmen zu lassen. Aus diesen Überlegungen ergibt sich folgendes Schema:

Ersetzungsschema:
delete-n
Ersetze n zufällig gewählte Elemente der aktuellen Population durch n Nachkommen der Vorgängergeneration

---

Bei gleichzeitiger Verwendung des Elitismus wird jedoch die Elite von der Elimination ausgeschlossen:

Ersetzungsschema:
delete-n mit Elitismus
Ersetze n zufällig gewählte Elemente der aktuellen Population ohne Elite durch n Nachkommen der Vorgängergeneration

---

Rechenberg erwähnt in [Rechenberg 72], daß das maximale oder durchschnittliche Alter der Individuen einer biologischen Generation genetisch bedingt ist und folgert, daß die Simulation eines Alterungsprozesses vorteilhaft für die computergestützte Optimierung sein kann. In Anlehnung an diesen Gedanken formulieren wir folgendes »Meta«-Schema:

Ersetzungsschema X: mit Alterung
1. Wähle ein Ersetzungs-Schema X
2. Wähle zwei natürliche Zahlen n, m   mit
   n ≤ Anzahl vorgesehener Generationen
   m ≤ Populationsgröße der Ausgangspopulation
3. Führe Ersetzungs-Schema X aus
4. Füge m der ersetzten Elemente in einen Pool
   ("Altersheim") ein
5. Bewahre die Elemente des Altersheims n Generationen
   auf und lasse sie an dem Reproduktionsprozeß teilnehmen
6. Entferne die Individuen nach jeweils n Generationen aus
   dem Altersheim.

Die Grundidee der Alterung im obigen Sinne ist, daß die Erzeugung eines Individuums in einer Population *zu früh* kommen kann. »Zu früh« heißt hier, daß noch keine anderen Elemente in der Population vorkommen, die mit dem »zu früh« erzeugten rekombiniert eine Verbesserung der Bewertungsfunktion bewirken. Folglich werden die zu früh »geborenen« Individuen nur selten bessere Nachfolger erzeugen. Die »zu früh« erzeugten Individuen sind jedoch nach dem Schemata Theorem (siehe unten) mit relativ großer Wahrscheinlichkeit Kinder von überdurchschnittlich »guten« Eltern. Es ist in diesen Fällen daher sinnvoll, die Individuen »aufzubewahren« und »altern« zu lassen und sie solange weiter an dem Erzeugungsprozeß teilhaben zu lassen, bis die Voraussetzungen für eine erfolgreiche Rekombination erfüllt sind. Ähnliche Betrachtungen führen dazu, einen »Kindergarten« einzuführen. Diesem Gedanken liegt die Beobachtung zugrunde, daß die Neugeborenen höherer Lebewesen in der Regel zunächst in einer geschützten

Umgebung aufwachsen. Erst wenn sie »flügge« sind, werden sie dem Kampf ums Überleben ausgesetzt.

Ersetzungsschema X: mit Kindergarten
1. Wähle ein Ersetzungs-Schema X
2. Wähle zwei natürliche Zahlen n, m mit
    n ≤ Anzahl vorgesehener Generationen
    m ≤ Populationsgröße der Ausgangspopulation
3. Führe Ersetzungs-Schema X aus
4. Füge m Nachkommen pro Generation für n
    Generationen in einen Pool (Kindergarten) ein
5. Mutiere die Kindergartenpopulation während der n
    Generationen
6. Entferne die Individuen nach jeweils n Generationen aus
    dem Kindergarten und füge sie in die aktuelle Population
    ein, sofern sie sich bezüglich der Bewertungsfunktion
    während ihres Aufenthaltes im Kindergarten verbessert
    haben. Ansonsten eliminiere die Individuen.

Sowohl das Alterungs-Schema als auch das Kindergarten-Schema kann auf völlig unterschiedliche Weise realisiert werden. Die individuelle Ausprägung der Schemata wird durch die obigen umgangssprachlichen Algorithmen nicht festgelegt. So besteht noch jeweils ein großer Spielraum bei der Verwaltung der Pools (Kindergarten und Altersheim) bzw. bei der Aussortierung und der Wiedereingliederung der Elemente. Durch die Einführung des Kindergartens oder des Altersheims erhält man zudem die Möglichkeit, mit variablen Populationsgrößen zu arbeiten.

Schemata, Hyperebenen im Suchraum und implizite Parallelität

Wir müssen noch einmal auf das Codierungsproblem und einige theoretische Aspekte der GAs zurückkommen. Die GA-Theoretiker haben sich ausführlich damit beschäftigt, welche Auswirkungen die Anwendung der genetischen

Operatoren (Crossover, Mutation, Selektion) auf eine Population von Chromosomen haben können. Um dies genauer analysieren und verstehen zu können, hat Holland bereits in seinem Hauptwerk den Begriff des *Schemas* eingeführt. Unter einem Schema versteht man ein Chromosom, das anstelle eines Allels eine Variable enthält. Bezeichnet man das Variablensymbol mit dem Zeichen »#« (»don't care«), so ist demnach ein Schema der Länge n ein Element aus $\{0,1,\#\}^n$. Ein Beispiel für ein Schema der Länge 6 ist:

```
h = <1,0,#,#,1,0>.
```

Wichtig ist nun folgende mathematische Interpretation der Schemata: Betrachtet man die Variablensymbole als Platzhalter der binären Werte 0 und 1, so definiert ein Schema der Länge n jeweils einen Unterraum des M^n. Das obige Schema h beispielsweise repräsentiert eine Hyperebene als Unterraum des M^6. Wegen der Anschaulichkeit des Hyperebenen-Begriffs bezeichnet man Schemata fast immer als Hyperebenen, obwohl der Begriff des Unterraumes exakter wäre. Ein Chromosom $x=<x_1,...,x_n> \in M^n$ ist eine *Instanz* eines Schemas $h \in \{0,1,\#\}^n$, falls

```
{i | i≤n, x_i ∈ x, x_i /= #} = {i | i≤n, x_i ∈ h, x_i /= #}   ist.
```

Für den M^n gibt es 3^n Schemata. Jedes Element $<x_1,...,x_n>$ aus M^n stellt eine Instanz von 2^n Schemata dar und liegt damit gleichzeitig in 2^n Unterräumen des M^n. Folglich repräsentiert eine Population von p Chromosomen der Länge n jeweils zwischen

```
2^n und p*2^n   Schemata.
```

Der Fall 2^n tritt ein, falls alle Chromosomen identisch sind, und der Fall $p*2^n$, falls alle Chromosomen der Population verschieden sind.

Die Anzahl der Schemata, die bei einer Population von p Chromosomen pro Generation indirekt verarbeitet werden, liegt in der Größenordnung von p^3 ($O(p^3)$); zur Herleitung dieser Abschätzung siehe [Goldberg] S.38ff. Diese Zahl ist im Vergleich zu der tatsächlich pro Generation erzeugten und bewerteten Individuenanzahl p verblüffend hoch.

Ein Genetischer Algorithmus untersucht während seiner Abarbeitung demnach mit minimalem Aufwand (p Individuen und Bewertungen als Stichproben) parallel die Güte von $O(p^3)$ Unterräumen. Deshalb schreibt Goldberg: »Because this leverage is so important (and apparently unique to genetic algorithms), we give it a special name, *implicit parallelism.*« ([Goldberg] S.29).

Das Schemata-Theorem und seine Bedeutung

Unter der *Ordnung* o(h) eines Schemas h, verstehen wir die Anzahl der Positionen, die nicht das Variablensymbol »#« enthalten. Beispiele: o(<1,1,#,#,,0,#>) = 3, o(<0,1,1,>) = 3 und o(<#,#,#>) = 0. Unter der *definierenden Länge* l(h) eines Schemas h verstehen wir den Abstand k-i zwischen der ersten x_i und der letzten x_k von »#« verschiedenen Position in h. Sind in h weniger als zwei Positionen von »#« verschieden, so ist l(h):=0. Beispiele: l(<0,1,1,#,1,#,#>) = 4, l(<1,#,#,#>) = 0, l(<1,#,#,#,1>) = 4.

Es bezeichne *m(h,t)* die Instanzen des Schemas h in einer Population von Chromosomen zur Zeit t (t entspricht i.A. der jeweiligen Generation). f(h) sei die durchschnittliche Fitneß aller Instanzen von h zur Zeit t. f_{mittel} sei die durchschnittliche Fitneß der gesamten Population zur Zeit t. p_c und p_m seien die jeweils auf ein Chromosom bezogene Crossover- bzw. Mutationswahrscheinlichkeit. Es bezeichne n die Dimension (Länge der Vektoren) des Suchraumes. Wir wollen uns nun die Frage stellen, *welche »Überlebenschance« hat ein Schema h, und läßt sich an der Gestalt des Schemas erkennen, welche Überlebenschancen es hat ?*

Die Frage ist keineswegs so schwierig zu beantworten, wie man zunächst denken möchte. Offensichtlich ist doch folgendes: sind die fixen Positionen eines Schemas verantwortlich für eine überdurchschnittliche Fitneß seiner Instanzen, so wird ein Schema bei einem proportional zur Fitneß gestalteten Heiratsschema auch überdurchschnittlich oft zur Erzeugung von Nachkommen selektiert werden und entsprechend vermehrt in den Folgegenerationen auftauchen. Die Häufigkeit des Auftretens wird direkt davon abhängen, um wieviel die Fitneß der Instanzen des Schemas die durchschnittliche Fitneß übertrifft.

Leider ist damit die Situation noch nicht vollständig erfaßt. Die Schemata können nämlich durch die genetischen Operatoren, also die Mutation und das Crossover, zerstört werden! Die Auftrittswahrscheinlichkeit eines Schemas wird folglich etwas geringer sein, wenn die genetischen Operatoren sich auswirken.

Nun ist es jedoch recht einfach, intuitiv abzuschätzen, welche Schemata besonders von den negativen Folgen der genetischen Operatoren betroffen werden und welche eher nicht. Man erkennt sofort, daß lange Schemata, also Schemata mit großer definierender Länge und hoher Ordnung wesentlich anfälliger sind als kurze, kompakte Schemata. Je länger und auseinandergezogener ein Schema ist, umso größer ist die Wahrscheinlichkeit, daß es durch ein Crossover in zwei Teile »zerbricht«, und umso größer ist die Wahrscheinlichkeit, daß es von einer Mutation »getroffen« wird! Demnach können wir folgende plausible Behauptung aufstellen:

Schemata-Theorem (naiv):
Bei einem Genetischen Algorithmus erhalten Schemata mit überdurchschnittlicher Fitneß, kurzer definierender Länge und niedriger Ordnung in den Folgegenerationen steigende Chancen, sich zu reproduzieren.

Diese einfachen und plausiblen Überlegungen lassen sich mathematisch präzise nachrechnen und in einem fundamentalen Theorem der GAs zusammenfassen, dem berühmten *Schemata-Theorem* von John Holland:

$$m(h,t+1) \geq m(h,t) * \frac{f(h)}{f_{mittel}} * \left(1 - p_c * \frac{L(h)}{n-1} - p_m * o(h) \right)$$

Wir wollen diese für die Theorie der GAs wichtige Abschätzung hier mathematisch nicht exakt nachvollziehen. Die genaue Herleitung findet sich in vielen Abhandlungen über GAs. Wir verzichten deshalb hier darauf, sie erneut nachzuvollziehen. Den mathematisch interessierten Leser verweisen wir auf [Holland 1] oder [Goldberg]. Für uns ist an dieser Stelle wichtiger, was sich mit dem Schemata-Theorem praktisch anfangen läßt und wie man es verstehen muß. Was sagt das Schemata-Theorem inhaltlich aus ?

Das Theorem sagt etwas über die *Überlebenschancen* und damit indirekt auch über die *Sterblichkeitsrate* von Schemata. Der Satz hat keinen konstruktiven Gehalt. Aus dem Theorem läßt sich *nicht* ableiten, was ein Schema konkret zur Lösung eines Problems beiträgt, bzw. *welche* Schemata zur Lösung etwas beitragen. Das Schemata-Theorem macht – theoretisch betrachtet – eine rein statistische Aussage. Es besagt, daß in den Folgegenerationen einer Population Schemata mit überdurchschnittlicher Fitneß, kurzer definierender Länge und niedriger Ordnung wesentlich (sogar exponentiell) häufiger »zum Zuge kommen«, d.h. zur Erzeugung von Nachkommen herangezogen werden, als Schemata, die diese Eigenschaften nicht besitzen. Dieses Verhalten von GAs bleibt selbst dann erhalten, wenn Informationen durch crossing-over oder Mutationen teilweise zerstört werden. Das Schemata-Theorem sagt damit aus, daß ein GA den im obigen Sinne besseren Schemata optimale »Chancen« gibt, sich in den Folgegenerationen durchzusetzen.

Der Wert des Theorems besteht nicht so sehr darin, daß es verständlich macht, wie ein GA arbeitet, sondern eher da-

rin, daß es zeigt, daß Schemata mit einer kleinen definieren-
den Länge, niedriger Ordnung und überdurchschnittlicher
Fitneß mit größerer Wahrscheinlichkeit in der nächsten
Generation »überleben« als andere. Das Theorem gibt somit
einen wichtigen Hinweise darauf, wie die *Codierung eines
Problems* aussehen muß, um erfolgreich mit GAs gelöst
werden zu können. Es sagt nämlich indirekt aus: *daß die
Teile eines Chromosoms, die inhaltlich zusammengehörige
Informationen codieren, nicht getrennt auf dem Chromosom
abgelegt (codiert) werden sollten, sondern eng zusammen-
liegend!* Und es sagt weiter aus, *daß die für die Fitneß eines
Chromosoms maßgeblichen Segmente möglichst kompakt
codiert werden sollten, damit überdurchschnittlich gute
Chromosomen dadurch eine hohe Überlebenschance erhalten.*

Die Building-Block-Hypothese

Man kann das Schemata-Theorem auch so interpretieren,
daß ein GA aus den Schemata mit einer kleinen definierenden Länge, niedriger Ordnung und überdurchschnittlicher
Fitneß die guten potentiellen Lösungen quasi sukzes-sive
über die Generationen hinweg aufbaut. Schemata mit diesen
Eigenschaften haben damit praktisch die Funktion von Bausteinen, mit deren Hilfe die optimale Lösung schrittweise
zusammengesetzt wird. Deshalb schreibt [Goldberg] S.41ff:

*Just as a child creates magnificent fortresses through the ar-
rangement of simple building blocks of wood, so does a genetic algorithm seek near optimal performance through the
juxtaposition of short, low-order, high performance schemata*

GAs benutzen also kompakte Schemata mit überdurchschnittlicher Fitneß, die Goldberg anschaulich »building
blocks« nennt, um aus ihnen optimale Chromosomen zu
rekombinieren. Die Verfechter Genetischer Algorithmen
werden demnach zur Annahme der »Building-Block-Hypo-

these« gezwungen, die besagt, daß die Verwendung von Building Blocks als Grundlage eines allgemeinen Such- und Optimierungsverfahrens sinnvoll und in der Regel effizient ist.

Für jeden allgemeinen Such- und Optimierungsalgorithmus lassen sich Probleme konstruieren, bei denen er »versagt«. Dies gilt natürlich auch für Genetische Algorithmen. So können z.B. gerade das Schemata-Theorem und die Building-Block-Hypothese benutzt werden, um den GAs »Fallstricke« zu legen (dies wurde bereits sehr früh erkannt, siehe hierzu [Goldberg] S.89ff und ibid. S.46ff *The minimal deceptive Problem*). Denn ein GA wird z.B. in der Regel, wenn überhaupt, nur sehr schlecht konvergieren, wenn bei einem Problem die Rekombination von Building-Blocks mit hoher Fitneß zu Schemata führt, deren Fitneß geringer ist als die der Building Blocks, oder, wenn umgekehrt die Rekombination von kompakten Schemata mit geringer Fitneß Schemata mit hoher Fitneß erzeugt. Daß beides sehr leicht der Fall sein kann, zeigt folgendes Beispiel:

Gesucht sei das Optimum der Funktion $f(x) = x^2$ mit x aus dem Intervall [0,5]. Die Fitneßfunktion eines Chromosoms y sei gegeben durch:

```
f(y) = 1/(1+|25 - y₁₀|).
```
$$f(y) = 1/(1+|25 - y_{10}|).$$

Die Fitneß ist demnach umso besser, je kleiner $|25 - y_{10}|$ ist. Die maximale Fitneß 1 wird erreicht für y=<0,1,1,0,0,1>, da y_{10}=25 ist. Für y seien die Werte <0,0,0,0,0,0> bis <1,1,1,1,1,1> möglich. Es seien die vier Vektoren:

c1=<0,1,0,0,0,1>,c2=<1,0,0,0,0,0>,c3=<0,0,1,0,0,1> und c4=<0,1,0,0,0,0> gegeben.

Ihre jeweilige Fitneß ist folglich:

```
f(c1)=f(<0,1,0,0,0,1>) = 1/(1+8)=1/9,
f(c2)=f(<1,0,0,0,0,0>) = 1/(1+7)=1/8,
f(c3)=f(<0,0,1,0,0,1>) = 1/(1+16)=1/17 und
f(c4)=f(<0,1,0,0,0,0>) = 1/(1+9)=1/10.
```

Bei einem one-point-crossover zwischen den Chromosomen c_1 und c_2 nach der zweiten Stelle ergeben sich c_1' und c_2':

$c_1'= <1,0,0,0,0,1>$ und $c_2'= <0,1,0,0,0,0>$.

Deren Fitneß ist

$f(c_1')= 1/(1+8)=1/9$
und $f(c_2')= 1/(1+9)=1/10$.

Aus den hinsichtlich ihrer Fitneß schlechteren Chromosomen c_3 und c_4 ergeben sich durch Crossover die Chromosomen:

$c_3'= <0,0,0,0,0,0>$ mit $f(c_3')=1/(1+25)$,

also ein sehr schlechtes Individuum, aber auch:

$c_4'= <0,1,1,0,0,1>$ mit $f(c_4')=1/(1+0)=1$,

also das Optimum ! Dieses Beispiel zeigt, daß es aus der Sicht der Evolution keineswegs immer vorteilhaft ist, im Sinne der Fitneß schlechte Individuen auszusondern, da die Rekombination schlechter Individuen in seltenen Fällen einen Anstieg der Bewertung der so erzeugten Chromosomen zur Folge haben kann!

Dieser Gedanke hat u.a. dazu geführt, das Ersetzungsschema »delete-n« (siehe *Ersetzungsschema*) einzuführen. Obwohl es plausibel erscheint, wie bei den ES immer die schlechtesten Elemente aus einer Population zu entfernen, kann sich dies sowohl kurz- als auch mittelfristig negativ auf den Suchprozeß auswirken.

Generell läßt sich ableiten, daß GAs Schwierigkeiten damit haben werden, das Optimum in einem Suchraum zu finden, falls das Optimum im Sinne der Metrik des Suchraumes ausschließlich oder überwiegend von »schlechten« Nachbarn umgeben ist. Eine solche Situation entspricht der Suche nach »einer Nadel im Heuhaufen«. In der Praxis sind solche Fälle leider nicht selten (siehe auch Kapitel 5).

Beruhigend ist in diesem Zusammenhang jedoch, daß mit sehr großer Wahrscheinlichkeit auch jeder andere, konventionelle Suchalgorithmus in einer solchen Situation Schwierigkeiten bekäme.

Daß es Beispiele wie das obige gibt, in denen der evolutive Ansatz versagt, spricht nicht gegen die generelle Tauglichkeit des Ansatzes, der sich bereits unzählige Male bewährt hat. Das Beispiel zeigt aber, daß der prinzipielle Ansatz der Genetischen Algorithmen und auch der Evolutionsstrategien, durch Rekombination guter Teillösungen mit großer Wahrscheinlichkeit noch bessere Lösungen zu erzeugen, nicht immer korrekt ist und nicht immer eine optimale Strategie darstellt. Dies sollte man nie vergessen!

Wir haben hier nur einen ersten Überblick über die unterschiedlichsten Ausprägungen der GAs und der ES geben können und konnten die vielen interessanten theoretischen Fragen über die mathematischen Grundlagen der simulierten Evolution nicht mehr als anreißen. Viele Details mußten wir auslassen.

Wer das Studium der Evolutionsstrategien oder der Genetischen Algorithmen weiter vertiefen will, und dazu soll dieses Buch als Einführung ja gerade anregen, der sei auf das Literaturverzeichnis verwiesen, in dem die wichtigsten Quellen für weiterführende Studien aufgelistet sind.

Die kaum noch überschaubare Vielfalt der Publikationen und Varianten beider Verfahren ist jedoch ein großes Problem. Hinzu kommt, daß es, wie wir mehrfach gesehen haben, viele Überschneidungen, aber auch wesentliche Unterschiede zwischen den Evolutionsstrategien und den Genetischen Algorithmen gibt.

Im folgenden Kapitel wollen wir deshalb einige Testfunktionen vorstellen, mit denen es möglich ist, die Effizenz und Leistungsfähigkeit von ES und GAs zu testen.

KAPITEL 5

Evolutionsstrategien kontra
Genetische Algorithmen

Nachdem wir die wesentlichen Details der Evolutionsstrategien und der Genetischen Algorithmen kennengelernt haben, stellt sich die Frage, ob die beiden Ansätze hinsichtlich ihres Anwendungspotentials gleichwertig sind oder ob einer der beiden Ansätze dem anderen überlegen ist. Diese Frage ist entscheidend bei der Anwendung der Algorithmen. Welchen Ansatz sollte man bei einem konkreten Problem wählen? Gibt es zuverlässige Kriterien dafür, wann Evolutionsstrategien den Genetischen Algorithmen vorzuziehen sind – oder umgekehrt?

Wir haben gesehen, daß einerseits viele Ähnlichkeiten zwischen den beiden Evolutionsverfahren bestehen, daß sie sich andererseits aber auch erheblich unterscheiden. Beide Verfahren arbeiten mit Populationen potentieller Lösungen und selektieren auf bestimmte Weise aussichtsreiche Individuen der Population nach ihrer Fitneß gemäß dem Prinzip des *survival of the fittest*, um auf der Basis der selektierten Individuen neue, bessere Populationen potentieller Lösungen zu erzeugen. Bei den Evolutionsstrategien stehen dabei die Mutationsprozesse und die adaptive Schrittweitenregelung im Vordergrund, bei den Genetischen Algorithmen hingegen eher die genetische Rekombination und die diversen Crossover-Mechanismen.

Ein wesentlicher Unterschied zwischen den Verfahren besteht, wie wir gesehen haben, in der Repräsentation der Individuen einer Population. Im Falle der GA werden die Chromosomen als binäre Vektoren codiert, bei den ES hingegen als reellwertige Vektoren. Für eine konkrete Anwendung muß deshalb zunächst entschieden werden, welche Codierung der potentiellen Lösungen sinnvoller ist. Häufig wird dies durch das zu lösende Problem intuitiv nahegelegt, so daß die Wahl der Codierung praktisch entfällt. Gelegentlich ist jedoch nicht von vorneherein klar, ob eine binäre und damit diskrete Codierung dem Problem angemessener ist als eine Codierung durch reellwertige Vektoren. (Man beachte, daß mit der Entscheidung »binär versus reell« noch keineswegs die eigentliche Codierung erledigt ist. Selbst wenn man sich beispielsweise für eine binäre Codierungsform entschieden hat, muß in einem zweiten, in der Regel weitaus komplizierteren Prozeß noch die genaue Problemrepräsentation potentieller Lösungen in einem binären Format festgelegt werden.)

Ein weiterer wesentlicher Unterschied besteht bei den Selektionsprozessen. Bei einer $(\mu+\lambda)$-ES werden zunächst aus μ Eltern λ Nachfolger erzeugt. Die Eltern und Nachkommen werden dann zusammen in eine »Urne« geworfen, aus der dann die μ besten die Eltern der Nachfolgegeneration werden. Bei einer (μ,λ)-ES werden aus den λ Nachkommen alleine die μ besten ausgesondert. Die Auswahl der Eltern erfolgt nach einem deterministischen Schema: jeweils die μ besten Individuen werden die neuen Eltern. Dies entspricht einem *survival of the fittest* im strengen Sinne des Wortes.

Bei einem GA läuft dieser Selektionsprozeß insbesondere bei Verwendung des Roulette Wheel-Verfahrens völlig anders ab: aus einer Ausgangspopulation mit n Individuen werden n/2 Paare ausgewählt, die dann je zwei Nachkommen und damit erneut eine Population mit n Individuen erzeugen. Dem *survival of the fittest* entspricht hier die Auswahl der Paare. Die einzelnen Eltern werden durch einen Zufallsprozeß mit einer Wahrscheinlichkeit selektiert, die proportional zu ihrer Fitneß ist. Individuen mit hoher Fitneß werden bevorzugt selektiert. Bei den ES wird im Gegensatz dazu jedes Elter *mit der gleichen, von seiner Fitneß unabhängigen Wahrscheinlichkeit* für die Erzeugung eines oder mehrerer Nachkommen herangezogen. Der dritte wesentliche Unterschied der beiden Verfahren ist, daß bei den ES eine Selbstadaption gewisser Steuerungsparameter (Mutationsschrittweite und korrelierte Mutationen) standardmäßig in das Verfahren integriert ist. Bei den GA's ist dies nur umständlich durch eine Codierung der Parameter in den Chromosomen zu erreichen.

Diese teilweise gravierenden Unterschiede der beiden Evolutionsverfahren lassen einen methodisch einwandfreien Performance-Vergleich der beiden Ansätze kaum zu. Hinzu kommt ein weiteres Problem: Beide Verfahren sind stark von bestimmten Parametereinstellungen (Codierung, Populationsgröße, Mutationsraten, Selektionsschema etc.) abhängig. Sind die Parameter schlecht gewählt, kann es leicht vorkommen, daß die Verfahren nicht oder nur ungenügend konvergieren. Demnach müßte man bei einem Vergleich der Verfahren eigentlich immer noch die jeweiligen Parametereinstellungen berücksichtigen bzw. nur optimale Einstellungen zulassen.

Dies ist jedoch in der Regel kaum möglich, da es zu viele Variationsmöglichkei-ten der Parameter gibt und da man die optimalen Einstellungen häufig gar nicht kennt. In der theoretischen Evolutionsforschung und der Literatur hat sich deshalb ein recht pragmatischer Ansatz durchgesetzt. Es werden einfach einige Funktionen definiert, die zum Testen der Algorithmen herangezogen werden. Diese Testfunktionen werden dann meist so gewählt, daß beide Verfahren im Mittel gleichermaßen bevorzugt und benachteiligt werden. Dabei spielt insbesondere das Verhalten der Algorithmen bei Testfunktionen eine Rolle, die viele lokale Optima und/oder Plateau-Flächen aufweisen, um festzustellen, wie leicht die Algorithmen in solche »Fallen tappen«, und um festzustellen, ob sie aus diesen Fallen durch Mutation oder Rekombination wieder herauskommen.

Die Testfunktionen

Wir stellen im folgenden einige Testfunktionen vor, die u.a. von De Jong [Jon75], Goldberg [Goldberg], Schwefel [Schwefel 1], Shekel [She 71], Hoffmeister und Bäck [Hoffmeister] und Mühlenbein [Mühlenbein 2] untersucht und zum Vergleich verschiedener Evolutions- und Optimierungsalgorithmen vorgeschlagen wurden. Man beachte, daß es sich hier um eine willkürliche und unvollständige Zusammenstellung von Testfunktionen handelt. Dem Leser sei empfohlen, eigene Testfunktionen zu kreieren, um die diversen Evolutionsalgorithmen zu testen. Denn an der Konstruktion guter Testfunktionen erkennt man leicht, ob man die Arbeitsweise eines Algorithmus verstanden hat oder nicht.

Die Menge der hier vorgestellten Testfunktionen ist sehr heterogen. Sie enthält stetige und unstetige, quadratische und nicht-quadratische, uni- und multimodale, niedrig- und hochdimensionale sowie stochastische und deterministische Funktionen. Die Testfunktionen haben zudem viele »boshafte« Eigenschaften. Sie wurden so gewählt, daß sie hinsichtlich der Anzahl der lokalen Minima, der Verteilung der lokalen Minima, der Verteilung der Werte der lokalen Minima und der Größe des Einzugsbereiches (domain of attraction) der lokalen Minima stark variieren. Man beachte, daß die weiter unten dargestellten Grafiken der Testfunktionen jeweils nur die 2-dimensionalen Varianten der teilweise sehr hochdimensionalen Testfunktionen wiedergeben. Wenn Sie als Leser versuchen wollen, eigene Evolutionsstrategien oder Genetische Algorithmen zu schreiben oder mit den Algorithmen auf der diesem Buch beigefügten Diskette zu experimentieren, so empfehlen wir Ihnen, mit diesen Algorithmen einmal die unten beschriebenen Testfunktionen zu analysieren und zu versuchen, die Optima zu finden. Sollte es Ihnen gelingen, die globalen Optima aller Testfunktionen zu finden, so ist dies bereits eine beachtliche Leistung. Sollten Sie die Optima zuverlässig mit *einem einzigen Evolutionsalgorithmus* bei fixen Parametereinstellungen finden, so empfehlen wir Ihnen, den Algorithmus umgehend zu publizieren! *Ein kleiner Hinweis für den Fall, daß Sie ernsthaft vorhaben, sich mit dieser Aufgabe zu beschäftigen*: decken Sie sich rechtzeitig mit genügend Kaffee ein, und nehmen Sie sich eine Weile frei.

Die Funktion f₁ – das Sphären-Modell

Die Funktion f_1 ist die einfachste Testfunktion. Sie ist stetig, convex, quadratisch und unimodal und wird naheliegenderweise auch häufig als »Sphären-Modell« oder »Sphären-Funktion« bezeichnet.

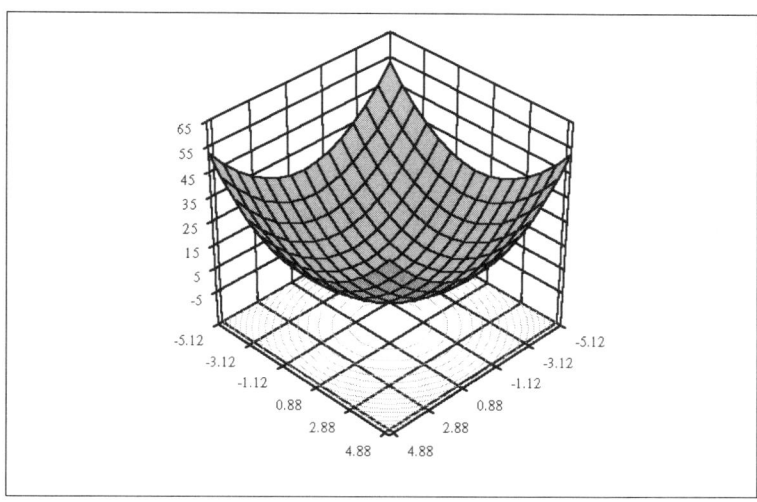

Bild 5.1: Graph der 2-dimensionalen Variante der quadratischen Testfunktion f_1.

$$f_1(\bar{x}) = \sum_{i=1}^{n} x_i^2 \; ; \quad -5{,}12 \leq x_i \leq 5{,}12$$

$$f_1(x, y) = x^2 + y^2$$

Ingo Rechenberg hat anhand dieser Funktion als erster die optimalen Schrittweiten für die Anpassung der Mutationsraten seiner Evolutionsstrategien abgeschätzt ([Rechenberg 72]). Das globale Minimum der Funktion f_1 liegt im Punkt x*=(0,0,...,0,0) mit f_1(x*)=0. Das globale Minimum dieser Funktion sollte von jedem brauchbaren Optimierungsalgorithmus gefunden werden.

Die Funktion f_2 – die Rosenbrock-Funktion

Die Testfunktion f_2 wurde von Rosenbrock vorgeschlagen. Sie ist eine stetige, unimodale, bi-quadratische Funktion zweier Variabler. Die Testfunktion f_2 hat ihr globales Minimum im Punkt x*=(1,1) mit f_2(x*)=0.

Bild 5.2:
Die Rosenbrock-
Funktion f_2.

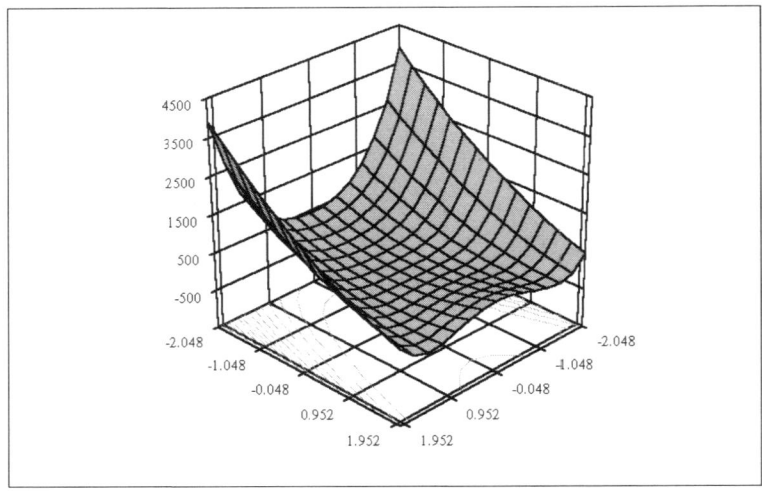

$$f_2(\bar{x}) = 100 * \left(x_1^2 - x_2\right)^2 + \left(1 - x_1\right)^2 ; \quad -2,048 \leq x_i \leq 2,048$$

$$f_2(x, y) = 100 * \left(x^2 - y\right)^2 + \left(1 - x\right)^2$$

Das globale Optimum der Funktion f_2 ist wesentlich schwieriger zu finden als das von f_1, da das Optimum in einem parabolisch geformten steilen Tal liegt, das einen sehr flachen Boden hat. Daher finden zwar die meisten Optimierungsalgorithmen sehr schnell das Tal, konvergieren jedoch in der Regel nur sehr langsam gegen das globale Optimum, da innerhalb des Tales der Gradient nur schwach abfällt.

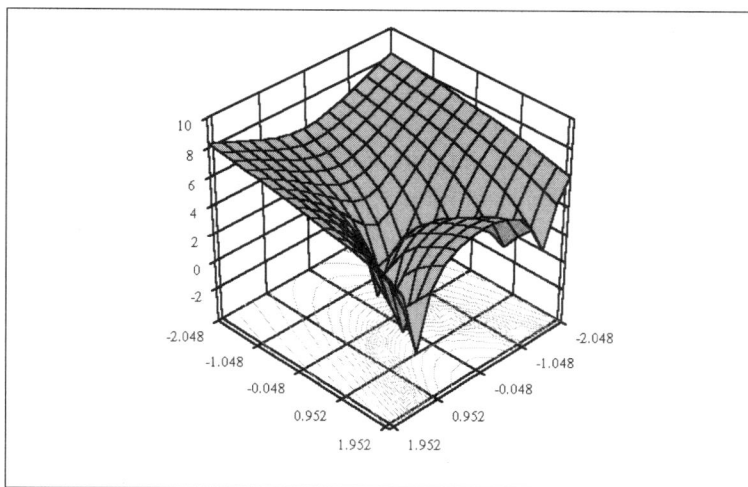

Bild 5.3:
Eine von Hoff-
meister und Bäck
(siehe [Hoffmeister])
vorgeschlagene
Transformation der
Rosenbrock-Funk-
tion verdeutlicht
das Problem bei der
Funktion f₂ durch
die Lage des
globalen Optimums
in einem schmalen,
parabolischen aber
nur schwach
abfallenden Tal.

$$f_2'(\bar{x}) = log\left(100*\left(x_1^2 - x_2\right)^2 + \left(1 - x_1\right)^2\right); \quad -2,048 \le x_i \le 2,048$$

$$f_2'(x, y) = log\left(100*\left(x^2 - y\right)^2 + \left(1 - x\right)^2\right)$$

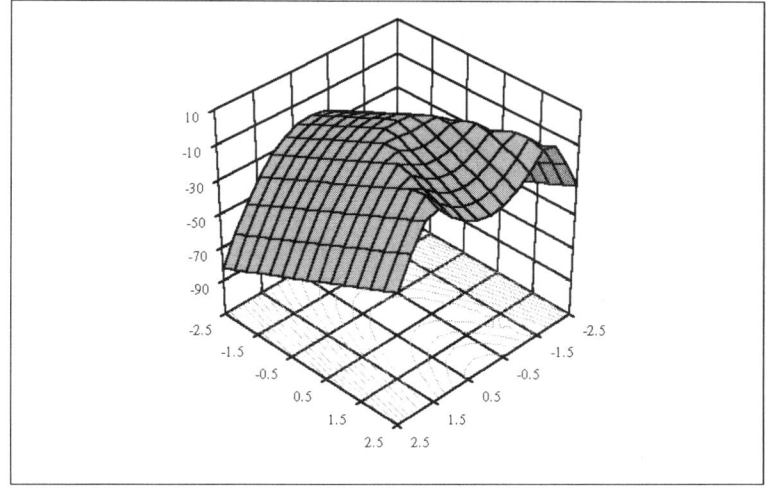

Bild 5.4:
Eine weitere, ge-
bräuchliche Trans-
formation der
Rosenbrock-
Funktion.

$$f_2''(\bar{x}) = 5 - \sqrt{100*\left(x_1^2 - x_2\right)^2 + \left(1 - x_1\right)^2} \; ; \quad -2,048 \le x_i \le 2,048$$

$$f_2''(x, y) = 5 - \sqrt{100*\left(x^2 - y\right)^2 + \left(1 - x\right)^2}$$

Die Funktion f_3 – eine Treppenfunktion

Die dritte Testfunktion ist eine unstetige Funktion mit vielen Plateau-Flächen, die lokale Minima darstellen. Jedes Plateau stellt ein besonderes Problem dar, da der Funktionswert für alle Punkte innerhalb des Plateaus gleich ist.

Einem Optimierungsverfahren, das sich nach den Funktionswerten bei der Suche richtet, fehlen damit Anhaltspunkte, in welcher Richtung weiter nach dem Optimum (Minimum) gesucht werden soll.

Bild 5.5:
Die Treppen-
funktion f_3.

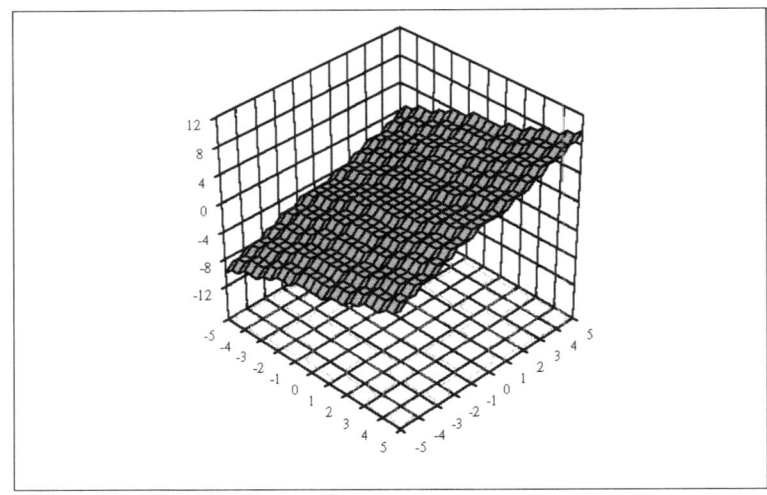

$$f_3(\bar{x}) = \sum_{i=1}^{n} integer(x_i) \; ; \quad -5,12 \le x_i \le 5,12$$

$$f_3(x, y) = integer(x) + integer(y)$$

Die Funktion f_4 – mit normalverteilter Störung

Die Funktion f_4 ist dadurch gekennzeichnet, daß die Grundfunktion $f_4(x,y)=x^4+y^4$ durch einen Term moduliert wird, der ein normalverteiltes Rauschen auf die entsprechenden Funktionswerte addiert.

Dies ist bei praktischen Anwendungen ein häufig vorkommendes Problem, da realistische Funktionen Werte oft nicht exakt, sondern mit einer Störung zurückliefern.

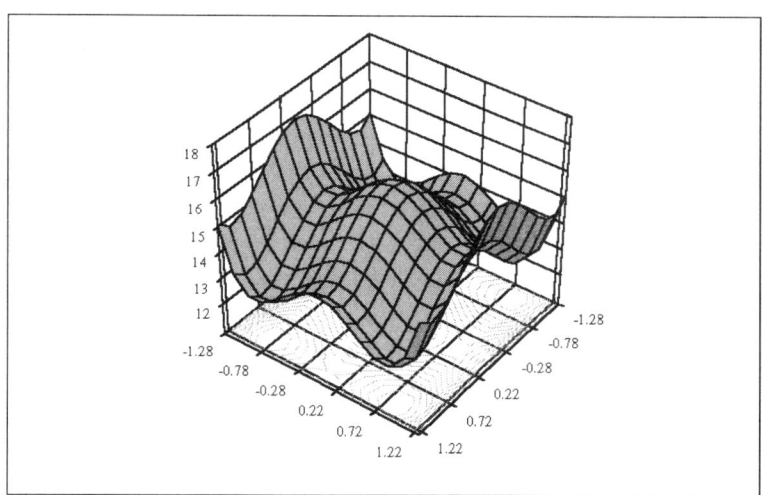

Bild 5.6:
Eine Variante der Testfunktion f_4 mit einer um den Faktor 20 verstärkten (0,1)-normalverteilten Störung.

$$f_4(\bar{x}) = \sum_{i=1}^{n} i * x_i^4 + 20 * Gauss(x_i, 0, 1); \quad -1,28 \le x_i \le 1,28$$

$$f_4(x, y) = x^4 + 20 * Gauss(x, 0, 1) + 2 * y^4 + 20 * Gauss(y, 0, 1)$$

Die Funktion f_5 – Shekels Fuchsbauten

Die Funktion f_5 ist wohl die bekannteste und eine »boshafte« Testfunktion für Optimierungsverfahren. Die Funktion ist stetig, aber hochgradig nicht linear und multimodal. Das Problem bei der Shekel-Funktion ist, daß sie tiefe und schmale lokale Minima besitzt, in der englischsprachigen Literatur »foxholes« genannt, die zudem noch alle in eine breite Plateau-Fläche eingebettet sind.

Bild 5.7:
Shekels Foxholes.

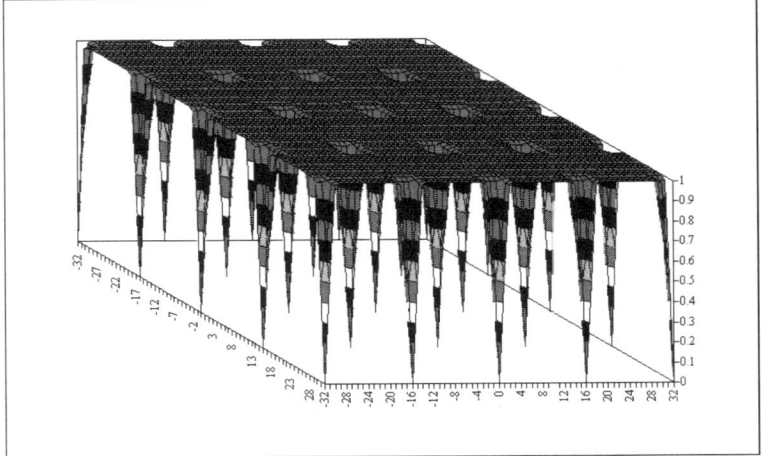

$$f_5(\bar{x}) = \sum_{j=1}^{25} \frac{1}{1 + \sum_{i=1}^{2}(x_i - a_{ij})^6} \; ; \quad -65,536 \leq x_i \leq 65,536$$

$$a_{ij} = \left\{ \begin{matrix} (-32,-16,0,16,32,-32,-16,0,16,32,-32,-16,0,16,32,-32,-16,0,16,32,-32,-16,0,16,32); \\ (-32,-32,-32,-32,-32,-16,-16,-16,-16,-16,0,0,0,0,0,16,16,16,16,16,32,32,32,32,32) \end{matrix} \right\}$$

Die Funktion f₆ – die Rastrigin-Funktion

Die sechste Testfunktion ist ähnlich kompliziert wie die Shekel-Funktion, obwohl sie eigentlich auf der einfachen quadratischen Testfunktion f_1 basiert. Im Gegensatz zu f_1 ist die Rastrigin-Funktion jedoch multimodal. Ihr Graph wird aus der quadratischen Funktion f_1 mit einem Modulations-Term auf der Basis des Cosinus erzeugt. Diese Modulation führt zu vielen kleinen Hügeln und Tälern und damit zu vielen irreführenden lokalen Werten. Das globale Minimum ist jedoch das gleiche wie bei f_1.

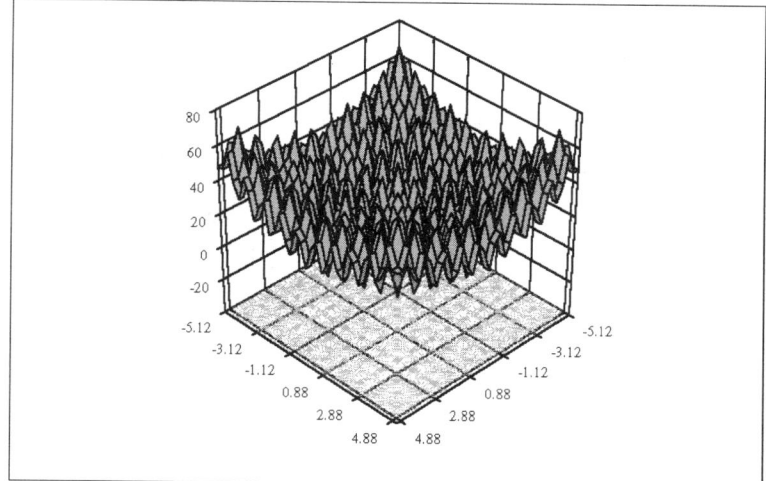

Bild 5.8:
Die Rastrigin-
Funktion f_6
mit n=1 und A=10.

$$f_6(\bar{x}) = n*A + \sum_{i=1}^{n} x_i^2 - A*cos(2*\pi*x_i); \quad -5,12 \le x_i \le 5,12$$

$$f_6(x,y) = 10 + \left(x^2 - 10*cos(2*\pi*x)\right) + \left(y^2 - 10*cos(2*\pi*y)\right)$$

Die Funktionen f_7 und f_8 – Schwefels Testfunktionen

Die Testfunktionen f_7 und f_8 wurden von H. P. Schwefel vorgeschlagen. Die Funktion f_7 ist im Vergleich mit f_8 recht einfach, da sie stetig und unimodal ist. Dennoch haben viele Optimierungsverfahren Probleme mit dieser Funktion, da die Gradiensteigung nicht entlang der Koordinatenachsen ausgerichtet ist. Das Optimum von f_7 liegt bei $x^*=(0,0,...,0)$ mit $f_7(x^*)=0$.

Die Funktion f_8 ist noch eine der »boshaften« Funktionen, die von den Forschern ausschließlich zu dem Zweck konzipiert werden, Optimierungs- und Suchverfahren in die Irre zu führen. Sie besitzt ein globales Minimum bei $x^*=(420.9687,420.9687,...,420.9687)$.

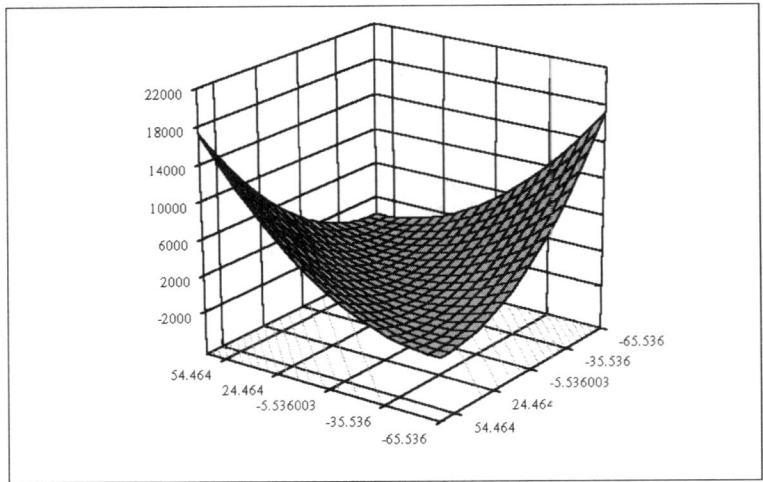

$$f_7(\vec{x}) = \left(\sum_{i=1}^{n} x_i\right)^2 ; \quad -65,536 \leq x_i \leq 65,536 \qquad f_7(x, y) = (x + y)^2$$

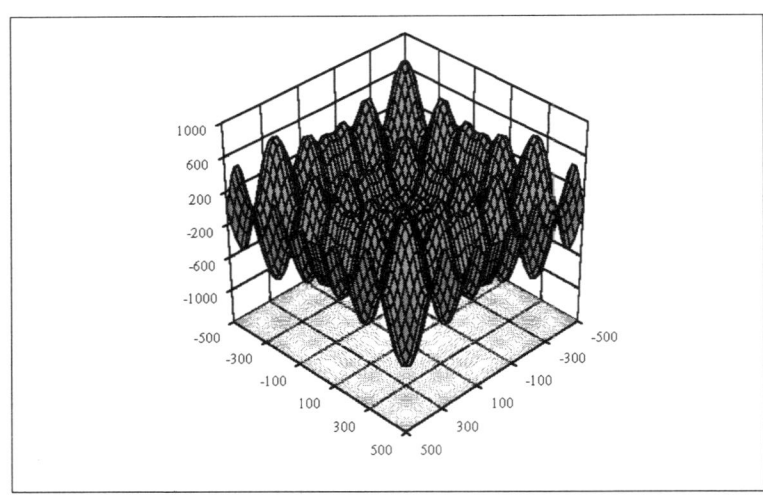

$$f_8(\vec{x}) = \sum_{i=1}^{n} -x_i * sin\left(\sqrt{|x_i|}\right); \quad -500 \leq x_i \leq 500$$

$$f_8(x, y) = -x * sin\left(\sqrt{|x|}\right) - y * sin\left(\sqrt{|y|}\right)$$

Die Funktion f_9 – Die Griewangk-Funktion

Die letzte der hier vorgestellten Testfunktionen stammt von Griewangk. Die Griewangk-Funktion hat das gleiche globale Minimum wie f_1, aber sehr viele, weit verteilte lokale Nebenminima für die Koordinatenwerte .

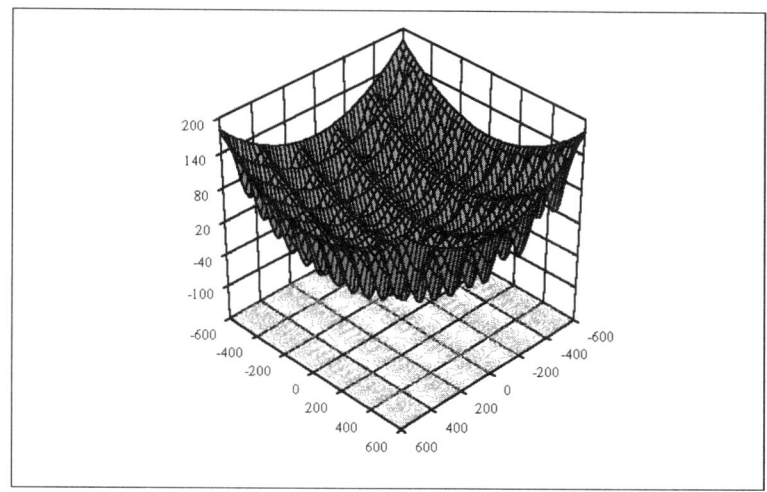

Bild 5.11:
Die von Griewangk vorgeschlagene Testfunktion f_9, bei der der Cosinus-Produktterm um den Faktor 20 verstärkt wurde.

$$f_9(\vec{x}) = \sum_{i=1}^{n} \frac{x_i^2}{4000} - 20 * \prod_{i=1}^{n} \left(cos\left(\frac{x_i}{\sqrt{i}} \right) + 1 \right); \quad -600 \leq x_i \leq 600$$

$$f_9(x,y) = \frac{x^2 + y^2}{4000} - 20 * (cos(x) + 1) * \left(cos\left(\frac{y}{\sqrt{2}} \right) + 1 \right)$$

Ein Performance-Vergleich

Mehrere Forscher, insbesondere Schwefel, Hoffmeister und Bäck von der Uni Dortmund haben mittels ausgewählter Teilmengen der obigen Testfunktionen Performance-Vergleiche zwischen Evolutionsstrategien und Genetischen Algorithmen durchgeführt. Der aufmerksame Leser wird mit Recht nicht erwarten, daß die Algorithmen bei allen Testfunktionen gleich gut abschneiden. Sowohl die Evolutionsstrategien als auch die Genetischen Algorithmen kommen mit einigen Testfunktionen besser zurecht als mit anderen. Beide Verfahren zeigen unterschiedliche Schwächen und Stärken bei den Testfunktionen. Es gibt daher keinen eindeutigen »Sieger«, ja genaugenommen nicht einmal einen »Sieger nach Punkten«, aber dennoch lassen sich aus den Performancetests wichtige und einleuchtende Erkenntnisse gewinnen.

(Wir beziehen uns bei den folgenden Angaben auf die Auswertungen von Hoffmeister und Bäck (siehe [Hoffmeister]), da sie fundiert und von einem recht neutralen Standpunkt aus durchgeführt wurden. Wer an weiteren Details der Gegenüberstellung der Algorithmen interessiert ist, sei deshalb hier auf die Arbeiten von Hoffmeister und Bäck verwiesen.)

Bei den Performancetests wurden diverse Varianten und Parameterwerte der Evolutionsstrategien und der Genetischen Algorithmen berücksichtigt.

Die Chromosomenlänge der binären Vektoren der Genetischen Algorithmen betrug jeweils das 32-fache der Dimension des Suchraumes, da durchgehend eine 32-Bit Graycodierung verwendet wurde. Die Populationen waren konstant und enthielten 50 Individuen. Es wurde mit one- und two-point-crossover-strategien, dem Roulette-Wheel-Verfahren für die Selektion und außerdem sowohl mit als auch ohne Eliten gearbeitet. Die Crossover-Rate betrug 0.6, die Mutationsrate 0.001. Insgesamt wurden 8 verschiedene Varianten für jede Testfunktion ausgewertet.

Bei den Evolutionsstrategien wurden sogar 20 Varianten pro Testfunktion getestet, wobei jeweils eine (8+50)-ES bzw. (8,50)-ES verwendet wurde.

Der Performance-Vergleich wurde auf der Basis des Durchschnittes von jeweils 10 Testläufen der Algorithmen mit unterschiedlichen Startwerten für die Zufallsgeneratoren bei 250 Generationen Laufzeit ermittelt. Das eindeutigste und auffallendste Ergebnis der Performancetests von Hoffmeister und Bäck ist, daß es bei den Algorithmen eine klar festzustellende, unterschiedliche Tendenz des Verhaltens bei lokalen Optima gibt.

Evolutionsstrategien zeigen eine starke Neigung, rasch lokale Optima zu finden und in ihnen »steckenzubleiben« (premature convergence). Dies zeigt sich bei Verwendung multimodaler Testfunktionen wie f_5, f_6, f_8 und f_9. Globale Optima werden von Evolutionsstrategien bei multimodalen Funktionen in der Regel nur dann gefunden, wenn einer der Startwerte zufällig in der Nähe des globalen Optimums liegt.

Der Grund für dieses Verhalten der Evolutionsstrategien liegt in der adaptiven Schrittweitenregelung der Mutationen, die geringfügige Zufallsänderungen gegenüber großen bevorzugt. Dies führt zu einer stärker lokalen Durchforstung des Suchraumes. Ein zweiter Grund ist der relativ hohe Selektionsdruck bei der für die Tests verwendeten (8+50)-ES bzw. (8,50)-ES. Wird der μ/λ-Quotient größer, führt dies auch zu einer stärkeren Varianz der Nachkommen und damit zu einer breiteren Suche.

Man beachte, daß das genannte Verhalten der Evolutionsstrategien nicht unbedingt schlecht sein muß, sondern sogar sehr willkommen sein kann. Bei Anwendungen, bei denen das globale Optimum nicht unbedingt gefunden werden muß, bei denen also eine gute Näherungslösung, die dafür schnell gefunden wird, ausreicht, ist die Bevorzugung der lokalen Suche eher vorteilhaft als nachteilig.

Die Mutationen spielen bei den Genetischen Algorithmen nur die Rolle, eine gewisse Diversifikation innerhalb der Populationen aufrechtzuerhalten. Die Suche wird wesentlich stärker durch die Crossovermechanismen gesteuert, die häufig zu großen »Sprüngen« im Suchraum führen. Die Genetischen Algorithmen durchsuchen daher meist ein

wesentlich größeres Areal eines hochdimensionalen Suchraumes als die Evolutionsstrategien. Deshalb sind sie in
der Regel den ES bei der Suche von globalen Optima multimodaler Funktionen deutlich überlegen. So mußten Hoffmeister und Bäck feststellen, daß beispielsweise bei den
komplizierten, »boshaften« Shekel- und Rastrigin-Funk-
tionen die ES praktisch *nie* das Optimum gefunden haben,
wohingegen einige Varianten Genetischer Algorithmen die
Optima *in jedem einzelnen Durchlauf* fanden!

Auf der anderen Seite zeigen Genetische Algorithmen
Schwächen, wo man es nicht erwarten würde. Gerade bei
den relativ einfachen Testfunktionen wie f_1 und f_2 konvergieren die Genetischen Algorithmen oft nur schlecht. Bei
der Rosenbrock-Funktion f_2 war beispielsweise die
schlechteste ES-Variante noch deutlich besser als die *beste*
GA-Variante.

Wie ist dies zu erklären? Die ES nutzen massiv die Gradi-
entensteigung, indem sie ihr gemäß die Mutationsschrittweiten lokal justieren. Im Gegensatz hierzu besitzen die
Standard-GA's keine Möglichkeiten zur automatischen
Selbstadaption ihrer internen Steuerungsparameter. Dies
führt meist zu einer schlechteren Konvergenzrate.

Hinzu kommt, daß das in der Regel verwendete proportio-
nale Selektionsschema der Individuen bei Genetischen
Algorithmen wesentlich häufiger auch relativ schlecht
angepaßten Individuen eine Chance gibt, als dies bei den
ES der Fall ist, bei denen immer die $\lambda - \mu$ schlechtesten
Individuen aussortiert werden. Bei einer unimodalen
Testfunktion mit einem schwachen Gradientenanstieg sind
alle Kinder relativ gleichwertig, so daß die proportionale
Selektion anhand der Fitneß kaum Fortschritt bringt. Der
Fortschritt kann dann fast nur noch durch Mutationen
erreicht werden. Da die Mutationsraten bei den GA's aber
nicht adaptiv sind und in der Regel sehr klein eingestellt
werden, führt dies in solchen Fällen zu einer relativ
schlechten Konvergenz.

Methodische Probleme der Performance-Analyse

Die obigen Ausführungen verleiten leicht zu voreiligen und falschen Schlußfolgerungen. Leider kann man nicht einfach folgern, daß Genetische Algorithmen eher als globale Suchstrategien und ES eher als lokale Suchstrategien geeignet sind, obwohl dies die Testresultate nahelegen. Mehrere wichtige Argumente sprechen gegen eine voreilige Verallgemeinerung:

1. Die Tests wurden mit bestimmten globalen Steuerungsparametern durchgeführt. Die Ergebnisse sind folglich nur relativ zu diesen Parametereinstellungen aussagekräftig. Es ist keineswegs sicher und plausibel, daß die Ergebnisse bei anderen Parametereinstellungen vergleichbar wären. Im Gegenteil: es ist zu vermuten, daß man mit bestimmten Parametereinstellungen praktisch jedes beliebige Testergebnis erzielen kann!
2. Die Testfunktionen sind – obwohl mit Bedacht und Überlegung gewählt – willkürlich. Bei anderen Testfunktionen könnten die Ergebnisse ebenfalls völlig anders ausfallen. Hinzu kommt, daß Genetische Algorithmen im Gegensatz zu den Evolutionsstrategien nicht gerade dazu gedacht und konzipiert wurden, reellwertige Funktionen zu optimieren. Man müßte demnach zusätzlich einen Performance-Vergleich mit ausgesuchten diskreten Optimierungsproblemen durchführen, um halbwegs fundierte, gesicherte Performance-Überlegungen anzustellen.
3. Wir hatten bereits angedeutet, daß die Codierung eines Problems einen erheblichen, wenn nicht gar den bedeutendsten Einfluß auf die Effektivität der Algorithmen haben kann. Demnach müßten ebenso noch Performance-Analysen mit unterschiedlichen Problem-Codierungen herangezogen werden.

Man könnte noch viele derartige Einwände gegen den Sinn des Vergleichs der Algorithmen anführen. Wichtig ist, folgendes festzuhalten: der Vergleich hat gezeigt, daß beide Evolutionsverfahren Vorzüge und Schwächen haben. Keines der Verfahren ist dem anderen deutlich überlegen. Für den Anwender der Verfahren bleibt demnach das Dilemma der Wahl bestehen. Es gibt kein einfaches Kochrezept und keine einfache Handlungsanweisung. Wer mit Evolutionsverfahren komplexe Probleme lösen will, dem bleibt im Grunde nur ein Weg, um zum Ziel zu kommen: probieren, probieren und nochmals probieren, getreu dem Motto: »probieren geht über studieren«.

Mit der Zeit (d.h. nach Dutzenden fehlgeschlagener Versuche) bekommt man ein »Fingerspitzengefühl« dafür, wodurch man die Performance der Verfahren bei einer gegebenen Aufgabenstellung positiv oder negativ beeinflussen kann. Diese Erfahrung ist wertvoll und läßt sich nicht durch einen simplen Automatismus oder durch theoretische Betrachtungen ersetzen. In Zukunft wird die Qual der Wahl (siehe hierzu auch Kapitel 7) zwischen Evolutionsstrategien und Genetischen Algorithmen vermutlich unwichtiger werden, da sich die Verfahren (und hoffentlich auch die Vertreter der entsprechenden Schulen!) langsam aber deutlich aufeinander zubewegen. So gibt es beispielsweise bereits Varianten Genetischer Algorithmen mit adaptiver Schrittweitensteuerung, und die ausgefeilten Crossover-Mechanismen der Genetischen Algorithmen werden immer häufiger auch bei Evolutionsstrategien eingesetzt. Wir wollen hoffen, daß dieser Trend anhält. Denn beide Evolutionsverfahren sind sehr leistungsstarke Such- und Optimierungsverfahren, die es nicht verdienen, durch unseriöse und methodisch angreifbare Vergleiche in Mißkredit gebracht zu werden. Als Anhänger des Evolutionsgedankens haben wir folgende, zugegeben sehr vage Hoffnung: die beiden Verfahren werden im Laufe der Zeit in einem akademischen Evolutionsprozeß zu einem kombinierten Evolutionsalgorithmus fortentwickelt, der die Vorzüge beider Verfahren aufweist, ohne deren Nachteile zu besitzen.

KAPITEL 6

Parallele Algorithmen

Die Evolutionsprozesse in der Natur laufen nicht sequenziell ab, sondern parallel. Es gibt immer mehrere Individuen in einer Population und in der Regel fast immer mehrere Populationen einer Art zur gleichen Zeit. Die Individuen einer Art, die zur gleichen Zeit leben, bilden die Voraussetzung für die Erzeugung von Nachkommen und stehen häufig im Wettstreit miteinander. Ähnliches gilt für die Populationen. Kurzum: die biologische Evolution ist ein massiv paralleler Prozeß.

Es stellt sich damit die Frage, ob die Evolutionsstrategien und die Genetischen Algorithmen ebenfalls als parallele Prozesse auf Parallelrechnern simuliert werden können. Die Vorteile wären klar: durch die parallelen Berechnungen könnten die Simulationen erheblich beschleunigt und die biologischen Gegebenheiten besser, d.h. naturgetreuer, nachgebildet werden. Die Leistungsfähigkeit der Algorithmen würde zunehmen, und sie könnten auf komplexere Probleme angewendet werden.

Wir wollen deshalb in diesem Kapitel untersuchen, welche Möglichkeiten es gibt, Evolutionsstrategien oder Genetische Algorithmen zu parallelisieren. Nach einer prinzipiellen Betrachtung der Parallelisierungs-Möglichkeiten der Algorithmen stellen wir einige Modelle geeigneter Parallelisierungen vor, die bereits praktisch erprobt wurden und sich als tauglich erwiesen haben.

Da wir im folgenden nicht zwischen möglichen Parallelisierungen Genetischer Algorithmen und Evolutionsstrategien unterscheiden wollen, werden wir nur von *Evolutions-Algorithmen* (EA) sprechen und darunter jeweils beide Algorithmentypen verstehen.

Die prinzipielle Parallelisierbarkeit der EA

Die EA bieten sowohl innerhalb einer Population, also auf der Ebene der Individuen, als auch auf der Ebene der Populationen selbst diverse Möglichkeiten der Parallelisierung. Betrachten wir zunächst die Abläufe und Prozesse innerhalb einer Population. Wir erinnern uns an die wichtigsten Evolutionsschritte der Standard-EA:

1. Erzeugung einer Individuenmenge als Ausgangspunkt der Evolution (Startpopulation), Berechnung der Fitneß der Individuen;
2. Berechnung der Abbruchbedingung; wenn erfüllt -> Ende, sonst Wiederholung folgender Schritte:
2.1 Auswahl der zu rekombinierenden Individuen;
2.2 Crossover;
2.3 Mutation;
2.4 Fitneß-Berechnung;
2.5 Selektion;
2.6 goto 2.

Inwieweit sind die einzelnen Schritte der EA parallelisierbar?

Zu 1: Die Erzeugung der Ausgangspopulation läßt sich dadurch parallelisieren, daß jedes Individuum für sich und unabhängig von den anderen Individuen der Population erzeugt wird (z.B. jeweils von oder auf einem eigenem Prozessor oder von parallel und unabhängig arbeitenden Prozessen). Hier gibt es in der Regel keine Einschränkungen für eine Parallelisierbarkeit. Die Berechnung der Fitneß eines konkreten Individuums stellt meist ebenfalls kein Problem dar. Jedes Individuum kann in der Regel unabhängig von allen anderen auf seine Tauglichkeit und Güte geprüft werden. Somit ist auch dieser Schritt parallelisierbar.

Man beachte jedoch, daß es Anwendungen der EA gibt, bei denen die Individuen zusammenarbeiten, also kooperieren müssen, um ihren Zweck zu erfüllen oder um zu überleben. In diesen Fällen muß bei der Berechnung der Fitneß der einzelnen Individuen eventuell die Fitneß anderer Individuen mitberücksichtigt werden. Dies stellt beispielsweise bei der Simulation der Symbiose zweier Arten, die eine enge Lebensgemeinschaft bilden (etwa bei Parasiten und ihren Wirten oder bei Viren), ein bedeutendes Problem dar.

Es gibt auch Anwendungen der EA, bei denen – so seltsam und paradox dies auch klingen mag – die Fitneß eines Individuums eigentlich erst durch die Fitneß seiner Nachkommen berechnet werden kann. Dies ist insbesondere bei der Berücksichtigung neutraler Mutationen relevant.

Neutrale Mutationen wirken sich hinsichtlich der Fitneß des Individuums, bei dem sie auftreten, nicht aus. Sie sind Fitneß-neutral. In den Folgegenerationen hingegen können die ursprünglich neutralen Mutationen den evolutionären Weg für komplexe, vorteilhafte Veränderungen bereiten. Hätte es die Vorgänger mit den neutralen Mutationen nicht gegeben, wären die vorteilhaften Entwicklungen in den späteren Generationen nicht möglich gewesen. Somit müßte rückblickend die Fitneß der Eltern, bei denen die neutralen Mutationen zuerst auftraten, eigentlich erhöht werden! Abgesehen von diesen relativ seltenen Spezialfällen bleibt jedoch festzuhalten, daß die Parallelisierung der Fitneß-Berechnung in vielen Anwendungen eine enorme Geschwindigkeitssteigerung bedeutet, denn nicht selten wird mehr als 80% (!) der Gesamtrechenzeit, die ein EA benötigt, für die Ermittlung und Berechnung der Fitneß der Individuen verbraucht!

zu 2.: Die Parallelisierbarkeit der Errechnung oder Überprüfung der Abbruchbedingung der EA hängt von den Abbruchkriterien ab. Wenn die Abbruchbedingung an die Anzahl der Generationen oder die verbrauchte Rechenzeit geknüpft wird, läßt sie sich in der Regel sehr leicht ermitteln und muß nicht parallelisiert werden. Die übliche Abbruchbedingung bei den EA ist jedoch meist eine Funktion der Fitneß eines oder einiger Individuen. Gewöhnlich wird ein EA dann abgebrochen, wenn das beste Individuum eine bestimmte Güte erreicht hat oder wenn sich die Güte des oder der besten Individuen über eine längere Zeit nicht oder nicht mehr wesentlich verändert hat. In beiden Fällen setzt dies die Kenntnis der Fitneß der besten Individuen und damit die Kenntnis der Fitneß aller Individuen voraus.

Die Berechnung oder Prüfung der Erfüllung der Abbruchbedingung läßt sich somit nur zentral ermitteln und ist in der Regel nicht parallelisierbar. Die Abbruch-Prüfung ist eine zentrale Steuerungsfunktion der Algorithmen und ein »Flaschenhals«.

zu 2.1: Ähnlich wie die Abbruchbedingung kann auch die Auswahl der zu rekombinierenden Individuen (Selektion) im Regelfall nicht oder nur ungenügend parallelisiert werden. Dies ist insbesondere dann der Fall, wenn die Selektion der Individuen proportional zur Fitneß der Individuen (Roulette Wheel etc.) vorgenommen werden soll oder in irgendeiner anderen Weise von der Fitneß der Gesamtpopulation abhängt. Wie wir aus den vorhergehenden Kapiteln wissen, ist dies jedoch bei fast allen EA der Fall.

zu 2.2: Wesentlich besser ist die Situation beim Crossover der selektierten Individuen. Der Crossing-over-Prozeß selektierter Individuen (meist Pärchen) ist völlig unabhängig vom crossing-over anderer, unbeteiligter Individuen und kann demnach hochgradig parallel in der gesamten Population durchgeführt werden. Dies kann gegenüber einem seriellen Algorithmus, bei dem die Pärchen nacheinander rekombiniert werden, einen enormen *speed-up* bewirken. Der potentielle speed-up wird dabei um so stärker ausfallen, je komplizierter und damit rechenintensiver der crossover-Mechanismus ist.

zu 2.3: Die Mutationen sind in der Regel ebenfalls hochgradig parallelisierbar, da sie nur lokal auf die einzelnen Individuen wirken. Bei den Evolutionsstrategien ist jedoch eine Besonderheit zu beachten: die adaptive Schrittweiten-regelung der Mutation. Bei diesem Mechanismus werden den Nachkommen eines Individuums unterschiedliche Mutationsraten mitgegeben. Ein bestimmter Prozentsatz der Nachkommen erhält die Mutationsschrittweite des oder der Eltern, ein anderer Teil der Nachkommen erhält eine größere und ein weiterer Prozentsatz der Kinder eine kleinere Schrittweite. Die Nachkommen müssen deshalb als Gesamtheit betrachtet werden und können nicht völlig unabhängig voneinander mutiert werden.

zu 2.4: Die Fitneß-Berechnung wurde bereits im Zusammenhang mit Punkt 1. besprochen und ist in der Regel hochgradig parallelisierbar.

zu 2.5: Die Selektion steht hier für die Auswahl und Ersetzung ungeeigneter Individuen (survival of the fittest). Nach der Rekombination der Individuen besteht bei einer fixen Populationsgröße ein Überschuß an Individuen. Aus der gesamten Population müssen nun die tauglichsten nach einem Selektionskriterium ausgesondert werden, um die Populationsgröße konstant zu halten und um eventuell Eliten zu berücksichtigen. Dies erfordert somit die Kenntnis der Fitneß aller Individuen und stellt wie die Berechnung des Abbruchkriteriums einen zentralen Steuerungsmechanismus dar, der praktisch nicht parallelisiert werden kann. Eine gewisse Parallelisierung der Selektion ist dennoch möglich, wenn man die Population in Hierarchien von Subpopulationen aufteilt und in diesen lokal selektiert. Aber in diesem Fall hat man es eigentlich bereits mit der Evolution von Populationen zu tun, die erst im folgenden besprochen werden soll. Geht man hingegen nicht von kon-stanten Populationsgrößen aus, so entfällt der Selektionsschritt teilweise. Es ist dann möglich, die Populationen über mehrere Generationen hinweg unbeschränkt wachsen zu lassen und nur gelegentlich nach jeweils n Generationen zu selektieren. Ganz auslassen kann man die Selektion jedoch nicht, da ansonsten der Evolu-tionsprozeß kombinatorisch durch die ständige Vermehrung der Nachkommen explodiert und damit sehr schnell den »Einsparungseffekt« durch das Weglassen der Selektion kompensiert.

Evolution auf der Ebene der Populationen

Betrachtet man die Evolution aus einer eher makroskopischen Sicht, also aus der Sicht miteinander kommunizierender und wettstreitender Populationen, so ergibt sich eine große Fülle weiterer Parallelisierungs-Möglichkeiten. Neben der Parallelisierung der Prozesse innerhalb einzelner Populationen bestehen dann nämlich noch diverse Alternativen für die Parallelisierung einer betrachteten Gruppe von Populationen. Wir wollen deshalb einige Modelle für die Simulation simultan existierender Populationen vorstellen.

Das Insel-Modell

Das einfachste Modell paralleler Populationen ist das Insel-Modell, wie es etwa von den Evolutionsstrategen in der graphischen Form der eingezäunten, isolierten Populationen beschrieben wird. In diesem Modell kann eine beliebige Anzahl von Populationen betrachtet werden. Die Populationen sind kommunikativ voneinander getrennt (isoliert) und entwickeln sich daher völlig unabhängig voneinander. Jede Population führt in sich einen Evolutionsprozeß durch.

Dieses Modell besitzt trotz seiner Einfachheit eine gewisse Plausibilität, denn es gibt viele Beispiele für weitgehend isolierte Insel-Populationen. Der wesentliche Vorteil des Modelles ist, daß man mit ihm mehrere Evolutionsläufe gleichzeitig durchführen kann und am Ende das oder die besten Individuen aus allen Insel-Populationen als Lösung bzw. als Optimum bestimmen kann. Damit werden die auf einem seriellen Rechner nur sequenziell durchführbaren Simulationen der EA parallelisiert.

Bild 6.1:
Das Insel-Modell. Die Populationen sind isoliert und kommunizieren nicht miteinander, d.h. sie tauschen keine Individuen untereinander aus.

Der speed-up bei diesem Modell ist direkt proportional zur Anzahl der simulierten Inseln, also der Populationen. Die Parallelisierungsstrategie ist demnach sehr einfach: jede Insel wird einem Prozessor bzw. einem der parallel laufenden EA-Prozesse zugeordnet. Eine Kommunikation der Prozesse untereinander findet nicht statt.

Das Netzwerk-Modell

Das Insel-Modell bietet den Vorteil, daß die Prozesse untereinander nicht kommunizieren. Damit müssen die Prozesse nicht aufeinander warten und können ihre Rechenzeit optimal nutzen. Dieser Vorteil bringt jedoch auch einen eventuell schwerwiegenden Nachteil mit sich: die einzelnen Populationen können sich nur auf der Basis des genetischen Erbgutes entwickeln, das auf der Insel in der Anfangspopulation verfügbar ist. Sind die Populationen auf den Inseln klein und die Mutationsrate niedrig, so kann dies sehr schnell zu äußerst homogenen und daher anfälligen, nicht mehr adaptionsfähigen, quasi inzestuösen Populationen führen!

Um dieses Manko zu beseitigen, kann das Insel-Modell zu einem Netzwerk-Modell erweitert werden. Das Netzwerk-Modell besteht ebenfalls aus einer Menge voneinander abgegrenzter Populationen. Im Gegensatz zu dem Insel-Modell tauschen die einzelnen Populationen jedoch Informationen (d.h. einzelne Individuen) untereinander aus. In der Tat ist dieses Modell das realistischere Modell, denn eine absolute Isolation von Insel-Populationen gibt es eigentlich nicht, da in der Realität meist auf die eine oder andere Art Individuen zwischen den Populationen hin und her wandern und damit neues Erbgut in die Populationen bringen. Bei einigen menschlichen Stämmen in Afrika geht diese »genetische Einsicht« sogar so weit, daß selbst Stämme, die verfeindet sind, dennoch ihre Kinder zur Heirat untereinander austauschen. Im Netzwerk-Modell sind die Populationen über feststehende Informationskanäle (Wanderungswege) miteinander verbunden.

Bild 6.2: Das Netzwerk-Modell. Jede Population ist mit jeder anderen fest verbunden.

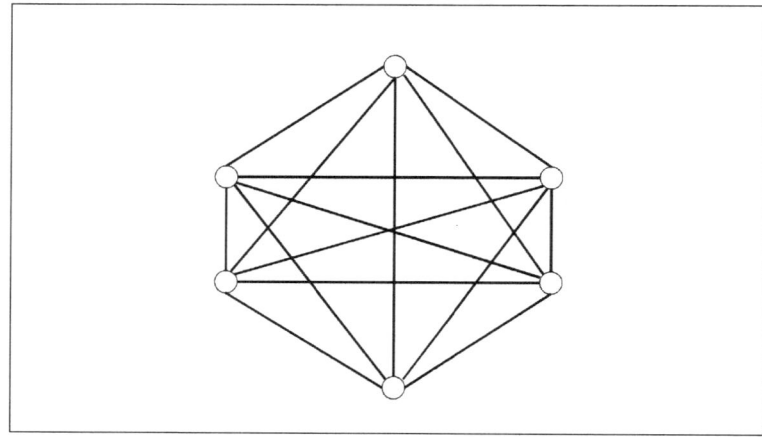

Das Netzwerk ist starr und verändert sich nicht. Meist ist jede Population mit jeder anderen über einen Kommunikationskanal verbunden, wobei die Wege meist bi-direktional gehalten werden, d.h., wenn ein Individuum von Population A zur Population B wandern kann, so können auch Individuen von B nach A wandern.

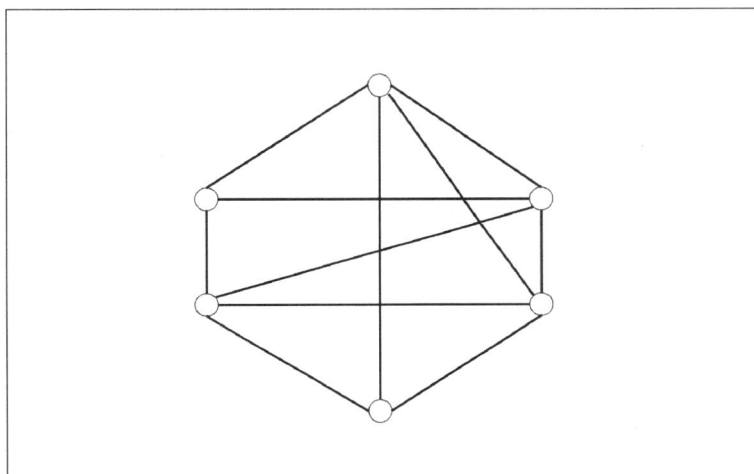

Bild 6.3:
Eine Variante des Netzwerk-Modells. Hier ist die Verbindung der Populationen nicht vollständig.

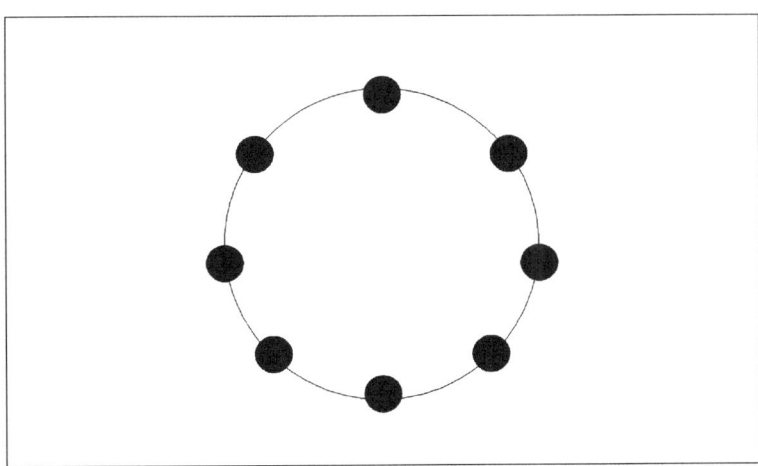

Bild 6.4:
Das Netzwerk-Modell mit einer ringförmigen Anordnung der Populationen. Diese Variante eignet sich besonders für einen synchronen Informationsaustausch, bei dem die Informationen zu gewissen Zeiten jeweils zyklisch durch den Ring »geschoben« werden.

Durch die Vermaschung der Populationen wird das Modell schwieriger zu steuern und langsamer als das Insel-

Modell. Der Zeitverlust wird jedoch häufig dadurch wieder wettgemacht, daß die Populationen durch die ständige Ein- und Auswanderung von Individuen wesentlich langsamer stagnieren. Das global beste Individuum eines Netzwerk-Modelles wird deshalb in der Regel eine höhere Fitneß besitzen als das beste Individuum aller Inseln des Insel-Modells (dies ist jedoch nicht garantiert der Fall!).

Für den Austausch der Individuen zwischen den Populationen gibt es im wesentlichen zwei prinzipiell verschiedene Ansätze: *synchron* oder *asynchron*. Beim synchronen Austausch werden die Individuen immer gleichzeitig zu einem bestimmten Zeitpunkt, sozusagen auf Kommando, zwischen den Populationen ausgetauscht. Bei der asynchronen Kommunikation hingegen tauschen die Populationen unabhängig voneinander zu verschiedenen Zeitpunkten Informationen aus. Welche Form des Informationsaustausches besser, d.h. schneller und effizienter ist, hängt sehr stark von der zugrundeliegenden Hardware und Organisation des verwendeten Parallelrechners ab. Bei der Verwendung eines Netzwerk-Modelles muß berücksichtigt werden, daß neben dem Informationsaustausch noch zusätzliche Operationen durchgeführt werden müssen, die bei sequenziellen EA nicht benötigt werden. So muß u.a. ermittelt bzw. berechnet werden:

- ▶ wann Informationen (Individuen) zu den anderen Populationen verschickt werden sollen,
- ▶ wie viele Informationen (Individuen) verschickt werden sollen,
- ▶ welche Informationen (Individuen) verschickt werden sollen und
- ▶ wie die ankommenden Informationen (Individuen) in die neue Population aufgenommen werden sollen.

Falls die hierzu benötigten Berechnungen und Entscheidungen sehr rechenintensiv sind, kann ein Netzwerk-Modell leicht um mehrere Zehnerpotenzen langsamer werden als das einfachere Insel-Modell.

Da die einzelnen Strategien, wie und wann welche Informationen zwischen den Populationen ausgetauscht werden, je nach Ausprägung zu einem gänzlich unterschiedlichen Verhalten des Netzwerkes führen können, beschreibt das Netzwerk-Modell eigentlich nicht nur *ein* Modell, sondern gleich eine ganze Familie von Modellen.

Das Migrations-Modell

Das Netzwerk-Modell kommt der Realität simultan lebender Populationen schon sehr nahe. Die Wirklichkeit modelliert es aber oft noch nicht exakt genug. Betrachten wir beispielsweise das in vielen Jahrhunderten zu beobachtende Problem der Völkerwanderungen menschlicher Populationen. In dem Netzwerk-Modell wandern die Individuen immer über feste Pfade zu den anderen Populationen. Der Austausch der Informationen und die Wanderwege sind statisch, sie ändern sich nicht. Bei einer einsetzenden Völkerwanderung ist dies jedoch nicht realistisch.

Bei einer Völkerwanderung wandern große Volksgruppen plötzlich (zum Beispiel infolge eines ausbrechenden Krieges oder aufgrund schlechter Lebensbedingungen) in Regionen, zu denen sie zuvor praktisch keinerlei Verbindung hatten. Die Wandernden überbrücken dabei oft große Distanzen und bewirken meist auch dort, wo sie vorbeiziehen, Wanderungsbewegungen und Konflikte. Zudem sind die Ströme wandernder Individuen über die Zeit nicht konstant. In ruhigen und konfliktfreien Zeiten entsprechen die Ströme stochastischen Fluktuationen. Sie sind quasi eine Art Rauschen und wirken genetisch wie Mutationen. In wanderungsintensiven Zeiten hingegen können die Wanderer eine lokale Population völlig dominieren und zu einer massiven Veränderung der lokalen Erbsubstanz führen.

Das Migrations-Modell versucht diesen Erkenntnissen Rechnung zu tragen. Die Verbindungen unter den Populationen sind nicht wie im Netzwerk-Modell statisch, sondern dynamisch. Je nach den lokalen Verhältnissen innerhalb der einzelnen Populationen werden Verbindungen zu anderen Populationen eventuell über mehrere Zwischenschritte (weitere Populationen) aufgebaut. Beispiele hierfür hat es in vielen Epochen der Weltgeschichte gegeben wie z.B. die Auswanderungswellen der Iren aus Irland infolge von Hungersnöten im 18ten und 19ten Jahrhundert oder die Wanderungen der Hunnen um 370 n.Chr., die zur Zerstörung des Römischen Weltreiches geführt haben, oder die aktuellen Wanderungen der Völker aus den Staaten des ehemaligen Ostblocks.

Neben dem dynamischen Aufbau der Kommunikationspfade werden auch die Kommunikationsraten dynamisch ermittelt. Bei einem hohen Selektionsdruck wandern mehr Individuen aus als bei einem niedrigeren. Andererseits wirken Populationen mit einem sehr niedrigen Selektionsdruck wie eine Art Magnet für Individuen anderer Populationen (siehe derzeit die USA, Deutschland oder die Schweiz). Auch dies kann entsprechend simuliert werden, indem die Wanderungspfade in Richtung niedrigem Selektionsdruck mit höherer Wahrscheinlichkeit frequentiert werden.

Man erkennt an diesen kurzen Erläuterungen jedoch bereits, wie komplex ein gutes Migrations-Modell werden kann und wie viele zusätzliche Berechnungen nötig werden können. Das Migrations-Modell liefert ein globales oder mindestens kontinentales Bild des Verhaltens von Populationen. Der Vorteil, den man sich von solchen Modellen erhofft, ist mit dem der Netzwerk-Modelle vergleichbar.

Die Vermutung ist gerechtfertigt, daß die Populationen durch den regen Informationsaustausch und die durch die Wanderungsbewegungen induzierte, dynamische Verlagerung des Selektionsdruckes zwischen den Populationen insgesamt zu höher entwickelten Individuen tendieren. Das beste Individuum aller Populationen des Migrations-

Modelles wird bei geeigneter Wahl der Modell-Parameter besser sein als das beste Individuum in einem Netzwerk-Modell.

Der große Nachteil des Migrations-Modells ist seine Komplexität. Es wird sehr leicht unübersichtlich. Es kann und wird in der Regel zu Rückkopplungen unter den Populationen kommen, indem zum Beispiel Individuen in ein anderes »Land« auswandern. Diese verändern dort die Erbsubstanz und erhöhen im Einwanderungsland zumindest kurzfristig den Selektionsdruck, während sie in ihrem Herkunftsland den Selektionsdruck durch ihre Auswanderung mindern. Dies wiederum führt, wenn der Wanderungsprozeß hinreichend stark ist, in der Regel zu einer Wanderungsbewegung in umgekehrter Richtung u.s.w. Das System der Wanderungsbewegungen kann sich damit völlig chaotisch verhalten. Die Einwanderungswellen können sich kompensieren oder – wie gerade angedeutet – durch Rückkopplungseffekte aufschaukeln und »umkippen« und zu völlig neuen Wanderungsströmen führen. Dies macht das Modell auf der einen Seite so interessant, auf der anderen Seite aber eventuell auch schwer verständlich.

Die Komplexität und Dynamik des Modells haben noch eine andere wesentliche Einschränkung zur Folge: es ist nur auf Plattformen effizient simulierbar, die eine ähnlich hohe Flexibilität aufweisen. Nur wenige Hardwareplattformen und Betriebssysteme sind dazu geeignet. So müssen beispielsweise die Kommunikationspfade zur Laufzeit aus der Software heraus von den EA aufgebaut und abgebaut werden können, und zwar möglichst von einem beliebigen Rechnerknoten A zu einem beliebigen Knoten B. Für effiziente Simulationen kommen demnach eigentlich nur MIMD-Rechner mit variablen, frei programmierbaren Kommunikationskanälen zwischen den Prozessen in Frage. Systeme dieser Art sind derzeit – und dies nicht nur für Studenten – meist noch unerschwinglich.

Das Pollen-Modell

Das Migrations-Modell ist für viele Anwendungen der EA zu komplex. Deshalb gibt es eine Reihe einfacherer Varianten des Netzwerk-Modells. Das Migrations-Modell orientiert sich an Populationen aktiver, weitgehend selbständiger und wanderungsfähiger Individuen und damit an der Tier- und Menschenwelt. In der Pflanzenwelt ist die Dynamik der Bewegungen und der räumlichen Isolation wesentlich eingeschränkter. Dennoch können Pflanzen sich teilweise durch sehr effiziente Methoden über weite Entfernungen ausbreiten und stark variierende Artmerkmale entwickeln. Eine bekannte Methode zur räumlichen Verteilung des Erbgutes aus dem Pflanzenreich ist der Pollenflug. Diese Methode bildet die Grundlage für das Pollen-Modell.

Bild 6.5:
Das Pollen-Modell.
Die Information
wird durch den
Computer-Wind ge-
steuert und in der
Umgebung verteilt.

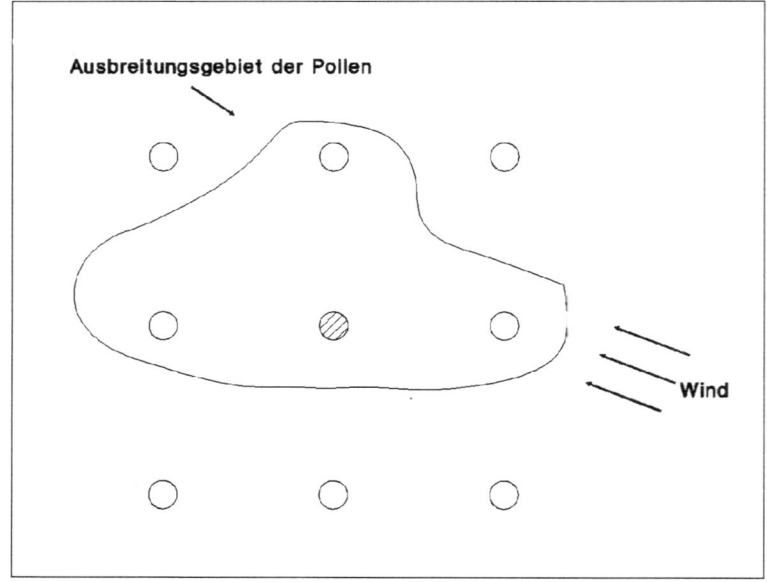

Das Pollen-Modell besteht aus einer starren Anordnung von räumlich verteilten Populationen. Der Migrationsprozess und der Austausch von Informationen wird durch ein

Modell des Pollenfluges simuliert. Dazu wird eine Art *Computer-Wind* erzeugt, der den Pollen (die Erbinformation) mit einer gewissen, zeitlich variablen Stärke in eine zufällig bestimmte Richtung treibt.

Dieser Prozeß läßt sich relativ leicht simulieren. Ein bestimmter, von der Windstärke abhängiger Prozentsatz der Individuen wird zufällig in einer bevorzugten Richtung in der Nachbarschaft einer Population verteilt. Die Windstärke und die Windrichtung werden durch Zufallsprozesse simuliert. Dabei können bestimmte Windstärken und -richtungen bevorzugt werden. Die Verteilung der Individuen in der Nachbarschaft wird durch eine Wahrscheinlichkeitsfunktion gesteuert. Je näher eine Population zur Ausgangspopulation liegt, desto mehr Individuen werden ihr »zufliegen«.

Dieser Mechanismus wird dann parallel für alle Populationen eines betrachteten Gebietes durchgeführt. Das Modell kann damit zu einer komplexen Mischung des Erbgutes der Populationen führen, wobei benachbarte Populationen mit größerer Wahrscheinlichkeit ähnliches Erbgut aufweisen als weiter entfernte Populationen.

Das Pollen-Modell ist bedeutend einfacher und effizienter zu simulieren als das Migrations-Modell und auch einfacher zu verstehen. Dennoch weist es eine beachtliche Dynamik auf und kann hochgradig adaptierte Individuen erzeugen. Zudem stellt es wesentlich geringere Anforderungen an die Zielplattform, da der Pollenflug sowohl synchron als auch asynchron sowie zentralisiert als auch dezentral durchgeführt und simuliert werden kann.

Das Nachbarschafts-Modell

Das Nachbarschafts-Modell ist ebenfalls eine einfache Variante des Netzwerk-Modelles. Die Populationen werden fix räumlich angeordnet. Diese Anordnung kann 1-dimensional (linear), 2-dimensional (planar), 3-dimensional (räumlich) oder sogar n-dimensional sein, wobei sich jedoch höher dimensionale Anordnungen in der Regel nicht empfehlen, da bei der entsprechenden Simulation auf einer Hardwareplattform die Anordnung immer in einen höchsten 3-dimensionalen Raum projiziert werden muß, wodurch die Parallelität meist wieder erheblich eingeschränkt wird.

Nach der räumlichen Anordnung der Populationen wird jeder Population nach einem festen Schema eine Nachbarschaft von Populationen zugeordnet. Die Nachbarschaften haben dabei in der Regel für alle Populationen die gleiche Gestalt und Ausdehnung. Um dies insbesondere für Randpopulationen zu gewährleisten, werden häufig Torusartige Anordnungen der Populationen gewählt. Bei einer planaren Anordnung wirkt sich dies beispielsweise so aus, daß die am äußersten linken Rand befindlichen Populationen per Definition direkte Nachbarn der am rechten Rand liegenden Populationen sind.

Bild 6.6:
Das Nachbar-
schafts-Modell.
Die Populationen
kommunizieren nur
mit Individuen
innerhalb einer
festen Nachbar-
schaft. Die Nach-
barschaften können
und sollen sich
jedoch überlappen.

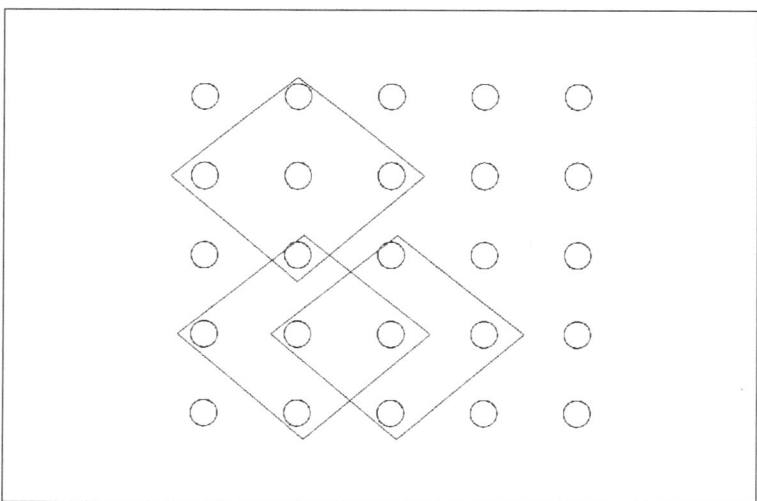

Die Populationen tauschen nun, wie im Netzwerk-Modell die miteinander verbundenen Populationen, ihre Individuen innerhalb ihrer Nachbarschaftsgebiete aus. Die Nachbarschaftsgebiete sind jedoch meist nicht disjunkt. Im Gegenteil, sie können und sollen sich überlappen, um eine indirekte Verbindung aller Populationen untereinander zu gewährleisten. Durch den Grad der Überlappung der Nachbarschaften kann man dann beeinflussen, wie wahrscheinlich der Austausch von Genen zwischen zwei beliebigen Populationen wird. Das Nachbarschafts-Modell stellt wie das Pollen-Modell keine besonderen Anforderungen an Parallelrechner. Die Nachbarschaftsgebiete können so gewählt werden, daß die von der Hardware oder der Betriebssystem-Software bevorzugten Verbindungsstrukturen massiv genutzt und unterstützt werden. Werden die Nachbarschaftsgebiete geschickt gewählt, bleibt auch der Kommunikationsaufwand gering.

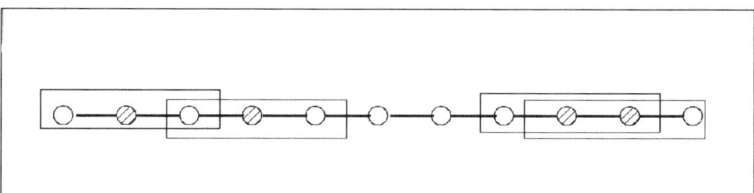

Bild 6.7:
Ein lineares
Nachbarschafts-
Modell.

Das Kommunen-Modell

Goldberg (siehe [Goldberg]) hat ein weiteres, sehr anschauliches Modell paralleler EA vorgestellt. Er betrachtet eine Population als eine Kommune, die in ihrem Inneren noch feiner strukturiert ist. Als Vorbild haben ihm menschliche Kommunen (Städte) gedient. Jede Kommune besteht aus einer Menge von Häusern, in denen die Individuen leben, und einem »Stadtkern« mit einigen »sozialen«, allen Individuen zugänglichen Einrichtungen. In den Häusern der Kommune findet die Erzeugung der Nachkommen statt. Die Nachkommen treffen sich dann ab einem bestimmten Alter (abhängig von der Fitneß oder

Generation) in einer »Singles-Bar« oder bei einem »Heiratsinstitut« im Stadtkern. Dort suchen sie sich einen Heiratspartner (dies kann nach dem gewöhnlichen Roulette Wheel-Verfahren erfolgen). Wenn sie einen Partner gefunden haben, benötigen sie im nächsten Schritt zur Erzeugung von Nachkommen eine Wohnung, also ein Haus. Die Häuser sind jedoch pro Gemeinde limitiert. Deshalb müs-sen sich die Paare über einen »Makler« im Stadtkern mit den anderen Paaren um ein Haus streiten. Die Paare, die in einer Kommune keine Häuser erhalten, begeben sich zum Busbahnhof im Stadtkern und fahren zu einer anderen Gemeinde, um dort ihr Glück zu suchen.

Bild 6.8:
Das Kommunen-
Modell mit der
Kommune, den
Häusern und dem
Stadtkern.

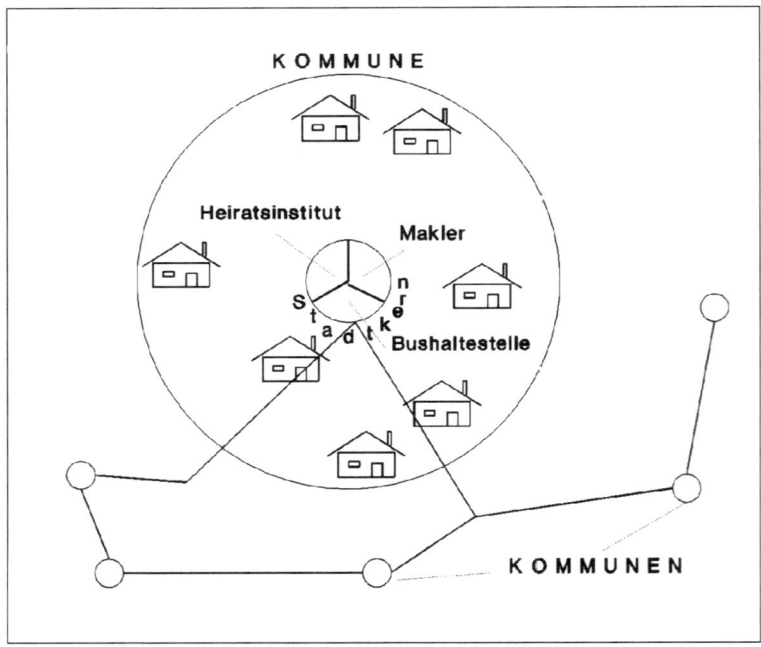

Diese Modell ist tatsächlich ungewöhnlich realistisch. Es berücksichtigt soziale Strukturen und eine erweiterte Art des survival of the fittest, das durch zwei Ebenen bestimmt wird: durch den Erfolg des Individuums in der Singles-Bar bei der Suche eines Partners und dem nachgeschalteten Wettbewerb um eine Bleibe, den das Paar gemeinsam zu bestehen hat. Das Kommunen-Modell benötigt einen relativ hohen Kommunikationsaufwand innerhalb einer Population und viele zentrale Steuerungsfunktionen (den Stadtkern mit dem Makler und der Bar, die Verwaltung der Häuser etc.). Es ist ähnlich komplex wie das Migrations-Modell und effizient nur auf wenigen Plattformen simulierbar. Der positivste Aspekt des Modells ist, daß es zeigt, wie viele ungeahnte Möglichkeiten es gibt, EA um plausible Mechanismen zu erweitern. Hier sind dem Intellekt kaum Grenzen gesetzt. Man sollte jedoch darauf achten, daß das Ganze nicht in fruchtlose Spielereien ausartet. Eine Erweiterung der EA hat nur dann Sinn, wenn zu erwarten ist, daß durch die zusätzlichen Mechanismen der Modelle effizientere Optimierungen möglich sind oder daß mit den erweiterten Modellen komplexere Probleme gelöst werden können als mit den herkömmlichen.

Das Mühlenbein-Modell

Eines der interessantesten und am besten durchdachten parallelen Modelle der EA wurde von *Heinz Mühlenbein* (siehe [Mühlenbein 1 – 4]) vorgeschlagen und realisiert. Das Modell von Mühlenbein unterscheidet sich in mehrerer Hinsicht positiv von den bislang beschriebenen Modellen. Die Individuen seines Modells leben in einer 2-dimensionalen Welt. Die Individuen werden als aktive, selbständig agierende Wesen angesehen, die sich aktiv und unabhängig voneinander in ihrer lokalen Nachbarschaft nach Heiratspartnern umschauen. Jedes Individuum ist in der Lage, seine Fitneß über die Zeit zu verändern und zu verbessern. Im Sinne der Optimierungstheorie verfolgt jedes Individuum eine lokale hill-climbing Suchstrategie. Im Gegensatz zu den bisher vorgestellten parallelen Algorithmen zielt der Ansatz von Mühlenbein nicht darauf ab, möglichst effizient große Populationen parallel zu verarbeiten, sondern er versucht eher, kleinere, dafür aber intelligentere Populationen zu simulieren, in denen die Individuen über ein größtmögliches Maß an Autonomie verfügen. Der Grund für die Entwicklung eines solchen Modells ist einfach. In Mühlenbeins Modell kann bei einer relativ kleinen Menge von Individuen jedem Individuum auf einem Parallelrechner ein eigener Prozessor oder mindestens ein eigener Prozeß zugeordnet werden. Da die Individuen in Mühlenbeins Modell quasi völlig autark agieren, können die Prozesse bzw. Prozessoren weitestgehend unabhängig voneinander und praktisch völlig asynchron arbeiten. Damit erzielt man den höchsten Grad potentieller Parallelität. Dies macht das Modell von Mühlenbein interessant und leistungsstark. Zudem modelliert es Populationen höherer Lebewesen, die über eine gewisse Intelligenz verfügen, weitaus realistischer als die oben beschriebenen Ansätze. Mühlenbein konnte in mehreren umfangreichen Arbeiten die Überlegenheit seines Ansatzes gegenüber anderen Parallelisierungsstrategien an ausgesuchten Testproblemen bereits erfolgreich nachweisen.

Zusammenfassung

Die vielen Modelle für die Evolution auf der Ebene der Populationen und die vielfältigen Parallelisierungsmöglichkeiten innerhalb der Simulation einer Population machen EA zu äußerst lohnenswerten Versuchsobjekten für Parallelrechner. Leider gibt es kein optimales paralleles Modell. Die Wahl eines geeigneten Modells ist sehr stark von der jeweils betrachteten Anwendung und dem Simulationszweck abhängig. Wir konnten hier nur sehr oberflächlich auf die parallelen Implementierungen der EA eingehen. Wer sich ausführlicher mit den Möglichkeiten der parallelen Simulation der EA beschäftigen will, sei auf die weiterführende Literatur verwiesen. Wir empfehlen insbesondere: [Hoffmeister], [Grefenstette 1 – 2], [Mühlenbein 1 – 4], und [Schaffer].

KAPITEL 7

Anwendungen

In diesem Kapitel wollen wir auf die vielfältigen Anwendungsmöglichkeiten der simulierten Evolution hinweisen. Wir beschreiben deshalb zunächst einige klassische, historisch bedeutende Anwendungen der Evolutionsstrategien und Genetischer Algorithmen. In den darauffolgenden Kapiteln gehen wir dann noch etwas detaillierter auf modernere und teilweise bereits industriell produktiv genutzte Anwendungen beider Ansätze ein.

Klassische Anwendungen

Die ersten Anwendungen sowohl der Evolutionsstrategien als auch der Genetischen Algorithmen sind in den ausgehenden 60er und angehenden 70er Jahren zu finden. Es ist müßig und nutzlos, darüber zu streiten, welche Schule zuerst ihre Theorien und fruchtbare Anwendungen hervorgebracht hat.

Es ist in der Wissenschaftsgeschichte häufig vorgekommen, daß ähnliche Theorien und Verfahren unabhängig und praktisch gleichzeitig von Forschern an verschiedenen Orten der Erde entdeckt oder entwickelt wurden (siehe z.B. die Leibniz/Newton Debatte um die »Urheberrechte« für die Differentialrechnung). Die damalige Zeit war wohl »reif« für die Technik der simulierten Evolution, denn die Computer begannen ihren Einzug in die Wissenschaften (man beachte jedoch, daß Rechenberg seine ersten Evolutionsexperimente in Berlin noch praktisch vollständig manuell durchführte). In Deutschland war vor allem Rechenberg der Vordenker der Evolutionsstrategen. Ihm gelangen die ersten wichtigen theoretischen Betrachtungen und erste, sinnvolle Anwendungen.

In den USA war Holland der führende Forscher. Seine Ansätze waren jedoch wesentlich stärker biologisch orientiert und motiviert als die von Rechenberg. Obwohl sich auch Holland für die Lösung von technischen Optimierungsproblemen interessierte, galt sein Augenmerk doch eher der theoretischen Informatik und den abstrakten Problemen der Evolution.

Frühe Anwendungen der Evolutionsstrategien

Wir hatten bereits erwähnt, daß sich die Evolutionsstrategen anfänglich hauptsächlich mit ingenieur – technischen Optimierungsproblemen beschäftigt haben.

Einige dieser frühen Arbeiten von Rechenberg und seinen Mitarbeitern dienen auch heute noch als ausgezeichneter Nachweis der Tauglichkeit und enormen Leistungsfähigkeit der Evolutionsstrategien.

Das Gelenkplatten-Experiment

Das Gelenkplatten-Experiment wurde von Rechenberg (siehe [Rechenberg 72]) zum Studium optimaler Körperformen in der Strömungstechnik ersonnen. Der Grundaufbau des Experimentes war sehr einfach: eine Platte aus festem Material, bestehend aus mehreren Teilplatten (sechs rechteckige Flächen), die mit Gelenken untereinander verbunden waren, wurden einer Luftströmung in einem Windkanal ausgesetzt. Die Luft strömte von einer Seite über die Gelenkplatte. Ziel des Experimentes war es, die Gelenke so zueinander anzuordnen, daß der Strömungswiderstand minimiert wird.

Die Gelenke der Platten konnten in Schritten von $2°$ verändert werden. Jedes Gelenk hatte dabei maximal 51 Einraststellungen. Rein kombinatorisch waren demnach bei 5

Gelenkplatten 515, also über 300 Millionen Stellungen der Platten zueinander möglich.

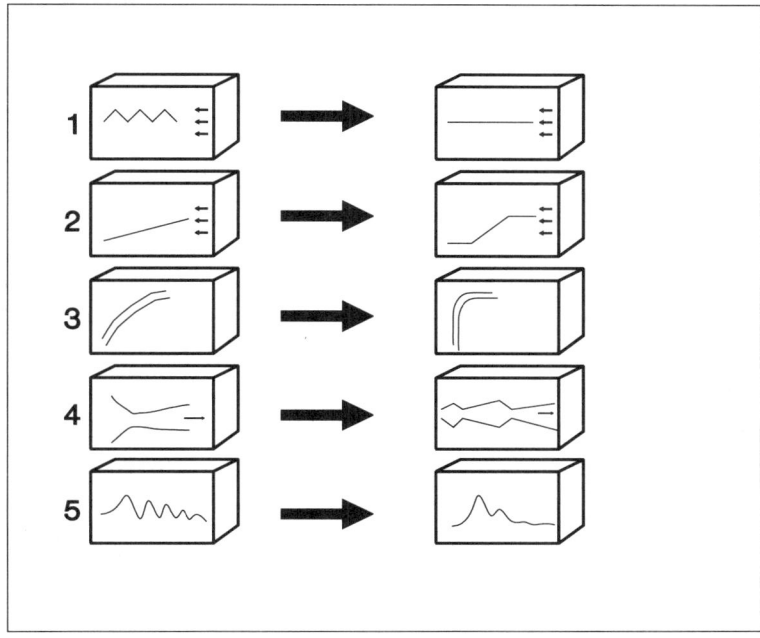

Bild 7.1:
Schematische Darstellung einiger früher Anwendungen der Evolutionsstrategie nach [Rechenberg 72]. Von oben nach unten: 1) Optimierung einer horizontal gelagerten Gelenkplatte; 2) Optimierung einer schräg gelagerten Gelenkplatte; 3) Optimierung von Rohrkrümmern; 4) Optimierung einer Zweiphasen-Überschalldüse; 5) Optimierung eines pneumatischen Reglers.

Entscheidend bei diesem Experiment war der Auflagepunkt der ersten und der letzten Gelenkplatte und die Richtung, aus der die Strömung kam. Lagen die Auflagepunkte auf gleicher Höhe und strömte die Luft horizontal gegen die Platte, so war die optimale Form der Platte, also die optimale Anordnung der Gelenke, eine vollkommen flache, horizontale Anordnung, da jede Abweichung von der Horizontalen zu Wirbeln führt und damit den Luftwiderstand, der am Ende der Platte gemessen wurde, erhöhte.

Die ebene, optimale Form der Gelenkplatte wurde von der Evolutionsstrategie jeweils nach durchschnittlich 200 Schritten gefunden. Das Ergebnis dieses Experimentes war nicht überraschend und im Prinzip trivial. Die optimale Form der Gelenkplatte konnte ohne jede Kenntnis der

Strömungslehre vorausgesagt werden. Interessant war jedoch, daß die Evolutionsstrategie die exakte Lösung aus über 300 Millionen möglicher Varianten jeweils nach relativ wenigen Schritten gefunden hat (gelegentlich lief sich die Strategie jedoch in einem lokalen Minimum fest; die Platte hatte dann eine leicht s-förmig gekrümmte Oberfläche).

Aufgrund des positiven Ausganges des Experimentes veränderte Rechenberg die Randbedingungen: der vordere Auflagepunkt der Gelenkplatte wurde gegenüber dem hinteren um ein Viertel der Plattentiefe in einem zweiten Experiment angehoben. Als Ausgangsform der Gelenkplatte wurde die ebene Form gewählt. Da die Gelenkplatte gegen den weiterhin horizontal anströmenden Luftstrom aufgestellt war, kam es zu einem hohen Luftwiderstand, da die Strömung am höchsten Punkt der Platte abriß. Das Ergebnis der nachfolgenden Optimierung war eine nicht-triviale s-förmige Wölbung der Platte. Dies war ein beachtlicher Erfolg der Evolutionsstrategie, da es mit den Kenntnissen der Strömungslehre in den sechziger Jahren nicht möglich war, diese optimale Form analytisch zu berechnen und vorauszusagen.

Optimierung von Kühlrippen

Eine weitere Anwendung der Evolutionsstrategie im Bereich der Strömungslehre wurde von einer Arbeitsgruppe am Institut für Thermodynamik der TU Berlin 1973 realisiert (siehe [Körner et al.]).

Die Gruppe untersuchte das Verhalten von Wärmeübergängen bei querangeströmten Kühlrippen. Es wurde vermutet, daß speziell gekrümmte Kühlrippen einen höheren Wärmeübergangskoeffizienten aufweisen würden als die herkömmlich geformten. Diese Vermutung konnte bestätigt werden. Als Ausgangsformen für die Optimierung wurden ebene Rippen verwendet. Im Laufe der Evolutionsexperimente entwickelte sich diese Form langsam zu einer optimalen, aber löffelähnlichen Form. Diese Form hatte einen um 97% höheren Wärmeübergangskoeffizienten als die Ausgangsform.

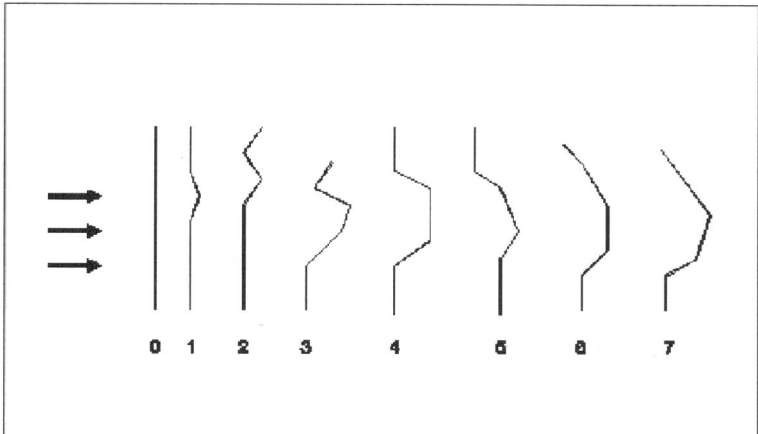

*Bild 7.2:
Schematische
Darstellung der
sukzessiven
Optimierung der
Rippenkrümmung.*

Das Gelenkplatten-Experiment hatte keine praktische Relevanz. Deshalb beschäftigte sich Rechenberg anschließend mit einem ähnlichen aber gleichzeitig praxisrelevanten Problem. Er versuchte, die optimale Form eines Verbindungsrohres zu ermitteln, das dazu diente, eine Flüssigkeit von einem Rohr zu einem anderen Rohr umzuleiten. Die beiden Rohre standen in einem rechten Winkel zueinander. Die Optimierungsaufgabe bestand darin, den Strömungsdurchsatz bei der rechtwinkligen Umlenkung möglichst hoch zu halten und damit den Umlenkverlust zu minimieren. Rechenberg fand bei einem Versuchsaufbau mit einem variablen Kunststoffschlauch als Verbindungsrohr eine neue, bis dahin unbekannte Optimalform für die Rohrkrümmung. Er konnte mit der Evolutionsstrategie nachweisen, daß die erwartete Viertelkreisform für das Umlenkrohr *nicht* optimal war. Während beim Viertelkreiskrümmer die Umlenkung mit einem plötzlichen Krümmungssprung begann, hatte der Optimalkrümmer eine von der Geraden an stetig zunehmende Krümmung. Der mittels der Evolutionsstrategie gefundene Optimalkrümmer hatte einen um 10% geringeren Umlenkverlust.

Optimierung einer Rohrkrümmung

Die wirtschaftlich bedeutendste, frühe Anwendung der Evolutionsstrategien gelang H. P. Schwefel an der TU Berlin bereits 1968 (siehe [Schwefel 68]).

Optimalform einer Zweiphasen-Überschalldüse

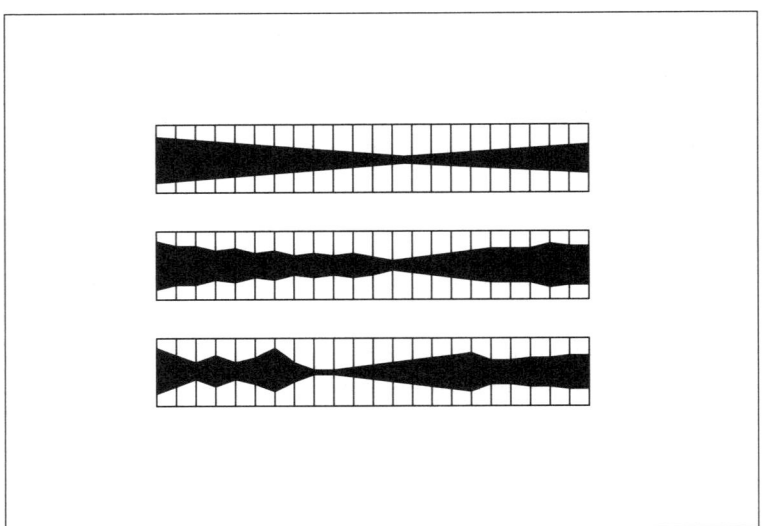

Bild 7.3: Schematische Querschnittsdarstellung der Veränderung der Zweiphasen-Überschalldüse während der Optimierung mittels der Evolutionsstrategie nach [Rechenberg 72]. Die oberste Form stellt die Ausgangsform dar, die mittlere eine Zwischenstufe und die unterste die von H. P. Schwefel und seinen Mitarbeitern gefundene, unerwartete optimale Form.

Die von Schwefel optimierte Düse war eine nach einem magneto-hydrodynamischen Prinzip arbeitende Düse für ein Raumfahrzeug. In der Düse befanden sich gleichzeitig Flüssigkeiten und Dampf. Dies führte zu äußerst komplexen Strömungsvorgängen innerhalb der Düse. Ähnlich wie bei den vorherigen Experimenten war die exakte Berechnung einer optimalen Düsenform nicht möglich. Schwefel führte sein Experiment mit einer aus 330 Segmenten zusammengesetzten Düse durch. Die Segmente waren mit entsprechend passenden konischen Innenbohrungen versehen. Damit war es möglich, Düsenformen zu testen, die keine Kontursprünge aufwiesen. Die Segmentierung der Düse ermöglichte es, mehr als 1060 potentielle Düsenformen zu testen. Der Erfolg der evolutionären Optimierung der Düsenform war beeindruckend. Die überraschende Optimalform der Düse hatte einen um über 20% höheren Wirkungsgrad als die Ausgangsform.

Optimierung eines Strahldüsenreaktors

1973 arbeitete eine Forschergruppe an der TU Berlin an einem ähnlichen Problem wie zuvor H. P. Schwefel. Am Institut für Chemieingenieurtechnik wurde eine optimale Zweiphasendüse für einen Gas-Flüssig-Reaktor entwickelt (siehe [Mitra]). Wie zuvor bei Schwefels Optimierung wurde auch hier eine Düse aus 10 Segmenten zusammengesetzt und schrittweise optimiert. Ausgehend von zwei unterschiedlichen Ausgangsformen fanden die Forscher jeweils die gleiche Optimalform. Die Reaktionsausbeute der Optimalform lag um ca. 10% höher als die der Ausgangsform.

Etwa zur gleichen Zeit arbeitete ein weiteres Team von Forschern am Institut für Luft- und Raumfahrtforschung der TU Berlin an dem Entwurf eines gewichtsminimalen Stabtragwerks (siehe [Höfler et al.]

Optimierung eines Stabtragwerks

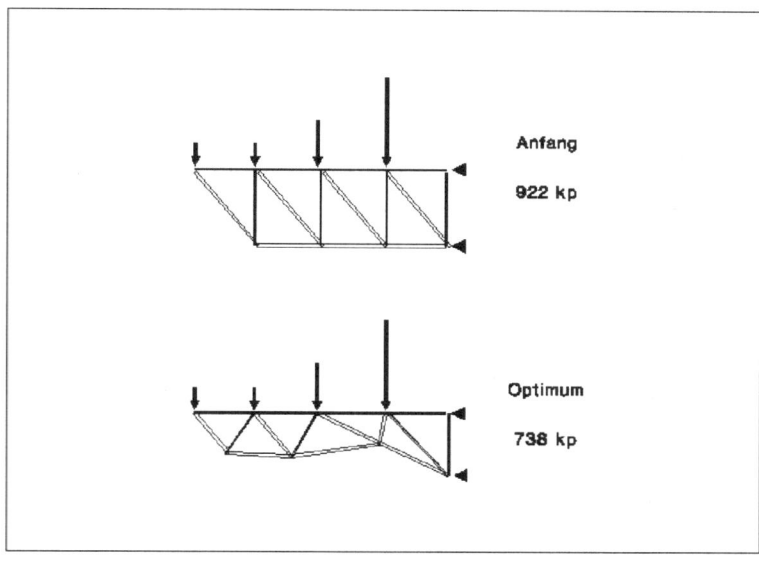

Bild 7.4:
Optimierung des Stabtragwerks nach [Rechenberg 72]. Oben die Ausgangsform, unten die gewichtsminimierte Optimalform.

Das Ziel des Projektes war es, ein Stabtragwerk mit 6 Knotenpunkten und einem minimalen Gewicht zu finden. Auch dieses Projekt war erfolgreich. Die intuitiv konstruierte Ausgangslösung des Stabtragwerks war um fast 200 kp schwerer als das mittels der Evolutionsstrategie gefundene optimale Tragwerk. Die anfänglichen Erfolge der Evolutionsstrategen um Ingo Rechenberg waren beeindruckend. Man hätte daher erwarten können, daß die Evolutionsstrategen aufgrund der beachtlichen Anfangserfolge zu einem Höhenflug angesetzt haben. Aber dies war leider keineswegs der Fall. Die Erfolge wurden zwar von der Fachwelt mit Aufmerksamkeit und Interesse zur Kenntnis genommen, der Durchbruch und die allgemeine wissenschaftliche Anerkennung ließen jedoch auf sich warten.

Der Grund dafür lag vermutlich in dem sehr hohen Aufwand, der damals für die Durchführung der Optimierungen getrieben werden mußte. Evolutionssimulationen sind sehr rechenintensiv. Dies war in einer Zeit, als die Computer gerade erst begannen, in den wissenschaftlichen Laboratorien Fuß zu fassen, ein kostspieliger Faktor. Wir hatten bereits erwähnt, daß Rechenberg deswegen einige seiner frühen Experimente fast vollständig manuell ausgeführt hat. Experimente, die dadurch Wochen dauerten, können heute in Bruchteilen von Sekunden auf jedem PC simuliert werden. Angesichts dieser Tatsache sollte man den frühen Arbeiten der Evolutionsstrategen um Ingo Rechenberg, die heute vielleicht noch nicht einmal den Stoff für eine ordentliche Seminararbeit abgeben würden, dennoch den gebührenden Respekt zollen. Ohne die Begeisterung und den Pioniergeist des jungen Rechenberg und die frühen Erfolge gäbe es die Evolutionsstrategie, wie wir sie heute kennen, nicht.

Frühe Anwendungen Genetischer Algorithmen

Die Anhänger der amerikanischen Schule der simulierten Evolution, der Genetischen Algorithmen, können nicht eine so beeindruckende Anzahl früher und erfolgreicher Anwendungen ihrer Theorien als Referenzen vorweisen wie die Evolutionsstrategen um Rechenberg.

Als 1975 der Begründer der amerikanischen Schule, John H. Holland, sein klassisches Buch *Adaptation in Natural and Artificial Systems* herausbrachte, so trug dies den Untertitel *An Introductory Analysis with Applications to Biology, Control, and Artificial Intelligence* und versprach damit, auch Anwendungen zu beschreiben. Holland verfolgte jedoch einen wesentlich abstrakteren Ansatz als Rechenberg. Sein Hauptinteresse galt nicht der Evolution als Vorbild für geschickte Optimierung, sondern ihn interessierte an der Evolution vorwiegend, wie sie es fertigbringt, die Individuen der Arten so zu verändern, daß sie sich ihrer Umwelt anpassen können, und wie die Evolutionsmechanismen auf diese Weise adaptives Verhalten im Sinne eines Lernvorganges hervorzubringen vermögen.

Rechenberg hatte konkrete praktische Ziele bei der Entwicklung seiner Evolutionsstrategien im Auge. Holland hingegen ging es nicht so sehr um die Anwendung als um ein tieferes Verständnis der biologischen und molekularen genetischen Mechanismen. Wenn er über Anwendungen nachdachte, dann vorwiegend im Bereich der Künstlichen Intelligenz. Das Hauptinteresse Hollands galt der Theorie adaptiver Systeme und den von ihm geprägten sogenannten Classifier Systemen (siehe unten).

Der erste Forscher, der den Begriff »Genetische Algorithmen« explizit und in dem noch heute gebräuchlichen Sinn verwandte, war J. D. Bagley von der Universität von Michigan in seiner Dissertation (siehe [Bagley]) aus dem Jahre 1967. Bagley studierte damals die Möglichkeit, Spielstrategien automatisiert zu optimieren. Er untersuchte zu diesem Zweck ein Teilgebiet des Schachspieles, nämlich die Aufgabe, Bauern bis zur gegnerischen Grundlinie zu ziehen (allerdings auf einem sehr kleinen 3x3 Felder großen Schachbrett mit lediglich 6 Bauern).

Intelligente, adaptive Spielprogramme

Der Ansatz, intelligente und lernfähige bzw. selbstoptimierende Programme für Strategiespiele zu entwickeln, war seit der berühmten Dartmouth Konferenz, die heute als »Geburtsstunde der Künstlichen Intelligenz« angesehen wird, in der Mitte der 50er Jahre in den USA sehr beliebt. Seit den Erfolgen des Dame Programmes von Samuels (siehe [Samuel]) glaubten die Forscher, daß dies der richtige Ansatz sei. Bagley versuchte deshalb, mittels genetischer Algorithmen geeignete Parameter für die Bewertungsfunktionen des Spieles zu finden (siehe S. 366ff). Er benutzte bereits viele der heute noch gebräuchlichen Crossover- und Mutations-Operatoren und sogar eine erste Form von »Meta-« genetischen Algorithmen, die ihre eigenen Steuerungsparameter während der Simulation selbst mitoptimierten.

Mustererkennung Etwa zur gleichen Zeit wie Bagley hat sich D. J. Cavicchio damit beschäftigt, Genetische Algorithmen für die Klassifikation und Erkennung von digitalen Mustern einzusetzen.

Cavicchio versuchte, sogenannte »feature detectoren« zu finden, mit deren Hilfe er Bilder bzw. Objekte in Bildern klassifizieren konnte. Sein Ziel war es, Zeichen (Zahlen und Buchstaben) korrekt zu erkennen. Ausgangspunkt war ein 25x25 Bildpixel-Raster von 625 Pixeln.

Der von Cavicchio eingesetzte Klassifikator war »lernfähig«. Er konnte trainiert werden. In der Lernphase wurden dem Klassifikator Bilder mit der dazugehörigen Klassifikation (z.B. »dies ist die Zahl 9«) eingegeben. In der Anwendungsphase mußte der Klassifikator dann noch nicht gesehene Bilder korrekt klassifizieren.

Das Problem bei der Klassifikation von Ziffern ist, charakteristische Merkmale (features) der Ziffern zu finden. So erkennt man z.B. eine »8« an zwei kreisförmigen Merkmalen, die »7« an zwei in einem bestimmten Winkel zueinander stehenden Linien, und die »4« an drei Linien, die sich in einem bestimmten Verhältnis kreuzen. Solche einfachen Merkmale funktionieren jedoch meist nur dann, wenn sie eindeutig sind und wenn die digitalisierten Bilder nicht gestört (verrauscht) sind. In der Praxis werden z.B. die Ziffern »3« und »8« häufig verwechselt, da die »3« wie eine gestörte »8« aussieht. Ähnliches gilt für die »1« und die »7«.

Das Problem der Klassifikation besteht folglich darin, möglichst gute und eindeutige Merkmale zu finden, die alle Ziffern auch bei einem gewissen Rauschen noch immer zu unterscheiden gestatten. Und genau dieses Problem hat Cavicchio versucht, mit Genetischen Algorithmen zu lösen. Obwohl er keine wesentliche Verbesserung des Klassifikators mit seinem Ansatz erreichte, gelang es ihm dennoch, die zum Vergleich herangezogenen Verfahren mit den von dem Genetischen Algorithmus gefundenen Merkmalen (feature detectoren) in der Erkennungsrate um etwa 50% zu übertreffen.

Zwei Biologen, R. S. Rosenberg und R. Weinberg, haben gegen Ende der 60er Jahre in den USA versucht, das Verhalten und die Entwicklung einzelner Zellen bzw. Verbände einfacher Zellen unter Verwendung Genetischer Algorithmen zu simulieren. Interessant an diesen Arbeiten war, daß die beiden Forscher sich nahe an die biologischen Verhältnisse angelehnt haben. So verwendete Rosenberg beispielsweise Chromosomen mit 20 Genen, wobei jedes Gen bis zu 16 Allele besaß! Dies ist heute sehr unüblich, trifft jedoch die biologische Situation wesentlich besser als die derzeit favorisierten Algorithmen, die mit maximal 2 Allelen oder meist sogar mit nur einer Ausprägung eines Gens arbeiten und nur unterscheiden, ob die Ausprägung vorhanden ist oder nicht (binäre Codierung).

Simulation lebender Zellen

Bei der Simulation von *Escherichia Coli*-Zellen untersuchte Weinberg verschiedene Hierarchiestufen von Genetischen Algorithmen, um das Problem der »Meta«-Evolution, also der Evolution der Evolutionsmechanismen, zu lösen. Weinberg schlug einen Genetischen Algorithmus vor, der die Parameter eines darunterliegenden Genetischen Algorithmus optimierte, der dann erst die eigentliche Adaption der Zellen durch genetische Veränderungen bewirkte.

Auf diese Weise operiert der Genetische Algorithmus auf der höchsten Ebene auf einer Menge von darunterliegenden Genetischen Algorithmen und verändert diese. Der Erfolg einer Veränderung wird daran gemessen, wie gut die Individuen (Zellen) sind, die von dem modifizierten Genetischen Algorithmus der zweiten Ebene erzeugt werden.

Sind die Individuen tauglich, behält der Algorithmus seine Parameterwerte, sind sie untauglich, werden die Parameter mutiert, rekombiniert etc. Die Arbeiten von Rosenberg und Weinberg fanden leider nur geringe Beachtung. Man würde ihre Ansätze heute wohl nicht mehr dem Kernbereich der Genetischen Algorithmen, sondern eher dem Gebiet des Artificial Life zuordnen.

Hollands Classifier Systeme

Holland hat sich, wie bereits erwähnt, stark für Anwendungen Genetischer Algorithmen im Bereich der Künstlichen Intelligenz und des maschinellen Lernens interessiert. In diesem Zusammenhang sind insbesondere seine Arbeiten auf dem Gebiet der *Classifier Systeme* zu erwähnen.

In der theoretischen Informatik sind für die Präzisierung der Begriffe *Algorithmus* und *Berechenbarkeit* sogenannte Post-Systeme, Turing-Maschinen oder Produktionssysteme wichtig. Diese abstrakten Systeme spielen u.a. bei der Beantwortung der Frage, ob aus einer gegebenen Menge von Aussagen (Axiomen, Regeln) eine bestimmte Aussage X algorithmisch ableitbar ist, eine entscheidende Rolle.

Hollands Classifier Systeme entsprechen im Prinzip den Produktionssystemen. Ein solches System besteht aus einer Menge von Regeln in einer bestimmten formalen Sprache. Bei Holland besteht diese Sprache lediglich aus 2 Symbolen: 0 und 1. In dieser Sprache können dann Regeln formuliert werden, indem man die Prämisse und die Konklusion der Regel beschreibt. Eine Regel könnte demnach etwa wie folgt aussehen:

```
0010110100 : 1100011
```

Das Zeichen »:« trennt hier die linke Seite (Prämisse) der Regel von der rechten (Konklusion).

Die obige Regel ist nun etwa so zu interpretieren: wenn das System als Input die Sequenz »0010110100«, also die Prämisse der Regel, erhält, so produziert es als Output die Sequenz »1100011«. Auf diese Weise erhält man einen sehr einfachen, deterministischen Automaten. Erweitert man nun die Regelsprache um ein Symbol »#«, das als variabler Platzhalter dient, so wird das System wesentlich ausdrucksstärker. Nehmen wir also an, das Symbol »#« stehe als Variable für 0 oder 1! Wir können dann Regeln folgender Art formulieren:

```
001#10#  :  1101
```

Diese Regel besagt in sehr kompakter Form: wenn die Sequenz 0011101, oder 0011100, oder 0010101 oder 0010100 als Input anliegt, so wird die Sequenz 1101 ausgegeben. Das Symbol »#« wird deshalb naheliegenderweise auch »don't care« Symbol genannt, weil es gleichgültig ist, welcher konkrete Wert an dieser Stelle steht (man beachte, daß das # Symbol hier eine ähnliche Funktion wie bei den Schemata aus Kapitel 4 hat).

Produktionssysteme dieser Art können sehr mächtig sein. Man kann beispielsweise die gesamte Wissensbasis eines komplexen Expertensystems in eine solche binäre Darstellung umcodieren und mittels eines forwärtsverkettenden Regelinterpreters abarbeiten.

Interessant wird das Ganze jedoch noch einen Schritt früher. Nehmen wir an, man wollte ein Expertensystem entwickeln, ohne die nötigen Regeln vollständig vorliegen zu haben. Zusätzlich sei angenommen, daß man jeweils wisse, wie das System auf einen konkreten Input hin zu reagieren habe. Es sei also klar, bei welchem Input welcher Output erzeugt werden soll. Wie kann man nun – möglichst automatisiert – die passenden Regeln finden, die das gewünschte Input/Output-Verhalten erzeugen. Man beachte, daß dies keine triviale Aufgabe ist, da der Output bei gegebenem Input eventuell durch mehrere Zwischenschritte und die Abarbeitung weiterer Regeln erzeugt werden muß. Holland hat dieses Problem zumindest prinzipiell gelöst, indem er die Menge der Regeln als Objekte eines Genetischen Algorithmus' angesehen und behandelt hat. Eine ursprünglich zufällige Regelmenge wird solange genetischen Operationen unterworfen, bis sich das gewünschte Input-/Output-Verhalten des Systems einstellt. Seit dem Erscheinen seines klassischen Buches *Adaptation in Natural and Artificial Systems* im Jahre 1975 haben viele Forscher die Ideen der Classifier Systeme erfolgreich weiterentwickelt und in unterschiedlichsten Bereichen angewandt. Auf der Basis der Classifier Systeme wurden Automaten bzw. Programme entwickelt, die die Hand-Augen und Augen-Auge Koordination von Menschen simulieren, die Poker spielen, die Bilder erkennen und klassifizieren, die Pipelines steuern, die Boole'sche Funktionen erlernen, die semantische Begriffsnetzwerke entdecken usw. (siehe hierzu u.a. [Goldberg]). Dies zeigt das große Potential der Ideen Hollands auf.

Soviel zu einigen *klassischen* Anwendungen Genetischer Algorithmen und der Evolutionsstrategie. Wie wir gesehen und betont haben, sind die frühen Anwendungen der Genetischen Algorithmen eher abstrakter, theoretischer Natur, die der Evolutionsstrategien eher technischer Natur. Dies ist jedoch nur für die Anfänge beider Richtungen zutreffend. Heutzutage findet man bei beiden Schulen eine breite Palette aus theoretischen und praktischen Anwendungen ihrer Techniken. Interessant ist, daß sich die Genetischen Algorithmen gegenüber den Evolutionsstrategien durchzusetzen scheinen. Dies liegt jedoch weniger an einer Überlegenheit der Genetischen Algorithmen als an der eindeutigen Bevorzugung und der weltweiten Beachtung der Forschung und der high-tech Anwendungen in den USA.

Das Verhältnis der aktuellen Publikationen und der Anwendungen der Genetischen Algorithmen zu denen der Evolutionsstrategien dürfte bei schätzungsweise mindestens 100 zu 1 für die Genetischen Algorithmen liegen. Außerhalb Deutschlands sind die genauen Arbeitsweisen und Anwendungen der Evolutionsstrategien – zu Unrecht, muß man sagen – weitestgehend unbekannt geblieben.

Erst in den letzten Jahren beginnen sich die Amerikaner auch für die Evolutionsstrategien näher zu interessieren. In den folgenden Unterkapiteln dieses Kapitels wollen wir uns nun einigen modernen, aktuellen Anwendungsmöglichkeiten der simulierten Evolution zuwenden.

Das Problem des Handelsreisenden

Problembeschreibung

Das Problem des Handelsreisenden (Travelling-Salesman-Problem, TSP) ist eine der bekanntesten Standardaufgaben im Bereich des Operations Research. In der allgemeinen Problemstellung muß dabei ein hypothetischer Handelsvertreter eine Menge vorgegebener Städte bereisen und dabei jede Stadt genau einmal besuchen. Gesucht ist hierbei die optimale (meist kürzeste) Route. In den meisten klassischen Lösungsansätzen wird die Lösung sukzessiv gesucht, d.h. es wird am jeweils aktuellen Knoten entschieden, welche Stadt als nächste zu bereisen ist. Will man dagegen ein TSP mittels genetischer Algorithmen lösen, so wird eine mögliche Reiseroute in einem Individuum einer Population repräsentiert. Das bedeutet, daß in diesem Fall eine Reiseroute als Einheit betrachtet wird. Dieses Vorgehen entspricht einer Gruppe von »blinden« Handelsvertretern, die mit verbundenen Augen reisen und erst am Ende der Reise Aufschluß über die Güte der zurückgelegten Tour erhalten.

Wahl einer geeigneten Repräsentation

Der erste Schritt zur Lösung eines TSP mit genetischen Algorithmen ist die Wahl einer geeigneten Repräsentation, da die Effektivität des Algorithmus stark davon abhängt, in welcher Weise Lösungen des Optimierungsproblems im genetischen Code verschlüsselt werden. Eine mögliche Repräsentation einer Reiseroute des Handlungsreisenden in einem binären Vektor läßt sich realisieren, indem man einen Weg als Kanten eines Graphen codiert:

Die Buchstaben A bis F sollen für sechs verschiedene Städte stehen. Die Reihenfolge [A B C D E F] besitzt die Verbindungen (Kanten) ab, bc, cd, de und ef. Alle möglichen ungerichteten (!) Kanten zwischen den sechs Knoten sind:

ab ac ad ae af bc bd be bf cd ce cf de df ef

Die Reihenfolge [A B C D E F] läßt sich folglich durch einen Bitstring repräsentieren, der angibt, welche Kanten im zugehörigen Graphen vorhanden sind:

ab	ac	ad	ae	af	bc	bd	be	bf	cd	ce	cf	de	df	ef
1	0	0	0	1	1	0	0	0	1	0	0	1	0	1

Dabei ist anzumerken, daß die Reihenfolgen [D E F A B C] und [F E D C B A] durch dieselbe Bitfolge dargestellt werden, d.h. daß in diese Codierung keine Information über den Startpunkt und die Laufrichtung der Tour eingehen. Da diese Daten jedoch keinen Einfluß auf die Güte (nämlich die Länge) einer Lösung haben, kann auf sie in der Codierung verzichtet werden. Ein weitaus schwierigeres Problem ergibt sich daraus, daß sich aus der Problemstellung heraus eine Forderung nach formaler Gültigkeit eines solchen Bitstrings ableitet, da sich auch Strings bilden lassen, die keine gültige Lösung des Optimierungsproblems (also keine geschlossene Wegstrecke zwischen den Städten) darstellen. So repräsentiert der Bitstring

ab	ac	ad	ae	af	bc	bd	be	bf	cd	ce	cf	de	df	ef
1	1	1	1	1	1	1	1	1	1	1	1	1	1	1

sicher keine gültige Lösung des TSP, weil die Forderung, jede der Städte nur einmal zu bereisen, mißachtet wird. Tatsächlich ist die *Mehrzahl* aller kombinatorisch möglichen Strings im Sinne dieser Interpretation ungültig. Das bedeutet aber, daß z.B. bei Anwendung der gebräuchlichen one-point und two-point-crossover Operatoren in der Regel ungültige Nachkommen erzeugt würden. Es müssen also möglichst Operatoren für Mutation und Crossover verwandt werden, die die formale Gültigkeit der Nachkommen gewährleisten. Bei der Konstruktion solcher Operatoren zeigt sich, daß die oben vorgestellte Repräsentation nur sehr bedingt verwendbar ist, da die Gültigkeitsprüfung relativ aufwendig und damit zeitraubend ist. Eine andere naheliegende Repräsentation für ein derartiges Reihenfolge-Problem ist ein Vektor von Indizes. Jeder Stadt wird dabei genau ein Index zugeordnet. Für ein Optimierungsproblem der Größe k muß ein gültiger Lösungsvektor alle Indizes von 0 bis einschließlich k-1 genau einmal als Element enthalten. Für n=10 können formal gültige Lösungen z.B. folgendermaßen aussehen:

L_1 = (4, 6, 7, 1, 3, 9, 8, 5, 2, 0)
L_2 = (0, 1, 2, 3, 4, 5, 6, 7, 8, 9)
L_3 = (6, 1, 9, 5, 8, 2, 4, 7, 0, 3)
...

Die zu konstruierenden Crossover- und Mutationsoperatoren müssen auch hier gewährleisten, daß stets nur formal gültige neue Vektoren generiert werden. Der Test auf Gültigkeit ist aber wesentlich einfacher, da lediglich untersucht werden muß, ob jeder Index genau einmal im Vektor auftritt. Die Operatoren können dadurch klassifiziert werden, welche Eigenschaften der Eltern an die Kinder vererbt werden, nämlich entweder stärker absolute Positionen oder eher relative Positionen der Indizes.

Crossover-Operatoren

Für die nachfolgenden Simulationen wurden folgende Crossover-Operatoren implementiert:

Grundidee des PMX-Operators ist es, ein Intervall zu wählen, in dem der zu erzeugende Nachkomme genau mit einem der beiden Eltern übereinstimmt. Außerhalb dieses

Partially matched crossover (PMX)

Intervalls wird die formale Gültigkeit des Nachkommen gewährleistet und dort Ähnlichkeiten zum zweiten Elternteil erzeugt. Der Algorithmus arbeitet so:

▶ Wähle zufällig zwei Positionen des Reihenfolgevektors. Damit zufällige Intervalle innerhalb des Vektors bestimmt.

▶ Tausche in diesem Intervall die jeweiligen Teilsequenzen in den Eltern-Lösungen A und B:

```
A  = 8 7 3 | 4 5 6 | 0 2 1 9
B  = 7 6 0 | 1 2 9 | 8 4 3 5
A₁ = 8 7 3 | 1 2 9 | 0 2 1 9
B₁ = 7 6 0 | 4 5 6 | 8 4 3 5
```

▶ Wiederhole für jeden doppelten Wert w in A_1: Suche die Position p, an der w im Elternteil B steht. Ersetze danach den Wert w, der in A_1 ausserhalb des Tauschintervalls liegt, durch den Wert, der in A an der Position p steht.

```
A' = 8 7 3 | 1 2 9 | 0 5 4 6
B' = 7 9 0 | 4 5 6 | 8 1 3 2
```

Order crossover (OX)
Der OX-Operator arbeitet nach dem gleichen Grundprinzip wie PMX, jedoch wird beim Herstellen der formalen Gültigkeit eine andere Strategie verfolgt. Statt des positionsweisen Abgleichs außerhalb des Tauschintervalls findet bereits vor dem Tauschen eine umfassende Bereinigung statt:

▶ Markiere die Gene innerhalb des Intervalls im jeweiligen anderen Elternteil als Lücke (X). Beispiel:

```
A  = 8 7 3 | 4 5 6 | 0 2 1 9
B  = 7 6 0 | 1 2 9 | 8 4 3 5
A₁ = 8 7 3 | 4 5 6 | 0 X X X
B₂ = 7 X 0 | 1 2 9 | 8 X 3 X
```

▶ Ordne die verbleibenden Indizes und die Lücken neu an. Schreibe die Lücken in das Tauschintervall und die Indizes außerhalb des Intervalls. Beginne mit dem Index, der ursprünglich an der linken Intervallgrenze stand:

```
A₂ = 4 5 6 | X X X | 0 8 7 3
B₂ = 1 2 9 | X X X | 8 3 7 0
```

▶ Führe anschließend den Tausch im Intervall durch:

```
A' = 4 5 6 | 1 2 9 | 0 8 7 3
B' = 1 2 9 | 4 5 6 | 8 3 7 0
```

Obwohl PMX und OX ähnlich arbeiten, generieren sie andere Arten von Ähnlichkeiten in den Nachkommen. PMX neigt dazu, die absolute Position eines Indexes zu erhalten, während OX eher relative Positionen beibehält.

Der CX-Operator arbeitet nach einer anderen Methode. Es werden hier eine Reihe von Indizes nach einem bestimmten Verfahren aus einem Elternteil kopiert und die verbleibenden Lücken mit den restlichen Indizes in der Reihenfolge gefüllt, wie der zweite Elternteil vorgibt. So wird vorgegangen:

Cycle crossover (CX)

▶ Wähle zufällig eine Position in einem Elternteil als aktuelle Position.

▶ Übernehme den dort stehenden Wert in den Nachkommen.

▶ Überprüfe, welcher Wert an der aktuellen Position im anderen Elternteil steht, und suche die Position, an der dieser Wert im ersten Elternteil auftritt. Dies ist die neue aktuelle Position.

▶ Wiederhole die letzen Schritte so oft, bis Du wieder die anfangs zufällig gewählte Position erreichst, sich also ein Ring gebildet hat (daher die Benennung des Operators). Beispiel (Startposition ist Position 1):

```
A  = 8 7 1 0 6 3 4 9 5 2
B  = 0 1 2 3 4 5 6 7 8 9
A₁ = 8 - - 0 - 3 - - 5 -
B₁ = 0 - - 3 - 5 - - 8 -
```

▶ Fülle die Lücken mit den verbleibenden Werten in der Reihenfolge, wie sie im jeweils anderen Elternteil stehen:

```
A' = 8 1 2 0 4 3 6 7 5 9
B' = 0 7 1 3 6 5 4 9 8 2
```

Dem Cycle crossover ähnlich ist der UOBX-Operator. Zur Bestimmung der zu kopierenden Positionen wird hier allerdings ein Bitstring als Maske benutzt. In einem zweiten

Uniform order based crossover (UOBX)

Verarbeitungsschritt werden dann die Lücken wie beim Cycle crossover aufgefüllt.

▶ Erzeuge einen Bitstring der gleichen Länge wie die Reihenfolgevektoren. Arbeite den binären Vektor positionsweise ab. Steht dort eine 1, so wird der Wert aus dem ersten Elternteil in den ersten Nachkommen übernommen, sonst der Wert vom zweiten Elternteil in den zweiten Nachkommen. Beispiel:

```
A  = 8 7 1 0 6 3 4 9 5 2
B  = 0 1 2 3 4 5 6 7 8 9
     0 1 1 0 1 0 0 1 0 1
A₁ = - 7 1 - 6 - - 9 - 2
B₁ = 0 - - 3 - 5 6 - 8 -
```

▶ Fülle die Lücken mit den verbleibenden Werten in der Reihenfolge, wie sie im jeweils anderen Elternteil stehen:

```
A₁ = 0 7 1 3 6 4 5 9 8 2
B₁ = 0 7 1 3 0 5 6 4 8 9
```

Edge recombination crossover (ERX)

Der ERX-Operator ist ein rein kantenorientierter Operator, d.h. es gehen keine Informationen über die absolute Position eines Indexes in einem Elternteil in den Nachkommen ein. Es wird vielmehr versucht, ein Kind aus möglichst vielen Kanten der beiden Eltern zu generieren:

▶ Generiere eine Kantenliste, in der alle Verbindungen zwischen Knoten eingetragen werden. Trage dabei jede Kante in beide Sublisten ihrer Endknoten ein.

▶ Wähle als aktuellen Knoten den ersten Knoten einer der beiden Eltern. Lösche alle Einträge des aktuellen Knotens in den Sublisten aller anderen Knoten.

▶ Ermittle, welche der Nachfolgeknoten die wenigsten Einträge in der eigenen Subliste hat, und wähle diesen als aktuellen Knoten. Gibt es auch hier mehrere Alternativen, so wähle zufällig eine davon aus.

▶ Ist kein Weg über eine Elternkante möglich, so springe zufällig an einen der Knoten, die noch nicht durchlaufen wurden. Beispiel:

```
A = 0 1 2 3 4 5
B = 1 3 2 0 4 5
```

▶ Als Startposition wird zufällig einer der Anfangsknoten der Eltern gewählt. Sei 1 zufällig gewählt.

▶ Die Kantenliste besagt, daß von 1 Wege nach 0, 2, 3 und 5 möglich sind. 2, 3 und 5 haben jeweils zwei Kanten, A dagegen drei, wird also nicht gewählt. Aus den verbleibenden drei Möglichkeiten werde zufällig 2 gewählt.

▶ Knoten 2 besitzt nun noch zwei Kanten, 0 und 3. Es muß 3 gewählt werden, weil von dort weniger Kanten wegführen.

▶ Der aktuelle Knoten 3 hat nur noch eine Kante nach 4, daher ist dies der nächste Knoten.

▶ Von 4 führen jetzt noch Kanten nach 0 und 5, beide besitzen noch eine Kante. Sei 0 zufällig gewählt.

▶ Es bleibt nun nur noch der Weg von 0 nach 5.

```
C = 1 2 3 4 0 5
```

Mutationsoperator und Interpretation einer Schrittweite

In den nachfolgend vorgestellten Simulationen wurde immer derselbe Mutationsoperator verwendet. Er arbeitet nach folgendem Schema:

▶ Wähle zufällig zwei voneinander verschiedene Positionen p1 und p2 des Reihenfolgevektors. Dabei sei p1 die vordere, p2 die hintere der beiden Positionen.

▶ Lösche den Index an der Position p1. Beispiel (p1 ist 3, p2 ist 9):

```
A  = 8 7 1 0 6 3 4 9 5 2
A₁ = 8 7 – 0 6 3 4 9 5 2
```

▶ Schiebe die nachfolgenden Werte bis einschließlich Position p2 um eine Stelle nach links:

```
A₂ = 8 7 0 6 3 4 9 5 – 2
```

▶ Füge den gelöschten Index in die neue Lücke ein:

$A_3 = 8\ 7\ 0\ 6\ 3\ 4\ 9\ 5\ 1\ 2$

Will man mit einer mutativen Schrittweitenregelung arbeiten, so muss der Algorithmus nur etwas ergänzt werden. Eine vorgegebene Schrittweite n wird einfach als maximaler Abstand der Positionen p1 und p2 interpretiert, d.h. die Positionen dürfen nicht mehr frei gewählt werden, sondern so, daß sie höchstens n Stellen auseinander liegen. Auf diese Weise erhält man den gewünschten Effekt, daß hohe Schrittweitenwerte größere Änderungen erlauben als kleine Werte.

Konkrete Problemstellung

Den nachfolgenden Simulationsergebnissen liegt eine Implementierung mittels Genetischer Algorithmen zugrunde, die das TSP für 25 deutsche Städte löst. Es sind dies Aachen, Berlin, Bielefeld, Braunschweig, Bremen, Dortmund, Dresden, Düsseldorf, Essen, Frankfurt/Main, Freiburg/Breisgau, Hamburg, Hannover, Karlsruhe, Kassel, Kiel, Köln, Leipzig, Magdeburg, München, Nürnberg, Saarbrücken, Stuttgart, Wiesbaden und Wuppertal. In die Bewertungsfunktion gehen lediglich die Wegstrecken (laut Straßenatlas) zwischen diesen Städten ein. Bewertungsergebnis und damit Maß für die Güte einer Lösung ist die Summe der Strecken innerhalb der repräsentierten Tour. Die beste Lösung dieses speziellen Problems, die in den gesamten Simulationsläufen gefunden wurde, ist eine Tour der Länge 3294 km in folgender Reihenfolge:

Berlin – Dresden – Leipzig – Nürnberg – München – Stuttgart – Freiburg/Breisgau – Karlsruhe – Saarbrücken – Wiesbaden – Frankfurt/Main – Köln – Aachen – Düsseldorf – Wuppertal – Essen – Dortmund – Kassel – Bielefeld – Bremen – Hamburg – Kiel – Hannover – Braunschweig – Magdeburg – Berlin

Äquivalente Lösungen ergeben sich durch einen anderen Ausgangspunkt (dieser war nicht vorgegeben und ist für die Bewertung unerheblich) und/oder durch eine entgegengesetzte Laufrichtung. iese optimale Lösung wurde bei geeigneter Wahl der Parameter in der Mehrzahl der Läufe erreicht, bei ungünstiger Parametrierung seltener oder niemals.

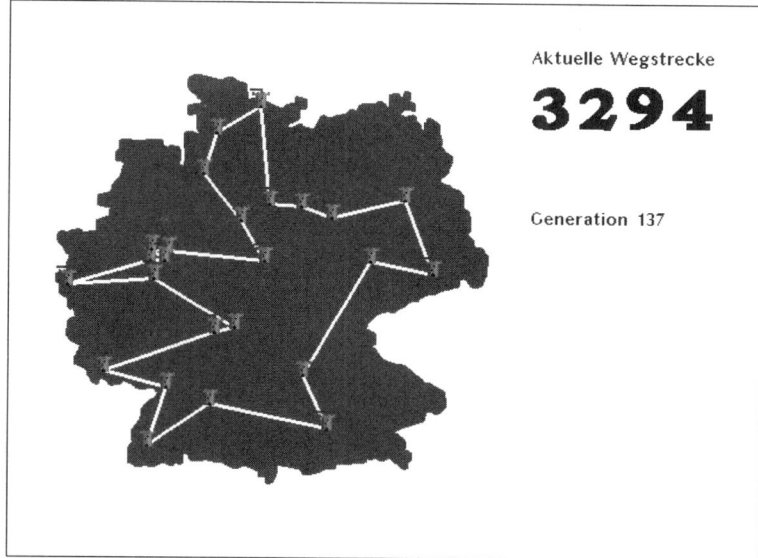

Aktuelle Wegstrecke

3294

Generation 137

Bild 7.5:
Optimaler Weg für
das spezielle TSP.

Simulationsergebnisse

Abbildung 7.6 und 7.7 zeigen die mittlere Fitneß des besten Individuums über die Generationen ohne und mit mutative Schrittweitenregelung.

Es überrascht nicht, daß der edge recombination crossover (ERX) die besten Ergebnisse liefert, da er der einzige rein kantenorientierte Operator ist und in die Bewertungsfunktion nur Kanten-Informationen eingehen. Es folgen OX, dann PMX und UOBX mit fast identischen Ergebnissen und schließlich CX.

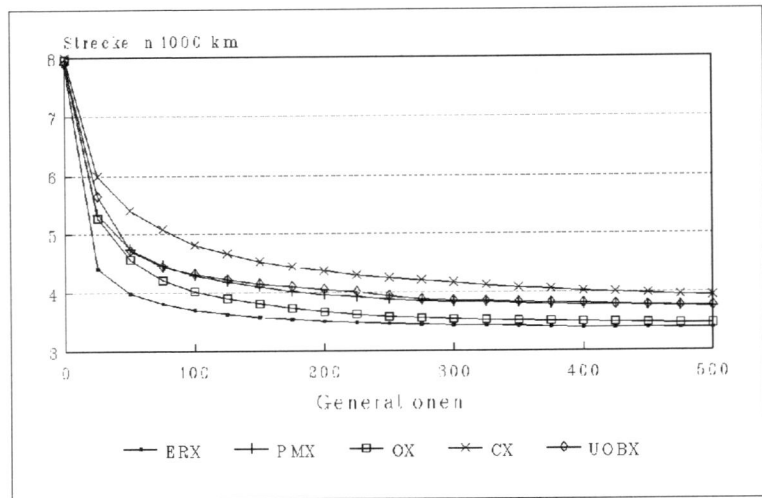

Bild 7.6:
Mittel für alle
Operatoren ohne
Anpassung der
Mutationswahr-
scheinlichkeit.

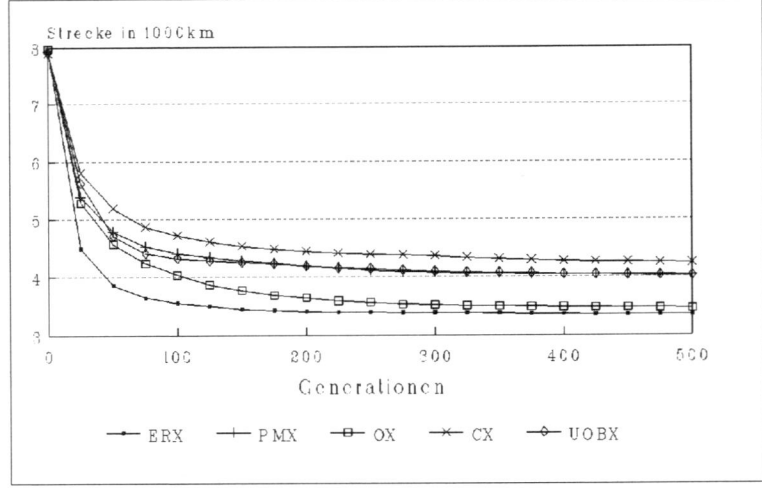

Bild 7.7:
Mittel für alle
Operatoren mit
Anpassung der
Mutationswahr-
scheinlichkeit.

Bild 7.9 zeigt die »negative Abweichung« von der mittleren Fitneß. Diese Kennzahl wird berechnet, indem die Fälle betrachtet werden, in denen die Fitneß schlechter ist als die mittlere Fitneß in der Generation. Die Abweichungen »zum Schlechten« werden gesammelt und gemittelt. Der so gewonnene Wert ist deshalb besser für die Bewertung der Stabilität geeignet als die normale Standardabweichung, weil hier speziell die Läufe von Interesse sind, in denen die mittlere Fitneß nicht erreicht wird. Ein weiteres Maß für die Stabilität ist das Erreichen einer bestimmten Mindest-Fitneß. In Bild 7.10 wird dargestellt, in wievielen der 50 Läufe die Fitneß 3400 in einer bestimmten Generation erreicht wurde.

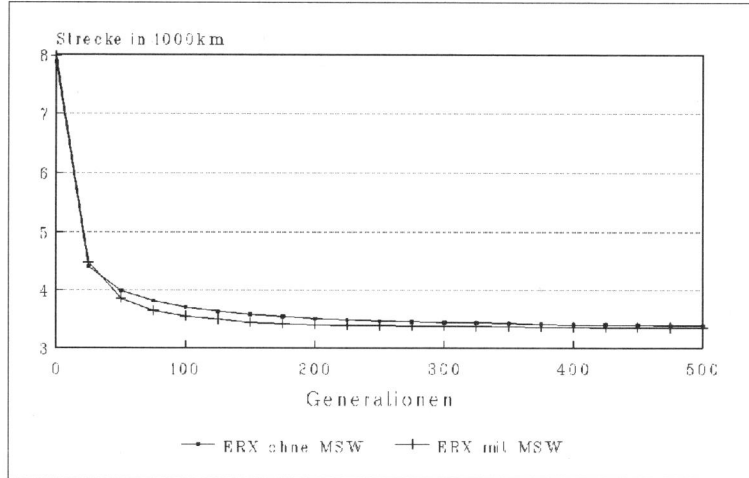

Bild 7.8:
Gegenüberstellung der mittleren Fitneß mit und ohne mutative Schrittweite.

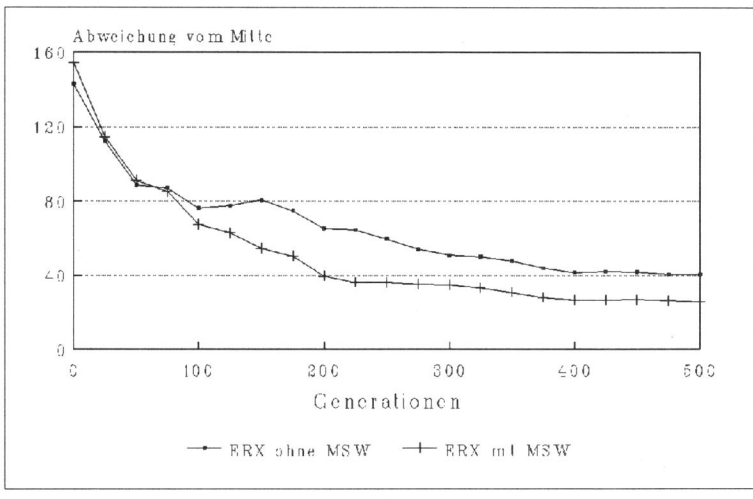

Bild 7.9:
Gegenüberstellung der »negativen Abweichung« der Fitneß mit und ohne mutative Schrittweite

Bild 7.10:
Gegenüberstellung
der »Zielüberschrei-
tung« mit und ohne
mutative Schritt-
weite.

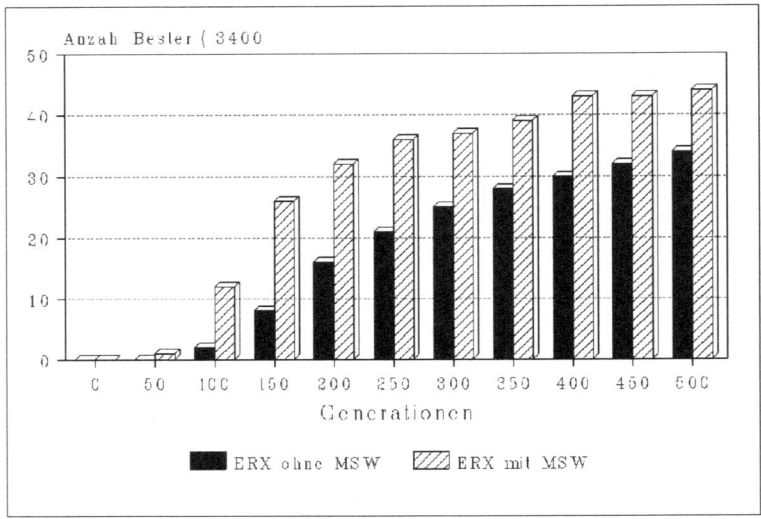

Produktionsleitstände

Im folgenden soll eine Anwendung Genetischer Algorithmen im Bereich industrieller Produktionsplanung und
–steuerung (PPS) näher vorgestellt werden:

Leitstandskonzept

Konsumenten und Industrie verlangen heute zunehmend
Produkte, die mit hoher Qualität, kurzen Lieferzeiten und
marktgerechten Kosten entwickelt und produziert werden.
Darüber hinaus erfordern kürzere Produktlebenszyklen
und eine zunehmende Automatisierung von Produktions-
abläufen einen entsprechenden Planungs- und Steue-
rungsaufwand.

Das damit verbundene Datenaufkommen ist meist nur
durch den Einsatz integrierter Datenverarbeitungssysteme
beherrschbar. Aus diesem Umstand leitet sich ab, daß der
Einsatz entsprechender Systeme in mittleren und großen

Unternehmen mittlerweile selbstverständlich ist. Die naheliegende Forderung nach einem immer höheren Integrationsgrad der DV-Systeme wirft dabei große Probleme auf und stellt die hierarchische Konzeption bisheriger Systeme in Frage. In vielen Anwendungsbereichen zeigt sich, daß PPS-Modelle, die allein auf einem zentralen Großrechner basieren, modernen Anforderungen in der Regel nicht mehr gerecht werden.

Eine logische Folgerung aus diesem Sachverhalt ist die Forderung nach einer dezentralen Datenverarbeitung in geeigneten Bereichen. Dieser Anspruch entspricht der allgemeinen Entwicklung in der Datenverarbeitung, die zunehmend auf die verstärkte Integration von Netzwerk-Konzepten ausgerichtet ist.

Ein hierfür besonders geeigneter Bereich in der produzierenden Industrie ist die Schnittstelle zwischen Planung und Fertigung. Grundgedanke ist hier, für die lokale Feinplanung und Überwachung spezielle Leitstände mit einem bestimmten Zuständigkeitsbereich einzusetzen. Es handelt sich dabei typischerweise um Workstations, die über eine verhältnismäßig hohe eigene Rechenkapazität verfügen und so ein flexibleres und effektiveres Arbeiten erlauben.

Im Bereich der Produktionsplanung ist der Einsatz Genetischer Algorithmen auf verschiedenen Ebenen eines zugrundeliegenden PPS-Systems denkbar. Ansatzpunkt der hier vorgestellten Entwürfe ist der Leitstandsbereich. Die Leitstandtechnik ordnet sich an der Schnittstelle zwischen PPS-Systemen und fertigungstechnischen Subsystemen (CAM) ein, mit dem Schwerpunkt auf der kurzfristigen Feinplanung und Produktionssteuerung.

Aufgaben eines Produktplanungsleitstandes

Der Aufgabenbereich des Leitsystems umfaßt das Übernehmen von Auftrags- und Stammdaten (Arbeitsplätze,

Kapazitätsangebot) aus dem Zentralrechner, das Planen und Steuern von Aufträgen, das Erfassen von Betriebsdaten und die Übernahme der darauf erforderlichen Reaktionen.

Bild 7.11:
Einordnung des
Leitsystems
zwischen Host und
Fertigung.

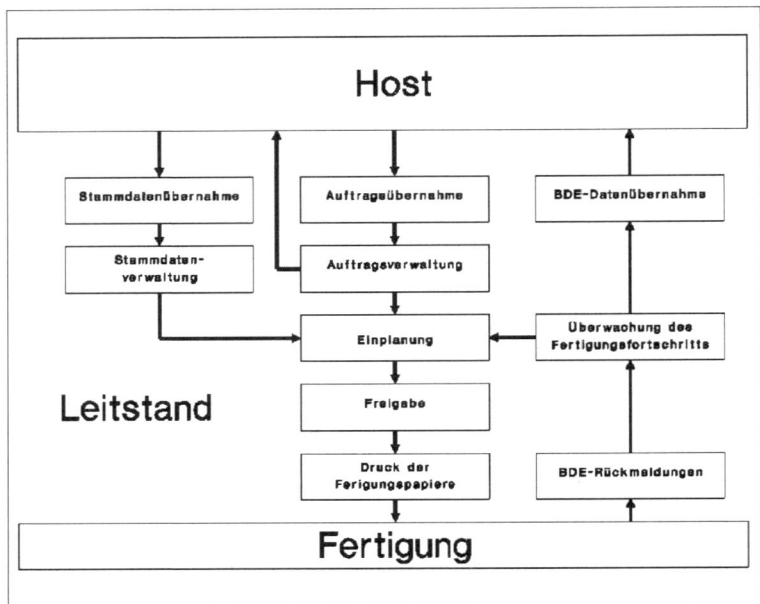

Zielsetzungen der Leitstandtechnik sind:

▶ Zeitgenaue Feinplanung und Steuerung
▶ Dezentralisierung der Entscheidungen für die Feinplanung
▶ Erhöhte Transparenz in der Fertigung
▶ Integration in übergeordnete betriebswirtschaftliche Abläufe

Die Schnittstellenfunktion des Leitstandes zwischen host-gestütztem PPS-System und der Fertigung veranschaulicht Bild 7.11.

Aufbau des Leitstandsbereiches

Zum Verständnis der vorgestellten Lösungsansätze soll hier zunächst die allgemeine Struktur des Leitstandsbereiches dargestellt und die nachfolgend benutzten Begriffe geklärt werden. Bild 7.12 zeigt den beispielhaften Aufbau eines Leitstandsbereiches. Er besteht hier exemplarisch aus zwei Arbeitsplätzen und zwei Personalpools.

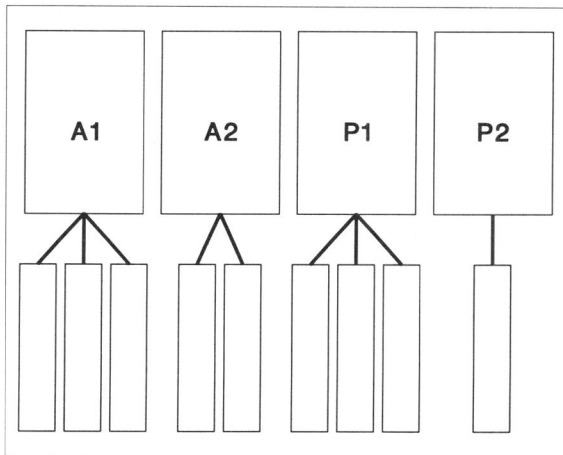

Bild 7.12: Exemplarischer Aufbau eines Leitstandsbereiches. A1 und A2 sind logische Arbeitsplätze, die für drei bzw. zwei reale Maschinen stehen. P1 und P2 sind Personalpools, P1 besteht aus drei Personen, P2 aus nur einer Person.

In den Personalpools werden Arbeitskräfte jeweils gleicher Qualifikation zusammengefaßt. Entsprechend wird mit den Arbeitsplätzen verfahren. Im Beispiel steht der »logische« Arbeitsplatz A1 für drei gleichartige Maschinen.

Diese Einteilung ist sinnvoll, weil sich aus der Art eines Arbeitsvorgangs nur ergibt, auf welcher Art von Maschine er gefertigt werden soll bzw. welche Qualifikation hierfür von der ausführenden Arbeitskraft gefordert wird.

Die planerische Freiheit liegt in der Zuordnung eines Arbeitsvorgangs zu einer konkreten Maschine bzw. einer bestimmten Person.

Ansatz für den Einsatz Genetischer Algorithmen

Konkret stellt sich das zu lösende Optimierungsproblem folgendermaßen dar: Gegeben ist für einen bestimmten Planungszeitraum zum einen eine Menge von zu planenden Arbeitsvorgängen und zum anderen eine bestimmte Kapazität an Maschinen- und Personalarbeitszeit. Gesucht wird ein unter betriebswirtschaftlichen Gesichtspunkten optimaler Produktionsplan (Maschinenbelegungs- und Arbeitsplan).

In die Bewertung eines Produktionsplans gehen die unterschiedlichsten Kriterien ein, die je nach Komplexität des Umfelds variieren können. Sehr spezielle Probleme können spezifische erweiterte Kriterien erfordern.

Voraussetzung für den Einsatz Genetischer Algorithmen ist die Erstellung einer Bewertungsfunktion für Produktionspläne. Das Ergebnis der Bewertungsfunktion ist im allgemeinen eine reelle Zahl. Um letztlich eine solche Bewertungszahl für einen Produktionsplan zu erhalten, muß dieser zunächst anhand von Einzelkriterien bewertet werden. Der Einfachheit halber werden dabei zur Bewertung eines Plans anhand der Teilkriterien »Strafpunkte« vergeben, d.h. je schlechter ein Plan unter einem bestimmten Gesichtspunkt ist, um so größer ist die Zahl, die in die Gesamtbewertung des Plans eingeht. In einer praktischen Anwendung stellt sich das Problem, diese Vielzahl von Einzelkriterien gegeneinander abzugleichen und zu gewichten, um letztlich genau eine reelle Zahl als Maßzahl für die Güte einer potentiellen Lösung zu erhalten.

Es bietet sich an, die Einstellung der Gewichte für die Einzelkriterien zu einer Benutzerschnittstelle auszubauen, so daß der Anwender die Möglichkeit erhält, verschiedene Optimierungsläufe mit unterschiedlicher Gewichtung der Einzelkriterien, d.h. mit verschiedenen Prioritäten zu simulieren.

Im folgenden werden einige der gebräuchlichsten Bewertungskriterien vorgestellt:

Das wichtigste Kriterium für die Bewertung eines Produktionsplans ist in der Regel die Einhaltung von vorgegebenen Soll-Terminen. Dabei wird auf der Ebene des Leitsystems davon ausgegangen, daß zu jedem Arbeitsvorgang je ein Termin für den frühestmöglichen Start und das spätestmögliche Ende vorgegeben ist. Diese Daten errechnen sich aus den entsprechenden Soll-Daten für den zugehörigen Auftrag und aus den durchschnittlichen Durchlaufzeiten. Der frühestmögliche Start kann sich z.B. aus Terminen für die längerfristige Materialplanung ergeben. Das spätestmögliche Ende leitet sich dagegen beispielsweise aus einem angestrebten Auslieferungstermin ab.

Termintreue

Jede Planungsstrategie wird also versuchen, nach Möglichkeit die Plan-Termine aller zu planenden Arbeitsvorgänge so zu legen, daß sie sich innerhalb der zugehörigen Soll-Bereiche bewegen.

Die Abhängigkeit der Güte eines Planes zur Beziehung von Plan- und Soll-Terminen liegt auf der Hand: Je größer die Abweichung vom Soll-Termin und je mehr Arbeitsvorgänge von ihren Soll-Terminen abweichen, um so schlechter ist ein Plan. Dabei kommt zu früh und zu spät geplanten Arbeitsvorgängen in der Regel unterschiedliches Gewicht zu, da sich die entsprechenden Soll-Termine aus verschiedenen Randbedingungen ableiten. Eine sinnvolles Maß für die Termintreue ist z.B. die gewichtete Summe der quadrierten Abweichung vom Solltermin.

In der Fertigung werden in der Regel dieselben Maschinen für eine Menge variierender Arbeitsvorgänge eingesetzt. Um einen Arbeitsvorgang bestimmten Typs ausführen zu können, müssen Maschinen daher mitunter umgerüstet werden. In der Praxis können solche Rüstzeiten durchaus mehrere Tage dauern.

Rüstzeiten

Ein weiteres wichtiges Merkmal für die Güte einer Planung
sind deshalb die anfallenden Rüstzeiten. Ein Planer wird
im Rahmen der sonstigen Vorgaben immer versuchen, solche Zeitverluste zu vermeiden. Um die Rüstzeit zwischen
zwei Arbeitsvorgängen zu ermitteln, benützt man eine
sogenannte Rüstzeittabelle (Bild 7.13).

Bild 7.13:
Beispiel für eine
Rüstzeittabelle.

	Typ 1	Typ 2	Typ 3	Typ 4	
Typ 1	–	2,6 h	1,3 h	3,8 h
Typ 2	2,3 h	–	5,8 h	1,7 h
Typ 3	1,1 h	5,9 h	–	6,3 h
Typ 4	3,3 h	2,0 h	6,3 h	–

Dabei wird sinnvollerweise zunächst eine Klassenbildung
ausgeführt, in der Arbeitsvorgänge gleichen Typs (bezüglich Rüstaufwand) zusammengefaßt werden. Trotzdem bedeutet die Erstellung solcher Tabellen oft einen erheblichen Aufwand, zumal sie für jeden benutzten Maschinentyp
bereitzustellen sind.

Auslastung
sekundärer
Kapazitäten

Unter sekundären Kapazitäten versteht man wertneutral
diejenigen Ressourcen, die neben der Maschinenkapazität
zur Durchführung eines bestimmten Arbeitsvorgangs
benötigt werden. Wichtigste sekundäre Kapazität ist das
Personal. Unter diesen Begriff fallen aber auch Ferti-
gungshilfsmittel und ähnliches.

Jeder eingeplante Arbeitsvorgang belastet bestimmte
sekundäre Kapazitäten in einer bestimmten Quantität. Für
jede sekundäre Kapazität läßt sich eine Belastungskurve
ermitteln. Dieser Belastungskurve steht eine Angebotskurve gegenüber.

Ist der Wert in der Belastungskurve zu einem bestimmten
Zeitpunkt kleiner als in der Angebotskurve, so besteht zu
diesem Zeitpunkt ein Überangebot, ist er größer, so besteht ein Mangel.

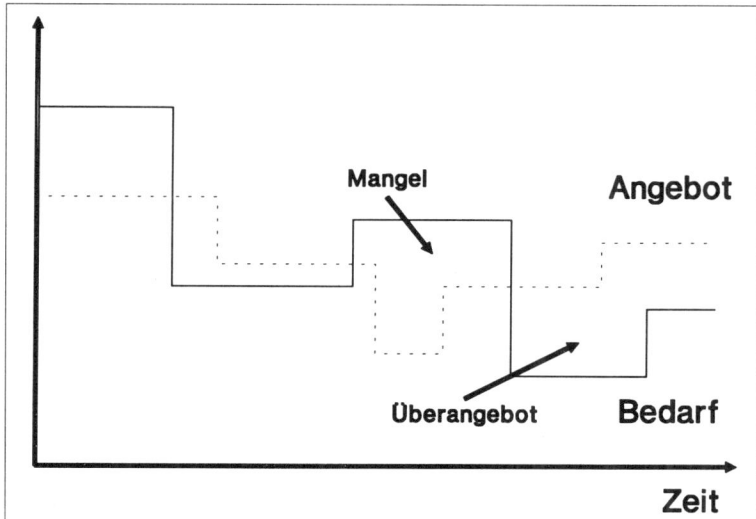

Bild 7.14:
Bedarfsdeckung
einer sekundären
Kapazität.

Ein Plan ist umso besser, je genauer sich Bedarfs- und Angebotskurve decken. Ein sinnvolles Maß für die Auslastung sekundärer Kapazitäten ist daher die Fläche zwischen den beiden Kurven. Dabei werden Mangel und Überangebot normalerweise in verschiedener Gewichtung in die Bewertung eingehen.

Das Angebot einer sekundären Kapazität zu einem bestimmten Zeitpunkt wird im System exakt dargestellt. Das Personalangebot ändert sich an den Schichtgrenzen und Pausen. Der Personalbedarf ändert sich dann, wenn ein Arbeitsvorgang begonnen oder beendet wird.

Die oben beschriebenen Einzelmerkmale müssen schließlich miteinander verrechnet werden, um eine einzige reelle Bewertungszahl zu erhalten.

Gesamtbewertung

Man kann an diesem Punkt sinnvollerweise eine Schnittstelle zum Anwender definieren, die ihm Gelegenheit bietet, über eine individuelle Gewichtung über Arbeitsplätze und Bewertungskriterien auf die Optimierung Einfluß zu nehmen. Dies kann zum einen sinnvoll sein, um eine für den Leitstandsbereich optimale Einstellung zu finden, oder aber um auf wechselnde Prioritäten der Optimierungskriterien (z.B. Ausfall von Maschinen, Saisoneinflüße etc.) reagieren zu können.

Bild 7.15 zeigt, welche Gewichte definiert werden können, wenn man sich auf die zuvor beschriebenen Standardkriterien beschränkt.

Bild 7.15:
Gewichtungsbaum
für die Standard-
Kriterien. P1 bis Pn
stehen für primäre
Kapazitäten, S1 bis
Sm für sekundäre
Kapazitäten.

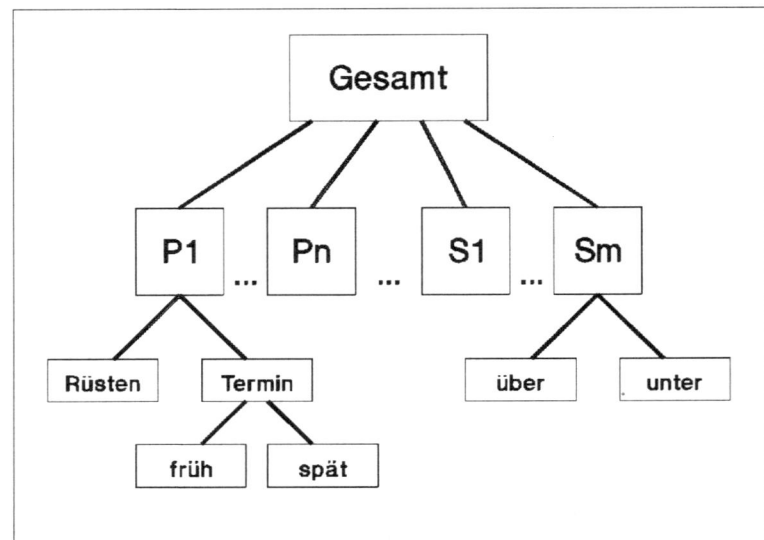

Zusammenfassung

Der Einsatz Genetischer Algorithmen zur Optimierung von Produktionsplanungen auf Leitstandsebene ist vielversprechend. Er erlaubt eine effizientere und flexiblere Planung in einem Bereich, der sich wegen seiner Komplexität und der Vielzahl von Restriktionen heuristischen Planungsstrategien oder klassischen Algorithmen im allgemeinen entzieht. Dies gilt umso mehr für sehr spezielle Anwendungsbereiche, die weitere Bewertungskriterien erfordern. Zusätzliche Kriterien bedeuten im GA-Ansatz lediglich eine Erweiterung der Bewertungsfunktion, während eine konventionelle Planungsheuristik unter Umständen völlig neu konstruiert und programmiert werden muß. Ein Genetischer Algorithmus stellt in diesem Sinne ein flexibleres Konzept dar.

Auftragsreihenfolge-Optimierung

Einführung

Für komplexe Planungs- und Optimierungsprobleme sind konventionelle algorithmische Verfahren meist nicht ausreichend. Wir wollen deshalb hier einen Ansatz und ein System vorstellen, das mit Methoden der Künstlichen Intelligenz und Evolutionsstrategien in der Lage ist, äußerst komplizierte Planungsaufgaben sehr effizient zu lösen.

Das von uns realisierte und hier vorgestellte Expertensystem PERPLEX (Periodisches Planungsexpertensystem) ist die weltweit größte PC-Installation der Expertensystem-Shell KBMS und unseres Wissens das bislang einzige Expertensystem der Welt, in dem evolutionäre Algorithmen zusammen mit wissenbasierten Techniken zum produktiven Einsatz gekommen sind. PERPLEX enthält etwa 800 Regeln, ca. 70 Objekte mit 550 Attributen, 200 Requests (Bildschirmmasken, Datenbankanfragen, Statistiken) und etwa 5000 Lines-of-C-Code für die extern realisierten Evolutionsstrategien. Die Entwicklungszeit betrug ca. 2 Jahre mit einem Personalaufwand von etwa 5 Mannjahren.

Mit PERPLEX konnte die Planungszeit drastisch reduziert werden. Seit der Produktionseinführung des Systems bei einem großen deutschen Industrieunternehmen hat sich die Planungszeit von ca. 12 Manntagen auf durchschnittlich etwa 1 Manntag (!) reduziert. Die Planung erfolgt mit PERPLEX praktisch vollautomatisch.

PERPLEX: Die Aufgabe

PERPLEX hat die Aufgabe, eine große Anzahl von Aufträgen (800–1000 pro Monat) für Diesel-Motoren in einer optimalen Reihenfolge für die Produktion einzuplanen und diese Aufträge entsprechend zu terminieren. Für die Aufträge wird monatsweise zunächst eine erste Reihenfolgeplanung erstellt, die man dann abschnittsweise freigibt. Für freigegebene Aufträge läuft die Produktion an, ihre Reihenfolge kann daher nicht mehr verändert werden. Ein Freigabe-Abschnitt umfaßt etwa 3-5 Tage. Der Rest der noch nicht freigegebenen Auftragsreihenfolge steht weiterhin zur Disposition. Er muß jederzeit neu geplant oder umgeplant werden können.

Bei der auszulastenden Anlage handelt es sich um eine Fließproduktion auf drei Bändern. Für jedes Band wird eine Reihenfolge erstellt. Die Reihenfolgeplanung beinhaltet zwei Schritte. Zunächst erfolgt die sogenannte Bauperiodenplanung und anschließend die eigentliche Reihenfolgeplanung.

Im ersten Schritt, der Bauperiodenplanung, werden die Aufträge zu Gruppen gleicher Taktung zusammengefaßt. In einem Monat ergeben sich in der Regel 7-12 solcher Perioden mit 3-6 verschiedenen Taktungen. Eine gute Bauperioden-Reihenfolge plaziert die Bauperioden so im Kalender, daß möglichst alle Kunden-Wunschtermine eingehalten werden können. Wunschtermine von Aufträgen mit hoher externer Priorität und großer Stückzahl müssen bevorzugt werden. Beim Übergang von einer Bauperiode zur nächsten erfolgt ein Taktwechsel mit Taktverlust. Die Taktverluste sollen über den Monat hinweg minimiert werden. Für die Größe der Bauperioden bestehen eine Ober- und eine Untergrenze (minimale und maximale Bauperiodenlänge). Die Bauperioden dürfen nicht zu klein werden, da sonst die Taktung zu oft wechselt und damit die Taktverluste zu groß werden. Eine Obergrenze für die

Größe der Bauperioden ergibt sich aus Beschränkungen in der Materialbereitstellung an den Bändern. Das Ergebnis der Bauperiodenplanung ist ein Raster, das für jede Bauperiode den Motortyp, die Taktung, den Bauperiodenanfangstermin, den Bauperiodenendetermin und die Stückzahl enthält. Dieses Raster selbst enthält noch keine Aufträge.

Im zweiten Schritt, der eigentlichen Auftragsreihenfolgeplanung, wird innerhalb der gewonnenen Bauperioden die Reihenfolge der einzelnen Aufträge festgelegt. Beim Bilden dieser Reihenfolge muß von PERPLEX eine große Anzahl betrieblicher Beschränkungen und Vertriebsrestriktionen berücksichtigt werden. Bei den Vertriebsrestriktionen geht es im wesentlichen um die Termineinhaltung. Aufträge dürfen nicht zu spät eingeplant werden, da der Kunde sonst zu spät beliefert würde. Sie sollen aber auch nicht zu früh terminiert werden, weil sie bis zur Auslieferung Lagerplatz beanspruchen und Kapital binden.

Bei den betrieblichen Restriktionen gibt es im wesentlichen zwei Arten, die gegenläufig sind. Zum einen sollen Aufträge, die ähnliche Motoren (z.B. gleicher Kurbelgehäuse-Typ) beinhalten, zusammen gruppiert werden. Dies dient der Beruhigung des Materialflusses am Band. Zum anderen sollen bestimmte Aufträge gestreut werden. Dies sind Aufträge, die hohe Prüf-, Varianten- oder Endrüstezeiten verursachen. Von prüfaufwendigen Motoren und von in der Endrüste aufwendigen Motoren dürfen nicht zu viele hintereinander gebaut werden, da es dadurch zu Überlastungen im nachgeordneten Prüffeld bzw. in der Endrüste kommt. Wenn ein Motortyp, der Variantenleute (Springer) am Band benötigt, gebaut wird, kann am benachbarten Band nicht gleichzeitig ein weiterer Motortyp montiert werden, der ebenfalls den Einsatz von Variantenleuten erforderlich macht.

Das Ergebnis der Auftragsreihenfolgeplanung ist der vollständige Reihenfolgeplan der Aufträge aller Motoren eines

Monats, die an dem entsprechenden Band gebaut werden, mit laufender Nummer und Auflegezeitpunkt für jeden Auftrag. Die einzelnen Verarbeitungsschritte und Module von PERPLEX sind in Abbildung 7.16 schematisch dargestellt.

Bild 7.16:
PERPLEX
Hauptmodule.

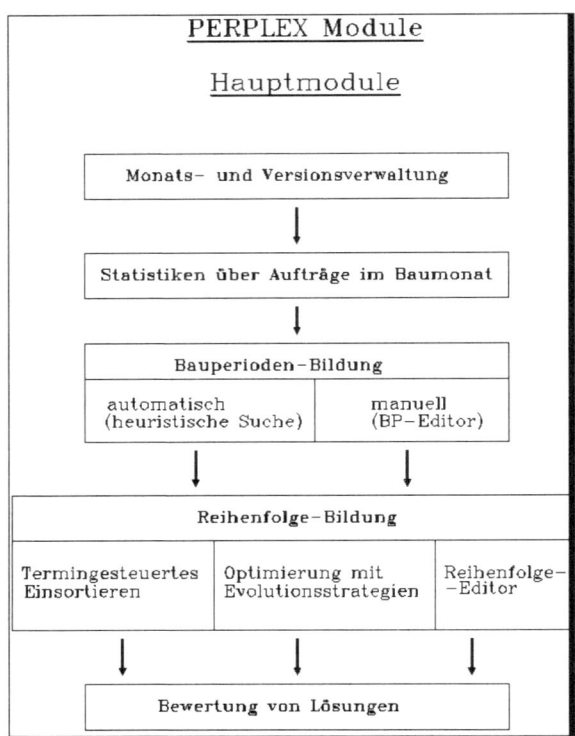

Bauperiodenbildung mit heuristischer Suche

Bei der Bauperiodenbildung gilt es, eine relativ kleine Anzahl (etwa 7-15) von Bauperioden in eine Reihenfolge zu bringen. Für die Lösung dieses Problems verwendet PERPLEX heuristische Suchverfahren und Expertenwissen. Das heuristische Verfahren baut die Lösung durch Setzen einer Bauperiode nach der anderen schrittweise auf. Nach dem Setzen jeder Bauperiode wird über eine

Bewertungsfunktion die Qualität dieser Teillösung ermittelt. Es wird an frühere Lösungen wieder angeknüpft, wenn ein einmal eingeschlagener Weg nicht optimal war. Genauer gesagt wird die Suche immer an der Teillösung fortgesetzt, die bisher die geringsten Kosten verursacht hat. Auf diese Weise gelangt der Algorithmus zu einer optimalen Lösung.

Das wichtigste heuristische Optimierungsverfahren, das zur Lösung von Planungsproblemen eingesetzt werden kann, ist der A*-Algorithmus, den wir hier zunächst kurz erläutern wollen.

Bei der Anwendung des A*-Algorithmus müssen jeweils sowohl die Startbedingungen als auch das zu erreichende Ziel bekannt sein. Das Ziel kann auf verschiedenen Wegen erreicht werden. Das Ergebnis des Algorithmus soll der optimale Weg vom Start bis zum Ziel sein, d.h. die kürzeste und kostengünstigste Lösung.

Der A*-Algorithmus basiert also auf einem Suchraum, der wie ein Baum aufgebaut ist. Als oberster Knoten steht der Startknoten. Von ihm gehen Wege zu anderen Knoten aus, die ihrerseits mit weiteren Knoten verbunden sein können. Ein Knoten innerhalb des Suchbaumes entspricht einer bestimmten Bauperiode, ein Pfad (Ast oder Zweig) des Baumes einer Reihenfolge von Bauperioden.

Die Suche beginnt immer am Startknoten, einer bestimmten Bauperiode. Der A*-Algorithmus expandiert diesen Knoten, was bedeutet, daß alle möglichen Wege von diesem Knoten aus analysiert werden.

Bei der Untersuchung wird in demjenigen Knoten verzweigt (d.h. es wird diejenige Nachfolgebauperiode ausgewählt), der die geringsten Kosten verursacht. Bei der Berechnung der Kosten werden die bisher aufgelaufenen Kosten (die Kosten des Weges in diesen Knoten) aufsummiert und außerdem eine Abschätzung gemacht, wie weit die momentane Lösung noch vom Ziel entfernt ist.

Bei dieser Abschätzung muß es sich immer um eine Unterschätzung handeln, damit gewährleistet ist, daß es sich bei der später gefundenen Lösung tatsächlich um die optimale Lösung handelt. Eine unterschätzende Bewertung für ein Wegeplanungsproblem wäre z.B. die Luftlinienentfernung zweier Orte.

Aufgrund dieser Bewertungsfunktion (Kosten des bereits durchfahrenen Weges + geschätzte Restentfernung) wird immer in den kostengünstigsten Knoten gewechselt. Sobald sich die Wege in die expandierten Knoten als teurer herausstellen als die eines bisher durchlaufenen Weges, wird sofort in den letzten Knoten dieses billigeren Weges gesprungen und von dort aus weiter expandiert. Damit ist sichergestellt, daß es sich bei der gefundenen Lösung tatsächlich um die optimale handelt. Beispiel: Es wird der kürzeste (optimale) Weg von S nach Z gesucht:

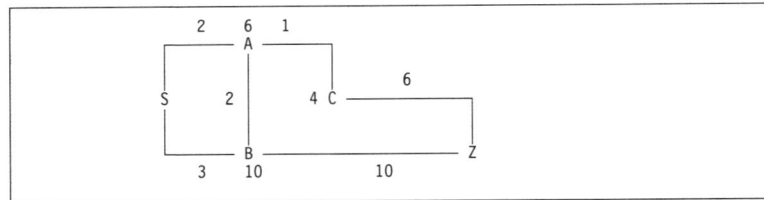

Die Zahl an den Verbindungen gibt die Kosten an, die anfallen, wenn von einem Knoten in den anderen gewechselt wird. Die Zahl an den Knoten entspricht den geschätzten Kosten bis zum Ziel (Luftlinie). Der A*-Algorithmus würde den Baum für obiges Beispiel wie folgt expandieren:

1. Expandiere alle Wege des Startknotens

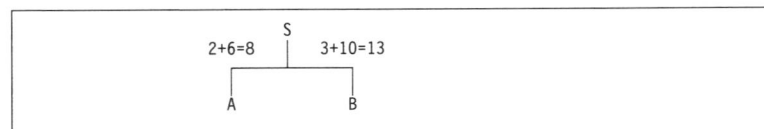

Der Weg in Knoten B verursacht mehr Kosten als der in Knoten A. Also wird jetzt von Knoten A aus expandiert.

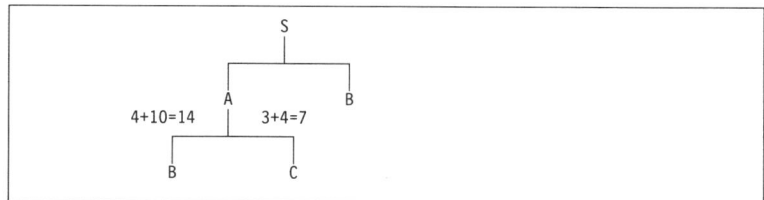

Der aufgelaufene Weg nach B ist 2+2=4. Dazu kommen noch die geschätzten zukünftigen Kosten von 10. Knoten C verursacht also weniger Kosten als B. Das ergibt folgende Expandierung zum Zielknoten:

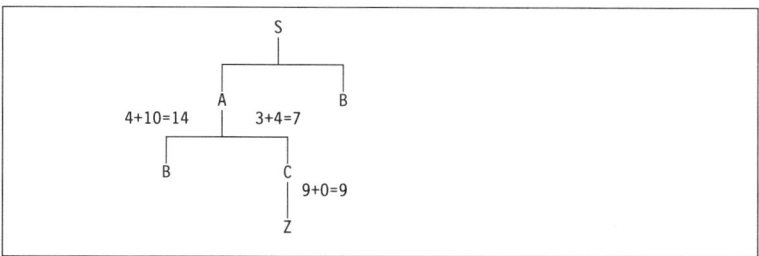

Der gefundene Weg ist optimal. Ferner ist die Anzahl der Schritte bis zum Ziel durch das Abschätzen der Restkosten sehr gering. Der Weg durch B wurde z.B. gar nicht erst expandiert, da er von vornherein zu teuer war.

Der Vorteil dieses Verfahrens liegt darin, daß es einen optimalen Pfad durch den Lösungsraum findet. Der Nachteil ist, daß der Rechenaufwand mit zunehmender Problemkomplexität stark ansteigt. Der Erfolg hängt davon ab, ob die Problemkomplexität ausreichend reduziert werden kann, d.h., ob sich im Suchbaum viele gleichwertige Wege ergeben, die eliminiert werden können.

Für die Bauperiodenbildung verwendeten wir einen modifizierten A*Algorithmus. Um das Problem zu vereinfachen, werden im Vorfeld die Anzahl und die Länge der Bauperioden bestimmt. Jetzt muß diese Menge an Bauperioden in eine geeignete Reihenfolge gebracht werden. Die Bauperioden liegen um so besser im Kalender, je mehr Kundenwunschtermine damit abgedeckt werden. Die Bewertungsfunktion setzt sich aus drei Werten zusammen: »Aufträge

zu spät«, »Aufträge zu früh« und »Taktverlust«. Diese drei
Werte werden jeweils mit vom Benutzer einstellbaren Ge-
wichten versehen. Der Benutzer kann zusätzlich eine Start-
Bauperiode wählen. Es ergaben sich akzeptable Laufzei-
ten für PERPLEX erst, als wir äquivalente Wege aus dem
Suchbaum eliminierten. Die Laufzeiten reduzierten sich
dadurch von mehreren Stunden auf etwa 1/2 Minute bei 12
Bauperioden (C-Implementierung).

Bild 7.17:
Bauperioden-
reihenfolge

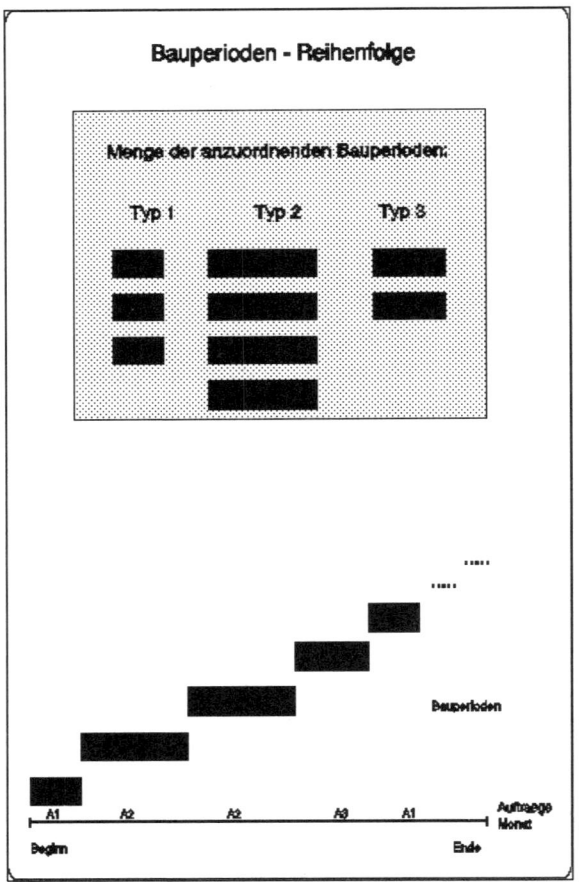

Das Ergebnis der Bauperiodenbildung und der Suchbaum
zur Ermittlung der Bauperioden sind in den Abbildungen
7.17 und 7.18 veranschaulicht.

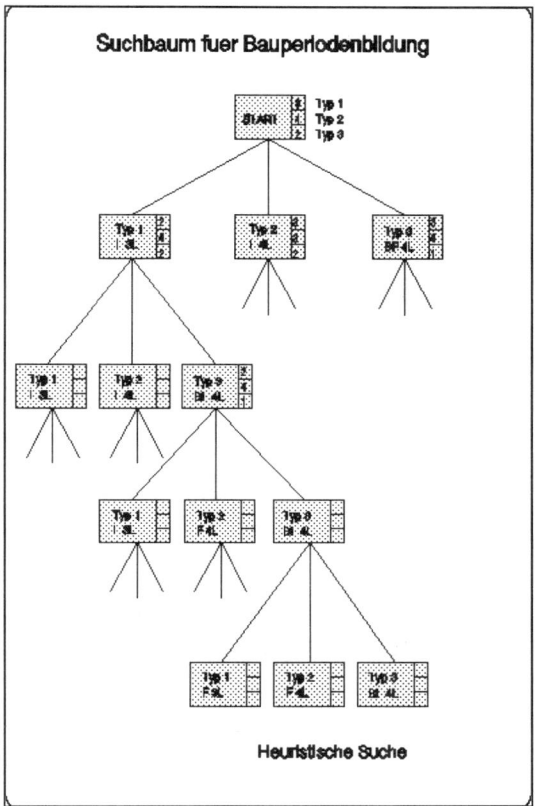

Bild 7.18:
Suchbaum für
Bauperioden-
bildung.

Auftragsreihenfolgebildung mit Evolutions-strategien

Bei der Auftragsreihenfolgebildung müssen etwa 250-400 Aufträge pro Montageband angeordnet werden, wobei die Grobstruktur durch den Bauperiodenplan vorgegeben ist. Bei diesem Umfang kommen heuristische Suchverfahren aus Laufzeitgründen nicht mehr in Frage, da es zu 400! (Fakultät) theoretisch möglichen Wegen pro Band kommen kann (1200! (Fakultät) Wege insgesamt). Diese Zahl ist größer als die Zahl der Atome im Universum. Konventionelle Planungsverfahren scheitern hier außerdem an der Widersprüchlichkeit der Anforderungen an eine Reihenfolge. Ein regelbasierter Ansatz zur Reihenfolgebildung erschien zunächst vielversprechend. Es zeigte sich aber, daß die Schwerpunkte bei den Kriterien, die eine gute Reihenfolge ausmachen, auf den drei Bändern unterschiedlich sind. Zudem können diese Schwerpunkte der Optimierung von Monat zu Monat wechseln. Ein Reihenfolgebildungsprogramm muß sich also auf diese wechselnden Anforderungen einstellen lassen. Für ein regelbasiertes Reihenfolgeprogramm würde dies in den meisten Fällen eine Umprogrammierung bedeuten, was keine ideale Lösung darstellt. Eine sehr gute Möglichkeit, auch mit wechselnden Anforderungen flexibel umzugehen, bieten die Evolutionsstrategien. Sie sind geeignet, die 250-400 Aufträge in angemessener Zeit in eine optimale Reihenfolge zu bringen.

Bild 7.19:
Optimieren mit
Evolutions-
strategien.

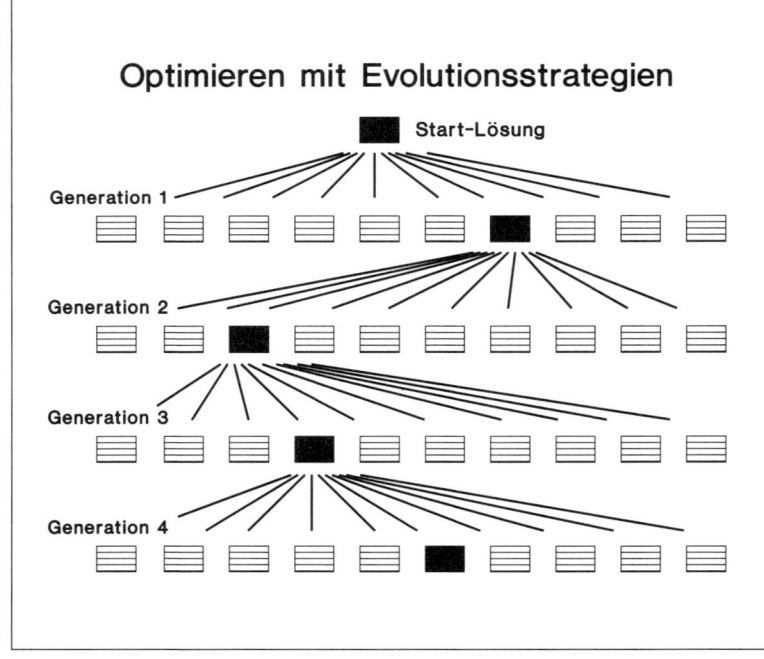

Ausgehend von einer zufällig generierten Start-Lösung werden ewta 10-100 Nachkommen erzeugt. Der Nachkomme mit der besten Bewertung wird ausgewählt, alle anderen potentiellen Lösungen werden verworfen. Nach der Selektion werden die Nachkommen mutiert. Solche Modifikationen sind bei PERPLEX das Vertauschen von benachbarten Aufträgen, das Vertauschen von Gruppen von Aufträgen oder das Verschieben von Aufträgen. Es werden so lange weitere Nachkommen gebildet, bis die erzeugte Lösung bestimmten Bedingungen (d.h. einem bestimmten Gütemaß) genügt. Alternativ dazu kann bei PERPLEX auch einfach eine bestimmte Anzahl von zu bildenden Generationen vorgegeben werden. Der Suchprozeß wird dann beendet, wenn die entsprechende Anzahl von Generationen erreicht wurde (siehe hierzu auch die schematische Darstellung des Selektionsvorganges in Bild 7.19).

Im Vergleich zu den heuristischen Verfahren bringt man das Wissen für die Problemlösung fast ausschließlich in die Bewertungsfunktion ein. Bei heuristischen Verfahren liegt das Wissen über die Problemlösung in Regeln, der Bewertungsfunktion und dem Algorithmus zur Generierung neuer Schritte vor.

Problemrepräsentation

Eine Lösung des Planungsproblems enthält die Auftragsreihenfolge für einen Baumonat und für ein Produktionsband. Die Start-Lösung wird durch Einfüllen der Aufträge in den Bauperiodenplan erzeugt. Die Anordnung der Aufträge könnte zufällig sein, wie sie z.B. vom Vertrieb geliefert wird. PERPLEX sortiert in der Start-Lösung aber bereits die Aufträge nach dem spätesten Liefertermin der Aufträge. Dies bewirkt eine erste Annäherung in Richtung Ziel-Lösung. Auf die Qualität oder das Finden der Ziel-Lösung hat dies keine Auswirkung. Lediglich die Rechenzeit wird durch die Vorsortierung in der Regel etwas verkürzt.

PERPLEX verwaltet die Liste der Aufträge nur einmal im System, um Speicherplatz zu sparen. Diese Liste enthält

Informationen wie z.B. Motortyp, Stückzahl, Taktung, Liefertermin von, Liefertermin bis, Kurbelgehäusetyp, Varianten-, Prüf- und Endrüstezeiten sowie die Bauperiodennummer. Die eigentliche Reihenfolgeinformation wird in einer zweiten Tabelle abgelegt (genetischer Code). Sie enthält Indizes auf die Liste der Aufträge und die berechneten Auflegezeiten als Minuten im Baumonat. Beim Erzeugen von Varianten wird ausschließlich auf dieser zweiten Tabelle gearbeitet. Diese zweite Tabelle wird für jede erzeugte Variante angelegt.

Erzeugen von Nachkommen

Beim Erzeugen von Nachkommen für eine bestehende Lösung sind drei Überlegungen von Bedeutung:

- die Art festzulegen, auf die neue Nachkommen gebildet werden,
- ein Maß für die Schrittweite zu definieren (siehe unten),
- die Zahl der Nachkommen für jede Generation zu bestimmen.

Das Bilden neuer Nachkommen wird natürlich auch hier mit einer Zufallsfunktion gesteuert. Es wird mehrmals ein Auftrag per Zufall ausgewählt. Dieser Auftrag wird wiederum per Zufall umpositioniert.

Das Umpositionieren erfolgt derart, daß näher liegende Positionen bevorzugt werden. Durch dieses mehrfache Umpositionieren wird aus dem Vorfahren, dem Elter (also einer Reihenfolge), ein Nachkomme (also eine modifizierte Reihenfolge) erzeugt. Die neue Position eines Auftrags in der Reihenfolge kann innerhalb seiner Bauperiode sein oder aber auch in einer anderen Bauperiode, solange diese Aufträge desselben Typs enthält. Dies führt dazu, daß die Bauperiodenstruktur erhalten bleibt. Lediglich die Länge der Bauperioden verändert sich. Die Anfangsschrittweite wird so gewählt, daß zu Beginn etwa 3% der Aufträge umpositioniert werden.

Für das korrekte Arbeiten des Algorithmus muß bekannt sein, wie ähnlich sich der Elter und sein Nachkomme sind beziehungsweise wie groß die Veränderung durch das Umpositionieren ist. Dieses Ähnlichkeitsmaß nennen wir Schrittweite. Um die Schrittweite zu bestimmen, betrachten wir alle Aufträge, die durch unseren Zufallsprozeß neu angeordnet wurden. Für jeden umpositionierten Auftrag wird der Abstand zu seiner alten Position in Anzahl Positionen berechnet. Die Schrittweite ist die Summe über alle umpositionierten Aufträge.

Aufträge für einen Nachkommen werden solange umdisponiert, bis eine bestimmte Schrittweite erreicht ist. Diese vorgegebene Schrittweite für den Nachkommen ist eine Eigenschaft des Elter. Wir verwenden hier die 1/3-Regel (siehe Kapitel 3). Zur Erinnerung: Ein Drittel der Nachkommen erhält dieselbe Schrittweite wie der Elter, ein weiteres Drittel der Nachkommen eine Schrittweite, die um ein Drittel unter der des Elter liegt, und das letzte Drittel der Nachkommen eine solche, die um ein Drittel über der des Elter liegt. Die Schrittweite wird auf diese Weise von Generation zu Generation mitoptimiert. Gegen Ende des Suchlaufs wird die Schrittweite immer kleinere Werte annehmen, da große Veränderungen in der Reihenfolge ein Ergebnis in der Nähe des Optimums nur noch verschlechtern können.

Die Anzahl der Nachkommen pro Generation wird von uns konstant gehalten. Für kleinere Suchräume genügen 10 Nachkommen, für größere Suchräume werden entsprechend mehr gewählt. Bei der Reihenfolgeplanung erzielten wir mit 30-60 Nachkommen pro Generation gute Ergebnisse. Unter und über diesen Grenzen nimmt die Laufzeit bis zur Ergebnis-Lösung zu.

Bewertung und Auswahl von Nachkommen

Als Grundlage für die Erstellung der Bewertungsfunktionen dient PERPLEX die Rangfolge der zu beachtenden Restriktionen bei der Reihenfolgebildung.

Zu jeder dieser Restriktionen wird eine Funktion erstellt. Hierfür eignen sich quadratische und exponentielle Funktionen besser als lineare. Die Werte dieser Funktionen werden gewichtet und schließlich zum Gesamtwert für eine gebildete Reihenfolge (= ein Nachkomme) aufsummiert. Die Gewichte für die Funktionen stellt der Benutzer (Planer) ein. Er beeinflußt auf diese Weise die Optimierung. Im nachfolgenden Diagramm wird exemplarisch im Pseudocode dargestellt, wie die Bewertungsfunktion in unserem konkreten Fall aussieht:

```
Setze die Einzelsummen der Optimierungskriterien auf 0

 /* Bewertung auf Auftragsebene: */
 Für alle Auftraege tue
     /* Einhaltung der Wunschtermine */
     Falls Isttermin < Solltermin, dann
             addiere Auftragspriorität * (1+ (Solltermin-Isttermin))² auf
             termine_zu_frueh

     Falls Isttermin > Solltermin, dann
             addiere Auftragspriorität * (1+ (Isttermin-SollIsttermin))² auf
             termine_zu_spaet

     /* Berechnung jeweils für Variantenzeit , Prüffeld, Endrüste */
     Berechne tatsächlichen Aufwand für diesen Auftrag (zeit * stueckzahl);
     Falls Aufwand > Normaufwand, dann
             addiere (Aufwand - Normaufwand) auf varianten, prueffeld und
             endrueste

     /* Berechnung jeweils für Erzeugniskennziffer, Kurbelgehäuse,
             Kundenlieferumfng, Geschäftspartner */
     Falls Typ gewechselt hat und Istanzahl < Sollanzahl, dann
             addiere (Sollanzahl² - Istanzahl²) auf erzeugniskennziffer,
             kurbelgehäuse, kundenlieferumfang und geschaeftspartner

 /* Bewertung auf Bauperioden-Ebene */
 Für alle Bauperioden tue
     Falls aktuelle Bauperiodenläge < minimale Bauperiodenlänge, dann
             addiere (aktuelle - minimale Länge)² auf bp_unter

     Falls aktuelle Bauperiodenläge > maximale Bauperiodenlänge, dann
             addiere (aktuelle - maximale Länge)² auf bp_ueber

 Multipliziere die Einzelbewertungen mit ihrem Gewicht
 Addiere alle gewichteten Einzelbewertungen zusammen zur Gesamtbewertung
```

Wenn man sich beispielsweise die Bewertungsfunktion für die Wunschtermine genauer ansieht, so kann man erkennen, daß eine quadratische Funktion verwendet wurde. Das bedeutet, daß der Genetische Algorithmus »weiß«, daß ein Auftrag, der zwei Tage zu spät gebaut wird, dem Vertrieb 4 mal soviel Kosten verursacht als ein Auftrag, der 1 Tag zu spät gebaut wird. Die Addition der Zahl 1 soll verhindern, daß vor der Quadratbildung durch die Subtraktion Werte kleiner 1 entstehen. Die Auswirkungen der vom Planer eingestellten Gewichte und der Bewertungsfunktion auf die Güte der Lösungen sind exemplarisch in den Bilder 7.20 und 7.21 dargestellt.

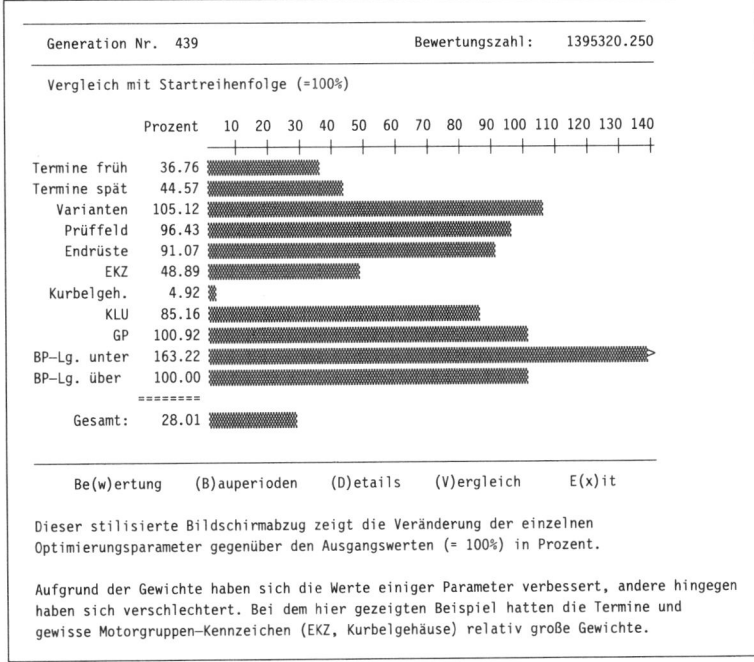

Bild 7.20:
Veränderung der Optimierungs-parameter.

Nachdem jeder Nachkomme bewertet wurde, wird derjenige mit dem besten Bewertungsergebnis ausgewählt. Von diesem ausgehend wird die nächste Generation gebildet. Die übrigen Nachkommen werden wieder gelöscht, denn sie werden für die weitere Suche nicht mehr benötigt. Um sicherzustellen, daß die Lösungen über die Generationen nur besser werden können, wird die beste Lösung der aktuellen Generation immer mit der bisher insgesamt besten Lösung verglichen. Die bessere von beiden wird gespeichert. Die hier vorgestellte Lösung des Problems stellt, wie der aufmerksame Leser bereits festgestellt haben wird, eine klassische (1+40) Evolutionsstrategie mit adaptiver Schrittweitenregelung dar.

Bild 7.21:
Bewertungszahlen
in Abhängigkeit
von Gewichten und
Optimierungs-
kriterien.

```
 ┌─────────────────────────────────────────────────────────────┐
 │  Generation Nr.  439          Bewertungszahl:   1395320.250  │
 │                                                              │
 │    Bewertungsergebnis    (In Klammern ohne Gewichte)         │
 │                                                              │
 │  Termine zu früh   924166.8125  ( 18483.3363)                │
 │  Termine zu spät   258888.9219  (   258.8889)  Termine gesamt 1183055.7344 │
 │                                                              │
 │       Varianten        54.2778  (    54.2778)                │
 │       Prüffeld        957.2732  (    47.8637)                │
 │       Endrüste        534.5764  (    53.4576)                │
 │                                                              │
 │            EKZ      29782.2578  ( 14891.1289)                │
 │   Kurbelgehäuse     84802.6875  (  4240.1344)                │
 │            KLU      60075.2734  ( 12015.0547)                │
 │             GP      25112.0254  ( 12556.0127)                │
 │                                                              │
 │  BP-Länge unter     10725.6006  ( 35752.0005)                │
 │  BP-Länge über        220.5000  (   441.0000)  BP-Länge gesamt   10946.1006 │
 │                     ===============                          │
 │     Gesamt:       1395320.2500                              │
 │                                                              │
 │  Be(w)ertung   (B)auperioden   (D)etails   (V)ergleich   E(x)it │
 └─────────────────────────────────────────────────────────────┘
 Dieser Bildschirmabzug zeigt die Bewertungszahlen für die einzelnen
 Optimierungsparameter. In der linken Spalte sind die Bewertungszahlen bereits mit den
 (vom Benutzer einstellbaren) Gewichten multipliziert. Dieser Schirm zeigt das
 Bewertungsergebnis der jeweils besten Lösung einer Generation.
```

Der Optimierungsvorgang ist sehr effizient und läuft etwa 400-800 Generationen bei 250-350 Aufträgen. Auf einem 486er-Rechner mit einer Taktung von 50 MHz bedeutet dies ca. 5 – 10 Minuten (C-Implementierung).

Realisierung

Die Kombination der beiden hier vorgestellten Verfahren zur Reihenfolgebildung wird in PERPLEX zur Reihenfolgeplanung bei der Produktion von Dieselmotoren eingesetzt. PERPLEX ging im Frühjahr 1991 bei der Klöckner-Humboldt-Deutz AG, Köln, erfolgreich in Produktion. Das System ermöglicht neben der bereits vorgestellten automatischen Planung alternativ auch eine manuelle Planung und Umplanung. Ebenso kann auf Teilen einer Reihenfolge automatisch geplant oder wieder umgeplant werden.

Für die Planung und Umplanung steht dem Benutzer eine sehr komfortable mausgesteuerte grafische Oberfläche zur Verfügung. Die Bauperioden werden ebenso wie die Terminlandschaft grafisch dargestellt. Die Grafiken sind aktiv mit den im Hintergrund von dem Expertensystem verwalteten Daten gekoppelt. Durch »Anklicken« der Bauperioden mit der Maus erhält der Planer umgehend alle Auftragsdaten angezeigt. Die von PERPLEX generierte Planung kann von dem Benutzer nachträglich manipuliert werden, indem er einfach die Grafiken visuell verändert. Durch die aktiven Grafikobjekte ist es dem Expertensystem möglich, systemintern die Aktivitäten des Bedieners mitzuprotokollieren und entsprechend die Planungslogik nachzuführen. PERPLEX kann dann die Aufträge automatisch ohne zusätzliche Aktionen des Benutzers umstellen und die Aufträge für die Montage bis auf die Minute genau neu terminieren.

Um die Qualität der Planung und das Ergebnis transparent zu machen, stellt das System vielfältige Möglichkeiten der Bewertung einer Reihenfolge zur Verfügung. So können z.B. Listen von Aufträgen, die nicht termingerecht eingeplant werden konnten, erstellt, Statistiken über die Abweichung dieser Aufträge vom Soll-Termin in Tagen oder in Minuten oder Diagramme über die tagesbezogene Belastung des Prüffeldes erzeugt werden.

Die Bewertungsfunktionen lassen sich sowohl auf die automatische als auch auf die manuelle Planung anwenden. Der Benutzer erhält so Vergleichsmöglichkeiten und eine gute Rückmeldung über seine eventuell nachträglich angebrachten Änderungen. Im Einsatz von PERPLEX hat sich jedoch gezeigt, daß die automatisch erzeugte Planung praktisch immer optimal ist, d.h., daß es den Planern nachträglich nicht mehr gelingt, das Ergebnis manuell zu verbessern. Der einzige Sinn des manuellen Eingreifens in den Planungsprozeß besteht darin, daß gelegentlich aus »politischen« Gründen, etwa um einen Neukunden zu gewinnen, Aufträge vorgezogen werden müssen, obwohl dies zu einer suboptimalen Produktionsreihenfolge führt. Dies wird dann eventuell bewußt akzeptiert.

Die Kombination der Expertensystem-Technik mit den Evolutionsstrategien ist sehr mächtig und flexibel. Das gesamte Datenhandling, die grafische Oberfläche und die interaktive Bedienerführung wird von dem Expertensystem zur Verfügung gestellt. Die rechenaufwendigen Evolutionsprozesse werden in den externen C-Routinen durchgeführt, deren Aufruf und Auswertung jedoch wiederum von dem Expertensystem vorgenommen wird.

Da die Evolutionsroutinen sowie die Vor- und Nachverarbeitung der Daten von Regeln und aktiven Objekten des Expertensystems verwaltet werden, sind Erweiterungen und Änderungen der Systemarchitektur sehr leicht möglich. So konnten wir durch einfache Änderungen von Regeln des Expertensystems in kürzester Zeit (innerhalb von zwei Wochen) eine vollständig neue, vierte Montagelinie in den Planungsablauf einbeziehen.

PERPLEX läuft auf einem PC unter dem Betriebssystem OS/2. Die verwendete Expertensystem-Shell läuft unter dem Presentation Manager, der grafischen Bedieneroberfläche von OS/2. Die Verbindung zu den Datenbanken auf dem Großrechner, in denen die Ausgangsdaten (die Auftragsliste und der Betriebskalender) und die Ergebnisdaten (die Reihenfolge der Aufträge) gespeichert sind, erfolgt über ein Netzwerk durch Download und Upload vom Host-Rechner (IBM 3090) über sequentielle Dateien.

Automatische Formelgenerierung und »genetische Prognose«

In diesem Kapitel wird eine neuartige Anwendung von Genetischen Algorithmen vorgestellt. Ziel ist es, mit Genetischen Algorithmen mathematisch geschlossene Formeln zu finden, die beliebige Zeitreihen approximieren. Das Einsatzgebiet dieser speziellen Algorithmen ist sehr vielfältig und umfaßt u.a. Prognosen und die Approximation von Funktionen. Alle in diesem Kapitel vorgestellten Verfahren und Algorithmen sind als C-Programm im Quellcode auf der beigefügten Diskette vorhanden. Der interessierte Leser soll dazu angeregt werden, die besprochenen Verfahren abzuändern, zu verbessern, unterschiedliche Parameter einzustellen, usw. Zu diesem Zweck werden die Programme und Algorithmen zusätzlich in Kapitel 8 noch ausführlich erläutert.

Problemstellung

Zeitreihen, Diagramme und Kurven, mit denen man alltäglich konfrontiert wird, lassen sich nur in seltenen Fällen durch geschlossene mathematische Formeln oder Gleichungen darstellen. Aktienkurse, Temperaturdaten, Absatzkurven oder »chaotische Zeitreihen« zeigen im allgemeinen kaum Regelmäßigkeiten und lassen sich daher nur schwer beschreiben und prognostizieren. Seit etlichen Jahrzehnten wird versucht, Algorithmen oder Verfahren zu entwickeln, mit denen man zuverlässige Aussagen über das Verhalten oder Trends solcher Kurven gewinnen kann. Exponentielle Glättung, ARIMA-Modelle oder Neuronale Netzwerke sind nur drei Ansätze in dieser Richtung. Wir erläutern im folgenden mehrere neuartige Ansätze, mit denen es möglich ist, Genetische Algorithmen dazu zu verwenden, Zeitreihen durch mathematische Formeln beliebig genau zu approximieren und dadurch zu prognostizieren.

Approximation durch Polynome

Im ersten Ansatz wird versucht, Zeitreihen durch Polynome n-ten Grades zu approximieren. Zuerst wählen wir der Einfachheit halber als Zielfunktion, d.h. als zu approximierende Funktion die Quadratfunktion:

$$y = f_{soll}(x) = x^2$$

Der zu approximierenden Funktion wird nun ein Polynom der Form

$$y = f_{ist}(x) = a_1 * x^{b1} + a_2 * x^{b2} + a_3 * x^{b3} + \ldots + a_n * x^{bn}$$

gegenübergestellt. Aufgabe des Genetischen Algorithmus ist, bei einem vorgegebenen Grad (*Variable n*) des Polynoms die Parameter a_i und b_i so zu bestimmen, daß die Gesamtfunktion $f_{ist}(x)$ die gewünschte Zeitreihe möglichst gut approximiert. Die Aussage »möglichst gut approximiert« dient dem Algorithmus als Bewertung der Güte der einzelnen Individuen. Jedes Individuum stellt ein komplettes Polynom dar, das für ein bestimmtes x einen Wert zurückliefert. Zu beachten ist bei diesem Ansatz, daß das Polynom, das durch den Genetischen Algorithmus gebildet wird, auch reellwertige Exponenten besitzen kann und somit die Bezeichnung »Polynom n-ten Grades« mathematisch nicht ganz sauber ist.

Zur Bewertung der Güte eines Individuums werden nun m Stützstellen definiert (z.B. jeder 10te x-Wert oder jeder ganzzahlige x-Wert), diese Werte werden als Argumente in die Polynome des Genetischen Algorithmus' eingesetzt und die entsprechenden y-Werte verglichen. Nehmen wir zur Veranschaulichung des Verfahrens als Stützstellen die ersten zehn positiven ganzzahligen Ordinaten $x_1=1$, $x_2=2$, $x_3=3$, ... $x_{10}=10$, was den gewünschten Soll-Funktionswerten von $f_{soll}(x_1)=1$, $f_{soll}(x_2)=4$, $f_{soll}(x_3)=9$, ..., $f_{soll}(x_{10})=100$. entspricht. Analog dazu erhalten wir die m=10 Ist-Werte des Genetischen Algorithmus', $f_{ist}(x_1)$, $f_{ist}(x_2)$, ..., $f_{ist}(x_{10})$.

Der Vergleich ist verhältnismäßig einfach und ermittelt die Summe der absoluten Fehler über alle Stützstellen:

Fehler F_{abs} =

$$\sum_{i=1}^{m} \left| f_{soll}(x_i) - f_{ist}(x_i) \right|$$

Dieses Maß ist ausschlaggebend dafür, welche Individuen (Polynome) im Evolutionsprozeß überleben und welche nicht. Polynome, die die Originalfunktion an den Stützstellen gut approximieren, d.h. die einen kleinen Fehler liefern, überleben mit einer höheren Wahrscheinlichkeit als schlechte Polynome. Soll der Genetische Algorithmus noch gezielter auf das Eliminieren der schlechten Individuen hinarbeiten, so empfiehlt sich als Bewertungsfunktion anstelle des absoluten Fehlers der quadratische Fehler:

Fehler F_{sqr} =

$$\sum_{i=1}^{m} (f_{soll}(x_i) - f_{ist}(x_i))^2$$

Neben den Bewertungsfunktionen gehen noch folgende weitere Parameter in die Formelgenerierung ein.

- n: Grad des Polynoms
- m: Anzahl der Stützstellen
- $[x_{min}, x_{max}]$: Intervall, auf dem die Originalfunktion approximiert werden soll
- $[a_{min}, a_{max}]$: Intervall, in dem sich die Faktoren a_i des Polynoms bewegen dürfen
- $[b_{min}, b_{max}]$: Intervall, in dem sich die Exponenten b_i des Polynoms bewegen dürfen
- Rechengenauigkeit für die a_i und b_i
  1. ganzzahlig
  2. reell
- Populationsgröße pro Generation
- Maximale Anzahl zu generierender Individuen während der Evolution

- Cross-over Wahrscheinlichkeit
- Mutationswahrscheinlichkeit
- Anzahl zu übernehmender Elitisten pro Generation
- Angabe, ob Elitisten mutiert werden sollen oder nicht
- Anzuwendende Fitneß-Technik
  1. Lineare Normalisierung
  2. Fenster
  3. Direkt
- Anzuwendendes Selektionsschema
  1. Zufall
  2. Roulette
- Bewertungsfunktion
  1. Absoluter Fehler
  2. Quadratischer Fehler

Welche Approximationen bzw. Äquivalenzen werden für obiges Beispiel y=x^2 gefunden? Wie erwartet findet der Genetische Algorithmus für ein einstelliges Polynom (wir setzen n = 1) sehr bald (nach ca. 10 Generationen) das äquivalente Polynom $f_{ist}(x) = 1.0 * x^{2.0}$. Doch wie sieht es für ein 10-stelliges Polynom aus? Wir versuchen, die Quadratfunktion mit folgenden Parametereinstellungen zu approximieren:

- n=10: Grad des Polynoms
- m=10: Anzahl der Stützstellen, gleichverteilt im Intervall
- [1,10]: Intervall, auf dem die Originalfunktion approximiert werden soll
- [-10,10]: Intervall, in dem sich die Faktoren a_i des Polynoms bewegen dürfen
- [-5,5]: Intervall, in dem sich die Exponenten b_i des Polynoms bewegen dürfen
- Rechengenauigkeit für die a_i und b_i: reell
- Populationsgröße pro Generation: 100
- Maximale Anzahl zu generierender Individuen während der Evolution: 80000
- Cross-over Wahrscheinlichkeit: 0.8
- Mutationswahrscheinlichkeit: 0.04
- Anzahl zu übernehmender Elitisten pro Generation: 10

▶ Angabe, ob Elitisten mutiert werden dürfen oder nicht: Nein

▶ Anzuwendende Fitneß-Technik: Direkt

▶ Anzuwendendes Selektionsschema: Roulette

▶ Bewertungsfunktion: Quadratischer Fehler

Das Ergebnis sieht folgendermaßen aus: Nach der ersten Generation ist selbst das beste der 100 vom Genetischen Algorithmus gebildeten Polynome hinsichtlich des absoluten Fehlers noch verhältnismäßig schlecht.

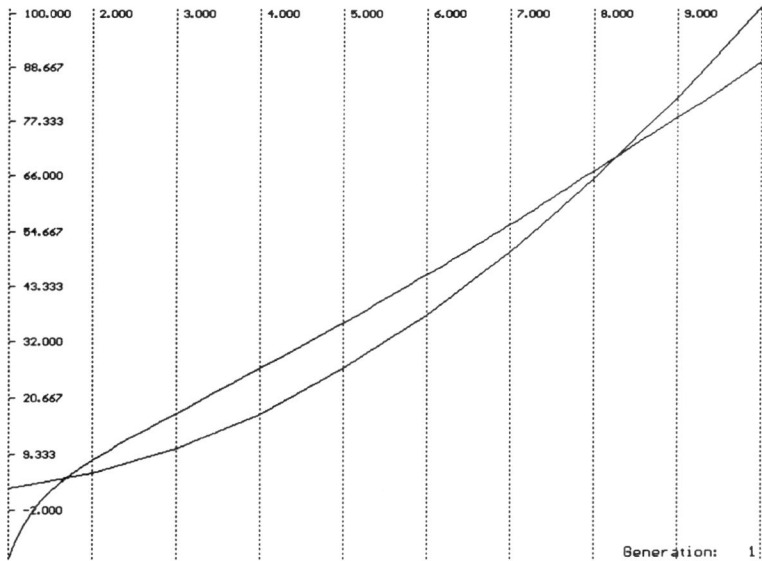

Bild 7.22:
Polynom und
Originalkurve
nach Generation 1.

```
==============================================================
Generation:    1, Fitneß:    0.00150
==============================================================
Polynom:
−5.29412*x^{−2.88235} + 3.01961*x^{1.39216} + 4.82353*x^{−0.29412} −
1.60784*x^{−0.05882} − 8.82353*x^{−0.80392} + 2.31373*x^{−1.74510} −
9.52941*x^{−2.84314} + 0.50980*x^{−2.96078} + 1.29412*x^{1.03922} −
0.03922*x^{−4.13725}
```

Polynomwert		Sollwert		Fehler	
p(1) =	−13.33333	f(1) =	1.00000	d(1) =	14.33333
p(2) =	6.62892	f(2) =	4.00000	d(2) =	2.62892
p(3) =	16.04386	f(3) =	9.00000	d(3) =	7.04386
p(4) =	25.03134	f(4) =	16.00000	d(4) =	9.03134
p(5) =	34.39002	f(5) =	25.00000	d(5) =	9.39002

Polynomwert	Sollwert	Fehler
p(6) = 44.23759	f(6) = 36.00000	d(6) = 8.23759
p(7) = 54.57837	f(7) = 49.00000	d(7) = 5.57837
p(8) = 65.39196	f(8) = 64.00000	d(8) = 1.39196
p(9) = 76.65322	f(9) = 81.00000	d(9) = 4.34678
p(10) = 88.33771	f(10) = 100.00000	d(10) = 11.66229

Bild 7.23:
Polynom und
Originalkurve
nach Generation 2.

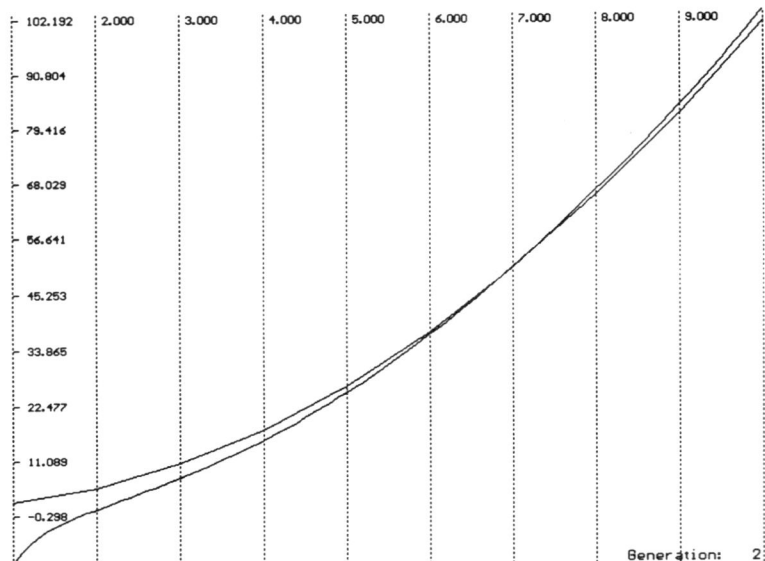

Polynom:
$-5.29412 \cdot x^{-3.03922} + 3.01961 \cdot x^{1.39216} + 4.82353 \cdot x^{-0.29412} - 1.60784 \cdot x^{-0.05882} - 8.82353 \cdot x^{-0.80392} + 7.33333 \cdot x^{-0.56863} - 7.17647 \cdot x^{-1.00000} + 0.82353 \cdot x^{1.98039} - 4.74510 \cdot x^{1.03922} - 0.03922 \cdot x^{-4.13725}$

Polynomwert	Sollwert	Fehler
p(1) = -11.68627	f(1) = 1.00000	d(1) = 12.68627
p(2) = -0.53009	f(2) = 4.00000	d(2) = 4.53009
p(3) = 6.01144	f(3) = 9.00000	d(3) = 2.98856
p(4) = 13.87756	f(4) = 16.00000	d(4) = 2.12244
p(5) = 23.64239	f(5) = 25.00000	d(5) = 1.35761
p(6) = 35.40139	f(6) = 36.00000	d(6) = 0.59861
p(7) = 49.15757	f(7) = 49.00000	d(7) = 0.15757
p(8) = 64.89123	f(8) = 64.00000	d(8) = 0.89123
(9) = 82.57759	f(9) = 81.00000	d(9) = 1.57759
p(10) = 102.19200	f(10) = 100.00000	d(10) = 2.19200

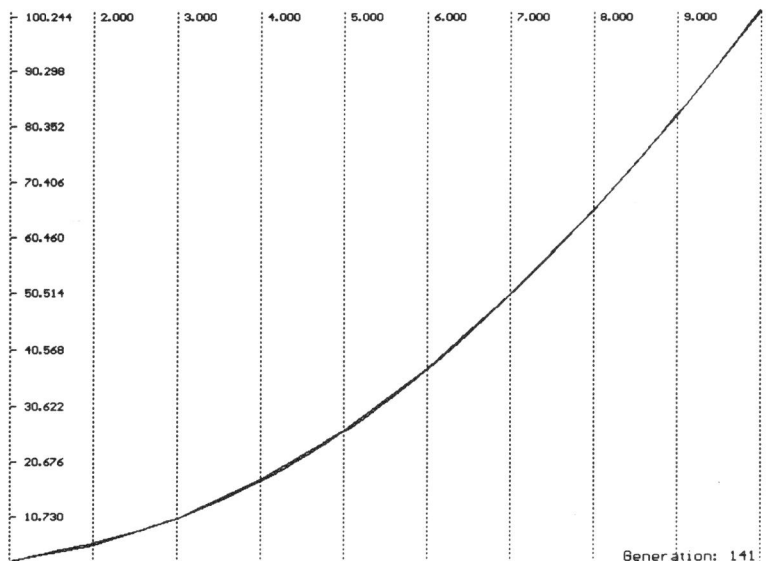

Bild 7.24:
Polynom und
Originalkurve nach
Generation 141.

```
==========================================================
  Generation:   141, Fitneß:   23.55892
==========================================================
  Polynom:
  −0.11765*x⁻¹·⁵⁴⁹⁰² + 3.01961*x¹·³⁹²¹⁶ + 4.74510*x⁻⁰·²¹⁵⁶⁹ −
```

Polynom:
$-0.11765 * x^{-1.54902} + 3.01961 * x^{1.39216} + 4.74510 * x^{-0.21569} -$
$1.60784 * x^{-0.01961} - 2.54902 * x^{-0.25490} + 7.33333 * x^{-0.41176} -$
$5.84314 * x^{-1.39216} + 0.82353 * x^{1.98039} - 4.90196 * x^{1.03922} -$
$0.11765 * x^{1.19608}$

Polynomwert	Sollwert	Fehler
p(1) = 0.78431	f(1) = 1.00000	d(1) = 0.21569
p(2) = 4.44155	f(2) = 4.00000	d(2) = 0.44155
p(3) = 9.02148	f(3) = 9.00000	d(3) = 0.02148
p(4) = 15.75024	f(4) = 16.00000	d(4) = 0.24976
p(5) = 24.66933	f(5) = 25.00000	d(5) = 0.33067
p(6) = 35.72340	f(6) = 36.00000	d(6) = 0.27660
p(7) = 48.85395	f(7) = 49.00000	d(7) = 0.14605
p(8) = 64.01091	f(8) = 64.00000	d(8) = 0.01091
p(9) = 81.15258	f(9) = 81.00000	d(9) = 0.15258
p(10) =100.24414	f(10) =100.00000	d(10) = 0.24414

Das im Bild 7.25 dargestellte Diagramm zeigt den Evolutionsfortschritt beim Bilden des Polynoms über die 144 Generationen. Die obere Kurve stellt dabei die Güte des besten Individuums jeder Generation dar (mit einer großen Verbesserung bei Generation 37), die mittlere Kurve die durchschnittliche Güte der gesamten Generation

und die unterste Kurve die Güte des jeweils schlechtesten
Individuums (hier kaum zu erkennen, da nahezu 0).

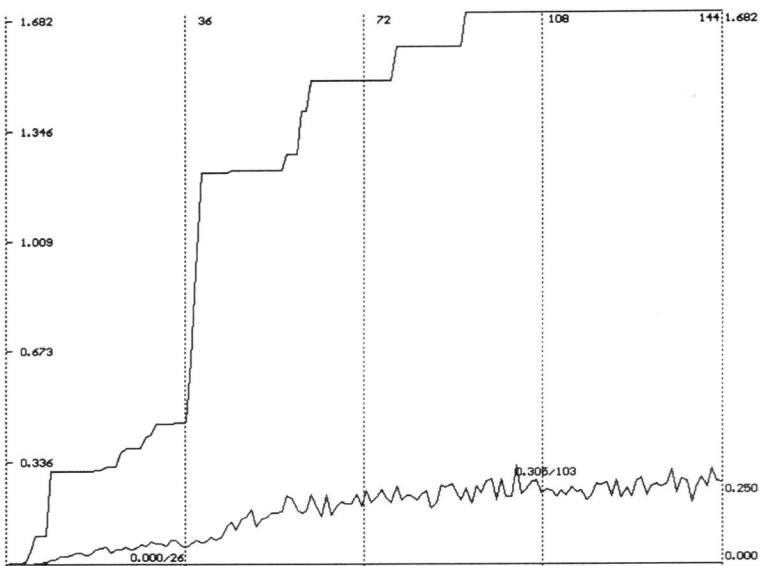

Bild 7.25:
Fitneß-Diagramm

Wie gut die obige Formel die Quadratfunktion approximiert, zeigt sich auch, wenn man in das Polynom Werte
einsetzt, die keine Stützstellen sind. Obwohl der Genetische Algorithmus nur die 10 Stützstellen als Bewertungs-
kriterium betrachtet hat, stimmen sämtliche Zwischen-
werte ebenfalls überein. Setzen wir beispielsweise x=4.5
ein, so erhalten wir aus dem Polynom den Wert y=19.94,
während wird bei x=15 den Wert y=224 erhalten.

Approximation durch endliche Fourier-Reihen

Wie wir gesehen haben, ist es möglich, eine Zeitreihe
durch n-stellige Polynome mit reellwertigen Koeffizienten
und Exponenten sehr genau anzunähern. Jedoch hat das
Verfahren Schwächen, wenn es darum geht, nicht-mono-
tone Zeitreihen mit vielen Wendepunkten anzunähern.
Aktienkurse oder Absatzkurven konnten nur sehr schlecht

angenähert werden, da es oft zu einer extremen Glättung kommt. Auch durch das Einführen von zusätzlichen Stützstellen (in der Abbildung 7.26 41 statt 10) konnte das Ergebnis nicht verbessert werden. Das relativ ungenaue Ergebnis ist jedoch nicht auf einen schlecht arbeitenden Genetischen Algorithmus zurückzuführen, sondern vielmehr auf die Formelbildung. Aus diesem Grund haben wir im nächsten Schritt versucht, als Annäherungsfunktion eine Art Fourier-Entwicklung mittels Genetischer Algorithmen herzuleiten.

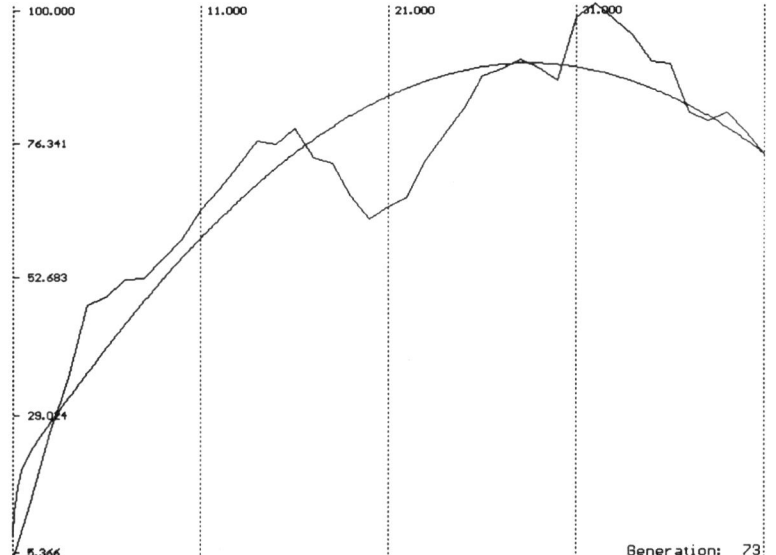

Bild 7.26:
Polynom
approximiert
eine Absatzkurve.

Grundlage dafür ist, ähnlich wie bei den Polynomen, eine feste Formel der Art:

$$y = f_{ist}(x) =$$

$a_1 +$	(konstantes Glied)
$a_2 * x +$	(lineares Glied)
$a_3 * \sin(b_3 * x + c_3) +$	(erstes Fourier–Glied)
$a_4 * \sin(b_4 * x + c_4) +$	
$\ldots$	
$a_n * \sin(b_n * x + c_n)$	

Im Gegensatz zum Polynomansatz hat man hier die Möglichkeit, gleich drei statt zwei Parameter parallel zu optimieren, wobei die a_i die Amplitude, die b_i die Frequenz

und die c_i die Phasenverschiebung darstellen. Die Phasenverschiebung wurde eingeführt, um auch implizite Cosi-
nus-Terme in der Fourier-Reihe berücksichtigen zu können.

Aufgabe des Genetischen Algorithmus ist nun also, für eine
Fourier-Reihe mit n Gliedern die Parameter a_i, b_i und c_i so
zu bestimmen, daß die Gesamtfunktion $f_{ist}(x)$ die gewünschte Zeitreihe möglichst gut approximiert. Zur Bewertung der Güte eines Individuums werden auch hier m
Stützstellen definiert, die zum Vergleich mit der Originalkurve in die Fourier-Reihe eingesetzt werden. Als Bewertungsfunktion wird auch hier der absolute oder der quadratische Fehler verwandt.

Für das folgende Beispiel betrachten wir als Zielfunktion
die in Abbildung 7.26 dargestellte Absatzkurve. Die Parametereinstellungen sind dabei wie folgt:

► n=10: Glieder der Fourier-Reihe
► m=41: Anzahl der Stützstellen, gleichverteilt im Intervall
► [1,41]: Intervall, auf dem die Originalfunktion approximiert werden soll
► [-10,10]: Intervall, in dem sich die Amplituden a_i bewegen dürfen
► [0,2]: Intervall, in dem sich die Frequenzen b_i bewegen
dürfen
► [-5,5]: Intervall, in dem sich die Phasenverschiebungen
c_i bewegen dürfen
► Rechengenauigkeit für die a_i, b_i und c_i: reell
► Populationsgröße pro Generation: 100
► Maximale Anzahl zu generierender Individuen während
der Evolution: 80000
► Cross-over Wahrscheinlichkeit: 0.8
► Mutationswahrscheinlichkeit: 0.04
► Anzahl zu übernehmender Elitisten pro Generation: 10
► Angabe, ob Elitisten mutiert werden sollen oder nicht:
Nein
► Anzuwendende Fitneß-Technik: Direkt

▷ Anzuwendendes Selektionsschema: Roulette
▷ Bewertungsfunktion: Quadratischer Fehler

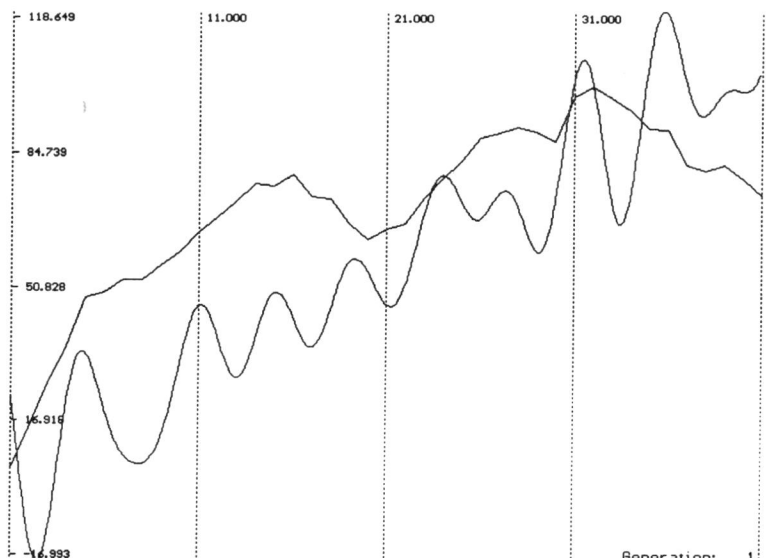

Bild 7.27:
Fourier-Reihe und
Originalkurve nach
Generation 1.

```
============================================================
Generation:     1, Fitneß:     0.00056
============================================================
Fourier-Reihe:
-1.60784 +
2.70588 * x +
6.70588 * sin(   0.98824 * x - 3.70588) +
8.98039 * sin(   1.37255 * x + 1.19608) +
3.33333 * sin(   1.63922 * x - 4.88235) -
4.03922 * sin(   1.78039 * x + 4.33333) +
1.84314 * sin(   1.50588 * x - 1.43137) -
5.52941 * sin(   1.62353 * x + 3.90196) -
10.00000 * sin(   1.26275 * x - 2.52941) -
4.58824 * sin(   0.58039 * x - 2.88235)


============================================================
Generation:     4, Fitneß:     0.00293
============================================================
Fourier-Reihe:
5.84314 +
2.70588 * x +
1.60784 * sin(   0.98039 * x - 0.76471) -
4.74510 * sin(   0.31373 * x + 2.25490) -
7.41176 * sin(   1.56863 * x + 3.03922) -
1.52941 * sin(   0.94902 * x + 0.45098) +
8.58824 * sin(   1.56863 * x - 1.98039) -
6.62745 * sin(   0.30588 * x - 4.76471) +
```

```
1.13725 * sin(   1.72549 * x + 1.50980) +
5.92157 * sin(   1.93725 * x + 1.66667)
```

Bild 7.28:
Fourier-Reihe und
Originalkurve nach
Generation 4.

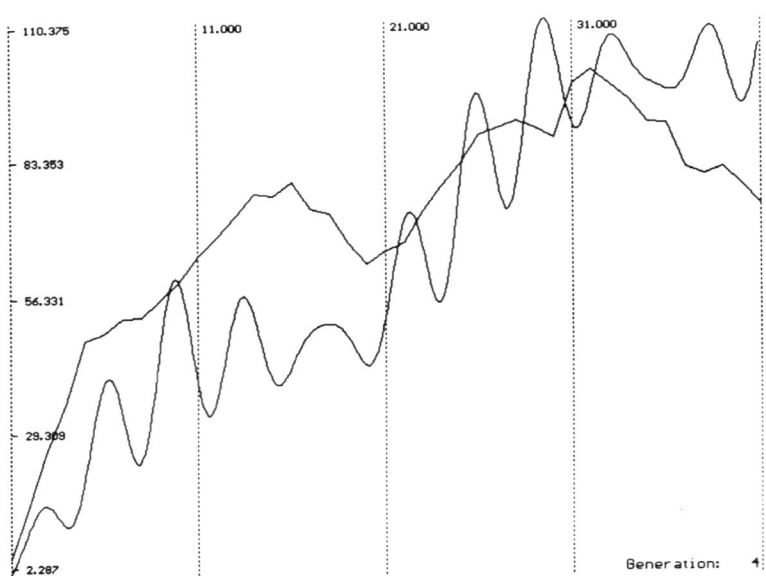

Bild 7.29:
Fourier-Reihe und
Originalkurve nach
Generation 31.

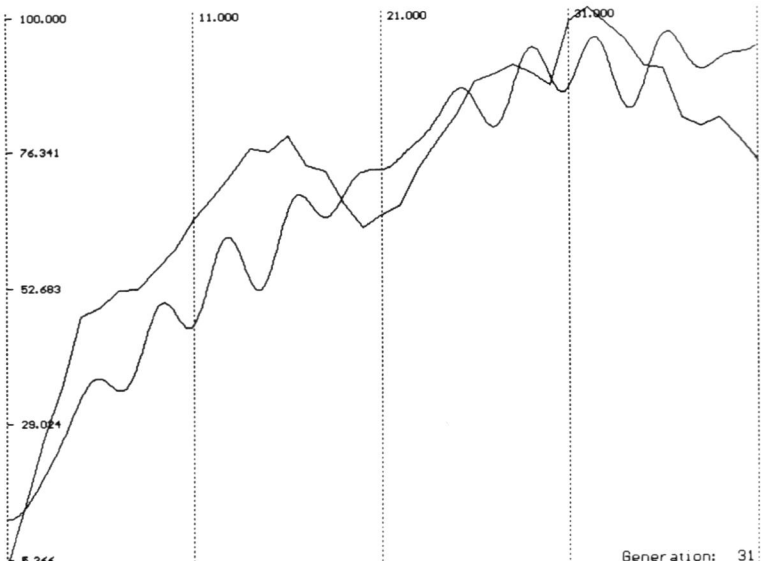

```
============================================================
Generation:    31, Fitneß:    0.00803
============================================================
Fourier-Reihe:
8.43137 +
2.54902 * x -
7.17647 * sin(   0.15686 * x - 3.90196) +
3.41176 * sin(   1.58431 * x + 0.21569) -
10.00000 * sin(   0.09412 * x - 3.00000) -
0.66667 * sin(   0.89412 * x + 3.74510) -
3.33333 * sin(   0.18824 * x - 0.37255) -
2.47059 * sin(   1.91373 * x - 0.76471) +
1.92157 * sin(   0.97255 * x - 3.35294) -
4.19608 * sin(   0.25882 * x - 3.19608)


============================================================
Generation:   545, Fitneß:    0.11159
============================================================
Fourier-Reihe:
7.01961 +
2.54902 * x +
5.05882 * sin(   0.66667 * x - 2.56863) -
5.84314 * sin(   0.07843 * x - 2.49020) -
10.00000 * sin(   0.09412 * x - 3.03922) -
4.43137 * sin(   0.42353 * x + 4.52941) +
9.52941 * sin(   0.12549 * x - 0.21569) +
0.98039 * sin(   1.12941 * x + 2.49020) +
2.00000 * sin(   0.94118 * x + 3.15686) -
9.84314 * sin(   0.27451 * x + 2.29412)
```

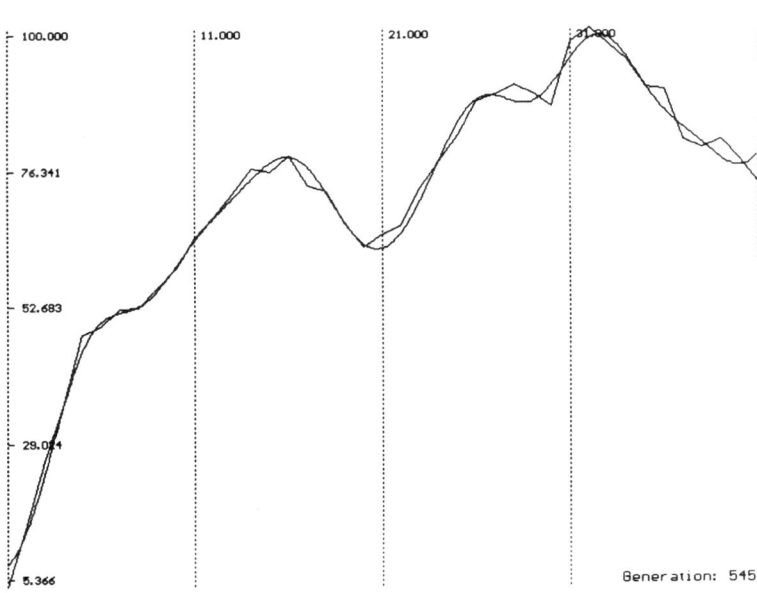

Bild 7.30:
Fourier-Reihe und
Originalkurve nach
Generation 545.

Fourier—Wert	Originalwert	Fehler
p(1) = 6.65678	f(1) = 3.00000	d(1) = 3.65678
p(2) = 12.48907	f(2) = 13.02000	d(2) = 0.53093
p(3) = 22.59033	f(3) = 24.76000	d(3) = 2.16967
p(4) = 34.35958	f(4) = 34.20000	d(4) = 0.15958
p(5) = 43.85014	f(5) = 46.57000	d(5) = 2.71986
p(6) = 48.88812	f(6) = 48.07000	d(6) = 0.81812
p(7) = 50.50967	f(7) = 51.13000	d(7) = 0.62033
p(8) = 51.60237	f(8) = 51.21000	d(8) = 0.39237
p(9) = 54.28856	f(9) = 54.80000	d(9) = 0.51144
p(9) = 54.28856	f(9) = 54.80000	d(9) = 0.51144
p(10) = 58.55170	f(10) = 58.28000	d(10) = 0.27170
p(11) = 63.06817	f(11) = 63.41000	d(11) = 0.34183
p(12) = 66.93717	f(12) = 67.06000	d(12) = 0.12283
p(13) = 70.36041	f(13) = 71.21000	d(13) = 0.84959
p(14) = 73.76901	f(14) = 75.56000	d(14) = 1.79099
p(15) = 76.66904	f(15) = 75.08000	d(15) = 1.58904
p(16) = 77.66490	f(16) = 77.92000	d(16) = 0.25510
p(17) = 75.69549	f(17) = 72.49000	d(17) = 3.20549
p(18) = 71.18632	f(18) = 71.63000	d(18) = 0.44368
p(19) = 65.99358	f(19) = 65.80000	d(19) = 0.19358
p(20) = 62.31569	f(20) = 61.74000	d(20) = 0.57569
p(21) = 61.63224	f(21) = 64.15000	d(21) = 2.51776
p(22) = 64.35392	f(22) = 65.77000	d(22) = 1.41608
p(23) = 69.94157	f(23) = 72.20000	d(23) = 2.25843
p(24) = 77.00296	f(24) = 76.86000	d(24) = 0.14296
p(25) = 83.47042	f(25) = 81.33000	d(25) = 2.14042
p(26) = 87.36818	f(26) = 87.18000	d(26) = 0.18818
p(27) = 88.08970	f(27) = 88.42000	d(27) = 0.33030
p(28) = 87.11951	f(28) = 89.91000	d(28) = 2.79049
p(29) = 87.14067	f(29) = 88.47000	d(29) = 1.32933
p(30) = 89.87505	f(30) = 86.38000	d(30) = 3.49505
p(31) = 94.47422	f(31) = 97.37000	d(31) = 2.89578
p(32) = 98.07904	f(32) = 100.00000	d(32) = 1.92096

Bild 7.31:
Fitneß-Diagramm

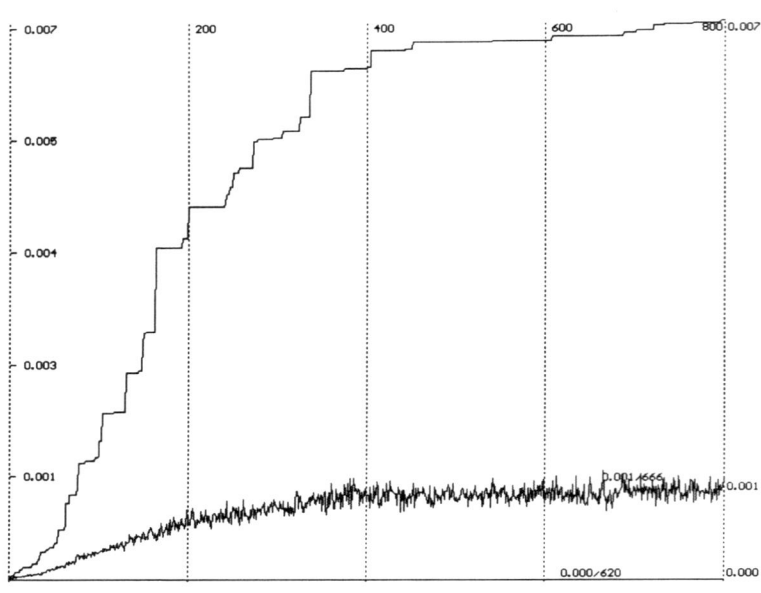

Fourier—Wert	Originalwert	Fehler
p(33) = 98.20045	f(33) = 97.10000	d(33) = 1.10045
p(34) = 94.75038	f(34) = 94.14000	d(34) = 0.61038
p(35) = 89.83530	f(35) = 89.49000	d(35) = 0.34530
p(36) = 85.64648	f(36) = 89.26000	d(36) = 3.61352
p(37) = 82.67244	f(37) = 80.37000	d(37) = 2.30244
p(38) = 80.02065	f(38) = 78.96000	d(38) = 1.06065
p(39) = 77.31919	f(39) = 80.38000	d(39) = 3.06081
p(40) = 75.94519	f(40) = 76.92000	d(40) = 0.97481
p(41) = 78.05178	f(41) = 72.97000	d(41) = 5.08178

Bild 7.31 zeigt wiederum den Evolutionsfortschritt über alle 800 Generationen für das jeweils beste Individuum, den Durchschnitt und das schlechteste Individuum. Die Fourier-Reihe kann nun, nachdem die Parameter auf den Stützstellen optimiert worden sind, auch für Prognosen oder Interpolationen verwendet werden. Wird für x ein Wert eingesetzt, der zwischen zwei Stützstellen liegt, so erhält man sich stetig ändernde Werte, auch wenn die Originalfunktion wie in unserem Fall diskret ist. Setzt man z.B. x=7.5 ein, so erhält man nach Auswertung der Fourier-Reihe den Wert y=50.944. Setzt man hingegen einen Wert jenseits der letzten Stützstelle ein, z.B. x= 42, so erhält man die »Prognose« y=84.27. Zum Vergleich hier noch zwei weitere Formeln, die die obige Zeitreihe hervorragend und nahezu äquivalent approximieren.

```
y = 6.54902 +
2.54902 * x -
8.74510 * sin(   0.12549 * x - 3.54902) +
9.76471 * sin(   0.10980 * x + 0.05882) -
3.80392 * sin(   0.50980 * x + 1.23529) +
2.47059 * sin(   0.54118 * x - 0.56863) +
7.49020 * sin(   0.06275 * x + 0.80392) +
9.92157 * sin(   0.29804 * x - 1.58824) -
3.01961 * sin(   0.25098 * x + 3.50980) -
4.98039 * sin(   0.59608 * x + 2.52941)

y = 7.96078 +
2.78431 * x -
10.00000 * sin(   0.30588 * x - 4.21569) +
7.41176 * sin(   0.05490 * x - 4.56863) +
4.90196 * sin(   0.50980 * x + 4.41176) +
1.05882 * sin(   1.14510 * x - 4.56863) +
9.13725 * sin(   0.12549 * x - 0.45098) -
7.56863 * sin(   0.59608 * x - 4.01961) -
8.82353 * sin(   0.14118 * x + 2.92157) +
5.29412 * sin(   0.36078 * x + 2.56863)
```

Man beachte, daß durch diese Technik damit auch die Möglichkeit besteht, äquivalente mathematische Terme zu »entdecken«!

Approximation durch beliebige Funktionsterme

In den beiden vorangegangenen Kapiteln haben wir gesehen, daß sowohl die Polynomdarstellung als auch das Bilden einer Fourier-Reihe hervorragende Approximationen von Zeitreihen zuläßt, wenn man die Parameter von einem Genetischen Algorithmus optimieren läßt. Jedoch sind nicht beide Verfahren für alle Arten von Kurven gleich gut geeignet. So haben die Polynome ihre Vorteile bei monotonen und streng monotonen Funktionen oder Zeitreihen, während die Stärke der Fourier-Reihen bei Zeitreihen mit häufigen Wendepunkten liegt. Es ist daher naheliegend, die bisher gezeigten Ansätze noch weiter zu verallgemeinern. Denn wieso schränken wir den Genetischen Algorithmus ein, indem wir nur Potenzsummen bzw. Sinus-Terme zulassen? Ist es nicht möglich, beliebige mathematische Operatoren mit beliebigen Operanden zu optimieren?

In diesem Kapitel werden wir diese Frage durch Beispiele mit erstaunlichen Ergebnissen beantworten. Man hätte bei den beiden vorherigen Ansätzen auch genausogut *Evolutionsstrategien* anwenden können, da bislang »nur« Parameter stetig variiert werden mußten. Für den folgenden Ansatz wären Evolutionsstrategien jedoch ungeeignet.

Ziel des aktuellen Genetischen Algorithmus' ist es nun, eine mathematische Formel der Gestalt y = f(x) zu finden. Dabei kann f(x) selbst aus beliebigen und beliebig vielen Operatoren bestehen, die nacheinander auf das Argument x angewandt werden. Die generierte Formel wird folglich die Gestalt y = f(x) = g(h(i...(x)...) haben. Der Genetische Algorithmus muß in diesem Fall zwei Grundparameter finden und optimieren. Zuerst muß der Algorithmus die anzuwendenden Operatoren ermitteln. Dazu geben wir ein Alphabet von zulässigen mathematischen Operationen vor. Das Alphabet ist beliebig. Durch die Vorgabe eines Satzes von Formeltermen ist es möglich, den Genetischen Algorithmus dazu zu zwingen, Äquivalenzen für eine vorgegebene Kurve oder Formel zu finden, die nur ganz bestimmte Operatoren (z.B. nur Addition, Multiplikation und Sinus-Terme für eine Fourier-Reihe) verwendet. In den folgenden Beispielen erlauben wir eine Auswahl aus folgender Operator-Menge:

1. Einstellige Operatoren
▷ $1/x$
▷ e^x
▷ x
▷ $\sin(x)$
▷ $\cos(x)$
▷ $\ln(x)$
▷ $-x$
▷ x
▷ $\sqrt{x}$

2. Zweistellige Operatoren
▷ x + wert
▷ x – wert
▷ x * wert
▷ x / wert
▷ x ^ wert

Zu beachten ist die einstellige Operation $f(x) = x$, die »Identität«. Sie ermöglicht es, Formeln mit variabler Länge zu erzeugen, auch wenn eine maximale Anzahl zu verwendender Operatoren vorgegeben wurde. Dadurch kann der Genetische Algorithmus immer mit einer festen Länge des genetischen Codes arbeiten (z.B. 20 Operatoren), jedoch Formeln mit weniger Operatoren erzeugen. Dies wäre zwar auch möglich durch das Anwenden eines Operators und dessen Umkehrfunktion (z.B. $\ln(e^x)$) unmittelbar nacheinander, jedoch hat sich in den Experimenten gezeigt, daß es wesentlich günstiger ist, nur eine

Operation (= die Identität) anstatt zwei oder noch mehr Operationen anzuwenden. Der gleiche Sachverhalt gilt für scheinbar überflüssige Operatoren wie »x – wert«, der ja bekanntlich auch aus anderen Operatoren, wie z.B. »x + - wert«, hergeleitet werden könnte. Da wir im Alphabet auch zweistellige Funktionen zulassen wollen, benötigen wir noch einen zweiten Grundparameter, der vom Genetischen Algorithmus optimiert werden muß, nämlich den Wert des Operanden. Um auch hier mit einer konstanten Länge des genetischen Codes arbeiten zu können und unabhängig vom Operatortyp rekombinieren und mutieren zu können, wird der Operand immer mitgeführt und bei der Evaluierung der Formel bei einstelligen Operatoren ignoriert. Die Bewertungsfunktion besteht in diesem Fall aus einem Formelinterpreter, der für jedes Individuum die momentane Funktion f(x) evaluiert und den absoluten bzw. den quadratischen Fehler ermittelt. Sinnvollerweise setzt man den Algorithmus ein, um Formeln für Kurven und Zeitreihen zu finden, deren mathematische Beschreibung unbekannt ist. Um jedoch die Vorgehensweise des Genetischen Algorithmus' bei der Formelgenerierung besser zu verstehen, wählen wir für das folgende Beispiel eine um 7 Einheiten nach rechts verschobene Sigmoid-Kurve als Zielfunktion, deren mathematisch geschlossene Formel wir kennen:

$$y = f_{xg}(x) = \frac{1}{1 + e^{-x+7}}$$

Die Parametereinstellungen für den folgenden Evolutionslauf sind wie folgt:

- ▶ n=10: Anzahl anzuwendender Operatoren
- ▶ m=15: Anzahl der Stützstellen, gleichverteilt im Intervall
- ▶ [1,15]: Intervall, auf dem die Originalfunktion approximiert werden soll
- ▶ [0,10]: Intervall, in dem sich die Operanden bewegen dürfen

▶ Operator-Alphabet: 1/x, ex, x, sin(x), cos(x), ln(x), -x, x, x + wert, x – wert, x * wert, x / wert, x ^ wert

▶ Rechengenauigkeit für die Operanden: ganzzahlig

▶ Populationsgröße pro Generation: 100

▶ Maximale Anzahl zu generierender Individuen während der Evolution: 80000

▶ Cross-over Wahrscheinlichkeit: 0.8

▶ Mutationswahrscheinlichkeit: 0.04

▶ Anzahl zu übernehmender Elitisten pro Generation: 10

▶ Angabe, ob Elitisten mutiert werden sollen oder nicht: Ja

▶ Angabe, ob trigonometrische Funktionen verwendet werden dürfen oder nicht: Nein

▶ Anzuwendende Fitneß-Technik: Direkt

▶ Anzuwendendes Selektionsschema: Roulette

▶ Bewertungsfunktion: Absoluter Fehler

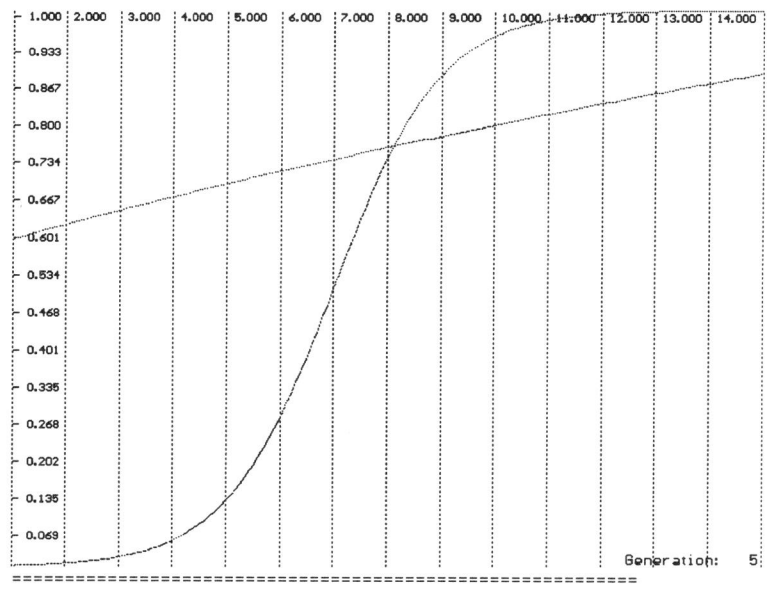

*Bild 7.32:
Näherungskurve
und Originalkurve
nach Generation 5.*

```
========================================================
Generation:     5, Fitneß:    10.60104
========================================================
Formel:
x/2.000000,x–5.000000,x+6.000000,x+4.000000,–x,–x,x,x,√x,x/4.000000
```

Obige »Formel« wurde vom Genetischen Algorithmus erzeugt. Sie wird interpretiert von rechts nach links, bzw.

mathematisch ausgedrückt, von innen nach außen. D.h. die erste Operation ist

    x/2.

Darauf angewandt wird die Subtraktion von 5, also insgesamt

    (x/2) - 5.

So setzt sich die Evaluierung der Formel fort mit

        ((x/2)–5) +6,
        (((x/2)–5)+6) + 4,
        –((((x/2)–5)+6)+4),
        –(–(((x/2)–5)+6)+4)),
        zweimal die Identität,
        $\sqrt{(-(-(((x/2)-5)+6)+4)))}$, und schließlich
        $(\sqrt{(-(-(((x/2)-5)+6)+4))))}/4$.

Dies entspricht der lesbaren, konventionellen Darstellung von:

$$y = \frac{\sqrt{\dfrac{x}{2}+5}}{4}$$

Istwert		Sollwert		Fehler	
p(1) =	0.58630	f(1) =	0.00247	d(1) =	0.58383
p(2) =	0.61237	f(2) =	0.00669	d(2) =	0.60568
p(3) =	0.63738	f(3) =	0.01799	d(3) =	0.61939
p(4) =	0.66144	f(4) =	0.04743	d(4) =	0.61401
p(5) =	0.68465	f(5) =	0.11920	d(5) =	0.56545
p(6) =	0.70711	f(6) =	0.26894	d(6) =	0.43817
p(7) =	0.72887	f(7) =	0.50000	d(7) =	0.22887
p(8) =	0.75000	f(8) =	0.73106	d(8) =	0.01894
p(9) =	0.77055	f(9) =	0.88080	d(9) =	0.11025
p(10) =	0.79057	f(10) =	0.95257	d(10) =	0.16200
p(11) =	0.81009	f(11) =	0.98201	d(11) =	0.17192
p(12) =	0.82916	f(12) =	0.99331	d(12) =	0.16415
p(13) =	0.84779	f(13) =	0.99753	d(13) =	0.14974
p(14) =	0.86603	f(14) =	0.99909	d(14) =	0.13306
p(15) =	0.88388	f(15) =	0.99966	d(15) =	0.11578

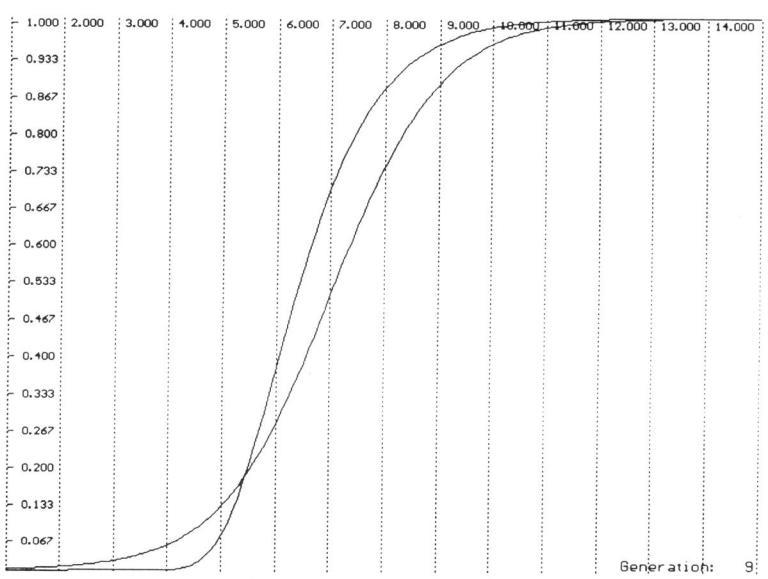

Bild 7.33:
Näherungskurve
und Originalkurve
nach Generation 9.

```
===========================================================
Generation:     9, Fitneß:    12.23932
===========================================================
```

Formel:

`x-4.000000,x-1.000000,x-1.000000,x,x,-x,x,exp(x),exp(x),1/x,`

Dies entspricht:

$$y = \frac{1}{e^{e^{-x+6}}}$$

Istwert		Sollwert		Fehler	
p(1) =	0.00000	f(1) =	0.00247	d(1) =	0.00247
p(2) =	0.00000	f(2) =	0.00669	d(2) =	0.00669
p(3) =	0.00000	f(3) =	0.01799	d(3) =	0.01799
p(4) =	0.00062	f(4) =	0.04743	d(4) =	0.04681
p(5) =	0.06599	f(5) =	0.11920	d(5) =	0.05321
p(6) =	0.36788	f(6) =	0.26894	d(6) =	0.09894
p(7) =	0.69220	f(7) =	0.50000	d(7) =	0.19220
p(8) =	0.87342	f(8) =	0.73106	d(8) =	0.14236
p(9) =	0.95143	f(9) =	0.88080	d(9) =	0.07063
p(10) =	0.98185	f(10) =	0.95257	d(10) =	0.02928
p(11) =	0.99328	f(11) =	0.98201	d(11) =	0.01127
p(12) =	0.99752	f(12) =	0.99331	d(12) =	0.00422
p(13) =	0.99909	f(13) =	0.99753	d(13) =	0.00156
p(14) =	0.99966	f(14) =	0.99909	d(14) =	0.00058
p(15) =	0.99988	f(15) =	0.99966	d(15) =	0.00021

Bild 7.34:
Näherungskurve
und Originalkurve
nach Generation 12.

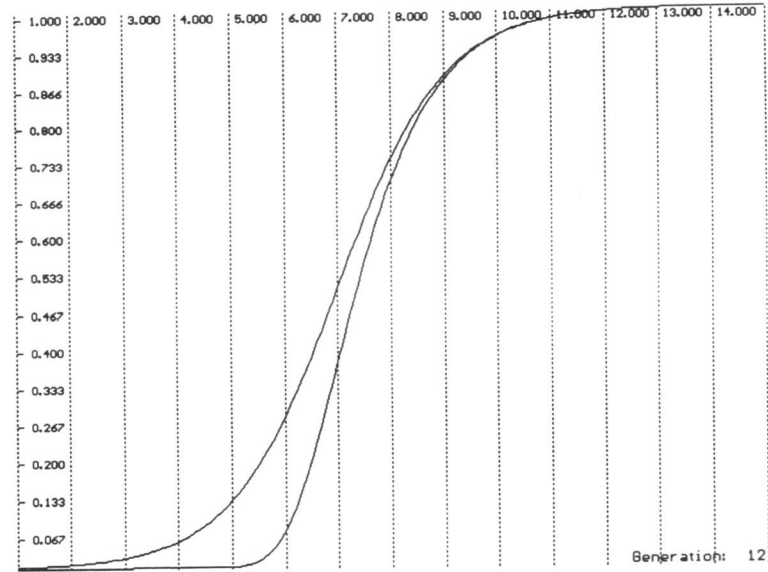

```
================================================================

Generation:    12, Fitneß:    35.13930

================================================================

Formel:
x-4.000000,x-2.000000,x-1.000000,x,x,-x,x,exp(x),exp(x),1/x,

also:
```

$$y = \frac{1}{e^{e^{-x+7}}}$$

Istwert		Sollwert		Fehler	
p(1) =	0.00000	f(1) =	0.00247	d(1) =	0.00247
p(2) =	0.00000	f(2) =	0.00669	d(2) =	0.00669
p(3) =	0.00000	f(3) =	0.01799	d(3) =	0.01799
p(4) =	0.00000	f(4) =	0.04743	d(4) =	0.04743
p(5) =	0.00062	f(5) =	0.11920	d(5) =	0.11858
p(6) =	0.06599	f(6) =	0.26894	d(6) =	0.20295
p(7) =	0.36788	f(7) =	0.50000	d(7) =	0.13212
p(8) =	0.69220	f(8) =	0.73106	d(8) =	0.03886
p(9) =	0.87342	f(9) =	0.88080	d(9) =	0.00737
p(10) =	0.95143	f(10) =	0.95257	d(10) =	0.00114
p(11) =	0.98185	f(11) =	0.98201	d(11) =	0.00016
p(12) =	0.99328	f(12) =	0.99331	d(12) =	0.00002
p(13) =	0.99752	f(13) =	0.99753	d(13) =	0.00000
p(14) =	0.99909	f(14) =	0.99909	d(14) =	0.00000
p(15) =	0.99966	f(15) =	0.99966	d(15) =	0.00000

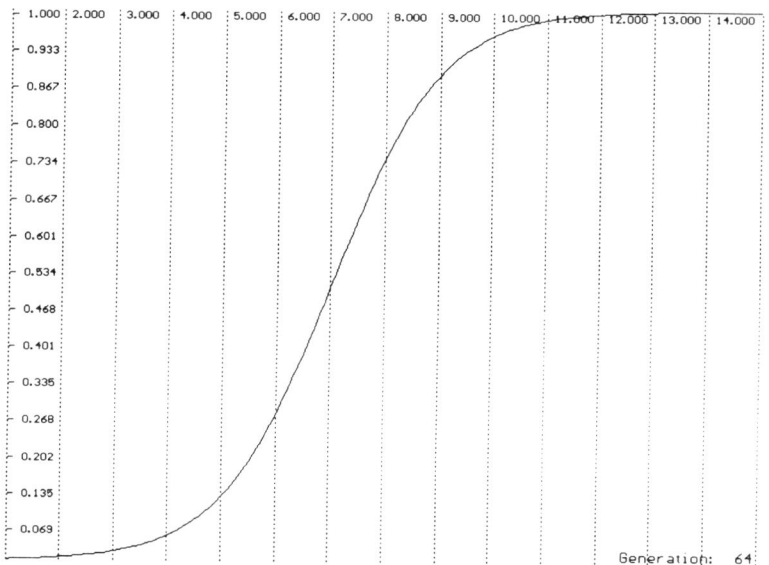

Bild 7.35:
Näherungskurve
und Originalkurve
nach Generation 64.

```
============================================================

Generation:    64, Fitneß: 79087603212359984.00000

============================================================

Formel:

x-3.000000,x-1.000000,x-3.000000,x,x,-x,x,exp(x),x+1.000000,1/x,
```

In konventioneller Darstellung:

$$y = f_{xg}(x) = \frac{1}{1 + e^{-x+7}}$$

Istwert	**Sollwert**	**Fehler**
p(1) = 0.00247	f(1) = 0.00247	d(1) = 0.00000
p(2) = 0.00669	f(2) = 0.00669	d(2) = 0.00000
p(3) = 0.01799	f(3) = 0.01799	d(3) = 0.00000
p(4) = 0.04743	f(4) = 0.04743	d(4) = 0.00000
p(5) = 0.11920	f(5) = 0.11920	d(5) = 0.00000
p(6) = 0.26894	f(6) = 0.26894	d(6) = 0.00000
p(7) = 0.50000	f(7) = 0.50000	d(7) = 0.00000
p(8) = 0.73106	f(8) = 0.73106	d(8) = 0.00000
p(9) = 0.88080	f(9) = 0.88080	d(9) = 0.00000
p(10) = 0.95257	f(10) = 0.95257	d(10) = 0.00000
p(11) = 0.98201	f(11) = 0.98201	d(11) = 0.00000
p(12) = 0.99331	f(12) = 0.99331	d(12) = 0.00000
p(13) = 0.99753	f(13) = 0.99753	d(13) = 0.00000
p(14) = 0.99909	f(14) = 0.99909	d(14) = 0.00000
p(15) = 0.99966	f(15) = 0.99966	d(15) = 0.00000

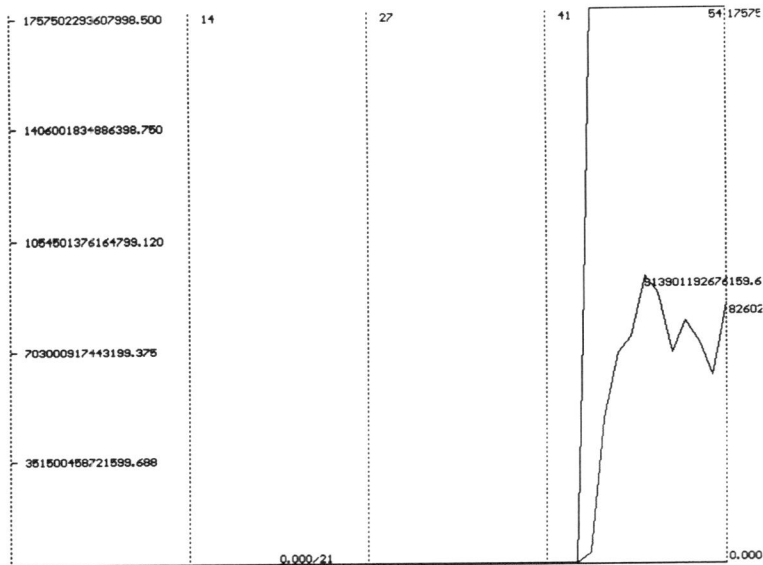

Bild 7.36:
Fitneß-Diagramm

Wie man sieht, hat der Genetische Algorithmus bereits nach 64 Generationen die äquivalente Formel gefunden. Andere sehr gute Approximationsformeln, die auf den Stützstellen einen Fehler unter 10^{-3} haben, sind:

$$f_1(x) = e^{-e^{-x+7}} \qquad\qquad f_2(x) = e^{-\dfrac{7}{e^{x-5}+2}}$$

Damit gilt $f_1(x) \approx f_2(x)$. Dies zeigt erneut, daß der Genetische Algorithmus in diesem Sinne nicht triviale mathematische Äquivalenzen »entdecken« kann.

Wie bereits mehrfach in den vorangegangenen Kapiteln erwähnt, lassen sich Genetische Algorithmen und die durch sie generierten Formeln darüber hinaus sehr häufig zur Prognoserechnung mit zum Teil exzellenten Ergebnissen anwenden. Umsatzkurven, Aktienverläufe, Verbrauchskurven, usw. wurden von den Autoren bereits mehrfach mit diesem Ansatz »genetisch« prognostiziert. Dabei müssen keinerlei explizite Zusammenhänge oder Trends definiert werden. Lediglich der Kurvenverlauf über einen bestimmten Abschnitt der Vergangenheit dient dem Genetischen Algorithmus dazu, automatisch Formeln zu generieren, die alle impliziten Abhängigkeiten auf diesem Kurvenabschnitt berücksichtigen.

Automatische Erzeugung von Programmen

Wir haben im vorigen Kapitel gesehen, daß es relativ leicht möglich ist, mit Genetischen Algorithmen oder Evolutionsstrategien Funktionen zu approximieren, indem man versucht, Formelterme automatisch zu erzeugen und zu optimieren. Dem aufmerksamen Leser wird nicht entgangen sein, daß die bisher vorgestellten Ansätze ein sehr großes Anwendungspotential haben. Insbesondere ist es möglich, nicht nur beliebige Funktionen durch genetisch erzeugte Formelterme zu approximieren, sondern mit der gleichen Methodik ganze Computer-Programme automatisch erzeugen zu lassen.

Für eine solche Technik besteht in der Praxis ein großer Bedarf, da es relativ häufig vorkommt, daß man es mit Problemen zu tun hat, für die man zunächst noch keinen Lösungsansatz kennt. In diesen Fällen könnte man sich zunächst ein Programm mittels genetischer Methoden erzeugen lassen, das das gegebene Problem näherungsweise löst, um dann darauf aufbauend ein endgültig optimales Programm zu schreiben. Diesem Thema wollen wir uns nun zuwenden.

Bei unserem jetzigen Kenntnisstand lassen sich die Ansätze aus den vorherigen Kapiteln leicht auf die automatische Erzeugung von kompletten Programmen verallgemeinern. Der folgende Basis-Algorithmus löst das Problem bereits im Prinzip (die Probleme stecken natürlich – wie so oft – im Detail): Algorithmus zur automatischen Erzeugung von Programmen:

1. Erzeuge initiale Population von Programmen
2. Wiederhole, bis Abbruchkriterium erfüllt:
2.1 Führe jedes Programm der aktuellen Population aus, und ermittle seine Fitneß, indem geprüft wird, wie gut das Programm seine Aufgabe erfüllt;
2.2 Erzeuge eine neue Population von Programmen durch genetische Rekombination zweier Programme der vorherigen Population mit den üblichen Mechanismen (survival of the fittest etc.)
3. Das Programm mit der insgesamt besten Fitneß wird als approximative Lösung des Problems ausgegeben.

Soweit ist der Algorithmus den meisten bislang besprochenen Ansätzen ähnlich. Aber nun zu einigen Details.

Natürlich ist es nicht so einfach, *Populationen von Programmen* zu erzeugen, diese – aus einem Programm heraus! – auszuführen, zu mutieren, zu rekombinieren und wie auch immer genetisch zu manipulieren. Um dies zu ermöglichen, muß man sich spezieller Programmiersprachen bedienen. Prinzipiell wären alle nötigen Operationen in *Assembler* realisierbar. Dies wäre jedoch sehr umständlich und mühsam. Wir betrachten daher hier eine Programmiersprache, in der es sehr leicht möglich ist, Programme zu interpretieren und zur Laufzeit zu verändern: die Sprache LISP.

LISP

Die Programmiersprache LISP hat den für unsere Betrachtungen unschätzbaren Vorteil, daß sie – im Gegensatz zu herkömmlichen Programmiersprachen wie Basic, Pascal, 'C' o.ä. – *keinen* prinzipiellen Unterschied zwischen Daten und Programmen macht. Ein Programm ist wie ein Datum einfach eine Liste von Objekten. Diese Liste kann von einem Programm manipuliert und verändert werden, aber auch, wenn dies nötig sein sollte, explizit als Programm angesehen, interpretiert und ausgeführt werden. LISP ist daher für unsere Zwecke ideal. Der einzige Nachteil von LI-SP ist, daß die meisten Interpreter nicht gerade als schnell und effizient bezeichnet werden können, so daß Simulationen mit Populationen von Hunderten von Programmen, je nach Komplexität des Problems, leicht Tage oder gar Wochen dauern können.

Die Sprache LISP hat, und das ist ein weiterer wesentlicher Vorteil, nur sehr wenige syntaktische Grundregeln. Jedes Programm ist nach einem einfachen Schema aufgebaut. Am Anfang eines Programmes steht eine öffnende Klammer »(« und am Ende eine schließende »)«. Nach der öffnenden Klammer folgt in der Regel ein Operator und dann die Argumente des Operators (Präfix-Notation). Anstelle des Operators oder der Argumente können jedoch rekursiv jeweils wiederum Programme (also Listen) stehen. Ein LISP-Programm ist demnach im allgemeinen eine Liste von Listen von Listen etc. Hierzu einige einfache Beispiele. Ein primitives LISPProgramm- sieht so aus:

```
(+ 1 2)
```

Dieses Programm (Liste) berechnet die Summe von 1 und 2 und liefert den Wert »3« zurück. Der LISP-Interpreter liest die Programmliste ein, wertet die Teilausdrücke aus (interpretiert sie) und gibt das Ergebnis der Auswertung aus.

LISP kennt einige rudimentäre Funktionen, die man in den Programmen beliebig verschachtelt verwenden kann. Ein etwas komplexeres Beispiel sieht wie folgt aus:

```
(+ (* 3 (+ 2 5)) 2 4 5)
```

Um das Ergebnis dieses Ausdruckes zu erzeugen, interpretiert LISP zunächst die innerste Klammer »(+ 2 5)«. Das Ergebnis ist 7. Dieser Wert wird mit 3 multipliziert und liefert 21. Danach werden auf 21 die Zahlen 2, 4 und 5 addiert, so daß das Ergebnis der Auswertung der Liste letzlich 32 ist (man beachte hier, daß einige Operationen in LISP mit einer beliebigen Anzahl von Argumenten aufgerufen werden können; so sind die folgenden Ausdrücke alle zulässig: (+ 1 2), (+ 1 2 3 4), (+ 1 2 3 4 5 6 7)).

Interessant wird es nun, wenn nicht nur die primitiven arithmetischen Funktionen verwendet werden, sondern auch logische Konstrukte:

```
(* 2 3 (IF (< (+ 1 3) 10) 5 6))
```

Um diesen Ausdruck auszuwerten, muß LISP zunächst den Ausdruck

```
(< (+ 1 3) 10)
```

auswerten. Da (+ 1 3) den Wert 4 liefert und 4 kleiner als 10 ist, liefert der Ausdruck (< (+ 1 3) 10) den Wert »true« (für Kenner genaugenommen einen von »nil« verschiedenen Wert) zurück. Als nächstes folgt die Auswertung des Ausdruckes

```
(IF (< (+ 1 3) 10) 5 6).
```

Dieser ist, wie wir gerade gesehen haben, äquivalent zu

```
(IF true 5 6).
```

Der Interpreter interpretiert diesen Ausdruck nun so, daß der Wert 5 zurückgeliefert wird, da die IF-Funktion die Semantik: »IF true, dann erstes Argument – also 5 –, ansonsten zweites Argument (hier die 6)« hat. Der Wert das Ausdruckes

```
(IF (< (+ 1 3) 10) 5 6)
```

ist demnach »5«. Folglich reduziert sich der Ausdruck

```
(* 2 3 (IF (< (+ 1 3) 10) 5 6))
```

auf

```
(* 2 3 5)
```

dessen Wert wiederum »30« ist.

Jeder LISP-Ausdruck kann grafisch als ein Baum (im mathematischen Sinne) dargestellt werden. Die Wurzel des Baumes bildet der Hauptoperator; im letzten Beispiel das »*«. Darunter werden die Argumente notiert. Ist ein Argument selbst wiederum eine Liste, so wird ihr Hauptoperator Ausgangspunkt eines darunterliegenden Teilbaumes. Diese Darstellung entspricht dem, was man im Compi-lerbau einen *Parse-Tree* (siehe die einschlägige Literatur) nennt. Die Darstellung zeigt nämlich, wie der Interpreter den Ausdruck für die Auswertung zerlegen muß, um ihm einen eindeutigen Wert zuweisen zu können. Wir erkennen hiermit, daß LISP folglich einen weiteren bedeutenden Vorteil gegenüber konventionellen Programmen bietet: die Listenstruktur eines LISP-Ausdruckes, also eines potentiellen Programmes, entspricht in eindeutiger und leicht zu übeschauender Weise seinem Parse-Tree.

Dies ist für die folgenden Betrachtungen von entscheidender Bedeutung, da es durch diese Eigenschaft von LISP sehr einfach wird, Programme zu mutieren und zu rekombinieren und dabei gleichzeitig die Ausführbarkeit d.h. Interpretierbarkeit genetisch manipulierter Programme zu gewährleisten. Wir mutieren zum Beispiel ein LISP-Programm , indem wir einen Knoten oder einen Teilbaum des Parse-Trees zufällig durch einen anderen ersetzen, und wir rekombinieren zwei Programme (Listen), indem wir einfach Teilbäume ihrer Parse-Trees miteinander vertauschen.

Ein weiterer bedeutender Vorteil von LISP ist, daß es praktisch keine Datentypisierungen gibt (dies ist nicht ganz exakt, genügt jedoch unseren Betrachtungen an dieser Stelle). Es gibt nur sogenannte Atome und Listen. Die Atome stehen für Symbole, Konstante, Variable und Schlüsselworte der Programmiersprache wie Namen von Funktionen. Wichtig ist, daß in LISP den Atomen in der Regel kein Typ und keine Dimensionierung zugewiesen werden muß, wie dies bei den gängigen Programmiersprachen der Fall ist. Ein Atom kann in einer Anweisung innerhalb einer Liste einmal eine reelle Zahl als Wert annehmen und in der nächsten Anweisung bereits als Liste oder Charakter fungieren.

Es ist in LISP auch nicht nötig, die Länge oder Schachtelungstiefe von Listen zu vereinbaren. Eine Liste kann leer sein (nil), ein Element enthalten oder beliebig viele Elemente (nur begrenzt durch den Speicher). Demnach kann eine Liste während eines Programmlaufes ständig seine Länge verändern. Diese Eigenschaften der Sprache LISP machen sie sehr flexibel und kompensieren oft den Laufzeitnachteil, der durch die interpretative Arbeitsweise der LISP-Interpreter entsteht.

Automatische Konfiguration eines einfachen Multiplexers

Wie muß man sich nun die automatische Erzeugung und Manipulation von LISP-Programmen in LISP konkret vorstellen? Betrachten wir folgendes, bei der Entwicklung hochintegrierter Schaltkreise häufig in ähnlicher Form auftretendes Problem (siehe auch: [Koza 92]): es soll eine komplexe Schaltung aus einzelnen, elementaren Logikbausteinen zusammengesetzt werden.

Bild 7.37: Schema eines Multiplexers.

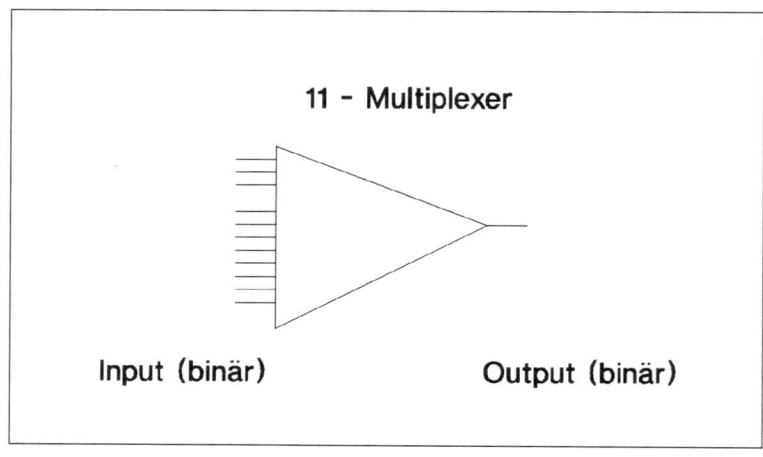

Ein einfaches Beispiel hierfür ist ein spezieller Multiplexer. Der Multiplexer (siehe Bild 7.37) hat 11 Eingänge und einen Ausgang. Alle Ein- und Ausgänge sind binär, also jeweils 0 oder 1.

Drei der 11 Eingänge codieren eine Adresse, die anderen 8 Eingänge nehmen Daten auf. Die drei Binärwerte, die an den Adresseingängen anliegen, werden als eine binär codierte Zahl interpretiert. Liegt daher an dem ersten eine 0, an dem zweiten eine 1 und an dem dritten wieder eine 1 an, so stellt dies die Binärzahl 110, also die Zahl 6 dar. Die Binärzahl der Adresseingänge wird als Zeiger auf die Dateneingänge interpretiert. Liegt demnach die Zahl 110 an den Adresseingängen an, so zeigt sie auf den sechsten Dateneingang. Die Dateneingänge werden durchnumeriert mit den Zahlen von 0 bis 7. Damit können alle Dateneingänge von 0 (= 000) bis 7 (= 111) angesprochen werden.

Der Multiplexer soll nun wie folgt arbeiten: liegt an den drei Adresseingängen ein bestimmter Wert an, zum Beispiel 110, also 6, so soll der Multiplexer gerade den Wert ausgeben, der an dem siebten Dateneingang anliegt, also z.B. eine 1. Liegt an den Adresseingängen der Wert 011 also der Wert 3 an, so soll der vierte Dateneingang ausgegeben werden u.s.w. Liegt demnach an dem Multiplexer die Bitfolge

110|01101100

an, so wird er eine 0 ausgeben, liegt hingegen

111|01101101

an, so wird er eine 1 ausgeben.

Die Frage ist nun: wie kann man die gewünschte Schaltung des Multiplexers unter ausschließlicher Verwendung der Logikbausteine: *and*, *or*, *not* und *if* konstruieren? Versuchen Sie einmal, diese Aufgabe mit Bleistift und Papier zu lösen. Sie werden feststellen, daß dies keineswegs trivial ist. Wir beschreiben im folgenden, wie sich der Multiplexer mittels eines genetischen Ansatzes der automatischen Programmerzeugung konstruieren läßt. Zunächst wird, wie in den vorherigen Kapiteln, eine Art Alphabet zulässiger Grundterme ausgewählt. Hier besteht das Alphabet aus Funktionen der Sprache LISP. Dies können Standardfunktionen von LISP sein wie: *car, cdr, cons* etc. oder eigene, aus diesen Grundfunktionen zusammengesetzte komplexere Funktionen wie: *member, reverse, delete* u.s.w. Neben den Funktionen benötigen wir noch Symbole für Konstanten bzw. Variablen.

Für unser Beispiel wählen wir als Funktionsalphabet:

F={AND, OR, NOT, IF}

und als Bezeichner für die Beschreibung der Daten- und Adresseingänge:

E={A0, A1, A2, D0, D1, D2, D3, D4, D5, D6, D7}.

Wir erzeugen nun zunächst eine Ausgangspopulation von Programmen. Dazu gehen wir wie folgt vor: wir wählen zufällig (d.h. gleichverteilt) die Wurzel des Parse-Trees aus F aus, wählen also eine der Funktionen in F als Hauptoperator, sagen wir: AND. Diese Funktion ist zweistellig, benötigt also zwei Argumente. Als nächstes wählen wir für alle Argumente eine natürliche Zahl n. Diese Zahl gibt uns die maximale Schachtelungstiefe des entsprechenden, darunterliegenden Teilbaumes an. Angenommen, für das erste Argument sei $n = 2$, für das zweite $n = 3$.

Nun wählen wir erneut zufällig aus der Vereinigungsmenge der beiden Mengen F und E zwei Elemente aus. Ergibt die Wahl ein Element aus E, so ist die entsprechende Argumentstelle belegt, und wir können die Konstruktion dieses Teilbaumes abbrechen. Ergibt die Wahl hingegen ein Element aus F, also erneut eine Funktion, so setzen wir die Funktion an die entsprechende Argumentstelle und fahren fort, als wäre nun diese Funktion die Wurzel des Parse-Trees. Dieser Prozeß wird so lange fortgesetzt, bis die maximale Schachtelungstiefe erreicht ist. Ist dies der Fall, werden nur noch Elemente aus E ausgewählt und die noch offenen Argumentstellen besetzt. Auf diese Weise erhält man beispielsweise bei einer Schachtelungstiefe von maximal n=2 sukzessive folgendes Programm:

```
(AND                      erster Schritt
(AND AO (OR               zweiter Schritt
(AND AO (OR (NOT...) D6   dritter Schritt
(AND AO (OR (NOT D5) D6)) letzter Schritt
```

Das so entstandene Programm codiert eine Boole'sche Funktion mit maximal 11 Variablen. Es gibt mehrere Möglichkeiten, die Fitneß eines derart generierten Programmes zu ermitteln. Die einfachste ist, jede mögliche Binärkombination der 11 Eingänge an das Programm anzulegen, d.h. die entsprechenden Variablen mit den binären Werten zu belegen und nachzuprüfen, ob der sich ergebende Binärwert (0 oder 1) korrekt ist. Bei 11 Eingängen gibt es 2^{11} Fälle, also 2048 Möglichkeiten. Ordnet man jeder korrekten Ausgabe bei einem Input eine 1 zu, jeder inkorrekten Ausgabe eine 0, so ist die maximale Fitneß 2048. Ein Programm mit dieser Fitneß stellt zudem eine 100%ige Lösung des Problems dar.

Es bleibt noch zu klären, wie Mutationen und Rekombinationen vollzogen werden. Mutationen lassen sich einfach realisieren. Zunächst wählt man zufällig einen Knoten des Parse-Trees aus. Diesen Knoten ersetzt man nun ebenfalls zufällig durch ein Element aus der Vereinigung von E und F. Einige Randbedingungen sind dabei jedoch zu beachten. Wird zum Beispiel eine Funktion durch eine andere ersetzt, so muß die Anzahl der Argumente gleich sein, ansonsten sind weitere Folgeoperationen nötig. Wird ein Element aus F durch ein Element aus E ersetzt oder umgekehrt, so sind in jedem Fall weitere Schritte nötig. Ersetzt man eine Funktion durch ein Datensymbol (Variable), so werden die eventuell vorhandenen restlichen Argumente der Funktion überflüssig und müssen entfernt werden, damit wieder eine syntaktisch korrekte Liste entsteht. Wird andererseits ein Datensymbol durch eine Funktion ersetzt, so müssen zusätzliche Argumente zufällig gewählt und eingefügt werden, die die neuen Argumentstellen belegen. Die Rekombination erfolgt, wie bereits angedeutet, durch austauschen von Teilbäumen bzw. Sublisten. Hierzu werden zunächst zwei Zahlen zufällig erzeugt, die zwischen 1 und der Gesamtzahl der Knoten der jeweiligen Parse-Trees der beiden zu rekombinierenden Programme liegen, das heißt, es wird eine eindeutige Numerierung der Knoten vorausgesetzt (etwa nach der in der Optimierungstheorie üblichen Methode der Tiefen- oder Breitensuche). Diese beiden Zahlen dienen als Zeiger auf die »Schnittpunkte« für die Rekombination wie die Überkreuzungspunkte beim gewöhnlichen crossing-over.

Betrachten wir erneut ein einfaches Beispiel. Gegeben seien folgende Programme mit der entsprechenden Numerierung der Knoten (tiefgestellt):

$(OR_1$ **(NOT2 D13)** $(AND_4\ DO_5\ D1_6))$

und

$(OR_1\ (OR_2\ D1_3\ (NOT_4\ DO_5))$ **$(AND_6$ $(NOT_7\ DO_8)$ $(NOT_9\ D1_{10}))$**

Angenommen, die cross-over Punkte seien 2 und 6. Dann werden für die Rekombination einfach die entsprechenden Subbäume (fett markiert) der cross-over Punkte ausgetauscht. Dies führt bei unserem Beispiel zu den beiden neuen Programmen:

(OR **(AND (NOT DO) (NOT D1))** (AND DO D1))

und

(OR (OR D1 (NOT DO)) **(NOT D1)**)

Man beachte, daß durch diese Verfahren selbst bei der Rekombination zweier gleicher Programme durch die unabhängige Wahl der cross-over Punkte unterschiedliche Nachfolger entstehen können. Man beachte auch, daß aus einem syntaktisch korrekten Programm durch die Rekombination jeweils immer wieder ein neues syntaktisch korrektes Programm entsteht. Daß der genetische Ansatz auch tatsächlich funktioniert, hat zuerst Koza gezeigt (siehe [Koza 92]). Mit einer Population von 4.000 Programmen erzeugte er nach nur 9 Generationen die korrekte Lösung für den Multiplexer:

```
(IF A0 (IF A2 (IF A1 D7 (IF A0 D5 D0))
       (IF A0 (IF A1 (IF A2 D7 D3) D1) D0))
       (IF A2 (IF A1 D6 D4)
       (IF A2 D4 (IF A1 D2 (IF A2 D7 D0))))).
```

Dieses Ergebnis ist tatsächlich bemerkenswert. Dies erkennt man bereits bei einer ersten Abschätzung des Suchraumes, der durlaufen werden muß, um eine korrekte Lösung des Problems zu finden. Der Genetische Algorithmus mußte aus der Menge aller möglichen Repräsentationen Boole'scher Funktionen mit 11 Argumenten gerade die Repräsentation (Funktion) finden, die die Arbeitsweise des Multiplexers beschreibt. Jede Boole'sche Funktion mit 11 Argumenten läßt sich mittels des oben angegebenen Alphabetes repräsentieren. Demnach umfaßt der Suchraum die Anzahl aller Boole'scher Funktionen mit 11 Argumenten (man beachte, daß der Suchraum tatsächlich noch wesentlich größer ist, da jede Boole'sche Funktion auf die unterschiedlichste Weise beschreiben werden kann). Die Anzahl möglicher Boole'scher Funktionen ist unvorstellbar groß. Bei 11 Argumenten gibt es bereits 2^{2048} also etwa 10^{616} mögliche Funktionen. Der Genetische Algorithmus benötigte also nur eine verschwindend kleine Stichprobenmenge des Suchraumes, um eine 100%ige Lösung zu finden – ein beeindruckendes Resultat. Zur Vertiefung empfehlen wir hier ausdrücklich das oben erwähnte Buch von Koza: *Genetic Programming*. Koza beschreibt dort eine Fülle weiterer Anwendungsmöglichkeiten der genetischen Erzeugung und Optimierung von Programmen.

Struktur-Evolution Neuronaler Netzwerke

Wir wollen in diesem Kapitel zeigen, daß die Ansätze aus den vorherigen Kapiteln, mittels Evolutionsstrategien bzw. Genetischen Algorithmen automatisch Formelterme mit gewissen Eigenschaften zu erzeugen, auch sehr erfolgreich in Bereichen angewendet werden können, wo man dies auf den ersten Blick kaum vermuten würde. Wir zeigen dies an dem schwierigen Problem der automatischen Optimierung künstlicher Neuronaler Netzwerke.

Hier ist leider nicht der geeignete Ort, die Thematik der Neuronalen Netze detaillierter darzustellen. Dies haben wir bereits an anderer Stelle ausführlich getan (siehe Schöneburg et al. Literaturliste). Wir verweisen hier explizit auf diese Bücher. Bitte beachten Sie, daß das Thema Neuronale Netze auch noch einmal kurz in Kapitel 9 angesprochen wird und daß ein Anwendungsbeispiel für den diesem Buch beigefügten *Genetic Optimizer* von der Gewichtsoptimierung Neuronaler Netze handelt.

Das Problem

Künstliche Neuronale Netze sind, sehr einfach ausgedrückt, informationstechnische Modelle des Nervengeflechts des Gehirns. Sie bestehen aus einer Menge von Prozessoren (den *Neuronen*), die über Informationskanäle miteinander verbunden sind. Üblicherweise sind die Prozessoren in Schichten angeordnet. Die Informationskanäle können durch sogenannte *Gewichte* verstärkt oder gedämpft werden. Die Gewichte entsprechen den Verbindungsstellen zwischen den biologischen Neuronen, den *Synapsen*. Ihnen kommt eine besondere Bedeutung zu, da durch die Veränderung der Gewichte über die Zeit der Prozeß des Lernens simuliert werden kann. Künstliche Neuronale Netzwerke haben gegenüber konventionellen Programmsystemen unter anderem den Vorteil, daß sie für die Lösung einer Aufgabe nicht explizit programmiert werden müssen. Dem Netzwerk werden lediglich Beispiele des Problems präsentiert und der jeweils gewünschte Output bei einem konkreten Input vorgegeben.

Mittels sogenannter Lernalgorithmen (zum Beispiel dem Backpropagation-Algorithmus) ist das Netz dann im Idealfall in der Lage, die internen Gewichte auf den Übertragungskanälen so anzupassen, daß das Netzwerk auf einen gegebenen Input jeweils mit dem gewünschten Output antwortet. Das Netzwerk lernt damit, die Inputsignale korrekt den gewünschten Outputsignalen zuzuordnen, ohne daß die entsprechende Zuordnungsfunktion bekannt sein muß. Dies ist, wenn es funktioniert, in der Regel ein unschätzbarer Vorteil gegenüber den Methoden des herkömmlichen Software-Engineerings. Das Ganze hat aber einen Haken: das Lernverhalten des Netzwerkes hängt entscheidend von seiner Struktur, seinem Aufbau, also seiner Topologie ab. Ein Netzwerk mit einer Schicht von Neuronen verhält sich grundlegend anders als ein Netz mit zwei oder drei hintereinandergeschalteten Schichten von Neuronen. Und die Verschaltung der Neuronen untereinander spielt zusätzlich eine wichtige Rolle. Die Neuronen können in der Regel nicht irgendwie miteinander verknüpft werden, sondern müssen nach einem speziellen Schema verschaltet werden, um ein Problem korrekt lösen zu können.

Damit verschiebt sich der Aufwand von der Programmierung in Richtung des Designs einer optimalen Struktur der Netzwerke. Es wird zwar weniger manuelle Arbeit nötig sein, dafür müssen jedoch schwierige theoretische Probleme gelöst werden. Es ist gewöhnlich eine harte Arbeit, eine geeignete oder gar optimale Topologie für ein Neuronales Netz zu finden. Bis jetzt ist noch keine Theorie verfügbar, die bei der Suche nach »guten« Netzwerken hilfreich sein könnte.

Die Idee

Unsere Grundidee für die Lösung dieses Problems ist, nach geeigneten, nützlichen Topologien und Netzwerk-Strukturen nicht im Raum der eigentlichen Netzwerk-Topologien zu suchen, sondern in einem Raum formaler Repräsentationen von Netzwerk-Topologien.

Ein solcher »Trick« wird sehr oft in der Theorie der künstlichen Intelligenz angewandt, wenn die Suche in dem Raum einer Standardrepräsentation zu schwierig oder zu aufwendig wird. Wir wechseln vom Raum topologischer Darstellungen eines Neuronalen Netzwerkes (etwa durch Graphen) in den Raum mathematischer Formeln.

Damit wird dem aufmerksamen Leser bereits klar sein, wie es weitergeht: wir hatten in den vorherigen Kapiteln gezeigt, wie mathematische Formeln mit gewissen, problemspezifischen Eigenschaften automatisch erzeugt und optimiert werden können. Wir brauchen folglich diese methodischen Ansätze »nur noch« auf das Problem der Optimierung der Topologie Neuronaler Netze zu übertragen.

Der Lösungsansatz und die Vorgehensweise

Angenommen, wir haben ein Neuronales Netz, und seine Lerndaten sind gegeben durch eine Paarmenge $<x_i,y_i>$, wobei jedes x_i ein bestimmter Input-Vektor und y_i der zugehörige, zu erwartende Output-Vektor des Netzes für den gegebenen Input x_i ist. Wir stellen nun den Algorithmus vor, der automatisch mathematische Formeln erzeugt, die als Repräsentationen der Topologie Neuronaler Netze interpretiert werden können. Dabei benutzen wir u.a. als Optimierungskriterium – ähnlich wie bei der Funktionsapproximation (siehe S. 309ff) – den mittleren quadratischen Fehler des Netzes (bzw. der Formel) auf dem Trainingsdatensatz. Die durch den Algorithmus erzeugten Formeln können als Beschreibungen Neuronaler Netze verstanden werden, die auf dem gegebenen Trainingssatz trainiert wurden.

Deshalb wird ein zweiter Algorithmus eingeführt, der die erzeugten Formeln sozusagen in Neuronale Netzwerk-Topologien zurückübersetzt.

Wir bestimmen zunächst, was »akzeptable« Formeln sind. Dies ist nötig, da bei einer zufälligen Erzeugung von Formeln diejenigen Formeln, die keine sinnvolle Netzwerk-Topologie repräsentieren, deutlich in der Überzahl sein werden. Um die Suche effizienter zu gestalten, werden deshalb vorwiegend »akzeptable« Formeln generiert und untersucht.

Danach übersetzen wir die Formeln in ein binäres Format, das leicht durch einen genetischen Algorithmus gehandhabt werden kann. Bei einer aufeinanderfolgenden Anwendung genetischer Vorgänge auf die binär verschlüsselten Formeln versuchen wir dann, sukzessive »gute« und immer besser werdende Formeln zu erzeugen, d.h. die Formeln entsprechend zu optimieren.

Die »guten« Formeln, die mit diesem Algorithmus produziert werden, haben interessante und wichtige Eigenschaften, wie z.B. eine minimale Anzahl von Termen, was gleichbedeutend mit einer minimalen Anzahl von Neuronen des Netzes sein wird etc. Auf diese Weise können die Netze auch hinsichtlich ihrer Größe optimiert, d.h. minimiert werden. Der Herstellungsprozess dieser »guten« Formeln wird durch die Fitneßfunktion gesteuert, die »gute« Formeln aus der Population der Formelkandidaten aussortiert, indem – wie bereits erwähnt – ihr mittlerer quadratischer Fehler und die Erfüllung weiterer Optimierungskriterien (Anzahl Formelterme, Schachtelungstiefe etc.) gemessen werden.

Die formale Beschreibung eines Neuronalen Netzes

Als erstes klären wir den Übergang zum alternativen Repräsentations-Raum. Angenommen, ein Backpropagation-Netzwerk (kurz »bp«-Netz genannt) wurde erfolgreich trainiert, um das berühmte XOR-Problem zu lösen (siehe auch Kapitel 9). Weiter angenommen, die gewählte Topologie war 2-2-1 (also ein Output-Neuron, zwei Input-Neuronen und zwei Zwischenschicht-Neuronen) mit einer kompletten Verbindung zwischen den Neuronen der übereinanderliegenden Schichten. Das Netzwerk hat somit fünf Neuronen und sechs Gewichte w_{31}, w_{41}, w_{32}, w_{42}, w_{53} und w_{54}, wobei w_{ij} die Verbindung von Neuron j zu Neuron i darstellen soll.

Bild 7.38: Eine mögliche Topologie für ein Neuronales Netz zur Lösung des XOR-Problems.

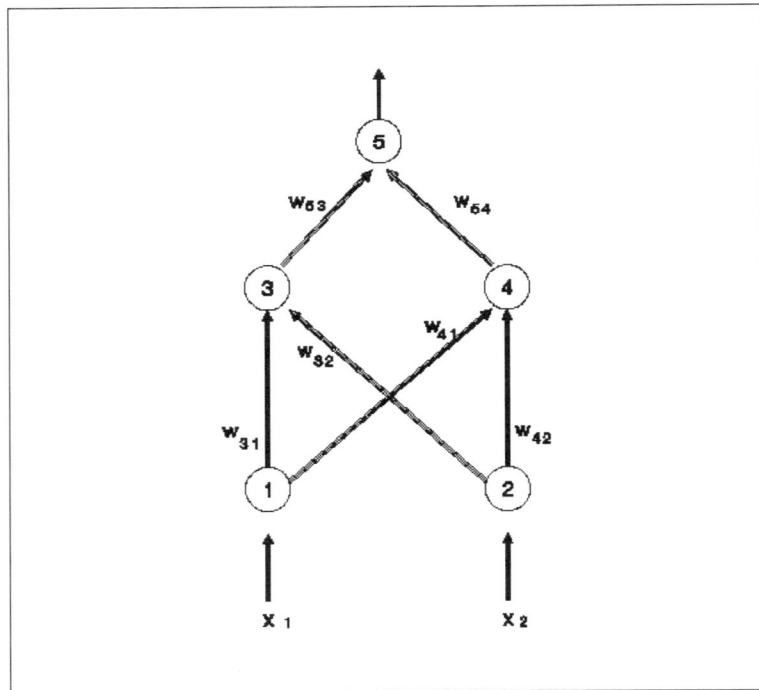

Sei die Transferfunktion aller Neuronen die Sigmoidfunktion und die Outputfunktion jeweils die Identitätsfunktion. Für jeden gegebenen Input $x=(x_1,x_2)$ kann der Output des Netzes $o(x)$ sofort berechnet werden (siehe Bild 7.39). Wir erhalten den Ausdruck:

```
o(x)=o(x₁,x₂) =
sigmoid(w₅₄*sigmoid(w₄₁*x₁ + w₄₂*x₂) +
        w₅₃*sigmoid(w₃₁*x₁ + w₃₂*x₂)).
```

Dieses kleine Beispiel zeigt bereits, daß wir eine Topologie eines Neuronalen Netzes übersetzen müssen (im obengenannten Fall ein bp-Netz, aber unser Ansatz ist auch anwendbar auf die meisten anderen bekannten Netzwerkmodelle) in eine mathematische Formel. Dies ist der erste Schritt. Der zweite geht in die andere Richtung. Wir werden eine Grammatik definieren, um nur solche Formeln zu produzieren, die wir auch wieder als Neuronale Netzwerk-Topologien interpretieren können.

Um dieses Ziel zu erreichen, definieren wir zuerst ein Alphabet von Operatoren (Funktionen) und Variablen, die in den Formeln erscheinen dürfen. Ein typisches Alphabet würde etwa so aussehen: (Wir betrachten ein Alphabet nur für Standard-, deterministische feedforward-Netzwerke):

Alphabet:
$\alpha_1,...,\alpha_n$ (Variable für die Gewichtung)
$x_1,...,x_m$ (Inputvariable)

$fT_i(x)$ (jede Menge von Transferfunktionen, die für den speziellen Netzwerktyp erlaubt sind, einschließlich der identischen Transferfunktion $fT(x) = x$).

(Wir kümmern uns hier nicht um die Standard Input- und Outputfunktionen der Neuronen und andere kleinere Details, da sie als Teil der Transferfunktion gedeutet werden können.)

Bild 7.39:
Durch Einsetzen
der Sigmoid-Funk-
tion erhält man den
exakten formalen
Ausdruck, den Form-
elterm, der das
aktuelle Netzwerk
mit seinen Gewich-
ten repräsentiert.
Die Formel kann
dazu genutzt wer-
den, für jeden be-
liebigen Input den
entsprechenden
Output direkt aus-
zurechnen. Wie
man an dem Form-
elterm für das XOR-
Netz erkennt, kann
dieser jedoch sehr
schnell äußerst
komplex und unüb-
ersichtlich werden.
Der obere Teil des
Bildes zeigt die
formale Darstel-
lung der Formel; im
unteren Teil wurde
dann die Sigmoid-
funktion für den
Funktionsterm f im
oberen Bildteil
eingesetzt.

$$O(x_1, x_2) = f\left(w_{63} \cdot f(w_{32} \cdot x_2 + w_{31} \cdot x_1) + w_{54} \cdot f(w_{42} \cdot x_2 + w_{41} \cdot x_1)\right)$$

$$O(x_1, x_2) = \cfrac{1}{1 + e^{-\left(w_{63} \cdot \frac{1}{1 + e^{-(w_{32} \cdot x_2 + w_{31} \cdot x_1)}} + w_{54} \cdot \frac{1}{1 + e^{-(w_{42} \cdot x_2 + w_{41} \cdot x_1)}}\right)}}$$

Die folgende Grammatik bestimmt die *akzeptablen* Formeln:

1. Wenn α_i Gewichtungsvariable und x_j Inputvariable sind, dann werden alle Ausdrücke der Form:

   $\alpha_i * x_j + \ldots + \alpha_k * x_m$

   basic expressions genannt.

2. Wenn ϕ ein basic expression ist, dann wird

   $fT_i(\phi)$

   neuronaler Term genannt.

3. Wenn ϕ ein basic expression ist und $\beta_1, \ldots, \beta_n$ neuronale Terme sind, dann wird

   $fT_i(\phi + \alpha_1 * \beta_1 + \ldots + \alpha_n * \beta_n)$

   terminaler Ausdruck genannt.

4. Wenn ϕ ein basic expression ist, $\beta_1, \ldots, \beta_n$ neuronale Terme und $\Omega_1, \ldots, \Omega_k$ terminale Ausdrücke sind, dann ist

   $fT_i(\phi + \alpha_1 * \beta_1 + \ldots + \alpha_n * \beta_n + \alpha_j \Omega_1 + \ldots + \alpha_1 \Omega_k)$

   ebenfalls ein *terminaler Ausdruck*.

Definition:

Eine Folge von Termen $\langle \Omega_1, \ldots, \Omega_n \rangle$ ist eine *akzeptable* Formel, wenn alle Ω_i terminale Ausdrücke sind und jedes x_j mindestens einmal in einem der Ω_i auftritt.

Jeder Bestandteil n_i einer akzeptablen Formel wird interpretiert als Repräsentat des Outputs o_i des Output Neurons n_i der Outputschicht des Netzwerkes. Somit verschlüsselt jede akzeptable Formel als Array die komplette Outputschicht eines Netzes mit der ihr zugrundeliegenden Verarbeitung des Netzinputs über die Neuronen, die direkt oder indirekt mit der Outputschicht verbunden sind.

Die Interpretation (Deutung) einer Formel

Wie können wir nun eine akzeptable Formel interpretieren? Wie produziert sie einen konkreten Wert, einen Output? Die Deutung einer akzeptablen Formel ist relativ einfach und funktioniert wie folgt: Gegeben seien alle Werte für die Input-Variablen, die in der Formel vorkommen (x_1 und x_2 im obengenannten XOR-Beispiel). Dann werden zunächst die innersten Funktionsausdrücke in der Formel, die auf die Inputvariablen angewandt werden können, interpretiert. Das Ergebnis der Funktionsanwendung auf die Inputwerte wird als Interpretation zurückgeliefert, und die nächstinneren Funktionen werden auf diese Interpretation angewandt. Dies wird so lange wiederholt, bis der äußerste Funktionsausdruck erreicht ist. Die Abarbeitung der Terme verläuft demnach für die Interpretation von den ineinandergesetzten Ausdrücken in Richtung des äußersten Funktionsausdrucks.

Wenn man den Output eines Netzes, das durch eine akzeptable Formel verschlüsselt ist, berechnen möchte, ersetzt man einfach die Inputvariablen durch den aktuellen Input und deutet jeden Formelausdruck n_i (wie zuvor beschrieben), indem die jeweilige Funktion iterativ auf die Inputwerte angewandt wird.

Was passiert nun während der Interpretation einer Formel, wenn ein Funktionsausdruck nicht auf seine Argumente anwendbar ist (wie z.B. im Fall der Division durch Null o.ä.)? Wenn man sich mit diesem Problem auseinandersetzt, kann man grundsätzlich zwischen folgenden Alternativen wählen:

1) Man überspringt die nicht anwendbare Funktion und wendet die nächste anwendbare Funktion innerhalb des Formelausdrucks an.
2) Man wählt eine Alternativfunktion aus dem Alphabet oder durch einen beliebigen Algorithmus und verwendet diese Funktion anstelle der nicht anwendbaren Funktion.
3) Sind freie Parameter in den Argumenten vorhanden (z. B. Gewichtungen), so ändert man diese Parameter so lange willkürlich oder durch einen Algorithmus, bis die Transferfunktion anwendbar wird.

Durch die Erfahrung mit Hunderten von Simulationen glauben wir, daß Alternative 2) mit zufällig gewählten anwendbaren Funktionen in den meisten Fällen die besten Ergebnisse liefert.

Die Ableitung einer Netzwerk-Topologie aus einer Formel

Nun können wir uns dem umgekehrten Problem zuwenden: wie wird einer automatisch generierten Formel eine Netzwerk-Topologie zugeordnet? Wie wir gesehen haben, können wir immer eine vorgegebene Netzwerk-Topologie in eine Formel übersetzen. Dieser Vorgang ist einfach und ergibt sich aus dem Aufbau des Netzwerkes. Die umgekehrte Richtung ist nicht so trivial. Wir werden im folgenden zeigen, daß jede akzeptable Formel in eine Netzwerk-Topologie übersetzt werden kann, indem ihre Struktur mit Hilfe des nachfolgend beschriebenen Verfahrens »grammatikalisch« analysiert wird. Sei $\Omega = \langle \Omega_1, \ldots, \Omega_n \rangle$ eine akzeptable Formel. Wir übersetzen diese Formel nun in einen Graphen, der ein Neuronales Netz darstellt:

Schritt 1: Man zeichne eine Linie. Auf diese Linie zeichne man für jeden Term der Formel, der für eine Transferfunktion steht, einen Knoten (Kreis). In jeden Knoten zeichne man das entsprechende Symbol der Transferfunktion (die Reihenfolge des Auftragens der Knoten auf der Linie ist im Prinzip gleichgültig);

Schritt 2: Man zeichne eine zweite Linie von Knoten unterhalb der ersten, wobei jeder Knoten dieser Linie für ein Input-Symbol (Input Variable) steht (die Reihenfolge ist gleichgültig);

Wiederhole für alle $\Omega_j = fT_i(\Omega_i)$:

Schritt 3: analysiere das Argument Ω_i;

da Ω_i die Form

$$\Omega_i = \phi + \alpha_1 * \beta_1 + \ldots + \alpha_n * \beta_n + \alpha_j \Omega_1 + \ldots + \alpha_1 \Omega_k$$

hat, ist jeder Teilausdruck ϕ von Ω_i in dieser Summe nach Definition entweder ein basic expression, ein neuronaler Term oder ein terminaler Ausdruck. Arbeite nun Ω_i von links nach rechts ab. Das weitere Vorgehen hängt davon ab, welcher Art der jeweils betrachtete Teilausdruck von Ω_i ist.

Schritt 3.1: Angenommen ϕ ist ein nicht leerer basic expression. Er hat dann nach Definition die Form $\phi = \alpha_i * x_j + \ldots + \alpha_k * x_1$. In diesem Fall zeichnet man für jeden Teilausdruck $\alpha_m * x_n$ von ϕ eine Verbindung von dem Knoten der unteren Linie, der die Input-Variable x_n repräsentiert, zu dem Knoten der darüber liegenden Schicht, der die Transferfunktion fT_i repräsentiert. Beschrifte diese Verbindung mit α_m, da α_m die Gewichtung dieser Verbindung darstellt.

Schritt 3.2: Wenn ϕ von der Form $\alpha_k * fT_j(\beta_n)$ ist, und β_n ein basic expression, so zeichnet man eine Verbindung von dem Knoten, der fT_j repräsentiert zum Knoten fT_i, und beschriftet diese Verbindung mit α_k. Dann fahre man mit dem Argument β_n rekursiv wie in 3.1 fort.

Schritt 3.3: Wenn ϕ von der Gestalt $\alpha_l * fT_j(\Omega_k)$ und Ω_k ein terminaler Ausdruck ist, zeichnet man eine Verbindung von dem Knoten, der fT_j repräsentiert, zu dem Knoten, der fT_i repräsentiert und beschriftet diese Verbindung mit dem Gewicht α_l. Man beginnt den Aufbauprozess rekursiv mit $fT_j(\Omega_k)$ wie bei Schritt 3, indem fT_i durch fT_j und Ω_i durch Ω_k ersetzt wird.

Ein Beispiel

Um ein Beispiel zu geben, wie der gerade sehr abstrakt beschriebene Ansatz anschaulich abläuft, übersetzen wir eine Komponente einer akzeptablen Formel exemplarisch in eine Netzwerk-Topologie:

$$\Omega_i = fT_7(a_1 * x_1 +$$
$$a_6 * (fT_4(a_2 * x_1)) +$$
$$a_7 * (fT_5(a_3 * x_1 + fT_3(a_4 * x_2))) +$$
$$a_8 * (fT_6(a_5 * x_2)))$$

Wie der Algorithmus diese Formel in eine Topologie verwandelt, wird, so hoffen wir, aus Bild 7.40 deutlich.

Der mit der Technik Neuronaler Netze vertraute Leser wird in der derart generierten Struktur leicht auch die hierarchische Struktur der Topologie erkennen. In Bild 7.41 ist eine äquivalente Darstellung der Formel als Netzwerkgraph angegeben, die die herkömmliche hierarchische Repräsentation aufweist. Die Transformation von der »platten«, zweilagigen Darstellung in die hierarchische ist jedoch sehr einfach und sei dem interessierten Leser als kleine Übungsaufgabe überlassen.

Betrachtet man den bislang dargestellten Ansatz etwas genauer, so fällt auf, daß die generierten Topologien gewisse Redundanzen enthalten können, da die Topologien für jedes Output-Neuron separat übersetzt werden. Die eventuell auftretenden Redundanzen verschwinden, wenn die Fitneßfunktion (die die Erzeugung der Formeln begleitet) das Aufkommen von identischen Teilausdrücken in den Formeltermen »bestraft« (siehe unten: die Fitneß einer Formel).

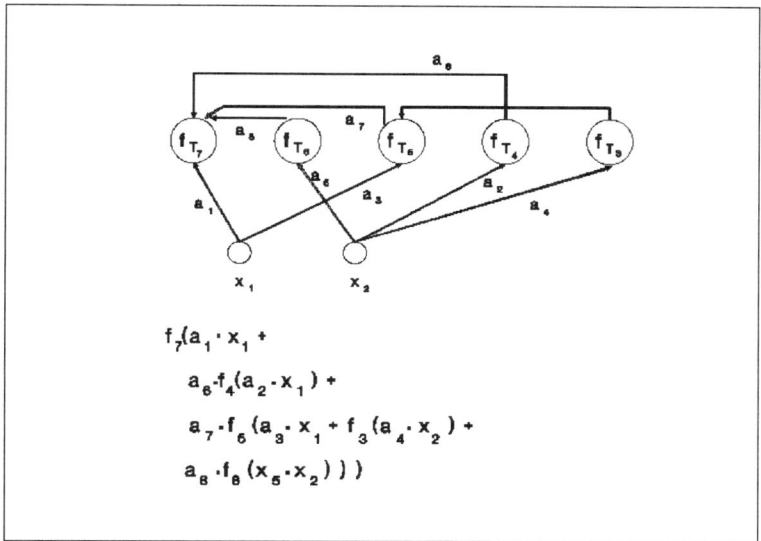

$$f_7(a_1 \cdot x_1 +$$
$$a_6 \cdot f_4(a_2 \cdot x_1) +$$
$$a_7 \cdot f_6(a_3 \cdot x_1 + f_3(a_4 \cdot x_2) +$$
$$a_8 \cdot f_8(x_5 \cdot x_2)))$$

Bild 7.40:
Darstellung einer Formel und der sich nach dem Algorithmus ergebenden Netzwerk-Topologie.

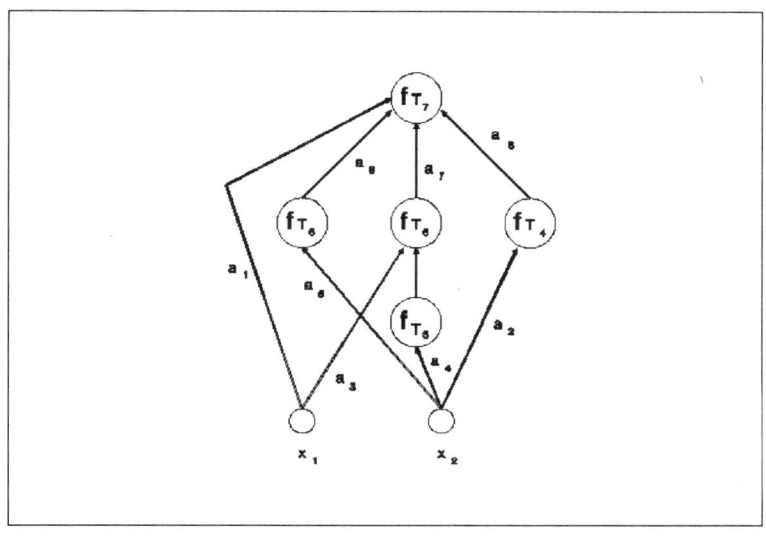

Bild 7.41:
Konventionelle, hierarchische Darstellung der Topologie des Netzes aus Bild 7.40.

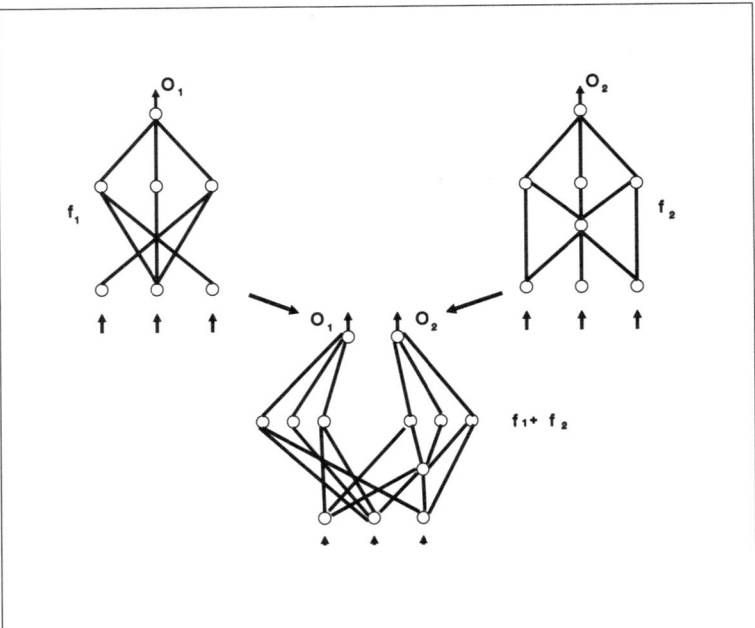

Die binäre Verschlüsselung der Formeln als Chromosome

Wir sind nun bereit, jede relevante Topologie in einer akzeptablen Formel zu verschlüsseln und können akzeptable Formeln als Repräsentation einer Topologie eines Neuronalen Netzwerkes interpretieren. Damit haben wir die Voraussetzungen für die Anwendung Genetischer Algorithmen geschaffen: wir können, wie in den vorherigen Kapiteln gezeigt, auf binären Repräsentationen der Formelterme arbeiten und alle relevanten genetischen Operationen ausführen. Um neue Formeln herzustellen, benötigen wir nun nur noch ein geeignetes binäres Verschlüsselungsschema für die Formeln.

Das von uns häufig und sehr erfolgreich verwendete binäre Verschlüsselungsschema entspricht im Kern dem bereits beschriebenen Ansatz (siehe auch weiter unten in diesem Kapitel: die Codierung).

Die Fitneß einer Formel

Die Definition der Tauglichkeit einer Formel ist nicht sonderlich schwierig. Nehmen wir an, daß wir einen Trainingssatz von Beispielen für ein Neuronales Netz oder einen gültigen Datensatz für die Validierung des Netzwerkes vorgegeben haben. Dieser Datensatz s wird aus einer Menge von Tupeln $<x_i,y_i>$ bestehen, wobei x_i der Input und y_i der jeweils dazu erwartete Output des Netzes ist.

Somit ist

s = {$<x_i,y_i>$ | i < n}.

Lassen wir c ein Chromosom sein, d.h. eine verschlüsselte Formel, und int(c,xi) die Interpretation von c für das Argument xi (wie die Interpretation gehandhabt wird, haben wir bereits erläutert – siehe oben). Die Tauglichkeit von c, **fit(c)**, wird durch ein Fehlermaß über dem Datensatz s bestimmt.

Wenn das Fehlermaß der mittlere quadratische Fehler ist, so wird z. B. fit(c) berechnet, indem die Interpretation von c hintereinander auf alle xi als Argumente angewandt wird:

$$\text{fit(c)} = 1/ \left(1/n* \sum_{i=1}^{n} (\text{int}(c,x_i)-y_i)^2 \right)$$

Je kleiner der quadratische Fehler der Interpretation der Formel auf dem Trainingssatz, desto größer, also besser, ist die Tauglichkeit der Formel. Dies macht Sinn, da sich eine Formel mit einer sehr hohen Tauglichkeit der gewünschten Funktion des Netzwerkes annähert, denn der quadratische Fehler wird für alle relevanten Inputs des Netzes minimiert. Dies ist jedoch in den meisten Fällen noch nicht die endgültige Fitneßfunktion. Wenn wir nicht nur die im Sinne der Approximation über den Lerndaten beste Formel, sondern gleichzeitig auch eine kürzeste Formel erzeugen wollen, müssen wir eine Art Belohnungs- oder Bestrafungsterm zur Fitneßfunktion hinzufügen.

Wir haben bereits erwähnt, daß es sinnvoll ist, die Identitätsfunktion f(x) = x in das Formelalphabet miteinzubeziehen. Wir benutzen nun diese Funktion, um die Länge der durch den Genetischen Algorithmus erzeugten Formel gleich mitzuoptimieren (dies verläuft analog, wie bereits angedeutet).

Alle Formeln werden als bit-Ketten einer bestimmten, festen Länge verschlüsselt. Wenn man diese Einschränkung nicht einhält, muß man einen Crossover-Algorithmus benutzen, der auf Chromosomen variabler Länge arbeitet. Dies ist schwierig und meist rechenintensiv.

Um dennoch Formeln variabler Länge zu erhalten, benutzen wir die Identitätsfunktion. Wenn die Identitätsfunktion in dem verschlüsselten Formelausdruck erscheint, wird sie bei der Interpretation einfach übersprungen, da sie den aktuellen Wert ja nicht verändert. Die Identitätsfunktion kann also aus dem Formelterm gestrichen werden, wodurch sich dieser verkürzt. Somit gilt: je öfter die Identitätsfunktion in der Formel erscheint, desto kürzer wird die endgültige Formel sein. Wir fügen deshalb einen Belohnungsterm zur Fitneßfunktion für jedes Auftreten der Identitätsfunktion in den Formeln hinzu. Wenn die Anzahl dieser Vorkommen k ist, dann hat die neue, erweiterte Fitneßfunktion die Gestalt:

$$\text{fit}(c) = \left(1/n * \sum_{i=1}^{n} (\text{int}(c, x_i) - y_i)^2 \right) + h(k)$$

Die Funktion h kann im Prinzip jede sinnvolle Funktion von k sein, z. B. eine lineare oder exponentielle Funktion, wie z. B.

$$h(k) = \alpha * k \qquad \text{oder} \qquad h(k) = 2^k.$$

Aus Implementationsgründen sollte zudem eine kleine konstante Zahl ß (2^{-10} oder ähnlich) dem mittleren quadratischen Fehlerausdruck hinzugefügt werden, um eine potentielle Division durch 0 zu vermeiden. Dies kann dann der Fall sein, wenn der Annäherungsfehler 0 ist, d.h. wenn die erzeugte Funktion genau den Zieloutput des Netzes trifft. Die endgültige Version der Fitneßfunktion sieht dann etwa folgendermaßen aus:

$$fit(c) = (1/(1/n * \sum_{i=1}^{n} (int(c, x_i) - y_i)^2) + ß)) + h(k)$$

Wenn h eine exponentielle Funktion ist, bevorzugt der Algorithmus kurze Formeln. Somit kann h, wie bereits angedeutet, dazu benutzt werden, Netzwerke zu minimieren, da sich die Komplexität des erzeugten Netzwerkes in der Regel in der Formelkomplexität widerspiegelt. Je einfacher die Formel, desto einfacher ist auch das erzeugte Netzwerk.

Die Formeln können mittels der Fitneßfunktion noch auf beliebige andere Art und Weise optimiert werden. Es könnte z.B. von Nutzen sein, die Komplexität der Formeln zu reduzieren, indem das Einbetten von Funktionen minimiert wird. Wenn man »flache« Netzwerke erzeugen will, d.h. Netzwerke mit einer niedrigen Anzahl von verdeckten Schichten, muß man nur die iterative Anwendung der Transferfunktionen über die Fitneß der Formel »bestrafen«. Will man hingegen nur wenige Neuronen im Netzwerk, muß man lediglich eine hohe Anzahl neuronaler Ausdrücke in den Formeln bestrafen. Wenn man die Anzahl der Gewichte und Verbindungen minimieren will, muß man das Aufkommen der Gewichtsausdrücke in den Formeln bestrafen usw. Auf diese Art und Weise kann nahezu jeglicher Optimierungsgesichtspunkt berücksichtigt werden.

Die automatische Erzeugung Neuronaler Netzwerke

Die automatische Erzeugung Neuronaler Netzwerke läuft nun letztlich insgesamt wie folgt ab:

1. Erzeuge zufällig die anfängliche Population der Formeln (d.h. einen Satz binär verschlüsselter, akzeptabler Formeln);

2. Wiederhole, bis die Abbruchbedingung erreicht ist (d.h. bis die Zeit abgelaufen ist oder bis kein weiterer Fortschritt in der Population erreicht wurde):

2.1 interpretiere jedes Chromosom, und berechne seine Tauglichkeit; wenn die Tauglichkeit zufriedenstellend ist, stoppe den Algorithmus, und liefere die Formel mit der höchsten Tauglichkeit als Ergebnis zurück;

2.2 ansonsten wähle Formeln durch ein passendes »Hochzeitsschema«, und gebe den Formeln eine Möglichkeit, im Verhältnis zu ihrer Tauglichkeit Kinder zu erzeugen.

2.3 rekombiniere die ausgewählten Formeln neu durch Crossover;

2.4 nehme an den Formeln der neuen Generation entsprechende Mutationen vor;

2.5 gehe zu 2.

Anwendungsbeispiel: Ansteuerung eines Roboterarmes mit Neuronalen Netzen

Wir wollen noch kurz zeigen, daß der Algorithmus tatsächlich sehr komplexe Funktionen und Abhängigkeiten bei der Erzeugung optimaler Netzwerk-Topologien berücksichtigen kann. Zu diesem Zweck präsentieren wir die Ergebnisse eines Projektes bei dem es um die Aufgabe ging, Neuronale Netzwerke zur Steuerung eines Roboterarmes einzusetzen. Der Genetische Algorithmus sollte

optimale Netze für die Steuerung des Roboterarmes generieren. Der von uns für diesen Test simulierte Roboter
besteht aus einem Arm mit zwei Gelenken, der an der
Basis um 360 Grad gedreht werden kann.

Die Steuerung des Armes soll ein trainiertes Neuronales
Netz übernehmen. Dazu erhält das Netz als Input-Daten
die erwünschten Zielkoordinaten und die momentane
Stellung der Gelenkwinkel. Der jeweils erwartete Output
des Netzes ist die nötige Winkeländerung der Gelenke, um
den Zielpunkt zu erreichen. Die Zielsetzung bestand darin,
dem Netz einen Satz von unterschiedlichen Koordinaten
zum Training zur Verfügung zu stellen, um dann nach
Abschluß der Trainingsphase für beliebige Koordinaten die
richtigen Winkeländerungen vom Netz zu erhalten. Dazu
mußte das Netz die folgenden Funktionen lernen.

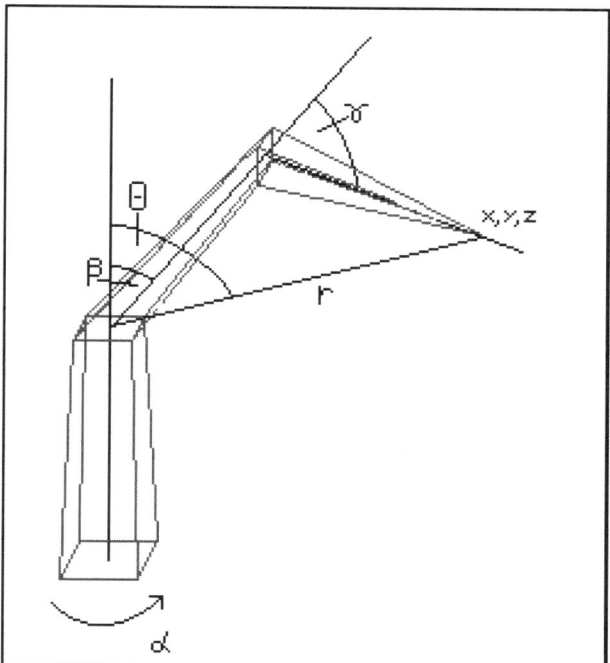

Bild 7.43:
Schema des simu-
lierten Roboterarms
mit Winkelbe-
zeichnungen.

Für diese Anwendung ist die Struktur des Netzes von entscheidender Bedeutung. Ist das Netz zu groß, wird der Trainingssatz zwar schnell gelernt, aber die 'unbekannten' Koordinaten eines Testdatensatzes werden nicht ausreichend auf die entsprechenden Winkeländerungen abgebildet. Das zu große Netz hat die Möglichkeit, eine andere als die erwünschte Funktion abzubilden, die trotzdem alle Bedingungen der Trainingskoordinaten erfüllt. Dadurch kommt es beim Anlegen der Testdaten häufig zu falschen Ergebnissen. Ein zu kleines Netz ist andererseits jedoch nicht in der Lage, die gewünschte Funktion darzustellen und 'versagt' somit bereits bei der Interpretation der Trainingsdaten.

Bild 7.44: Transformationsregeln für die Winkeländerungen, die von dem Neuronalen Netz gelernt werden müssen.

$$\text{Input: } r^2_{ziel}, \Theta_{ziel}, \alpha_{ziel}, \alpha_{ist}, \beta_{ist}, \gamma_{ist}$$
(auf [0,1] normiert)

$$\text{Output: } \triangle\alpha, \triangle\beta, \triangle\gamma$$
(auf [0,1] normiert)

$$r^2 \rightarrow \frac{r^2}{4\,l^2} \qquad 1 \,\hat{=}\, \text{Armlänge des Roboterarms}$$

$$\Theta \rightarrow \frac{\Theta}{\pi}$$

$$\alpha \rightarrow \frac{\alpha}{2\pi}$$

$$\triangle\alpha \rightarrow \frac{1}{2}\left(\frac{\triangle\alpha}{4\pi} + 1\right)$$

$$\triangle\beta \rightarrow \frac{1}{2}\left(\frac{\triangle\beta}{2\pi} + 1\right)$$

$$\triangle\alpha = \frac{1}{2}\left(\alpha_{ziel} - \alpha_{ist} + 1\right)$$

$$\triangle\beta = \frac{1}{2}\left(\Theta_{ziel} + \frac{1}{\pi}\arccos(-\sqrt{r^2_{ziel}}) - \beta_{ist} + 1\right)$$

$$\triangle\gamma = \frac{1}{2}\left(\frac{1}{\pi}\arccos(2r^2_{ziel} - 1) - \frac{1}{\pi}\gamma_{ist} + 1\right)$$

Ein Backpropagation-Netz mit einer verdeckten Schicht mit 12 Neuronen konnte die gestellten Anforderungen erfüllen und nach 50 Trainingszyklen mit 64 Koordinatenpunkten alle 'unbekannten' 42 Koordinatenpunkte des Testsets mit einem Gesamtfehler von < 1% bestimmen.

Die Codierung

Die Codierung der Netzstruktur erfolgt auf einem Chromosom, dessen Alphabet aus 256 verschiedenen Buchstaben besteht. Das Chromosom ist in Abschnitte gegliedert. Die Anzahl dieser Abschnitte entspricht der Anzahl der Output-Neuronen des zu erstellenden Netzes. Innerhalb eines solchen Abschnittes ist, wie oben erläutert, der vollständige Graph mit gewichteten Kanten (Baumstruktur), der zu dem zugehörigen Output-Neuron führt, codiert.

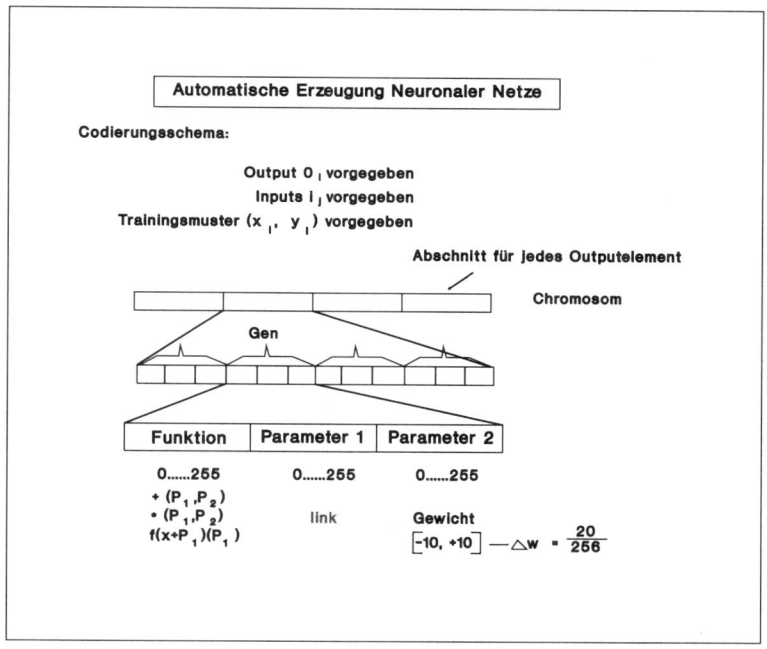

Bild 7.45:
Schematische Darstellung der internen Codierung der Formeln.

Ein Abschnitt enthält strukturierte Unterabschnitte, die aus drei Buchstaben bestehen. Der erste Buchstabe gibt die Verknüpfungsfunktion an, der zweite und der dritte deren Parameter. Da es nicht immer 256 verschiedene Verknüpfungsfunktionen geben muß, wird mit großer Redundanz codiert, z.B. existieren 3 verschiedene Verknüpfungsfunktionen, so entsprechen sowohl die Buchstaben 1 bis 3 als auch die Buchstaben 4 bis 6 usw. diesen Funktionen. Reelle Parameter werden durch Diskretisierung in einem vorgegebenen Intervall durch Buchstaben ersetzt.

Mittels dieser Implementierung des Algorithmus wurde das in Abbildung 7.46 dargestellte Netz erzeugt. Dieses Netz erreicht einen mittleren Fehler von 8% und wird durch folgende automatisch generierte Formeln beschrieben:

```
output(0) = f(-2.969 * i[4] - 1.562)
output(1) = f(+6.953 * f(-6.953 * i[1] - 7.812 * i[2] + 7.188 *
i[6] - 0.469 * i[5] - 0.938)+2.031*i[3] + 3.516)
output(2) = f(-5.234 * f(+9.375 * i[5] + 3.281) + 1.641)
```

Bild 7.46:
Bestes Ausgangs-
netzwerk.

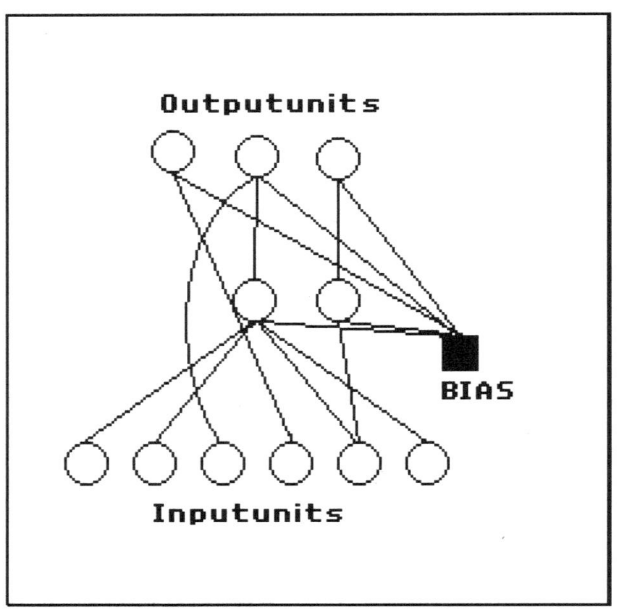

Nach weiteren 141 Generationen Optimierung erreicht das Netz (Bild 7.46) einen mittleren Fehler von lediglich 0,2%! Die das Netz codierende, automatisch generierte Formel lautete (i[x] steht hier für die Inputneuronen, die Transferfunktion ist die Sigmoidfunktion f):

```
output(0) = f(+2.812 * f(+5.859 * f(+9.922* i[1]-0.547 *i[6] -
9.609 * i[4] + 4.453) + 8.906 * i[6]+9.375) + 0.000)
output(1) = f(+3.047 * i[3] - 1.484*i[5] + 1.094)
output(2) = f(-5.156 *f(+4.688 * i[2] + 5.469 *i[1] - 2.109) -
5.156)
```

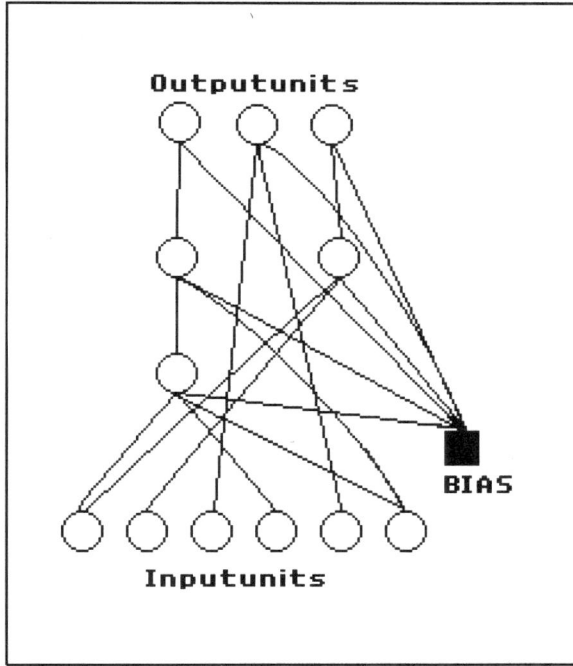

Bild 7.47:
Automatisch generiertes und optimiertes Netz nach 141 Generationen iterativer, genetischer Optimierung.

Zusammenfassung

Der beschriebene Algorithmus ist unserer Meinung nach sehr mächtig. Die Anwendung zur Erzeugung eines Netzes zur Steuerung eines simulierten Roboterarmes ist nur ein kleines Beispiel für die breite Palette der möglichen Anwendungen. Wir haben bereits über ein Dutzend weiterer Anwendungen mit diesem Algorithmus realisiert. Die wichtigsten Vorteile unseres Ansatzes lassen sich etwa wie folgt zusammenfassen:

1. Die vollständig optimierte Topologie eines Neuronalen Netzes kann durch einfaches »Füttern« des Algorithmus mit dem Trainingssatz erzeugt werden.
2. Struktur, Gewichte und eventuell zusätzliche Parameter eines Netzwerkes können simultan mit dem gleichen Verfahren optimiert werden.
3. Durch Benutzung der Fitneßfunktion ist beinahe jede Art von Optimierung eines Netzwerkes möglich.
4. Da die Fitneßfunktion die Generierung der Formeln und somit die Generierung der Netzwerke kontrolliert, ist mit Hilfe unseres Algorithmus eine neuartige, allgemeine überwachende Lerntechnik für Neuronale Netze verfügbar.
5. Es müssen keine Einschränkungen, wie z.B die Differenzierbarkeit der internen Transferfunktion, berücksichtigt werden.
6. Der Generierungs-Algorithmus kann zudem noch hochgradig parallelisiert werden (siehe hierzu Kapitel 6).

Wir halten deshalb diese spezielle Anwendung Genetischer Algorithmen für ausgesprochen zukunftsträchtig.

Weitere Anwendungen

Wir hoffen, in den bisherigen Abschnitten dieses Kapitels dem Leser das große Anwendungspotential der simulierten Evolution verständlich gemacht zu haben. Natürlich ist hier nicht der Platz, sämtliche potentiellen Anwendungsfelder vorzustellen.

Wir haben uns deshalb darauf beschränkt, moderne und aktuelle Anwendungsgebiete, mit denen wir uns zudem selbst in den letzten Jahren intensiv beschäftigt haben, etwas ausführlicher darzustellen. Da es aber noch eine

Reihe vielversprechender Anwendungsgebiete gibt, die wir bislang noch nicht erwähnt haben, wollen wir dieses abschließende Kapitel nutzen, um noch kurz einige uns wesentlich erscheinende Anwendungsfelder anzusprechen und auf weitere Anwendungsmöglichkeiten hinzuweisen.

Die Beispiele, die wir im folgenden kurz andeuten werden, sind alle bereits mit Evolutionsverfahren von Forschern und Praktikern realisiert worden. Die meisten Beispiele wurden von Studenten von Prof. Schöneburg im Rahmen seiner regelmäßigen zweistündigen Vorlesung über Genetische Algorithmen und Evolutionsstrategien an der Fachhochschule Furtwangen mittels diverser Varianten der Evolutionsstrategien oder Genetischer Algorithmen gelöst.

Daraus ist ersichtlich, daß der Realisierungsaufwand für eine erste prototypische Lösung der angesprochenen Probleme (siehe die jeweiligen Grafiken und Bildschirmabzüge) in der Regel relativ gering ist. Dies soll jedoch nicht darüber hinwegtäuschen, daß von einer prototypischen Lösung bis zu einem produktiv eingesetzten System noch ein sehr weiter Weg sein kann.

Optimale Form von Linsen

Ein interessantes Optimierungsproblem entsteht in der optischen Industrie bei der Produktion von Speziallinsen. Für unterschiedlichste Anwendungen etwa in der Weltraumforschung für Teleskope, in der Medizin für Mikroskope oder im industriellen Bereich für optische Vermessungsgeräte werden Speziallinsen benötigt, deren optimale Form sich aus der vorgesehenen Anwendung mit ihren spezifischen Randbedingungen ergibt.

Die Linsen müssen oft hinsichtlich sehr unterschiedlicher Kriterien optimiert werden. Bei sehr großen Linsen spielt beispielsweise häufig das Gewicht und die Genauigkeit des Schliffs eine große Rolle. In anderen Anwendungen müssen Beugungs- und Streuungseffekte vermieden werden usw.

Bild 7.48:
Simulation der
Optimierung
einer Linsenform
mittels der Evolu-
tionsstrategie.

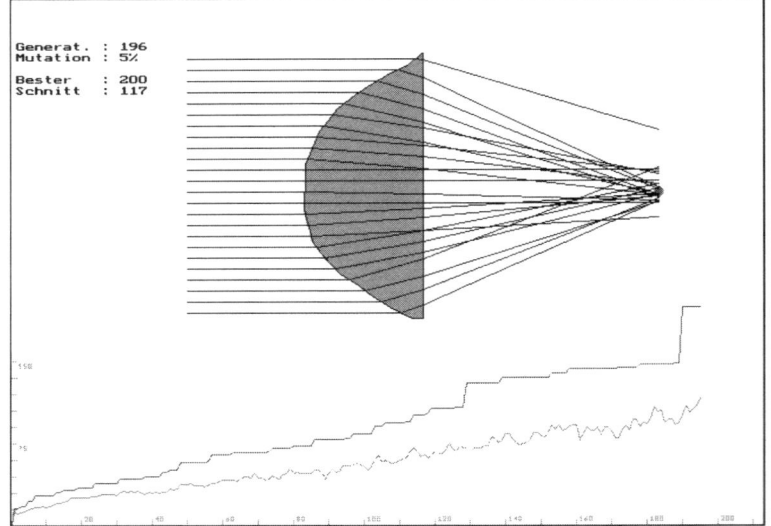

Besonders interessant ist in diesem Zusammenhang die Frage, welche Form eine Linse haben muß, wenn eine bestimmte Bündelung und Streuung der einfallenden Strahlen vorgegeben wird. Angenommen, alle einfallenden Strahlen treffen exakt horizontal auf eine Linse, die die Strahlen in genau einem Punkt auf der mittleren Horizontale bündeln soll. In diesem Fall ist die optimale Form der Linse halbkreisförmig. Dieser Fall ist einfach.

Nehmen wir nun jedoch an, daß die Strahlen nicht auf der Mittelhorizontalen, sondern in irgendeinem anderen Punkt gebündelt werden sollen und daß Streustrahlung aus einem Winkel von 30° bis 45° zusätzlich auf die Linse fällt und ebenfalls auf dem Fokussierungspunkt abgebildet werden soll. Wie sieht dann die optimale Linsenform aus? Stellt man weitere Randbedingungen auf, so wird die Frage nach der optimalen Linsenform schnell sehr schwierig. Ingo Rechenberg hat als erster derartige Probleme mit seinen Evolutionsstrategien gelöst.

Adaptive Verkehrsleittechnik

In einer Zeit, in der es kaum noch möglich ist, mit einem
Auto eine Großstadt zu durchqueren, ohne dabei in einen
Stau zu geraten, wird die Optimierung des Verkehrsflusses
ein zentrales Thema der Verkehrsleittechnik.

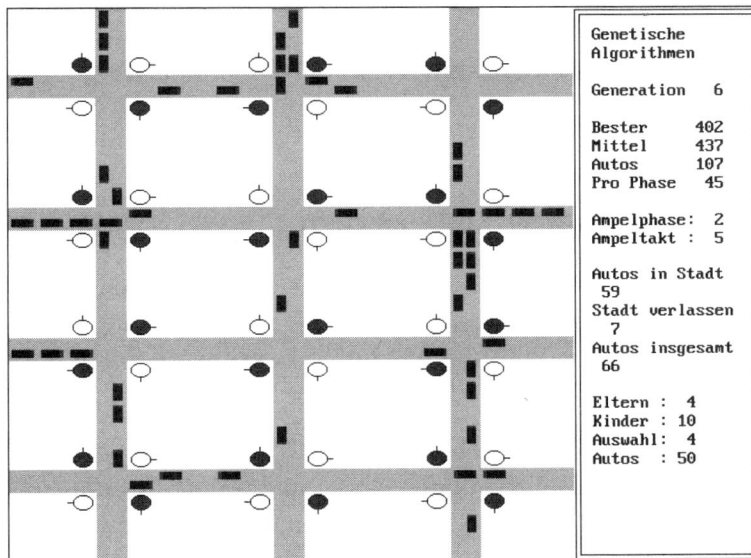

Bild 7.49:
Simulation einer
adaptiven Ampel-
schaltung mittels
Genetischer Algo-
rithmen.

Es gibt im wesentlichen zwei Möglichkeiten, den Verkehrsfluß durch eine Stadt (das heißt, die Anzahl Fahr-
zeuge, die die Stadt in einer vorgegebenen Zeit durchqueren können) zu optimieren. Die erste Möglichkeit ist, die
Verkehrswege in Abhängigkeit von dem Verkehrsaufkom-
men und den zur Verfügung stehenden Verkehrswegen so
umzulenken und zu leiten, daß es zu möglichst wenigen
Staus kommt. Eine zweite Möglichkeit besteht darin, die
Verkehrswege konstant zu halten, dafür jedoch die Ampel-
schaltungen so zu variieren, daß dadurch der Verkehrsfluß
möglichst optimal wird (Schlagwort: grüne Welle).

In vielen Großstädten werden heute in den Hauptverkehrs-
zeiten beide Möglichkeiten simultan angewandt. Sie sind

gleichermaßen wichtig und geeignet, aber auch entsprechend kompliziert. Die Randbedingungen sind meist hochgradig variabel und komplex. So müssen beispielsweise Baustellen, Unfälle, Sonderereignisse (wie Fußballspiele, Urlaubszeiten o.ä.) und eine Fülle anderer Einflußfaktoren (Wetter, Autobahnzufahrten etc.) berücksichtigt werden.

Wenn für dieses Problem überhaupt effiziente Algorithmen gefunden werden können, so sind die Evolutionsstrategien und Genetische Algorithmen vermutlich die besten Kandidaten.

Hochregallager – Steuerungen

Das Problem des Handelsreisenden ist ein klassisches Problem der Optimierungstheorie. Dieses Problem hat in der Praxis unzählige Varianten. Eine Variante wollen wir kurz erläutern.

Viele Industrieunternehmen und Warenhäuser verfügen über riesige Hochregallager in denen Produkte, Materialen, Rohstoffe u.s.w. gelagert werden. Solche Hochregallager bestehen nicht selten aus Tausenden von Stellplätzen (Boxen) in denen die Waren verstaut werden. Die Zentrallager großer Warenhäuser haben beispielsweise Hochregallager auf einer Fläche, die größer ist als mehrere Fußballfelder mit einer durchschnittlichen Höhe von etwa 20 Metern.

Bei derart komplexen und riesigen Lagern entsteht sofort ein Logistikproblem: wie ist es möglich, mittels eines Fahrzeuges (Kran, Gabelstabler oder einer anderen Transportvorrichtung) die Waren auf dem kürzesten Wege von Box a des Lagers nach Box b zu bringen, wobei der Ein- und Ausgang des Lagers als spezielle Boxen betrachtet werden? Dies entspricht im wesentlichen dem Handelsreisenden-Problem. Das Hochregallager-Problem wird jedoch zusätzlich dadurch erschwert, daß das oder die Transportgeräte meist eine maximale Ladekapazität und eine maximale Geschwindigkeit haben. Demnach muß, je nach Warentyp sowie Größe und Gewicht der Ware, bestimmt werden, welches Transportgerät welchen Transportauftrag übernimmt, um die globale Transportzeit und -kosten über alle Transportbewegungen des Lagers zu minimieren.

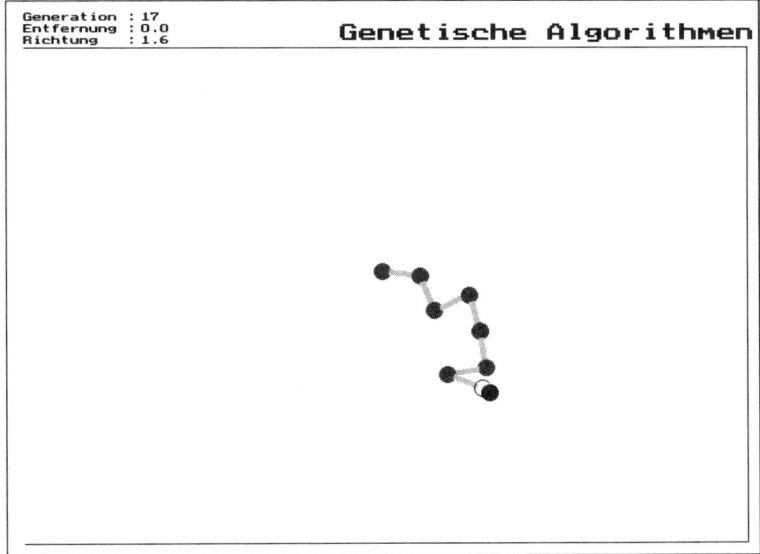

Bild 7.50:
Optimierung und Generierung einer Gliederkette von einem gegebenen Punkt zu einem Ziel mittels eines Genetischen Algorithmus.

Hierbei treten Probleme auf, die bei dem Handelsreisenden meist nicht in der Form auftreten: wenn beispielsweise sämtliche Waren einer Box a zu einer Box b transportiert werden müssen, das Gesamtgewicht der Waren jedoch die Tragekapazität des Transportvehikels übersteigt, so muß das Transportgerät die Box a mehrmals anfahren. Wenn nun die Boxen a und b sehr weit auseinanderliegen, ist es sinnvoll, wenn das Transportgerät auf dem Rückweg Waren von Box c nach Box d transportiert, die zwichen den Boxen a und b liegen, um nicht leer und damit teuer bewegt zu werden.

Man erkennt leicht, daß die Steuerung eines Hochregallagers bei Berücksichtigung aller sinnvollen Optimierungsrestriktionen sehr kompliziert werden kann. Es müssen viele Kriterien parallel berücksichtigt werden. So ist es, wie wir gerade angedeutet haben, nicht sinnvoll, zunächst alle Waren von a nach b zu transportieren, dann alle von c nach d u.s.w. Aber gerade solch hochdimensionalen, parallelen Optimierungsprobleme sind ein ausgesprochen interessantes Anwendungsfeld für die Methoden der simulierten Evolution.

Lagerplatzoptimierungen

Bei Hochregallagern und allen anderen Lagern besteht das Problem der Aufteilung des Lagerplatzes. In der Regel soll ein Lager möglichst viele Waren aufnehmen. Die Waren haben jedoch meist unterschiedliche Form, Größe, Gewicht, Volumen, Wert u.s.w. Je nachdem, welche Kriterien für die Lagerhaltung gelten, muß dann der verfügbare Raum so aufgeteilt werden, daß möglichst viele Waren eingelagert werden können.

Ein ähnliches Problem stellt sich für Spediteure und Transportunternehmen. Ein Möbeltransporter muß möglichst optimal gefüllt werden, damit sich eine Fahrt lohnt. Mit zunehmendem, ungenutzten Transportraum nimmt die Rentabilität des Transportes ab. Charterfluggesellschaften und Containertransporter haben ähnliche Probleme; auch hier muß jeweils der verfügbare Laderaum möglichst optimal gefüllt werden.

Schwierig wird das Lageroptimierungsproblem durch die in der Regel dreidimensionale Gestalt der zu verstauenden Körper und deren Materialeigenschaften. So ist es beispielsweise nicht sinnvoll, einen schweren, großen Gegenstand auf einen kleinen und zerbrechlichen zu stellen.

Die dreidimensionale Gestalt der Gegenstände führt dazu, daß sie zwecks einer optimalen Verstauung meist gedreht, auf den Kopf gestellt oder sonstwie angeordnet werden

müssen, um zwischen den Körpern nicht größere Leer-
räume entstehen zu lassen, die damit nicht mehr genutzt
werden können. Oft ist auch die Reihenfolge der Verstauung zu berücksichtigen, damit es während des Transportes
nicht zu Verkeilungen oder zu Schäden durch Verrutschen
der Transportware kommt.

Das bekannte Computerspiel *Tetris* ist ein weiteres Beispiel für ein »Lageroptimierungsproblem«. Denn auch bei
Tetris geht es letztendlich darum, zwei- bzw. dreidimensionale Körper so anzuordnen, daß sie einen Raum lückenlos ausfüllen.

Die optimale Anordnung mehrerer dreidimensionaler
Körper in einem Raum mit vorgegebenem Volumen ist ein
sehr schöner Anwendungsbereich für Genetische Algorithmen. Da die Bewertungsfunktion (Fitneß) in diesen An-
wendungsfällen in der Regel einfach ist (möglichst optimale Nutzung des Lagerraumes) ist meist nur die Repräsentation der Körper und ihrer Formen ein Problem.

Parkettierungsprobleme

Parkettierungsprobleme können als Spezialfall von Lager-
problemen angesehen werden. Bei einem Parkettierungsproblem geht es darum, eine vorgegebene Fläche oder
einen Körper mit einer Menge von gleichartigen Gegen-
ständen vollständig und lückenlos zu überdecken. Als
typisches Beispiel kann die Parkettierung des Fußbodens
eines Raumes angesehen werden (daher auch der Name).

Es gibt sehr schwierige Parkettierungsprobleme. Manche
Probleme sind unlösbar – nur weiß man leider oft nicht, ob
ein Parkettierungsproblem lösbar ist oder nicht. Hierzu ein
Beispiel: Man nehme ein Schachbrett. Ein Parkettierungsproblem besteht nun darin, daß Schachbrett durch Dominosteine abzudecken. Die Steine sollen gerade so gebaut
sein, daß sie genau zwei benachbarte Schachfelder exakt

abdecken. Frage: Ist es möglich, das Schachbrett voll-ständig und ohne Überlappung der Dominosteine zu überdecken? Die Antwort ist einfach. Es ist möglich, indem einfach jeweils 4 Steine pro Zeile nebeneinander gelegt werden.

Variiert man diese Parkettierungsaufgabe ein wenig, wird das Problem wesentlich schwieriger: Man entferne aus dem Schachbrett das Feld A1 (untere linke Ecke) und das Feld H8 (obere rechte Ecke). Ist es immernoch möglich, das Brett mit den Dominosteinen zu überdecken? Die Antwort lautet: nein! Können Sie dies beweisen?

Parkettierungsprobleme spielen in vielen industriellen Bereichen eine große Rolle. So ist beispielsweise die optimale Verteilung von Speicherbausteinen oder die optimale Anordnung von Logikbausteinen auf einem Microchip ebenso ein Parkettierungsproblem, wie die optimale Überdeckung der Außenhaut des Spaceshuttles mit feuer- und hitzebeständigen Kacheln oder die gleichmäßige Bedeckung der Fassade eines Hochhauses mit reflektierenden Glasscheiben.

Vernetzungsprobleme

In unserer Gesellschaft hat beinahe jeder Haushalt einen Telefonanschluß. Diese Kommunikationseinrichtung funktioniert nur, weil sie mit anderen Haushalten bzw. mit Verteilerstationen, Sendern, Satelliten etc. verbunden ist. Der Zweck des Telefons ist es, über beliebige Strecken und Entfernungen mit anderen Personen kommunizieren zu können.

Das Telefonnetz ist weltumspannend und gigantisch. Es gibt Milliarden von Anschlüssen, und alle können prinzipiell in Sekunden miteinander verbunden werden. Um dies zu ermöglichen, ist eine dichte Vermaschung der Anschlußstellen nötig. Vernachlässigt man die derzeit stark anwachsende drahtlose Kommunikation, so muß prinzipiell jeder Telefonanschluß physikalisch über eine Leitung erreichbar sein (ähnliches gilt für das Kabelfernsehen). Diese Leitungen kosten jedoch Geld. Sie müssen hergestellt, verlegt, verschaltet und gewartet werden.

Damit kommt man zu einem speziellen Vernetzungsproblem: gegeben seien n Häuser; wie können diese mit einer minimalen Anzahl von Kabelmetern und einer möglichst geringen Anzahl von Verteilern miteinander vernetzt werden? Ein ähnliches Problem stellt sich bei der Kanalisierung eines Neubaugebietes: wie müssen die Rohre unterirdisch verlegt werden, damit die Kosten minimiert werden?

Diese Probleme führen zu einem Spezialgebiet der Vernetzungs- und Graphentheorie, der Frage nach den Minimalgerüsten von Graphen.

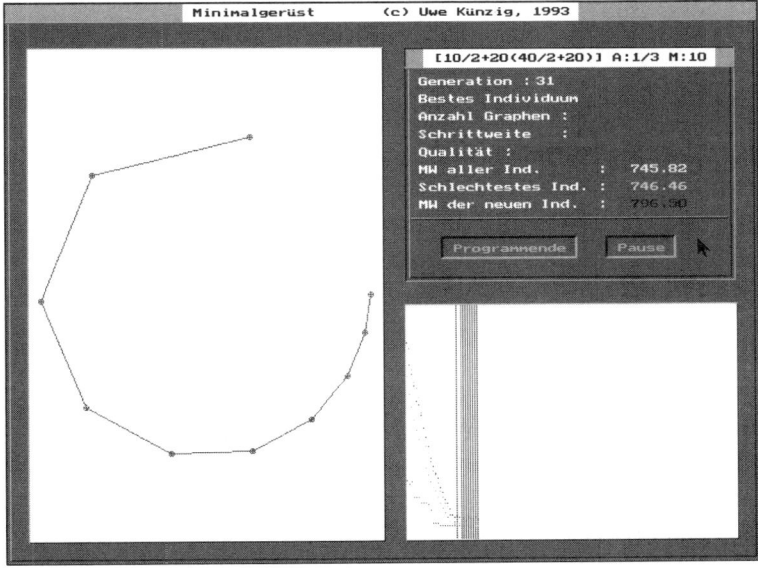

Bild 7.51:
Ermittlung des Minimalgerüstes eines Graphen mittels Evolutionsstrategien.

Ein Graph ist mathematisch nichts anderes als eine Menge von Objekten (in der Graphentheorie *Knoten* genannt), die irgendwie durch Verbindungen (*Kanten*) miteinander verknüpft sind. Wenn die Verbindungen eine bestimmte

Richtung aufweisen (wie Einbahnstraßen), so spricht man von einem *gerichteten* Graphen.

Besteht zwischen zwei beliebigen Knoten a und b eines Graphen eine *ungerichtete* Kante, das heißt, daß a von b aus und b von a aus über die Kante erreicht werden kann, so stellt sich bei einer räumlich vorgegebenen Anordnung von Knoten das Problem, wie die Knoten mit einer minimalen Anzahl von Kanten so miteinander verbunden werden können, daß von jedem Knoten aus jeder andere Knoten durch einen kürzesten Weg entlang der Kanten erreicht werden kann. Existiert eine solche minimale Verbindung aller Knoten, so nennt man diese das *Minimalgerüst* des Graphen.

Minimalgerüste für Graphen lassen sich bei geeigneten Parametereinstellungen und guten Crossingover-Verfahren ohne größere Probleme mit Genetischen Algorithmen mit akzeptablen Rechenzeiten ermitteln.

Optimale Spielstrategien

Optimale Strategien für Spiele zu finden hat seit jeher die Menschen fasziniert. Mit der Entwicklung der Spieltheorie durch den genialen Mathematiker John von Neumann ist die ernsthafte und analytische Beschäftigung mit Spielen zu einer Wissenschaft geworden.

John Holland, der »Erfinder« der Genetischen Algorithmen, hat sich bei der Entwicklung seiner Algorithmen ebenfalls von Spielen inspirieren lassen. Er untersuchte, mit welcher Strategie man bei den »zweiarmigen Banditen« (das sind Geldspielautomaten, wie man sie vorwiegend in Las Vegas findet) mit größter Wahrscheinlichkeit viel Geld verdienen kann. Wir wollen hier aber nicht Glücksspiele betrachten, sondern überlegen, ob die Evolutionsverfahren auf die Entwicklung optimaler Spielstrategien für Strategiespiele wie etwa Schach, GO oder Shogi (eine kompli-

zierte japanische Schachvariante) angewendet werden
können. Die derzeit besten Ansätze für die Entwicklung
leistungsstarker Spielstrategien kommen aus dem Bereich
der Künstlichen Intelligenz. Man hat in den letzten Jahren
eingesehen, daß algorithmische Ansätze nicht sehr weit
führen, sondern daß mit sogenannten »Heuristiken« gearbeitet werden muß. Heuristiken sind intelligente Faustregeln zur Bewertung von Stellungen. Solche Heuristiken
werden von erfahrenen und guten Spielern intuitiv erfaßt.
Ein Beispiel für eine gute Heuristik im Schach ist etwa:
»Schlage eine gegnerische Figur immer dann, wenn der
Wert der Figur höher ist als der Wert der eigenen Figur,
die bei dem Abtausch verlorengeht.«

Eine solche Heuristik funktioniert fast immer, aber leider
eben nur *fast* immer! Ihre Befolgung bringt dem Spieler,
der sich nach ihr richtet, in der überwiegenden Mehrzahl
der Anwendungen einen Vorteil – aber eben nicht immer.
Es gibt zu jeder sinnvollen Heuristik Ausnahmesituatio-
nen, in denen sie nicht greift oder sich sogar negativ auswirkt. Dennoch ist der heuristische Ansatz der derzeit
stärkste Ansatz.

Die Grundlage aller Heuristiken sind Bewertungen der
aktuellen Positionen. Es muß festgestellt werden, wann
eine bestimmte Heuristik angewendet werden soll. Dazu
muß die aktuelle Brettposition bewertet werden, um entscheiden zu können, ob ein Zug, der aufgrund einer Heuristik durchgeführt wird, eine bessere Situation (Spielstellung)
direkt oder indirekt zur Folge hat oder nicht. Dies ist der
Punkt, an dem Evolutionsalgorithmen eingesetzt werden
können. Die Bewertung der aktuellen Spielstellung wird
durch eine sogenannte Bewertungsfunktion ermittelt.
Diese Bewertungsfunktion berechnet bestimmte Merkmale
der Stellung, wie z.B. die Anzahl der eigenen und der
gegnerischen Steine, die Anzahl der bedrohten Felder, die
Summe der Werte der eigenen Steine und die des Gegners
u.s.w. Die so errechneten Merkmalswerte werden dann

meist noch gewichtet (z.B. in Abhängigkeit von der Spielsituation: eine Dame ist beispielsweise im Endspiel wertvoller als zu Spielbeginn) und zu einer Summe zusammengefaßt, um der aktuellen Spielsituation einen konkreten Zahlenwert zuordnen zu können.

Die Bewertungsfunktion kann nun mittels Genetischer Algorithmen oder Evolutionsstrategien optimiert werden. Dabei sind mehrere Ansätze möglich: man kann die Funktion automatisch generieren oder lediglich z.B. die Gewichtungsparameter optimieren. Dies sollte soweit klar sein. Problematisch bei der Optimierung der Bewertungsfunktion ist in der Regel nur, daß die Berechnung der Fitneß häufig sehr aufwendig ist. Hat man eine Bewertungsfunktion ermittelt, so muß man feststellen, ob sie gut oder schlecht ist. Dies zeigt sich jedoch im Prinzip erst dadurch, ob der Spieler, der sie anwendet, das Spiel verliert oder nicht.

Bild 7.52:
Auch das Problem,
eine korrekte Zug-
folge für Rubiks
Würfel zu finden,
läßt sich mit einem
Genetischen Algori-
thmus lösen.

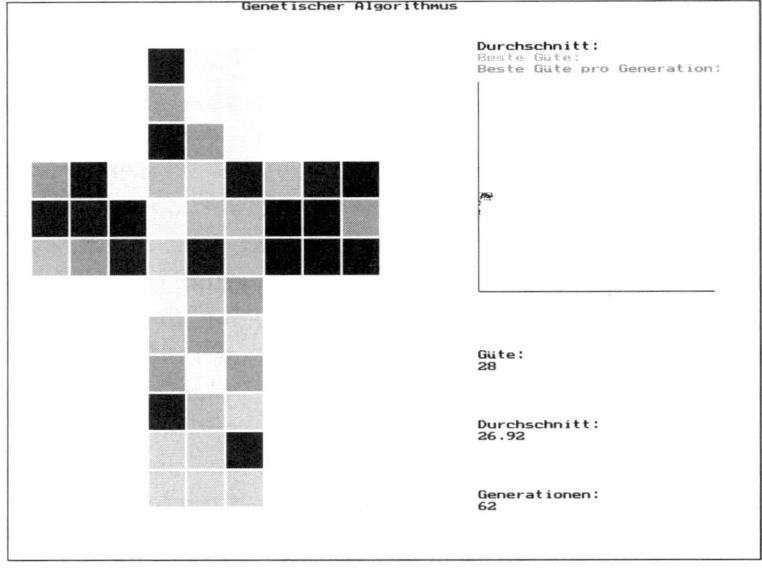

Will man diesen Prozeß automatisieren, so muß man Programme schreiben, die gegeneinander spielen. Die Bewertungsfunktion des Gewinners »überlebt« dann. Danach wird die Bewertungsfunktion genetisch manipuliert (etwa durch Mutationen) und im Kampf gegen den vorherigen Gewinner eingesetzt u.s.w.

Einen alternativen Ansatz, dies zu erreichen, nämlich über die Erzeugung optimaler Spielprogramme mit guten Bewertungsfunktionen durch Selbstmanipulation und Selbstoptimierung von Programmen, haben wir bereits erläutert.

Das n-Dame-Problem

Das n-Dame-Problem hat leider nichts mit netten Damen zu tun, sondern ist eine beliebte Knobelaufgabe unter Schachspielern und Mathematikern. Es handelt sich hier um ein Plazierungsproblem mit Randbedingungen. Das n-Dame-Problem lautet wie folgt: Wie kann man n Damen eines Schachspieles auf einem n*n Felder großen Schachbrett plazieren, ohne daß sich die Damen gemäß den Schachregeln gegenseitig bedrohen, d.h. schlagen können?

Die klassische Variante dieses Problems ist das 8-Dame-Problem für das gewöhnliche Schachbrett. Das n-Dame-Problem ist die Verallgemeinerung des Problems auf Felder mit n > 8. Da die Anzahl möglicher Positionen für die Damen auf dem Brett mit zunehmendem n sehr stark anwächst, wird das Problem schnell kompliziert. Das 8-Dame-Problem ist noch in wenigen Minuten durch scharfes Nachdenken lösbar. Bei 20 Damen wird das Nachdenken schon etwas länger dauern!

Der »Trick« bei der Lösung des n-Dame-Problems besteht darin, daß man die Positionen direkt benachbarter Damen optimieren muß. Da bei dem n-Dame-Problem definitionsgemäß n Damen auf einem n*n Feld plaziert werden müssen, darf und muß in jeder Reihe des Brettes, in jeder Spalte und in jeder Diagonale nur genau eine Dame stehen. Gäbe es zwei Damen auf einer Reihe, Spalte oder

Diagonale, könnten sie sich schlagen, was der Aufgabenstellung widerspräche.

Folglich müssen die Damen so plaziert werden, daß sie
sich auf engstem Raum nicht schlagen können. Dies wird
durch eine Rösselsprung-Plazierung möglich, das heißt,
zwei benachbarte Damen werden derart plaziert, daß ihre
Position zueinander gerade einem Zug des Springers im
Schachspiel entspricht. Dies ist die Grundidee.

Die endgültige Lösung läßt sich in der Regel jedoch nicht
so leicht finden, da auf diese Art nur die relative Plazierung
der Damen gefunden wird, nicht jedoch deren absolute
Position auf dem Brett. Probieren Sie es aus!

Wenn Sie das Problem mittels eines Genetischen Algorithmus oder durch Evolutionsstrategien lösen wollen, werden
Sie schnell feststellen, daß es nicht einfach ist, eine 100%ig
korrekte Lösung zu finden.

Bild 7.53:
Das 8-Dame-
Problem.

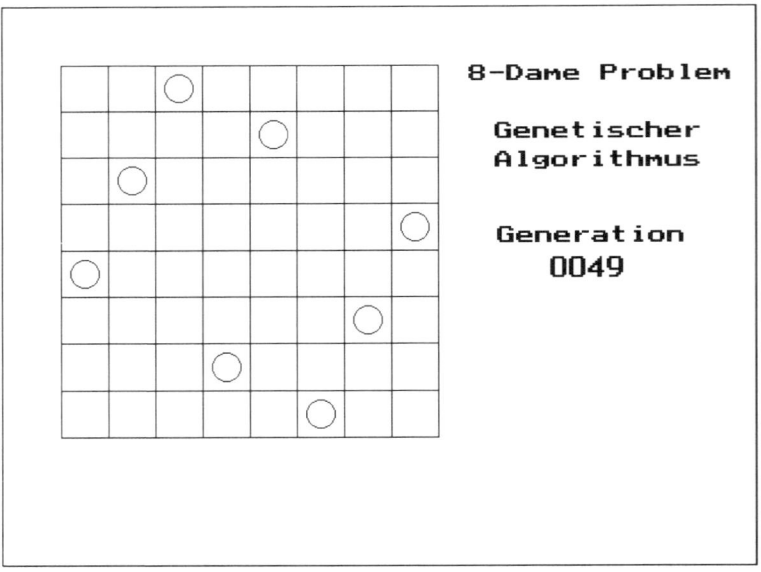

Die Algorithmen finden häufig sehr schnell gute Approxi-
mationslösungen etwa für n-1 oder n-2 Damen auf dem

n*n Brett. Aber leider sind approximative Lösungen bei diesem Problem letztlich **keine** Lösungen.

Das Springer-Problem

Das Springer-Problem ist mit dem n-Dame-Problem und dem Travelling-Salesman-Problem verwandt. Es geht hierbei um das Problem, einen Springer des Schachspieles auf einem gewöhnlichen Schachbrett derart hin und her zu bewegen, daß der Springer sämtliche Felder genau einmal berührt!

Eine kompliziertere Variante des Problems stellt noch die zusätzliche Anforderung, daß der Springer von einem vorgegebenen Feld starten muß und genau im letzten Zug wieder auf dem Ausgangsfeld zu stehen kommen muß.

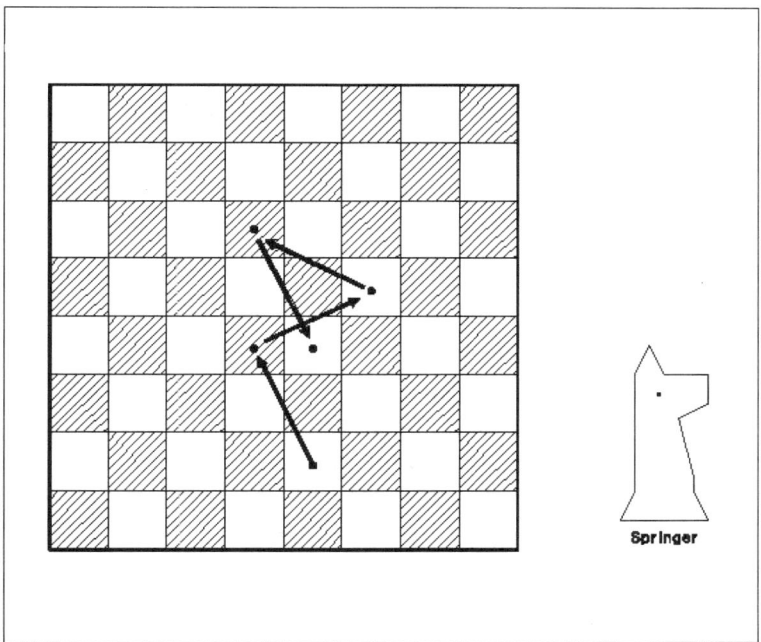

Bild 7.54:
Das Springer-
Problem.

Dieses Problem ist wegen der Länge des zurückzulegenden Pfades (63 bzw. 64 Züge) weitaus schwieriger als das 8-Dame-Problem.

Es gilt, aus der Anzahl potentiell möglicher Zugfolgen (das sind 64 bzw 63 Fakultät Möglichkeiten, also ungefähr 10^{89} Zugfolgen!), diejenigen herauszufinden, die der Springer tatsächlich ziehen kann und die noch zusätzlich die ge-gebenen Randbedingungen erfüllen.

Versuchen Sie doch einmal, dieses Problem mit einer Variante des TSP-Ansatzes (siehe S. 271ff) mit den dort vorgeschlagenen Crossover-Verfahren zu lösen !

Das Anwendungsproblem: Genetische Algorithmen oder Evolutionsstrategien? Die Qual der Wahl

Nach dem bisher Gesagten sollte jedem Leser klar geworden sein, daß das potentielle Anwendungsspektrum Genetischer Algorithmen oder der Evolutionsstrategien speziell im Bereich der Optimierung fast unbegrenzt ist. Meist stellt sich nicht die Frage, *ob* ein Optimierungsproblem mit den Methoden der simulierten Evolution lösbar ist, sondern lediglich, *wie* und mit welchen Parametern.

Natürlich macht es in der Regel keinen Sinn, Optimierungsprobleme mit evolutionären Ansätzen lösen zu wollen, wenn bereits effiziente, konventionelle Algorithmen für die Lösung der Probleme bekannt sind. Wo dies jedoch nicht der Fall ist, und dies wird bei realistischen Problemen häufig so sein, sollte zumindest der Versuch unternommen werden, Genetische Algorithmen oder Evolutionsstrategien anzuwenden. Diese Verfahren sind so universell einsetzbar, daß die a priori Wahrscheinlichkeit, mit ihnen eine gute Näherungslösung zu finden, sehr groß ist. Bei Optimierungsproblemen, die auf eine diskrete Optimierung hinauslaufen, eignen sich – dies ist jedoch nur eine Faustregel – eher Genetische Algorithmen. Bei der steti-gen Approximation von Parametern und allen Proble-men der stetigen, nicht diskreten Optimierung, sind ander-erseits oft Evolutionsstrategien vorteilhafter.

Diese Faustregeln sind mit Vorsicht zu genießen und nicht immer richtig. Es gibt sowohl Fälle diskreter Optimierung, die mit Evolutionsstrategien sehr effizient lösbar sind, als auch Fälle, bei denen mit Genetischen Algorithmen sehr gut reellwertige Parameter optimiert wurden.

Ist man sich im Unklaren darüber, welche Methode bei einem Optimierungsproblem angewendet werden sollte, kann man sich noch von folgender Überlegung leiten lassen: Der Schwerpunkt liegt bei den Genetischen Algo-rithmen, wie wir wissen, bei den Crossover-Verfahren und bei den Evolutionsstrategien bei der adaptiven Schritt-weitensteuerung. Dies sind jeweils die zentralen Mecha-nismen bei einer konkreten Problemstellung: paßt der Crossover-Mechanismus nicht zu dem Problem, so wird das Optimum mit einem Genetischen Algorithmus wahr-scheinlich *nicht* gefunden. Ähnlich ist es bei den Evolu-tionsstrategien: ist die adaptive Schrittweitensteuerung nicht problemadäquat, wird das Optimum ebenfalls mit großer Wahrscheinlichkeit nicht gefunden.

Aus dieser Einsicht kann man zwei Folgerungen ableiten, die für konkrete Anwendungen wichtig sind: je genauer man sagen kann, wie aus guten Teillösungen bessere Gesamtlösungen zusammengesetzt werden können, umso eher sollte man Genetische Algorithmen verwenden, da diese Kenntnis sofort in die Konstruktion von Crossover-Mechanismen umgesetzt werden kann. Ist andererseits eher etwas über die wahrscheinliche Position der Optima im Suchraum bekannt, so sollte man Evolutionsstrategien bevorzugen. Aber auch hier gilt: diese Schlußfolgerungen müssen bei einem konkreten Problem nicht notwendiger-weise zutreffen. Die Wirklichkeit ist meist so kompliziert, daß solch einfache Faustregeln häufig versagen. Die eigentliche Schwierigkeit bei der Anwendung evolutionärer Verfahren liegt – neben der Festlegung der Verfahrensparameter wie Populationsgrößen, Mutationsraten etc. – in der Codierung des Problems. Wenn die Codierung in binäre oder reelle Vektoren ungeschickt ist, laufen sich die Algorithmen häufig »tot«. Deshalb sollte man bei jeder konkreten Anwendung sehr gründlich über die chromosomale Codierung nachdenken, bevor man ziellos die Optimierung startet. Die Codierung entscheidet dann bereits darüber, welches Evolutionsverfahren zur Anwendung kommen wird.

Bild 7.55:
Auch eine
interessante
Anwendung:
Simulation der
Anflugsteuerung
eines Satelliten auf
eine geostationäre
Bahn mittels
Genetischer
Algorithmen.

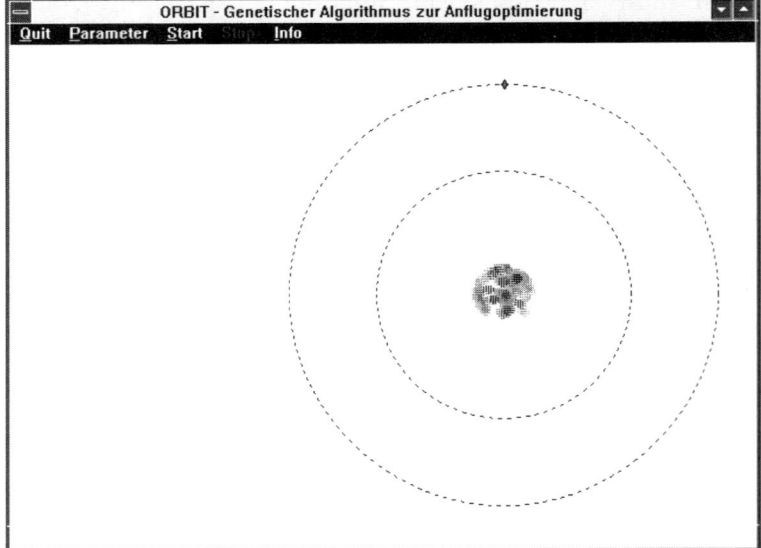

Zu weiteren, eher theoretischen Gründen für die Bevorzugung des einen oder anderen Verfahrens siehe die Erläuterungen in Kapitel 5.

Soviel zu einigen interessanten Anwendungsmöglichkeiten der Evolutionsstrategien und Genetischer Algorithmen. Es gäbe noch unendlich mehr Anwendungsbeispiele zu erwähnen.

Wir hoffen, daß der Leser durch dieses Kapitel auf eigene
Anwendungsideen kommt. Sofern dies der Fall sein sollte,
empfehlen wir den *Genetic Optimizer* aus Kapitel 9 zu
testen oder die beigefügten Programme zu modifizieren.
Fortgeschrittenen Programmierern empfehlen wir, sich
eine eigene *genetische Toolbox* zu entwerfen. Wie dies am
geschicktesten gemacht werden kann, wird in Kapitel 8
ausführlich erläutert.

KAPITEL 8

Programmierung Genetischer Algorithmen

Es soll nun der Standpunkt eines Entwicklers eingenommen werden, der selbst Genetische Algorithmen zur Lösung eines Optimierungsproblems nutzen will. Er kann in seinem System-Entwurf den eigentlichen Genetischen Algorithmus als »black box« betrachten.

Auf dieser Abstraktionsstufe läßt sich jede Anwendung, die auf der Simulation Genetischer Algorithmen beruht, grundsätzlich in einen problemspezifischen Front-End-Bereich und einen problemunabhängigen Back-End-Bereich gliedern (Bild 8.1).

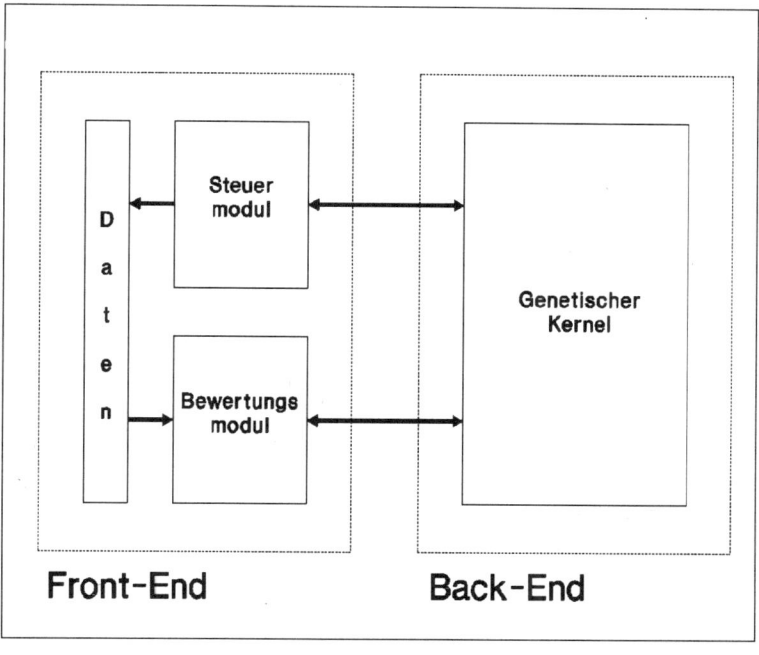

Bild 8.1: Logischer Aufbau einer GA-Anwendung.

Diese logische Trennung zwischen dem Problem und den Werkzeugen zu seiner Lösung sollte sich auch in der programmtechnischen Umsetzung widerspiegeln, da dies die Pflege eines Programmsystems wesentlich vereinfacht und die Entwicklung problemunabhängiger Programmgerüste ermöglicht. Hier zunächst eine allgemeine Beschreibung der einzelnen Module der Anwendung, auf die anschliessend noch näher eingegangen wird:

Steuermodul Das Steuermodul bildet den programmtechnischen Rahmen für eine Applikation. Es übernimmt die Aufgabe, die benötigten Daten aus dem Problemumfeld lokal bereitzustellen, ist also für die meist notwendige Datenübertragung zuständig. Weitaus wichtiger ist aber die Steuerung und Auswertung des Optimierungslaufs. Hierzu zählt das Starten und Abbrechen, die Ausgabe von Zwischenergebnissen und das Reagieren auf Eingaben des Benutzers während der Optimierung.

Bewertungsmodul Im Bewertungsmodul wird die Bewertungsfunktion des genetischen Algorithmus implementiert. Sie dient zur Beurteilung der während des Evolutionsprozesses neu generierten Lösungen und ist damit ein Instrument zur Simulation des Selektionsprinzips der natürlichen Evolution.

Abstrakt betrachtet, stellt die Bewertungsfunktion eine implizite Problembeschreibung der Optimierungsaufgabe dar.

Genetischer Kernel Im genetischen Kernel wird das in den vorherigen Kapiteln detailliert beschriebene Grundprinzip Genetischer Algorithmen umgesetzt. Im Regelfall wird man hier verschiedene Operatoren für Crossover und Mutation implementieren. Beim Starten des GA durch das Steuermodul kann dann der für den speziellen Optimierungslauf zu verwendende Parametersatz übergeben werden. Auf dieser jetzt eingenommenen Abstraktionsstufe kann der genetische Kernel sozusagen als Lösungs-Generator betrachtet werden, der dem Bewertungsmodul in bestimmter Weise (nämlich auf das Optimum zielgerichtet) immer neue Lösungen vorlegt.

Konzept einer genetischen Toolbox

Wir schlagen vor, eine allgemein einsetzbare Toolbox für Genetische Algorithmen aufzubauen. Dabei sollte bereits beim Design berücksichtigt werden, daß diese grundsätzlich für den Einsatz einer beliebigen Repräsentation geeignet sein soll, ohne Änderungen an den Grundmodulen zu benötigen.

Im folgenden werden Datentypen, Schnittstellen und die Funktionalität des eigentlichen Evolutionsmoduls vorgestellt. Dabei wird eine Notation benutzt, wie sie in der Programmiersprache »C« üblich ist. Es ist aber ohne Probleme möglich, dieses Modell in andere Sprachen zu überführen. Voraussetzung ist lediglich, daß in der jeweiligen Sprache die Benutzung von prozeduralen Parametern, also die Übergabe von Funktionsadressen als Parameter möglich ist. Insbesondere sind hierfür objektorientierte Sprachen wie etwa »C++« geeignet.

Datentypen

Da eine GA-Toolbox ohne Änderungen am GA-Gerüst auf jeder beliebigen Repräsentation arbeiten können soll, muß die Umsetzung eines Individuums in eine entsprechende Datenstruktur zweigeteilt werden in einen repräsentationsspezifischen und einen repräsentationsunabhängigen Teil. Der unabhängige Teil hat folgenden Aufbau:

Chromosom

```
typedef struct {
    void *myrep;
    double mutprob;
    double mutdim;
    double fitness;
} CHROM;
```

▷ *myrep* ist ein Zeiger auf den repräsentationsabhängigen Teil der Codierung

- *mutprob* ist die individuelle Mutationswahrscheinlichkeit. Diese besagt, mit welcher Wahrscheinlichkeit Gene
des Chromosoms mutiert werden

- *mutdim* ist das individuelle Mutationsmaß. Es gibt an,
wie stark das zugehörige Individuum mutiert werden
kann

- *fitness* beinhaltet die Fitneß des Individuums

Der Aufbau des spezifischen Teils hängt von der benutzten
Repräsentation ab. Als Beispiel hierfür wird die in Kapitel
7.2 beschriebene Reihenfolge-Repräsentation genannt:

```
typedef struct {
    unsigned n;
    unsigned *job;
} OrderRep;
```

- *n* gibt die Länge der Index-Reihenfolge an.
- *job* ist ein Zeiger auf die Index-Reihenfolge.

Auf diese Art und Weise kann jede beliebige Art der
Codierung eines Chromosoms eingesetzt werden. Es muß
lediglich beim Aufbau der Populationen gewährleistet
werden, daß der Zeiger *myrep* in der Struktur CHROM
stets auf eine Repräsentations-Struktur weist.

Population 'Die Datenstruktur, in der eine Population beschrieben
wird, enthält einen Vektor variabler Länge von Individuen, also einen Zeiger vom Typ CHROM. Darüber hinaus
werden hier auch noch weitere, für die Population globale
Informationen abgelegt:

```
typedef struct {
    unsigned size;
    double fitsum;
    double invfitsum;
    unsigned *fitvec;
    CHROM *rep;
} POPULATION;
```

- *size* gibt die Anzahl der Individuen in der Population an

- *fitsum* ist die kumulierte Fitneß aller Individuen
- *invfitsum* ist die entsprechende Summe der »inversen Fitneß«, die durch Skalierung und Windowing zustande kommt
- *fitvec* steht für einen Vektor, in dem die Indizes der Individuen nach Fitneß geordnet stehen
- *rep* ist ein Zeiger auf die Individuen der Population

Formal müßten die Werte *fitsum* und *invfitsum*, die von den Operatoren zur Elternauswahl benutzt werden, in den Funktionen berechnet werden, in denen diese Operatoren implementiert sind. Aus Effizienzgründen ist es aber sinnvoll, sie nur einmal pro Generation nach der Bewertung aller neuen Individuen zu ermitteln. Über den Vektor *fitvec* kann die aktuelle Rangfolge der Individuen in der Population ermittelt werden.

Aufgrund des allgemeinen, repräsentationsunabhängigen Ansatzes müssen einige Funktionen, die innerhalb des genetischen Algorithmus benötigt werden, für jede Repräsentation zur Verfügung gestellt werden.

Repräsentationsspezifische Funktionen

Da in der Regel jedoch oft immer wieder mit denselben Repräsentationen gearbeitet wird, ist dies in der Praxis unproblematisch. Zudem erfordern diese spezifischen Funktionen keinen großen Programmieraufwand.

Es handelt sich dabei um Funktionen zur Belegung und Freigabe des (von Codierung zu Codierung unterschiedlich großen) Speichers, der für die Repräsentation der Individuen benötigt wird, zur Initialisierung der Start-Generation und zum Kopieren eines Individuums.

Ebenfalls repräsentationsspezifisch sind natürlich die Operatoren für Crossover und Mutation.

Im folgenden werden die Schnittstellen zu diesen Modulen definiert und jeweils anhand der konkreten Umsetzung für die Reihenfolge-Repräsentation erläutert.

Allokierungs-
funktion

Die Allokierungsfunktion belegt den gesamten von den Individuen einer Population benötigten Speicher, also sowohl
den repräsentationsspezifischen als auch den repräsentationsunabhängigen Teil.

Die Schnittstelle stellt sich sehr einfach dar:

```
int PopAlloc(unsigned popsize, POPULATION *pop);
```

- ▶ *popsize* gibt die die gewünschte Größe der Population
  an
- ▶ *pop* ist die Adresse einer Struktur vom Typ POPULA-
  TION, also ein Zeiger auf die Population, für deren Individuen der Speicher belegt werden soll.
- ▶ Rückgabewert ist im Fehlerfall 0, sonst 1

Am Beispiel der Reihenfolge-Repräsentation sieht die Allokierungsfunktion folgendermaßen aus:

```
int OrderAlloc(unsigned popsize, POPULATION *pop) {
char *allmem, *actmem;
unsigned u;

    allmem = (char *) farmalloc((unsigned long) popsize *
    (OrderLen * sizeof(unsigned) + sizeof(CHROM) + sizeof(OrderRep)));

    if (!allmem) return(0);
    actmem = allmem;

    pop->rep = (CHROM *) actmem;
    actmem += popsize * sizeof(CHROM);

    for (u=0; u<popsize; u++) {
        pop->rep[u].myrep = (OrderRep *) actmem;
        actmem += sizeof(OrderRep);
        ((OrderRep *) pop->rep[u].myrep)->n = OrderLen;
        ((OrderRep *) pop->rep[u].myrep)->job = (unsigned *) actmem;
        actmem += OrderLen * sizeof(unsigned);
    }

    return(1);
}
```

Initialisierungs-
funktion

Diese Funktion dient zur Initialisierung aller Individuen
einer Population. Diese ist notwendig, weil nach dem Aufruf der Allokierungsfunktion der benötigte Speicherplatz

für die Individuen der Population zwar belegt ist, der Inhalt dieses Speichers jedoch noch undefiniert ist.

Oft ist es sinnvoll, die Individuen zufällig zu initialisieren. Es ist aber auch denkbar, dies in einer im Sinne des Optimierungsproblems »sinnvollen« Weise zu tun, wenn dies die Vielfalt innerhalb des genetischen Codes über alle Individuen nicht zu sehr einschränkt. Um hier variieren zu können, wird man in der Regel mehrere Initialisierungsfunktionen für jede Repräsentation implementieren.

int PopInit(POPULATION *pop);

▶ pop ist ein Zeiger auf die zu initialisierende Population
▶ Rückgabewert ist im Fehlerfall 0, sonst 1

Dies sei wiederum an einem Beispiel aufgezeigt:

```
int OrderRandInit(POPULATION *pop) {
unsigned u, v, w;
char *set;

    set = (char *) malloc(OrderLen);
    if (!set) return(0);

    for (u=0; u<pop->size; u++) {
        memset(set, 0, OrderLen);
        for (v=0; v<OrderLen; v++) {
            do
                    w = random(OrderLen);
            while (set[w]);
            set[w] = 1;
            ((OrderRep *) pop->rep[u].myrep)->job[v] = w;
        }
    }

    free(set);
    return(1);
}
```

Bei diesem Beispiel ist die Initialisierung besonders wichtig, weil hier eine formale Korrektheit der Individuen gefordert wird.

Im Verlauf des Genetischen Algorithmus kann es an verschiedenen Stellen notwendig werden, ein Individuum von einer Population in die andere zu kopieren, z.B. bei der

Kopierfunktion

Verwendung von Elite-Gruppen. Daher muß zu jeder Repräsentation eine spezifische Funktion implementiert werden, die dies leistet:

```
void ChromCopy(CHROM *dest, CHROM *source);
```

▶ dest ist die Adresse des Ziel-Individuums
▶ source enthält die Adresse des Quell-Individuums

Für die Reihenfolge-Repräsentation:

```
void OrderCopy(CHROM *d, CHROM *s) {

    memcpy(   ((OrderRep *) d->myrep)->job,
              ((OrderRep *) s->myrep)->job,
              ((OrderRep *) d->myrep)->n * sizeof(unsigned));

    d->fitness = s->fitness;
    d->mutprob = s->mutprob;
    d->mutdim  = s->mutdim;
}
```

Am Beispiel wird klar, warum es einer individuellen Kopierfunktion bedarf: Würde lediglich der Inhalt der CHROM-Strukturen kopiert, so würden auch die darin enthaltenen Zeiger auf den spezifischen Codierungsteil überschrieben.

Freigabefunktion Die Freigabefunktion ist das Gegenstück zu der bereits vorgestellten Allokierungsfunktion. Sie gibt den für die Individuen einer Generation belegten Speicher wieder frei.

```
int PopFree(POPULATION *pop);
```

▶ pop ist ein Zeiger auf die zu initialisierende Population
▶ Rückgabewert ist im Fehlerfall 0, sonst 1

Nach Anwendung der im Beispiel für eine Allokierungsfunktion benutzten Funktion OrderAlloc über die Funktion OrderFree:

```
int OrderFree(POPULATION *pop) {

  free(pop);
  return(1);
}
```

In Funktionen dieses Typs werden die ebenfalls repräsentationsspezifischen Crossoveroperatoren implementiert.

Crossoveroperator

```
int Crossover(CHROM *p1, CHROM *p2, CHROM *c);
```

▶ p1 und p2 sind Zeiger auf die beiden Elternteile, also
die zu rekombinierenden Individuen
▶ c ist die Adresse des zu erzeugenden Nachkommen
▶ Rückgabewert ist im Fehlerfall 0, sonst 1

Dieser Funktionstyp wird zur Umsetzung von Mutations-
operatoren benutzt.

Mutationsoperator

```
int Mutation(CHROM *c);
```

▶ c ist ein Zeiger auf das zu mutierende Individuum
▶ Rückgabewert ist im Fehlerfall 0, sonst 1

Weitere Schnittstellen

Der Selektionsoperator leistet die Auswahl eines Individuums aus einer vorgegebenen Population. Gängige Selek-
tionsoperatoren wählen Individuen mit einer zu ihrer Güte
proportionalen Wahrscheinlichkeit aus, arbeiten also
lediglich mit der individuellen Fitneß, unabhängig von der
benutzten Repräsentation.

Selektionsoperator

```
unsigned Selection(POPULATION *pop);
```

▶ pop ist ein Zeiger auf eine Populationsstruktur
▶ Rückgabewert ist der Index des selektierten Individuums in der Population pop

Als Beispiel die sehr verbreitete roulette wheel selection:

```
unsigned RouletteWheelSelection(POPULATION *pop) {
double fitsum;
unsigned u;

    for (u=0, fitsum=0.0; u<pop->size; u++)
        fitsum += pop->rep[u].fitness;

    rnd = DoubleRandom(fitsum);
```

```
for (u=0, fitsum=0.0; ; u++) {
    fitsum += pop->rep[u].fitness;
    if (fitsum >= rnd)
            return(u);
    }
}
```

Bewertungs- Die folgende Schnittstellendefinition bezieht sich auf die
funktion Bewertungsfunktion, die innerhalb des genetischen Algorithmus eine tragende Rolle spielt:

```
double Evaluate(CHROM *c);
```

▶ c ist die Adresse der CHROM-Struktur des zu bewerten-
den Individuums

▶ Rückgabewert ist die reelle Bewertungszahl des Individuums

Kontrollfunktion Über die vom Evolutionsmodul aufgerufene Kontrollfunktion erhält das Steuermodul nach dem Starten des Optimierungslaufs Gelegenheit, die aktuellen Zwischenergebnisse auszuwerten und/oder den Lauf vorzeitig, d.h. vor
Erreichen der maximalen Generationszahl, abzubrechen.

```
int Control(unsigned generation, POPULATION *pop);
```

▶ generation ist die laufende Generationsnummer

▶ pop ist ein Zeiger auf die aktuelle Populationsstruktur

▶ Rückgabewert ist 0, wenn abgebrochen werden soll,
sonst 1

Funktionsweise des Das Evolutionsmodul ist das Herzstück der Toolbox für Ge-
Evolutionsmoduls netische Algorithmen. Es benutzt alle Funktionstypen, die in
den letzten beiden Abschnitten definiert wurden. Im folgen-
den wird die gesamte Funktionalität dieses Moduls vorgestellt. Dabei wird mit zwei Populationen gearbeitet, da bei
der Erzeugung einer neuen Generation der Zugriff auf alle
Individuen der alten Generation möglich sein muß. Zur
besseren Unterscheidung wird nachstehend von der aktuellen Population und der Nachfolgegeneration die Rede sein.

Vorlauf Vor dem Starten des eigentlichen Optimierungsprozesses
müssen zunächst noch einige Vorbereitungen getroffen
werden:

▶ Trage die Populationsgröße in beiden Populationsstrukturen ein.

▶ Allokiere den Speicher für das Feld fitvec in beiden Strukturen.

▶ Belege den Speicher für die Individuen beider Populationen durch zweifachen Aufruf der Allokierungsfunktion.

▶ Initialisiere die aktuelle Population durch Aufruf der Initialisierungsfunktion.

▶ Bewerte die so erzeugten Individuen der aktuellen Generation durch mehrfachen Aufruf der Bewertungsfunktion.

▶ Trage die spezifischen Werte der Individuen beider Populationen für Mutationswahrscheinlichkeit und Mutationsmaß in die entsprechenden CHROM-Strukturen ein.

Hier findet der eigentliche Optimierungsprozeß statt. Die folgenden Schritte werden so oft wiederholt, bis entweder die maximale Generationszahl erreicht wird oder die Kontrollfunktion den Wert 0 zurückliefert.

Generationsübergang

▶ Generiere den Fitneß-Vektor durch Sortieren der Individuen der aktuellen Population.

▶ Errechne die kumulierte Fitneß und die kumulierte inverse Fitneß der aktuellen Population.

▶ Rufe die Kontrollfunktion auf, um dem Steuermodul Gelegenheit zu geben, Zwischenergebnisse auszuwerten und/oder die Optimierung abzubrechen.

▶ Kopiere die n besten Individuen der aktuellen Population in die Nachfolgepopulation.

▶ Generiere die restlichen Individuen der Nachfolgepopulation folgendermaßen:

▶ Erzeuge ein neues Individuum durch Anwendung der Operatoren zur Elternauswahl und zum Crossover. Soll kein Crossover durchgeführt werden, so wähle nur ein »Elter« aus der aktuellen Population, und kopiere dieses in die Nachfolgepopulation.

▶ Wende den Mutationsoperator auf dieses neu generierte bzw. kopierte Individuum der Nachfolgegeneration.

▶ Bewerte das mutierte Individuum der Nachfolgegeneration.

▶ Definiere die Nachfolgepopulation als neue aktuelle Population und umgekehrt.

Abschluß Nach dem Ende des Optimierungslaufs sind lediglich einige »Aufräumarbeiten« zu erledigen:

▶ Gebe den Speicher für das Feld fitvec in beiden Populations-Strukturen wieder frei.

▶ Gebe den für die Individuen beider Populationen belegten Speicher (durch zweifachen Aufruf der Freigabefunktion) wieder frei.

Zwei Beispielprogramme im »C«-Quellcode

Nachfolgend stellen wir zwei der im vorherigen Kapitel beschriebenen Anwendungen als konkrete Implementierung vor. Es sind dies zum einen das Problem des Handelsreisenden und zum anderen die Approximation von Funktionen. Zum einfacheren Verständnis werden die benutzten Algorithmen im Pseudocode dargestellt. Sie finden die zugehörigen Programme inklusive »C«-Quellcode auf der beiliegenden Programmdiskette.

Das Travelling-Salesman-Problem

Als erstes Beispiel soll uns das beschriebene Problem des Handelsreisenden (Travelling-Salesman-Problem, TSP) dienen.

Initialisierung Vor dem eigentlichen Start des GA muß die Population zunächst initialisiert werden. Dabei muß gewährleistet werden, daß jedes Individuum eine gültige Lösung repräsentiert.

Zu diesem Zweck wird folgendermaßen vorgegangen:

```
Für jedes Individuum in der Population
 Für jede Position des Reihenfolgevektors
  Wiederhole
   Erzeuge eine Zufallszahl zwischen 1 und der Anzahl Städte,
   solange die Zahl bereits im Vektor vorkommt
   Trage die Zufallszahl an der aktuellen Position im Vektor ein
```

Anmerkung: Die so initialisierten Individuen sind nicht notwendigerweise paarweise voneinander verschieden.

Für das Crossover soll der *edge recombination*-Operator verwendet werden. Dieser zeichnet sich daduch aus, daß ein Nachkomme aus möglichst vielen Kanten der beiden Eltern erzeugt wird. Hierzu wird mit einer Verbindungsliste gearbeitet, in der für jede Stadt eingetragen wird:

Crossover

▶ Alle Verbindungen, die in einem der Elternteile von oder zu dieser Stadt führen.

▶ Die Anzahl dieser Verbindungen (maximal vier).

Aufbau der Verbindungsliste:

```
Für beide Elternteile
 Für jede Verbindung
  Für beide Endpunkte (Städte) der Verbindung
   Falls die Verbindung noch nicht in der Subliste der Stadt
   eingetragen ist,
    Trage die Verbindung in der Subliste der Stadt ein
    Erhöhe die Anzahl der Verbindungen für diese Stadt um 1
```

Der Nachkomme wird nun sukzessiv erzeugt, d.h ausgehend vom Startpunkt eines der beiden Eltern wird entschieden, welche Stadt als nächstes zu bereisen ist und dabei die eben initialisierte Verbindungsliste manipuliert:

```
Wähle als aktuelle Stadt zufällig den Startpunkt eines der beiden
Eltern

Solange noch nicht alle Städte bereist wurden,
 Lösche die aktuelle Stadt aus den Sublisten der noch nicht bereisten
 Städte
 Suche unter cen unbereisten Städten diejenige mit den wenigsten
 Verbindungen in der eigenen Subliste
 Falls mehrere Städte die gleiche Anzahl von Verbindungen besitzen,
  Wähle zufällig eine von ihnen aus
 Bereise diese Stadt als nächste
```

Mutation Für die Mutation soll der *move mutation*-Operator verwendet werden. Dieser verschiebt eine Stadt innerhalb der Reihenfolge, so daß die meisten Verbindungen innerhalb der Reihenfolge erhalten bleiben: Wähle zufällig zwei voneinander verschiedene Städte s1 und s2 innerhalb der Reihenfolge

```
Lösche s1

Falls s2 die letzte Stadt in der Reihenfolge ist,
  Füge s1 hinter s2 in der Reihenfolge ein
sonst
  Füge s1 als erste Stadt der Reihenfolge ein
```

Bewertung Die Bewertung eines Individuums gestaltet sich in diesem Beispiel besonders einfach und anschaulich. Die Bewertungszahl ist nämlich die Summe der Teilstrecken zwischen den bereisten Städten. Dabei ist lediglich darauf zu achten, daß auch die Strecke zwischen der letzten und der ersten Stadt in die Summe eingehen muß. Im Programm wird mit einer Entfernungstabelle gearbeitet, die einem normalen Straßenatlas entnommen wurde. Die so gewonnenen Werte stehen also für Straßen-, nicht für Luftlinien-Kilometer.

Selektion Da durch die so definierte Bewertung höhere Bewertungszahlen für schlechtere Lösungen stehen, muß dieser Umstand auch bei der Selektion berücksichtigt werden. Statt der normalen *roulette wheel*-Selektion wird deswegen mit einer abgewandelten Version gearbeitet, die auf der »umgekehrten« Fitneß basiert, der Differenz zwischen der »normalen« Fitneß und der Fitneß des schlechtesten Individuums der Population:

```
Setze Summe s1 auf 0
Für alle Individuen der Population
  Addiere die umgekehrte Fitneß des Individuums zu Summe s1

Erzeuge eine Zufallszahl z zwischen 0 und s1

Setze Summe s2 auf 0
Beginne mit dem ersten Indivduum
Solange s2 kleiner als z ist und das letzte Individuum noch nicht
```

```
erreicht ist,
  Addiere die umgekehrte Fitneß des Individuums zu Summe s2
  Gehe zum nächsten Individuum

Wähle das aktuelle Individuum aus
```

Das Programm wird mit der Eingabe von

```
TRAVEL
```

gestartet. Angezeigt werden die Generationsnummer, die Fitneß der besten Lösung aller Generationen, die mittlere Fitneß der aktuellen Generation, die Fitneß der schlechtesten Lösung der aktuellen Generation und die beste gefundene Wegstrecke in Form einer Aufzählung (Berlin-Dresden-Leipzig-...). Das Programm wird nach 200 Generationen beendet oder aber nachdem die Taste [Esc] gedrückt wurde. Zusätzlich befindet sich auf der Programmdiskette auch noch eine weitere Version des Programms, die mit

```
TRAVELG
```

gestartet wird. In dieser Version wird die Wegstrecke grafisch dargestellt.

Hinweise zum Programm

Approximation von Funktionen

Wie wir noch aus Kapitel 7 wissen, ist es möglich, Genetische Algorithmen dazu zu verwenden, automatisch mathematische Formeln zu generieren, mit denen beliebige Funktionen angenähert werden können. Die Beispiele in Kapitel 7 zeigten, wie Polynome, Fourier-Reihen und beliebige verschachtelte Funktionen gebildet wurden, um Aktienkurse, Absatzkurven oder allgemeine Funktionen zu approximieren.

Wir werden in diesem Kapitel ausführlich auf die Programmierung des zuletzt aufgeführten Beispiels, nämlich die Approximation von Funktionen, eingehen und erläutern, welche Codierung wir verwendet haben. Wenn man Genetische Algorithmen auf DV-Anlagen simuliert, fällt auf, daß sie nicht dem herkömmlichen EVA-Prinzip (Eingabe-Verarbeitung-Ausgabe) entsprechen, sondern »nur« eine vorgegebene Codierung verarbeiten:

EVA-Prinzip:

Prinzip der Genetischen Algorithmen:

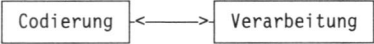

Wir haben also lediglich einen Datenpool, der von den Funktionen des Genetischen Algorithmus' verarbeitet wird. Er dient als Eingabepuffer, um den Algorithmus zu initialisieren und zu starten, und gleichzeitig als Speicher des Ergebnisses nach Beendigung des Evolutionsprozesses.

Dieser Datenpool wird *Codierung* oder *Genetischer Code* genannt. Der erste Schritt beim Entwickeln eines Genetischen Algorithmus' ist, das gegebene Problem so abzulegen (zu codieren), daß der Genetische Algorithmus damit arbeiten kann. Es gibt keine einheitlichen Methoden, dies zu tun. Eine Methode haben Sie bereits im vorangegangenen Kapitel »Das Travelling-Salesman-Problem« kennengelernt. Die dort vorgestellte Art der Codierung eignet sich im besonderen für Reihenfolgeprobleme. Die in diesem Kapitel verwendete Methode basiert auf einer Binärcodierung. In diesem Fall wird das Problem als Binärstring repräsentiert und interpretiert. Es muß nicht betont werden, daß für eine Binärcodierung in der Regel andere Operatoren und Funktionen benötigt werden als für eine Reihenfolgecodierung (siehe Kapitel 3 und 4).

Die Codierung Was soll in unserem Fall codiert werden? Wir erinnern uns, daß der Genetische Algorithmus Funktionen der Art

```
f(x) = g(h(i(...(x)...), also z.B.
f(x) = 5+(sin(x^4))
```

erzeugen sollte. Die einzelnen Funktionen sollen aus einem frei wählbaren Alphabet ausgesucht werden, was bedeutet, daß sowohl einstellige als auch zweistellige Funktionen abgebildet werden müssen. Zuerst müssen die Funktionen selbst codiert werden. Um beim Beispiel aus Kapitel 7 zu bleiben, wählen wir folgendes Alphabet:

- 1/x
- x + wert
- x * wert
- e^x
- sin(x)
- cos(x)
- x
- ln(x)
- -x
- x ^ wert
- x – wert
- x / wert
- x

Um diese 13 Funktionen binär codieren zu können, benötigen wir 4 Bits.

Um jedoch noch weitere Funktionen ohne großen Eingriff in den Algorithmus abbilden zu können, reservieren wir 8 Bits, also ein Byte, für die Codierung der Funktion. Es ergeben sich demnach folgende Binärzuordnungen:

Funktion	Codierung
1/x	00000001
x + wert	00000010
x * wert	00000011
e^x	00000100
sin(x)	00000101
cos(x)	00000110
x	00000111

Funktion	Codierung
ln(x)	00001000
-x	00001001
x ^ wert	00001010
x – wert	00001011
x / wert	00001100
x	00001101

Eine Informationseinheit, die Funktionen, hätten wir somit definiert. Sie entspricht einem Gen. Nun benötigen wir noch ein weiteres Gen, in dem der Wert des Operanden der Funktion codiert wird, im Falle, daß es sich um einen zweistelligen Operator handelt. Auch hier gibt es mehrere Möglichkeiten, die Codierung vorzunehmen. Man kann sich z.B. auf einen maximalen Wertebereich festlegen und diesen Bereich dann binär codieren (z.B. 2 Bytes Codierung für einen Wertebereich von 0 bis 65535 bei ganzzahligen Operanden). Um die Einschränkung des Wertebereichs sowie das Festlegen auf ganze Zahlen zu umgehen, wählen wir hier einen anderen Ansatz. Wir codieren den Wertebereich fix in einem weiteren Byte. So gewährleisten wir bei beliebigem Wertebereich und (fast) beliebiger Genauigkeit eine feste Länge des genetischen Codes, was eine Vereinfachung der später angewandten Operatoren erlaubt.

Wie können wir nun einen beliebigen Wertebereich gewährleisten, obwohl in einem Byte nur Zahlen zwischen 0 und 255 dargestellt werden können?

Die Lösung ist einfach: Wir legen das gewünschte Intervall fest und skalieren den Wertebereich. Dies geschieht folgendermaßen für ein beliebiges Intervall [u,o]:

```
Operand = u + (o – u)  * x / 255
```

x ist dabei der codierte Operand. Wollen wir z. B. in einer Formel Operanden aus dem Intervall [-10,10] verwenden, so entspräche der binär codierte Operand '00010101' nicht der Zahl 21, sondern vielmehr der Zahl

```
-10 + (10 - -10) * 21 / 255 = -8.3529
```

Der Nachteil dieses Ansatzes ist, daß nicht wirklich jede beliebige reelle Zahl codiert werden kann, sondern nur solche, die sich ganzzahlig codieren lassen. Die Zahl -8 z.B. entspricht im obigen Wertebereich der codierten Zahl 25.5, die sich binär nicht in einem Byte abbilden läßt. Diese Einschränkung wurde in Kauf genommen, da sie kaum Einfluß auf das Ergebnis hat und bei Bedarf sehr leicht eliminiert werden kann. Für den Operator wird also ein weiteres Byte (Gen) für die Codierung benötigt. Um eine feste Länge des Codes zu gewährleisten, werden grundsätzlich beide Bytes codiert, also auch für einstellige Funktionen. In diesem Fall ignorieren wir später einfach den Operand. Ein weiterer Grund dafür, daß wir den Operanden mitführen, obwohl er nicht immer benötigt wird, ist, daß einstellige Operatoren z.B. durch Mutation zweistellig werden können. Von diesen Paaren für Operator und Operand benötigen wir nun so viele, wie die Formel Operatoren haben soll. Um eine Formel mit 3 Operatoren zu codieren, benötigen wir 6 Bytes. Diese 6 Bytes bilden ein Chromosom. Die Formel:

```
y = f(x) = g(h(i(x))) = ⌐(4.98x + 0.98)
```

wäre z.B. codiert als

```
00000011 10111111 00000010 10001100 00000111 xxxxxxxx

Multiplikation (i(x))
            mit 4.98
                    Addition (h(x))
                            mit 0.98
                                    Wurzel (g(x))
                                            beliebig
```

Wie interpretiert (decodiert) der Genetische Algorithmus ein solches Chromosom?

Bei der Decodierung »weiß« der Genetische Algorithmus, daß in jedem ungeraden Byte ein Operator und in jedem geraden Byte ein Operand steht. Die Evaluierung des genetischen Codes (= der Formel) beginnt von links nach rechts. Für ein gegebenes x, das z.B. einer Stützstelle auf dem zu approximierenden Intervall entspricht (vgl. Kapitel 7.5.3), liest die Decodierungsfunktion das erste Byte und entschlüsselt es. Das erste Byte entspricht einer Multiplikation. Da die Multiplikation ein zweistelliger Operator ist, wird automatisch das nächste, also das zweite Byte, ausgelesen und decodiert. Wir folgen der Evaluierung an obigem Beispiel und setzen für x=15.

Die erste Operation lautet also:

`i(15) = 15 * 4.98 = 74.7`

Das Ergebnis der ersten, innersten Funktion dient nun als Argument für die nächste Operation:

`h(74.7) = 74.7 + 0.98 = 75.68`

Auf diesen Wert wird der letzte Operator angewandt, bei dem, da er einstellig ist, der Operand ignoriert wird.

`g(75.68) = ⌋75.68 = 8.7`

Das Ergebnis lautet also:

`y = f(15) = g(75.68) = g(h(74.7)) = g(h(i(15))) = 8.7`

Die Initialisierung

Die Initialisierungsroutine ist verhältnismäßig einfach. Jedes Gen jedes Chromosoms der Population wird mit einem zufälligen Wert belegt. Das einzige, was berücksichtigt werden muß, ist, daß möglichst nicht schon während der Initialisierung ungültige Lösungen entstehen. So darf z.B. ein Gen, das die Information eines Operators trägt, nicht mit einer Binärcodierung versehen werden, die keinem Operator entspricht. Im obigen Beispiel sind alle Initialisierungen, die größer sind als binär 00001101, ungültig. Der Pseudocode für die Initialisierung der gesamten Population, also für alle Individuen, lautet:

```
Für jedes Individuum der Population tue
    Für jedes Genpaar des aktuellen Individuums tue
        Setze Formelcodierung auf Zufallswert zwischen 1 und 13
        Setze Operandcodierung auf Zufallswert zwischen 0 und 255
```

Nach der zufälligen Initialisierung muß jedes Individuum der entstandenen Population bewertet werden.

Bewertung

Um festzustellen, wie gut ein Individuum (eine Formel) die vorgegebene Zeitreihe approximiert, muß sie an bestimmten Stellen evaluiert und mit dem Sollwert verglichen werden. Dazu wird eine Anzahl Stützstellen definiert, die als Argument für die zu bewertende Formel dienen. Aus dem resultierenden y-Wert und dem Sollwert wird je nach Einstellung des Genetischen Algorithmus' entweder der absolute oder der quadratische Fehler gebildet. Die Summe dieser Fehler über alle Stützstellen definiert die Güte eines Individuums. Die Summe der Güte aller Individuen wiederum dient als Maß für die Güte der gesamten Population.

Zu erwähnen ist an dieser Stelle noch, daß beim Definieren der Bewertungsfunktion darauf geachtet werden muß, daß eine durchgängige Bezeichnung der Güte eines Individuums verwendet wird. In unserem Fall ist ein Individuum umso besser, je kleiner der kumulierte Fehler auf den Stützstellen ist. Spricht man jedoch in der Terminologie der Genetischen Algorithmen, die Worte wie »Fitneß«, »Qualität« oder »Güte« verwendet, so implizieren diese Bezeichnungen in der Regel eine hohe Bewertungszahl für ein gutes Individuum. Deshalb dient nach der Summenbildung der Fehler eines Individuums der reziproke Wert als Fitneß (Je kleiner der Fehler, desto besser das Individuum, desto größer die Fitneß).

Nach der Bewertung können noch zusätzliche Operationen auf die Fitneß der Individuen angewandt werden. Sie beschleunigen unter Umständen die Konvergenz des Algorithmus'. Welche Operation die besten Ergebnisse liefert, hängt vom Problem selbst, der Codierung und der Bewer-

407

tungsfunktion ab, so daß hier nicht pauschal auf eine Idealfunktion verwiesen werden kann.

Der Pseudocode für die Bewertung einer Population lautet:

```
Setze Fitneß der Population auf Null
Für jedes Individuum der Population tue
     Berechne Fitneß des aktuellen Individuums (s.u.)
     Addiere diese Fitneß auf die Fitneß der Population

Um die Fitneß des aktuellen Indivuduums zu berechnen, tue
     Setze die Fitneß des Individuums auf Null
     Für jede definierte Stützstelle tue
          Evaluiere (decodiere) das Individuum
          Setze den Wert der aktuellen Stützstelle ein
          Merke Dir das Ergebnis als Istwert
          Falls der absolute Fehler gebildet werden soll, dann
               Setze Fehler auf |Istwert - Sollwert|
          sonst (quadratischer Fehler)
               Setze Fehler auf (Istwert - Sollwert)²
          Addiere den Fehler auf die Fitneß des Individuums
     Nimm den reziproken Wert der Fitneß des Individuums
```

Der Leser findet auf der Beispieldiskette drei unterschiedliche Bewertungsverfahren, die Parameter des Genetischen Algorithmus und frei wählbar sind. Es handelt sich um:

- ▶ *Direkt:* Das Ergebnis der Bewertungsfunktion wird nicht transformiert, sondern dient direkt als Fitneß.
- ▶ *Fensterverfahren:* Die Fitneß eines Indiduums ist der Wert, um den das Individuum besser ist als das schlechteste Individuum der Population. Optional kann auch eine minimale Fitneß angegeben werden, die ein Individuum haben muß, um auch schlechten Individuen eine geringe Überlebenschance einzuräumen.
- ▶ *Lineare Normalisierung:* Die Individuen werden absteigend nach ihrer Güte sortiert. Die Fitneß des besten Individuums wird auf einen festen Startwert gesetzt. Dieser Startwert wird danach um eine vorgegebene Zahl reduziert und der Fitneß des zweitbesten Individuums zugewiesen, usw.

Verdeutlichen wir die unterschiedlichen Bewertungstechniken anhand eines Beispiels. Wir gehen von einer ursprünglichen Bewertung einer Population mit 7 Individuen aus, die (absteigend sortiert nach ihrer Güte) wie folgt aussehen soll:

100, 95, 70, 55, 12, 3, 2.

Die Bewertung bei Verwendung der direkten Transformation lautet trivialerweise:

100, 95, 70, 55, 12, 3, 2.

Nehmen wir hingegen das Fensterverfahren ohne Definition eines Minimalwertes, so sieht das Ergebnis wie folgt aus:

98, 93, 68, 53, 10, 1, 0.

Mit einem Minimum von 20 erhielten wir:

98, 93, 68, 53, 20, 20, 20.

Wenden wir die lineare Normalisierung mit einem Anfangswert von 200 und einer Dekrementierung von 1 an, so ist die Fitneß der Individuen:

200, 199, 198, 197, 196, 195, 194.

Bei 70 als Startwert und 10 als zweitem Parameter ergibt sich:

70, 60, 50, 40, 30, 20, 10.

Abschließend für diesen Paragraphen folgen die Pseudocodes für das Fensterverfahren und die lineare Normalisierung:

Fensterverfahren mit Minimum

```
Finde die Fitneß des schlechtesten Individuums der Population
Setze die Fitneß der Population auf Null
Für jedes Indiduum der Population tue
      Ziehe die Fitneß des Schlechtesten von der Fitneß des aktuellen
            Individuums ab
      Falls die Fitneß kleiner ist als das Minimum, dann
            Setze die Fitneß auf das Minimum
      Addiere die neue Fitneß auf die Fitneß der Population
```

Lineare Normalisierung

```
Sortiere die Individuen absteigend nach ihrer Güte
Setze die Fitneß der Population auf Null
Für jedes Indiduum der Population, beginnend beim Besten, tue
        Setze die Fitneß des aktuellen Individuums auf den Maximalwert
        Reduziere den Maximalwert um den Reduzierungsfaktor
        Addiere die neue Fitneß auf die Fitneß der Population
```

Selektion

Wir haben im vorangegangenen Abschnitt jedes Individuum der Population mit einer Bewertungszahl versehen, die die Qualität der Formel widerspiegelt. Nun müssen wir bestimmte Individuen aus der Population heraussuchen, die rekombiniert werden und als Eltern einer neuen Generation dienen.

Bild 8.2:
Roulette Wheel
für das Beispiel
von 7 Individuen.

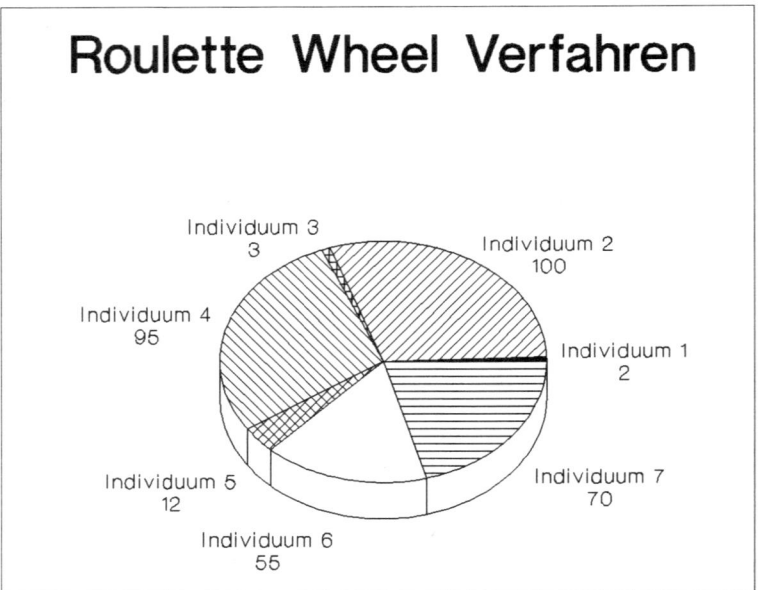

Roulette Wheel Verfahren

Individuum 3 — 3
Individuum 2 — 100
Individuum 4 — 95
Individuum 1 — 2
Individuum 5 — 12
Individuum 7 — 70
Individuum 6 — 55

Wie Sie aus den einführenden Kapiteln wissen, liegt die Effizienz eines Genetischen Algorithmus zu einem großen Teil an der Art und Weise der Selektion. Anhand der beigefügten Beispiele kann der interessierte Leser selbst ausprobieren, welchen Einfluß die Selektionsmethode auf die Konvergenz eines Genetischen Algorithmus' hat. Sicher spielt auch hier die Art des Problems eine große Rolle, für unser Beispiel der automatischen Formelgenerierung jedoch hat sich das *Roulette Wheel-Verfahren* in den Testreihen als ganz besonders geeignet herausgestellt.

Die dem »Roulette Wheel«-Verfahren zugrundeliegende Methode ist, daß Eltern mit hoher Fitneß mit größerer Wahrscheinlichkeit »gute« Nachkommen erzeugen als Eltern mit geringer Fitneß. Deshalb wurde das Verfahren so konzipiert, daß gute Individuen häufiger zur Reproduktion selektiert werden, aber auch schlechte Individuen die – wenn auch nur geringe – Chance haben, ausgewählt zu werden.

Dieses Verfahren läßt sich sehr leicht in ein Programm umsetzen. Dazu stellt man sich das Roulette Wheel aufgerollt als Band vor. Die Länge des Bandes ist die Summe der Fitneß aller Individuen, also die Güte der Population. Je besser ein Individuum, desto breiter ist der Streifen, den es auf dem Band einnimmt. Nun wird eine zufällige Zahl zwischen 0 und der Gesamtfitneß der Population ermittelt. Dasjenige Individuum, das den Bereich dieser Zahl belegt, wird selektiert.

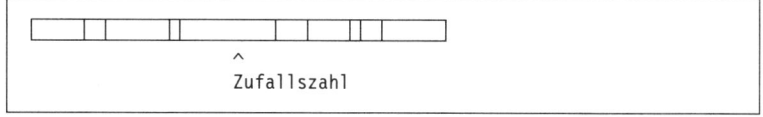

Bild 8.3: Implementierungsmodell des Roulette Wheel-Verfahrens.

Der Pseudocode für dieses Verfahren lautet:

```
Wähle Zufallszahl zwischen 0 und der Gesamtgüte der Population
Setze kumulierte Summe auf 0
Addiere die Summe des aktuellen Individuums auf die kumulierte Summe,
Solange die kumulierte Summe kleiner ist als die Zufallszahl
    Nehme nächstes Individuum
    Addiere die Summe des aktuellen Individuums auf die kumulierte Summe
Nehme das aktuelle Individuum zur Reproduktion
```

Ein Individuum genügt nicht, um eine komplette Generation zu erzeugen. Für die Formelgenerierung benötigen wir zwei Individuen, um zwei Nachkommen zu erzeugen.

Erzeugen einer Population

Um beispielsweise eine Population von 100 Individuen zu erhalten, müssen auch mindestens 100 Eltern selektiert werden. Wieso mindestens? Die Selektierung muß dann öfter als 200 mal durchlaufen werden, wenn es dem Genetischen Algorithmus nicht erlaubt sein soll, zweimal das gleiche Individuum zum Erzeugen von Kindern heranzuziehen. In diesem Fall muß das zweite Individuum so oft neu selektiert werden, bis es sich vom ersten Individuum unterscheidet.

Sobald die Eltern gefunden sind, startet die Reproduktion, also das Erzeugen der Kinder. Durch den Reproduktionsalgorithmus, der mit einer bestimmten Wahrscheinlichkeit Crossover und Mutation durchführt (siehe unten), unterscheiden sich die Kinder eventuell von den Eltern. Da in diesem Beispiel optional mit Eliten gearbeitet werden kann, muß der Algorithmus darauf achten, daß die n besten Individuen (n ist frei wählbar) nicht verändert werden. Im Pseudocode sieht dies folgendermaßen aus:

```
Solange, bis Populationsgröße erreicht ist, tue
        Selektiere ersten Elter nach Selektionsschema
                Selektiere zweiten Elter nach Selektionsschema
        solange, bis er sich vom ersten Elter unterscheidet
        Erzeuge zwei Nachkommen (Reproduktion)
        Falls das erste Elter ein Elitist ist,
                füge es anstelle des ersten Nachkommen in die neue Population,
        ansonsten
                füge den ersten Nachkommen in die neue Population
        Falls das zweite Elter ein Elitist ist,
                füge es anstelle des zweiten Nachkommen in die neue Population,
        ansonsten
                füge den zweiten Nachkommen in die neue Population
Ersetze die alte Generation durch die neue
Bewerte die neue Generation
```

Reproduktion Wie werden aus den Eltern die Nachkommen erzeugt? Dies geschieht, wie wir aus den einführenden Kapiteln 3 und 4 wissen, in drei Schritten. Zuerst wird von jedem Elternteil ein Duplikat angefertigt. Die beiden Kopien werden anschließend mit einer anzugebenden Wahrscheinlichkeit zu einem *crossing-over* herangezogen, während dem Teile des genetischen Codes zwischen beiden Individuen ausgetauscht werden. In unserem Fall handelt es sich hierbei um Funktionen und Operanden. Im dritten und letzten Schritt werden die beiden Individuen, ebenfalls mit einer vorgegebenen Wahrscheinlichkeit, einer Mutation unterzogen, was bedeutet, daß zufällig Formeln oder Operanden verändert werden. Die Algorithmen der möglichen Crossoveroperatoren sowie der Mutation sehen wir uns in den folgenden beiden Kapiteln genauer an. Zuerst werfen wir einen Blick auf den Pseudocode der Reproduktionsroutine:

```
Erzeuge zwei Kinder als exakte Kopie der jeweiligen Eltern
Generiere eine Zufallszahl zwischen 0 und 1
Falls die Zufallszahl unter der Crossover-Wahrscheinlichkeit liegt, dann
        Führe Crossover für die beiden Kinder durch
Generiere eine Zufallszahl zwischen 0 und 1
Falls die Zufallszahl unter der Mutations-Wahrscheinlichkeit liegt, dann
        Mutiere das erste Kind
Generiere eine Zufallszahl zwischen 0 und 1
Falls die Zufallszahl unter der Mutations-Wahrscheinlichkeit liegt, dann
        Mutiere das zweite Kind
```

In unserem Beispiel sind zwei Crossoveroperatoren implementiert. Der *one-point-crossover* und der *two-point-crossover*. Im ersten Fall wird zufällig eine Schnittstelle innerhalb der Chromosomen gesucht, an der die Individuen auseinandergebrochen werden. Die Schnittstellen dürfen jedoch nicht innerhalb eines Gens (einer Formel oder eines Operanden) liegen, sondern nur zwischen zwei Genen. Beispiel:

Crossover

```
Chromosom 1: sin      6      +      5      *      1      x      9
Chromosom 2: e2       /      0.45   √      2      cos    3.1
```

Liefert die Zufallszahl für die Schnittstelle den Wert 3, so sehen die Chromosomen nach dem Crossover wie folgt aus:

```
Chromosom 1: sin      6      +      0.45   √      2      cos    3.1
Chromosom 2: e2       /      5      *      1      x      9
```

Beim two-point-crossover werden analogerweise zwei Zufallszahlen gewählt und der genetische Code der Chromosomen zwischen den beiden Bruchstellen ausgetauscht. Für die Zufallszahlen 2 und 5 heißt dies für obiges Beispiel:

```
Chromosom 1: sin    6    /    0.45   √    1    x     9
Chromosom 2: e2     +    5    *      2    cos  3.1
```

Da beide Verfahren sehr einfach zu implementieren sind, soll an dieser Stelle nur der Pseudocode für den two-point-crossover aufgeführt werden:

```
Ermittle zwei Zufallszahlen z1 und z2 zwischen 0 und der
        Chromosomenlänge
Vertausche die Gene beider Chromosomen zwischen z1 und z2
```

Mutation

Nach dem Crossover werden die Individuen noch einem weiteren Zufallsprozeß ausgesetzt, der Mutation. Sie wird im Gegensatz zum Crossover nicht nur gen-weise angewandt, sondern auch innerhalb des Genes, in unserem Fall also bitweise. Dabei wird für jedes Bit entschieden, ob es verändert werden soll.

Das Verändern kann auf verschiedene Arten geschehen. Eine Möglichkeit ist, den Wert eines Bits umzukippen, sobald die ermittelte Zufallszahl unter der Mutations-Wahrscheinlichkeit liegt. Der im Beispiel der Formelgenerierung angewandte Mutationsoperator hingegen kippt nicht notwendigerweise ein Bit, sondern ermittelt seinen Wert neu. Dieser kann identisch zum Wert vor der Mutation sein.

Ein weiterer Aspekt ist zu berücksichtigen, wenn der genetische Code, wie in unserem Fall, binär codierte Zahlen enthält. Höherwertige Bits sollten seltener mutiert werden als niederwertige, da die höherwertigen Bits bei der Decodierung große Veränderungen der genetischen Information bedeuten. Verändern wir z.B. während der Mutation das höchste Bit der direkt binär codierten Zahl 2 (00000010) so erhalten wir die Zahl 130 (10000010). Sinnvoller wäre eine Mutation von Bits niederer Wertigkeit wie z.B. 00000011, was der Zahl 3 entspricht. Im Pseudocode lassen sich die beschriebenen Prozesse der Mutation wie folgt realisieren:

```
Für jedes Gen des Individums tue
    Falls das Gen eine Zahl (Operand) codiert, dann
        Für jedes Bit des Genes tue
            Ermittle eine Zufallszahl zwischen 0 und 1
            Multipliziere die Zufallszahl mit der Wertigkeit des Bits
            Falls die Zahl unter der Mut.-Wahrscheinlichkeit liegt,
                Ermittle neue Zufallszahl zwischen 0 und 1
                Falls die Zufallszahl kleiner als 0.5 ist, dann setze
                das aktuelle Bit ansonsten lösche das aktuelle Bit
    ansonsten (das Gen codiert eine Formel)
        Ermittle eine Zufallszahl zwischen 0 und 1
        Falls die Zufallszahl unter der Mutations-Wahrscheinlichkeit liegt,
        Ermittle eine neue Zufallszahl zwischen 1 und 13
        (ir unserem Beispiel haben wir 13 Operatoren zur Auswahl)
        Setze den Wert des Gens auf die binärcodierte Zufallszahl
```

Zusammenfassung

Wir haben nun alle Operatoren und Methoden, die zur Generierung der Formeln mittels Genetischer Algorithmen verwendet werden, detailliert besprochen. Es sollte nun nicht schwerfallen, die 'C'-Programme auf der beigefügten Diskette zu verstehen. Trotzdem möchten wir zum Abschluß noch einmal grafisch das Zusammenwirken und die Abhängigkeiten aller besprochenen Methoden und Operatoren veranschaulichen:

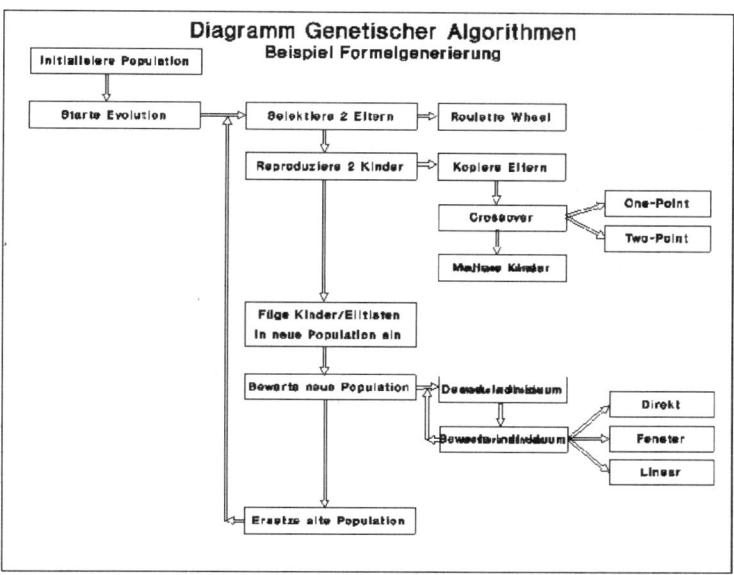

Bild 8.4:
Diagramm der
Arbeitsweise
eines Genetischen
Algorithmus.

KAPITEL 9

Der Genetic Optimizer

»Ein Werkzeug, mit dem sowohl der Mathematiker als auch der Naturwissenschaftler praktisch jedes beliebige Optimierungsproblem lösen kann.« Diesen Anspruch kann der Genetic Optimizer zwar nicht erfüllen, doch wurde er genau unter diesem Gesichtspunkt entwickelt. Der Genetic Optimizer ist ein Programm, mit dem die Theorie der Genetischen Algorithmen praktisch umgesetzt worden ist. Da unterschiedliche Probleme unterschiedliche Vorgehensweisen und Codierungen bei der Anwendung der Genetischen Algorithmen verlangen, erwähnt sei hier nur der Unterschied zwischen ganzzahligen Reihenfolgeproblemen wie beim Travelling-Salesman-Problem und dem Trainieren von Neuronalen Netzen mit reellzahligen Gewichten, muß es innerhalb des Programms Mechanismen geben, diese Vorgehensweisen einzustellen und auszuwählen.

Die Version des Genetic Optimizers, die Bestandteil dieses Buches ist, soll einen Einblick in die Leistungsfähigkeit der Genetischen Algorithmen bieten. Sie ermöglicht sowohl die Bearbeitung einiger vorgefertigter Beispielprobleme als auch die Optimierung individueller Probleme, für die spezielle Bewertungsfunktionen in »C« eingebunden werden müssen.

Die vorgefertigten Probleme »Wegstreckenoptimierung« und »Trainieren eines Neuronalen Netzes« sollen dazu dienen, die Vorgänge der Genetischen Optimierung darzulegen und sowohl die Zusammenhänge der unterschiedlichen Evolutionsparameter als auch die Auswirkungen ihrer Einstellung darzustellen. Um das zu erreichen, gibt es im Programm zahlreiche Möglichkeiten, die

Wahrscheinlichkeiten für Rekombinationen, Crossover und die verschiedenen Mutationen beliebig anzupassen und die unterschiedlichen Selektions- oder Kreuzungsverfahren auszuwählen. Um dem Leser einige Simulationen zu gestatten, besteht die Möglichkeit, durch Einbindung von eigenen in »C« geschriebenen Bewertungsfunktionen und die Erstellung eigener Populationen eigene Optimierungsprobleme zu lösen. Wie hierbei vorgegangen werden muß, wird an einem kleinen Beispiel zur Maximierung eines Polynoms dargestellt.

Bedienung des Genetic Optimizers

Auf der beiliegenden Diskette befindet sich eine Readme-Datei, in der die genauen Installationsanweisungen für den Genetic Optimizer nachgelesen werden können. Installationsvoraussetzung ist ein IBM-kompatibler PC mit Maus und VGA-Karte. Nachdem die Installation durchgeführt worden ist, befinden sich im angegebenen Verzeichnis drei Unterverzeichnisse: Im Verzeichnis trvlman befindet sich ein Beispiel für die Wegstreckenoptimierung; im Verzeichnis xor befindet sich ein Beispiel für das Trainieren eines Neuronalen Netzes für das XOR-Problem. In jedem der Beispielverzeichnisse befindet sich eine vollständige ablauffähige Version des Genetic Optimizers mit dem Namen genopt.exe. Um eines der Beispiele zu benutzen, muß die entsprechende Version des Genetic Optimizers gestartet werden.

Die Bedienung des Genetic Optimizers soll am Beispiel der Wegstreckenoptimierung (trvlman) erläutert werden. Nach dem Start präsentiert sich der Genetic Optimizer mit seinem Hauptbildschirm. Der Genetic Optimizer hat eine grafische, dem SAA-Standard weitgehend entsprechende Benutzeroberfläche, die sich leicht mit der Maus bedienen läßt. Alle Funktionen können durch Auswählen der entsprechenden Befehle der Menüzeile ausgeführt werden. Bevor eine Optimierung durchgeführt werden kann, muß eine Population erstellt oder von der Festplatte geladen werden.

Laden einer Population

Im folgenden wird davon ausgegangen, daß die Population trv10.pop mit dem Befehl *Population laden* im Menü *Population* in den Arbeitsspeicher geladen worden ist. Der Name der geladenen Population erscheint in der Titelzeile des Genetic Optimizers.

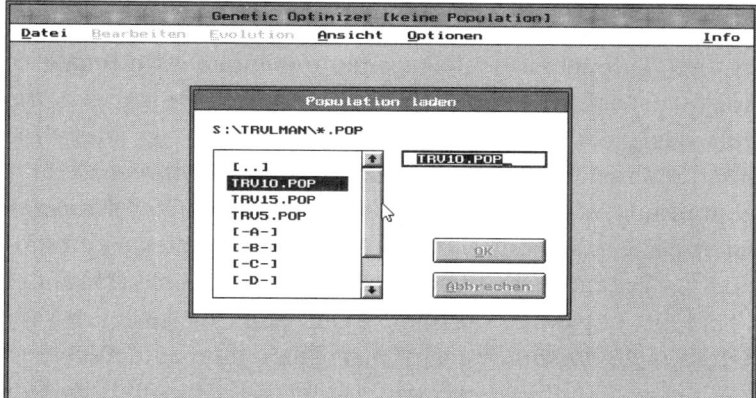

Bild 9.1:
Laden einer
Population.

Durch das Laden einer Population erhält der Genetic Optimizer Informationen über Eigenschaften der Population, das Aussehen des Genoms der Individuen der Population und zu verwendende Vererbungsstrategien. Diese Einstellungen können durch die Befehle *Vererbungsstrategien*, *Population* und *Genom* im Menüpunkt *Bearbeiten* verändert werden.

Vererbungsstrategien

Bei Auswahl des Befehls *Vererbungsstrategien* erscheint ein Untermenü, mit dem entschieden werden kann, welche der drei Vererbungsstrategien *Güteanpassung*, *Selektionsschema* und *Kreuzungsschema* verändert werden soll.

Güteanpassung Die Tauglichkeitswerte von Individuen werden durch eine lineare Güteanpassung so korrigiert, daß bessere Tauglichkeiten verschlechtert und schlechtere Tauglichkeiten verbessert werden, um durch eine Überbewertung besonders tauglicher Individuen eine zu frühzeitige »Drift« der Population zu verhindern. Diese Güteanpassung wird durch eine Dämpfungsfunktion so beeinflußt, daß im Laufe der Evolution die Tauglichkeiten der Individuen immer weniger angepaßt werden. Durch diesen Mechanismus soll erreicht werden, daß die Population während der Evolution nicht gegen ein lokales Optimum konvergiert, sondern erst, wenn die Population genug Zeit gehabt hat, mit großer Wahrscheinlichkeit gegen das globale Optimum zu konvergieren. Die eingesetzte Dämpfungsfunktion kann entweder exponentiell oder linear sein, je nachdem welche Einstellung in der Dialogbox *Güteanpassung* vorgenommen wird, die nach Auswahl des Menübefehls *Güteanpassung* erscheint. Jede der beiden Dämpfungsfunktionen verfügt über vier Parameter, mit denen der Verlauf des Graphen bestimmt werden kann. Durch Auslösen der Schaltfläche *Parameter* wird eine Dialogbox aufgerufen, in der diese vier Parameter eingestellt werden können. Der Verlauf des Graphen kann sofort optisch kontrolliert werden.

Selektionsschema Die Suche nach der Lösung eines Optimierungsproblems erfolgt in der Regel über viele Generationen. Jede Generation besteht aus einem Zyklus der fünf Evolutionsschritte: Kreuzung, Rekombination, Mutation, Bewertung, Selektion. Bei der Kreuzung wird bestimmt, welche Individuen der Population zur Erzeugung der Nachkommen ausgewählt werden. Das Erbgut der ausgewählten Individuen wird in den Nachkommen rekombiniert, durch Mutationen verändert und anschließend bewertet. Welche Individuen in Zukunft wieder für die Erzeugung von Nachkommen herangezogen werden können, also in die nachfolgende Generation übernommen werden, wird durch die Selektion bestimmt. Der Genetic Optimizer stellt zwei verschiedene Verfahren zur Selektion bereit. Durch Auswahl des Menüpunktes Selektionsschema wird eine Dialogbox angezeigt, in der eines der beiden Selektionsschemata (*vollständiger Austausch* oder *vorheriges bestes N-mal*) ausgewählt werden kann. Beim *vollständigen Austausch* wird die Elterngeneration vollständig durch die Nachfolgergeneration ersetzt. Es kann passieren, daß sich die Tauglichkeit des besten Individuums der Population verschlechtert, da dessen Erbgut verlorengegangen ist. Das zweite Selektionsschema bietet dagegen die Möglichkeit, das beste Individuum der Vorgängergeneration N mal in die neue Generation zu übernehmen. Durch die Angabe einer Zahl N wird gewährleistet, daß das beste Individuum auf jeden Fall in der gewünschten Anzahl in der Nachfolgergeneration vertreten ist. Die Anzahl wird eingegeben, nachdem das Selektionsschema *vorheriges bestes N-mal* ausgewählt worden ist.

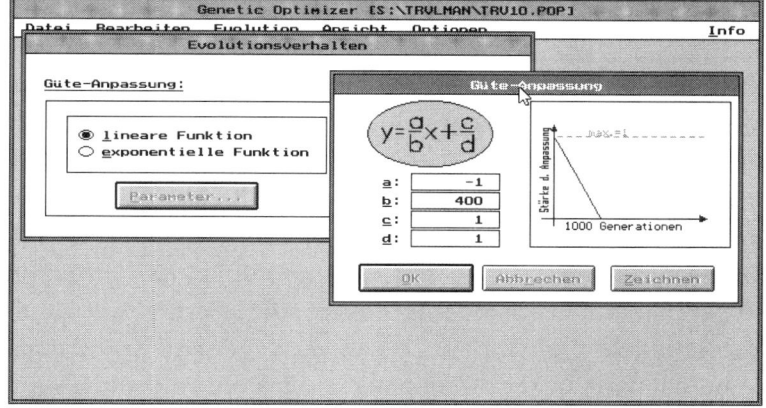

Bild 9.2:
Güteanpassung

Bild 9.3:
Selektionsschemata

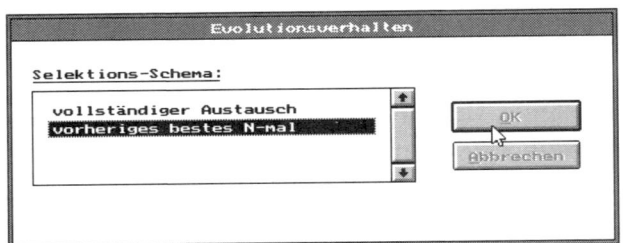

Kreuzungsschema

Jedes der beiden Kreuzungsschemata (zufällig, Chancen entsprechend Güte), die der Genetic Optimizer unterstützt, dient zur Bestimmung, welches Individuum mit welchem Individuum gekreuzt wird, um Nachkommen zu erzeugen. Durch Auswahl des ersten Kreuzungsschemas werden die zu kreuzenden Individuen zufällig und gleichberechtigt aus der gesamten Population ausgewählt (Panmixie).

Bild 9.4:
Kreuzungsschemata

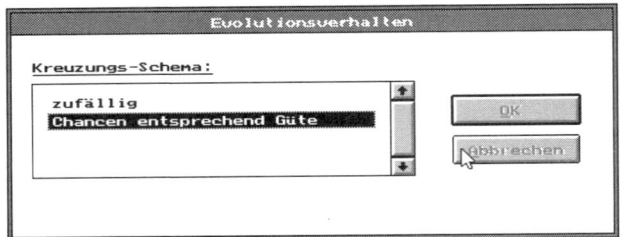

Es besteht keine Gewähr dafür, daß Individuen mit einer hohen Tauglichkeit zur Kreuzung herangezogen werden. Das zweite Kreuzungsschema wählt die zu kreuzenden Individuen entsprechend ihrer Tauglichkeit aus. Das bedeutet, daß taugliche Individuen mit einer größeren Wahrscheinlichkeit zufällig ausgewählt werden als weniger taugliche Individuen. Das zu verwendende Kreuzungsschema wird in der Dialogbox eingestellt, die nach dem Auswählen des Menüpunktes *Kreuzungsschema* angezeigt wird.

Nachdem nun die Vererbungsstrategien der Population eingestellt oder überprüft worden sind, können nun die Eigenschaften der Population eingestellt werden. Die Voreinstellungen der Population trv10 sind: für die *Güteanpassung* eine *lineare Dämpfungsfunktion*, so daß nach 400 Generationen keine Güteanpassung mehr vorgenommen wird, als *Selektionsschema* das Schema *vorheriges bestes 5 mal* und als *Kreuzungsfunktion entsprechend der Güte*.

Eigenschaften der Population

In der Dialogbox *Eigenschaften der Population* kann eingestellt werden, ob die Optimierung mit einer konstanten oder mit einer dynamischen Populationsgröße arbeiten soll und wie groß die zu optimierende Population sein soll. Wird die Populationsgröße dynamisch gewählt, bezieht sich die Größenangabe auf die maximale Anzahl Individuen in der Population. Die dritte Eigenschaft der Population, die Verwendung eines einfachen oder doppelten Chromosomensatzes bestimmt, ob die Individuen einer Population codierte Problemlösungen dominant-rezessiv vererben sollen.

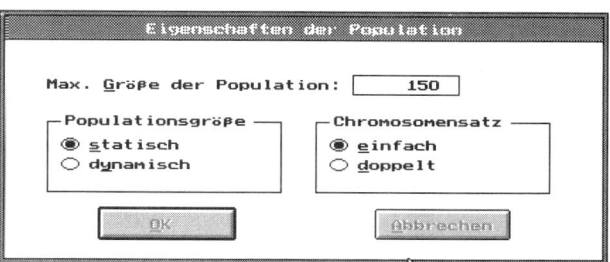

Bild 9.5:
Eigenschaften der Population.

Bei einem dominant-rezessiven Erbgang können pro Individuum zwei Problemlösungen vererbt werden, von denen die eine etwa in der Anfangsphase eines zeitlich variablen Problems wertvoll ist, die zweite jedoch erst in einer anderen Problemphase an Wert gewinnt. Voraussetzung für die Verwendung des dominant-rezessiven Erbganges ist dann jedoch eine Bewertungsfunktion, die Problemlösungen in einem zeitlichen Verlauf bewerten kann.

Das Genom

Der letzte Befehl im Menü *Bearbeiten* ist der Befehl *Genom*. Das Genom eines Individuums bestimmt, wie viele Parameter (Gene) ein zu codierendes Problem aufweist, welche Parameter miteinander korrelieren (Chromosomen) und in welchen Wertebereichen die Parameter liegen sollen. Der Genetic Optimizer codiert die Parameter in hintereinander liegenden Binärstrings. Miteinander korrelierende Parameter liegen auf einem Chromosom, und ihre Belegungen (Allele) können durch Mutationen, Translokationen und Inversionen teilweise untereinander ausgetauscht werden. Gene, die nicht auf einem Chromosom liegen, sind unabhängig voneinander, und es findet kein Austausch von Codebruchstücken statt.

Chromosomen   Um den Aufbau eines Genoms im Genetic Optimizer zu verdeutlichen, soll der Aufbau des Genoms der Population `trv10` genau dargestellt werden. Durch Auswahl des Menübefehls *Genom* wird der grafische Editor für die Chromosomen aktiviert. Auf dem Bildschirm zeigt sich eine Darstellung des für diese Population verwendeten Chromosoms, auf dem 10 Gene liegen (deswegen `trv10`). Diese 10 Gene repräsentieren jedes für sich eine Stadt in der zu optimierenden Wegstrecke durch die Städte S_0, S_1, ..., S_9. So ergibt sich aus der eindeutigen Reihenfolge der Gene G_i mit ihrer unterschiedlichen Belegung mit Werten zwischen $a_{Gi} = 0,1, ..., 9$ eine unterschiedliche Reihenfolge, in der die Städte S_a angefahren werden. In der Fußzeile des Editors ist eine Schaltflächenleiste zu sehen, mit der verschiedene Funktionen ausgeführt werden können. Es können Chromosomen erzeugt werden, indem entweder ein neues Chromosom hinzugefügt wird (Schaltfläche *Neu*) oder indem ein bereits vorhandenes Chromosom kopiert wird (Schaltfläche *Kopieren*). Um ein bestimmtes Chromosom durch Kopieren zu vervielfältigen, muß es durch Anklicken mit der Maus selektiert werden. Im Falle der Population `trv10` ist das einzige Chromosom bereits selektiert.

Das selektierte Chromosom wird farblich hervorgehoben. Überzählige Chromosomen können durch Auslösen der Schaltfläche *Löschen* gelöscht werden, wobei sich dieser Befehl wieder auf das selektierte Chromosom bezieht. Jedes Chromosom kann unterschiedliche Eigenschaften haben. Durch Klicken der Schaltfläche Eigenschaften wird eine Dialogbox angezeigt, wo Sie die Eigenschaften eingestellt können.

Bild 9.6:
Chromosomen-editor und Eigenschaften-Dialogbox.

Da sich durch die Einführung der Chromosomen eine zweite Codierungsebene ergeben hat, wird außer dem Crossover zum Austausch der Allele der Gene auf einem Chromosom zusätzlich noch ein Mechanismus benötigt, der bestimmt wie die einzelnen Chromosomen eines Individuums rekombiniert werden sollen. Aus diesem Grund gibt es für jedes Chromosom einen Parametersatz, der mittels einer von der Evolutionsdauer abhängigen Funktion die Wahrscheinlichkeit für den Austausch zweier Chromosomen bei der Kreuzung angibt. Zur Berechnung dieser Wahrscheinlichkeit wird dieselbe Funktion verwendet wie zur Dämpfung der Güteanpassung, lediglich der Parametersatz ist für die Rekombinations-Wahrscheinlichkeit ein anderer. Außer den Parametern für die Berechnung der Rekombinations-Wahrscheinlichkeit gibt es noch die Möglichkeit zum Einstellen des zu verwendenden Crossover-Schemas. Zwei Möglichkeiten stehen hier zur Auswahl.

Eigenschaften von Chromosomen

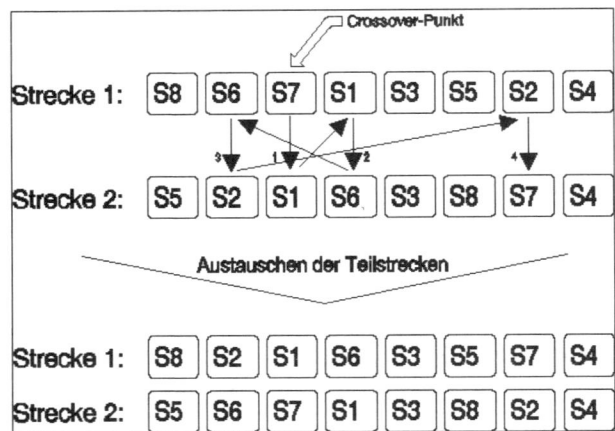

Bild 9.7:
Das eindeutige
Crossover für
Reihenfolgen.

Für Reihenfolge-Probleme, bei denen die Allele nicht verändert werden dürfen, sondern lediglich die Reihenfolge der Allele auf den Chromosomen geändert werden soll, wird wie bei der Population trv10 das Schema *eindeutiger Austausch* eingestellt. Bei diesem Schema handelt es sich um ein Listencrossover, bei dem aus beiden Chromosomen je eine, sich den Positionen im Chromosom entsprechende Teilstrecke gewonnen wird. Diese beiden Teilstrecken werden gegeneinander ausgetauscht. Bei anderen Problemen, bei denen es nicht auf eine eindeutige Reihenfolge ankommt, wird das *beliebige Crossover*, ein One-Point-Crossover eingestellt.

Gene   Um die Gene für ein Chromosom zu definieren, muß durch Auslösen der Schaltfläche *Ändern* der grafische Editor für die Gene aktiviert werden. Jedes Gen des Chromosoms wird als eigene grafische Einheit dargestellt, an der der Wertebereich der Allele und die Wahrscheinlichkeiten für Crossover, Translokation, Inversion und Mutation in der ersten Generation direkt abgelesen werden können. Wie im Editor für Chromosomen können auch im Editor für Gene neue Gene durch Auslösen der entsprechenden Schaltflächen hinzugefügt, gelöscht und kopiert werden.

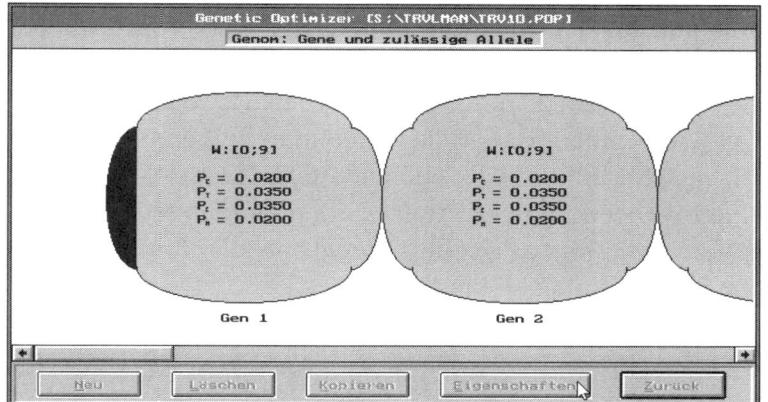

Bild 9.8:
Der Geneditor.

Um die Eigenschaften eines Gens zu verändern, muß die
Dialogbox *Eigenschaften von Gen N* durch Auslösen der
Schaltfläche *Eigenschaften* oder durch einen Doppelklick
auf das entsprechende Gen aufgerufen werden. In der
Dialogbox *Eigenschaften von Gen N* können neben der
unteren und der oberen Grenze des Wertebereichs und der
Anzahl der Nachkommastellen auch die Wahrscheinlich-
keiten für Crossover, Translokation, Inversion und
Mutation angegeben werden. Die Einstellung dieser Para-
meter vollzieht sich im Einzelnen wie bei der Einstellung
der Rekombinations-Wahrscheinlichkeit in der Dialogbox
Eigenschaften von Chromosom N.

Eigenschaften
der Gene

Der Genetic Optimizer verfügt neben der Standard Mutati-
onsfunktion, die einzelne Bits im Binärcode gleichverteilt
»kippt«, über zwei modifizierte Crossoverfunktionen, die
Translokation und die Inversion. Bei einem fehlerfreien
Crossover werden keine neuen Allele erzeugt, sondern
lediglich die Allele auf zwei homologen Chromosomen neu
rekombiniert. Bei der Translokation wird jedoch der Binärcode zwischen mehreren Genen in drei Teile zerbrochen,
wobei der dritte Teil mit dem zweiten Teil vertauscht wird.
Hierbei ist es wegen der möglicherweise unterschiedlichen Länge des Binärcodes für jedes Gen durchaus
möglich, daß neue Allele erzeugt werden. Bei der Inversion wird das Chromosom ebenfalls in drei Teile zer-

brochen, jedoch wird der mittlere Teil invertiert wieder
eingebaut, was bedeutet, daß die Reihenfolge der Bits in
diesem Codestück umgedreht worden ist. Wurde wie im
Fall der Population trv10 das eindeutige Reihenfolgecrossover ausgewählt, gibt es ebenfalls eine Translokation und
eine Inversion. Bei der Translokation werden jedoch keine
neuen (ungültigen) Städte erzeugt, da der Binärcode für
alle Gene die gleiche Länge hat.

Bild 9.9:
Eigenschaften
eines Gens.

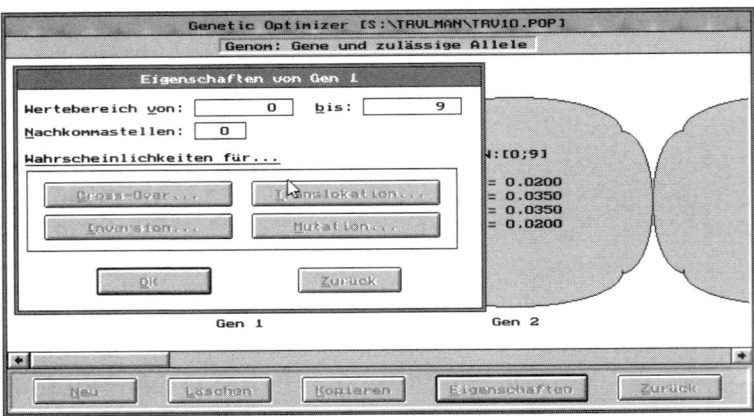

Es wird also lediglich die Position einer Teilstrecke verändert. Die Inversion wurde für das eindeutige Reihenfolgecrossover leicht modifiziert.

Bild 9.10:
Translokation und
Inversion.

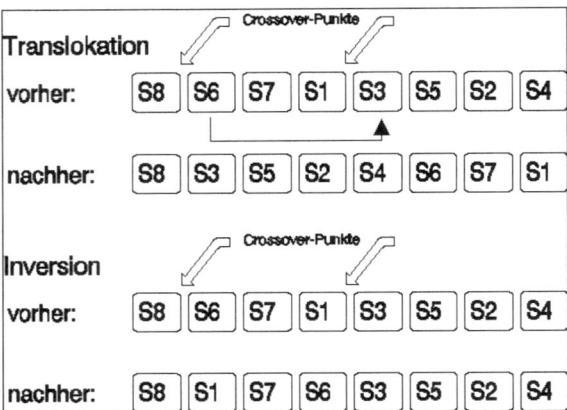

Die Funktionsweise bleibt gleich, jedoch wird bei der Inversion nicht die Bitkette invertiert, sondern die Reihenfolge der Allele, was einer Inversion der zurückgelegten Teilstrecke gleichkommt.

Initialisierung der Population

Nachdem die Bearbeitung von Evolutionsverfahren, Population und Genom abgeschlossen ist, sollte die erzeugte Population vor der Initialisierung über die Befehle im Menü *Population* auf der Festplatte gespeichert werden. Anschließend muß die Population initialisiert werden. Die Initialisierung der Population bewirkt, daß für jedes der Individuen eine Vorbelegung der Gene mit gültigen Werten erzeugt wird. Aus drei verschiedenen Möglichkeiten, *zufällig, mit mittlerer Abweichung von Vorgabe* oder *eindeutig* kann die gewünschte Initialisierungsart in der nach Auswahl des Menübefehls *Initialisieren* angezeigten Dialogbox ausgewählt werden. Für die Initialisierung der Population trv10 kommt nur die eindeutige Initialisierung in Frage, da es sich um ein Reihenfolgeproblem handelt. Für andere Probleme könnte die Population aber auch zufällig gleichverteilt im zulässigen Wertebereich initialisiert werden oder, falls bereits eine Lösungsnäherung bekannt ist, mit einer prozentualen mittleren Abweichung von vorzugebenden Werten. Wird die Initialisierungsart mit mittlerer Abweichung von Vorgabe ausgewählt, zeigt der Genetic Optimizer vor der Initialisierung noch eine weitere Dialogbox an. In dieser Dialogbox muß für jedes Gen ein Vorgabewert eingetragen werden. Da die Initialisierung aller Individuen mit den gleichen Werten für jedes Gen in der Regel nicht sinnvoll ist, wird die Initialisierung der Gene gleichverteilt in einem Intervall vorgenommen, dessen Grenzen nach oben und unten um den im Eingabefeld *Abweichung* angegebenen Wert vom Vorgabewert abweichen. Durch diese Initialisierungsart wird eine Einschränkung des Suchraums erreicht, wobei selbstverständlich eine Konvergenz der Population während der Evolution in eine vollständig andere Richtung nicht ausgeschlossen, jedoch relativ unwahrscheinlich ist.

Bild 9.11:
Mögliche Initialisie-
rungsarten.

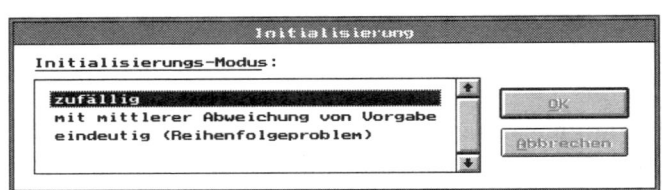

Evolution

Nachdem die Population eindeutig initialisiert worden ist, kann die Evolution durch Auswahl des Befehls *Starten* im Menü *Evolution* begonnen werden. Bevor die erste Generation mit der Kreuzung beginnt, muß in einer Dialogbox angegeben werden, welche Tauglichkeit als Abbruchkriterium oder ausreichendes Optimum betrachtet werden soll und nach wieviel Generationen abgebrochen werden soll, wenn die optimale Tauglichkeit nicht erreicht wurde. Außerdem wird von jeder Evolution ein Protokoll erzeugt, das in eine Datei auf der Festplatte geschrieben wird. Der Name und der Pfad dieser Datei können beliebig geändert werden.

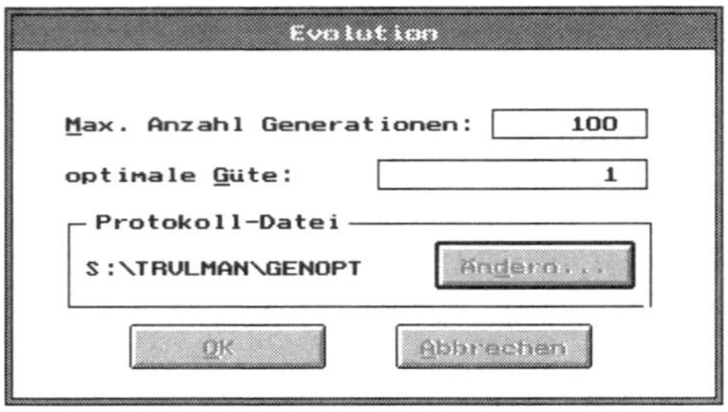

Bild 9.12:
Startparameter der
Evolution.

Evolution

Max. Anzahl Generationen: 100

optimale Güte: 1

┌ Protokoll-Datei
S:\TRULMAN\GENOPT   Ändern...

OK   Abbrechen

Grafische Information

Läuft die Evolution, informieren drei Grafiken und ein Evolutionsprotokoll über den Fortgang der Evolution: *Konvergenz, Varianz, Protokoll* und *Projektion*. Alle vier Anzeigen können über Schalter im Menü *Ansicht* ein- oder ausgeschaltet werden. Die Anzeige der Grafiken ist eingeschaltet, wenn der Genetic Optimizer vor dem entsprechenden Menüeintrag ein Häkchen anzeigt.

In der linken oberen Ecke des Hauptbildschirms wird die Konvergenzgrafik angezeigt, die darstellt, wie sich das beste Individuum im Vergleich zum schlechtesten und dem Durchschnitt der Population entwickelt.

Konvergenz

Bild 9.13:
Konvergenz

Neben der Konvergenzgrafik ist eine Anzeige für die Streuung der Tauglichkeiten der Individuen der Population zu sehen. Die Varianz der Population ist zu Anfang und Ende der Evolution meistens klein, kann sich aber im Laufe der Evolution sehr stark vergrößern.

Varianz

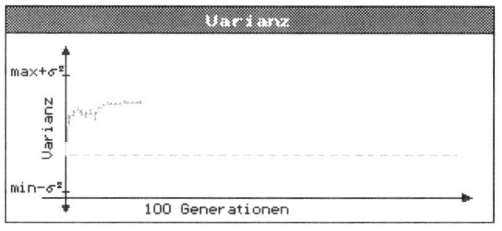

Bild 9.14:
Varianz

Es wurde bereits erwähnt, daß der Genetic Optimizer für jede Evolution eine Protokolldatei erstellt. Diese Protokoll-

Protokoll

datei wird während der Evolution in einem Anzeigefenster auf dem Hauptbildschirm ausgegeben. An diesem Protokoll kann man genau erkennen, in welcher Generation sich die Evolution befindet, wie hoch die Güte des besten Individuums und wie hoch die durchschnittliche Güte der Population ist, wieviele Crossover und wieviele Codeveränderungen durchgeführt worden sind und letztendlich wie lange das Erzeugen der Nachkommen gedauert hat.

Bild 9.15:
Evolutionsprotokoll

```
                    Protokoll
Generation: 17
Bestes Individuum d. Gen.:       0.871435
Durchschn. Tauglichkeit:         0.869213
Crossover i.d. Generation:       24
Modifikationen des Erbguts:      0
Generationsdauer:                3s

Generation: 18
Bestes Individuum d. Gen.:       0.871435
Durchschn. Tauglichkeit:         0.870279
Crossover i.d. Generation:       23
Modifikationen des Erbguts:      0
Generationsdauer:                3s
```

Projektion

Im vierten Grafikfenster projiziert der Genetic Optimizer den Allelenvektor des jeweils besten und schlechtesten Individuums der Generation in ein kreisförmiges 2-dimensionales Koordinatensystem, dessen äußerster Ring die maximale Länge des Allelenvektors repräsentiert. In der Anzeige kann abgelesen werden, wie stark die Veränderung des Erbgutes der Population im Laufe der Evolution war. Bewegt sich der Graph vom Zentrum nach außen, hat sich die Belegung der Individuen von kleinen Werten zu größeren Belegungen entwickelt, verändert sich die Position im Kreis, bedeutet das eine Verlagerung von Allelen an andere Positionen im Erbgut. Die Farbe der Kreuzchen und Kästchen gibt Auskunft über die relative Tauglichkeit der Individuen.

Bild 9.16:
Projektion der Gen-
Vektoren.

Während der Evolution wird zusätzlich zu den verschiedenen Grafikanzeigen der Status der laufenden Generation in der Statuszeile angezeigt. Neben der Nummer der aktuellen Generation und des momentan bearbeiteten Individuums zeigt der Genetic Optimizer die Anzahlen für durchgeführte Crossover, Translokationen, Inversionen und Mutationen sowie die bisher für die Generation benötigte Zeit an.

Statuszeile

Ergebnis der Optimierung

Die Evolution endet, wenn entweder die maximale Anzahl durchzuführender Generationen überschritten oder aber die optimale Tauglichkeit erreicht worden ist. Soll die Evolution abgebrochen werden, kann dies am Ende jeder Generation durch Drücken der Esc-Taste erreicht werden. Bei der Optimierung der Wegstrecke zwischen 10 Städten hat sich gezeigt, daß die Evolution nach ca. 20 Generationen bei einer Tauglichkeit von 0,767143, was einer Strecke von 1757 km entspricht, abgebrochen werden kann, da keine Verbesserungen mehr auftreten.

Um das Ergebnis der Optimierung und die Belegung der Gene der Individuen der letzten Generation zu betrachten, stellt der Genetic Optimizer ein Werkzeug zur Verfügung, mit dem die einzelnen Gene jedes Individuums mit den momentan geltenden Wahrscheinlichkeiten für Rekombination des Chromosoms, Crossover, Translokation, Inversion und Mutation angezeigt werden.

Diese Dialogbox wird durch den Befehl *Ergebnis* im Menü *Evolution* geöffnet. In der Dialogbox besteht die Möglichkeit, schrittweise die gesamte Population oder gezielt bestimmte Gene eines speziellen Individuums anzeigen zu lassen. Da die Nummer des besten Individuums der Population nicht bekannt ist, kann dessen Genom durch Eingabe der Individuumsnummer ? angezeigt werden.

Damit auch nach dem Ende der Evolution noch die Möglichkeit besteht, den Fortgang der Evolution nachzuvollziehen, kann die während der Evolution erzeugte Protokolldatei in einem rollbaren Anzeigefenster angezeigt
werden. Der Dateibetrachter kann im Menü *Ansicht* mit
dem Befehl *Protokolldatei* über eine Dialogbox für die
Dateiauswahl, in der standardmäßig der Name der Protokolldatei eingestellt ist, geöffnet werden. Der Dateibetrachter kann jedoch beliebige ASCII-Dateien anzeigen.
Als Beispiel soll nun die Datei trvlman.lst in den Dateibetrachter geladen werden.

Diese Datei wird während der Evolution von der problemspezifischen Bewertungsfunktion erstellt und gibt im
Gegensatz zur Protokolldatei Auskunft über die tatsächliche Streckenlänge, die einem Individuum entspricht. Im
Laufe der Generationen hat sich die Streckenlänge von
anfänglich hohen Werten sehr schnell zu niedrigeren
Werten verbessert.

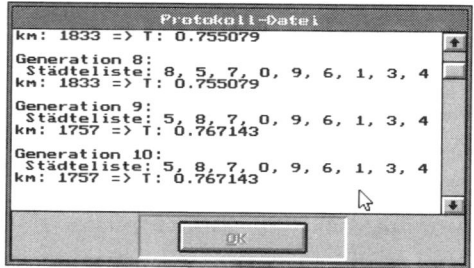

Bild 9.18:
Dateibetrachter
mit dem pro-
blemspezifischen
Protokoll
trvlman.lst.

Verbesserungen dieser relativ guten Werte treten jedoch immer seltener auf. Je besser das Problem optimiert werden soll, desto länger braucht die Evolution dafür. An diesem Beispiel können nach mehreren Durchläufen tatsächlich die empirischen und theoretischen Erkenntnisse über die Genetischen Algorithmen nachvollzogen und bestätigt werden.

Optimierung an Beispielen

Travelling Salesman

Das Beispiel der Wegstreckenoptimierung wurde bei der Erläuterung der Bedienung des Genetic Optimizers weitgehend erklärt. Darüber hinaus sollen hier zusätzliche Informationen gegeben werden, um dem Leser weitere Versuche auch an anderen Wegstrecken zu ermöglichen.

Im Verzeichnis `trvlman` befinden sich außer der Population `trv10.pop` für die Optimierung einer Wegstrecke durch 10 Städte noch die Populationen `trv5.pop` und `trv15.pop` für die Optimierung einer Wegstrecke durch fünf bzw. 15 Städte. Die Bewertungsfunktion für das Wegstreckenproblem lädt bei der Initialisierung der Population die Entfernungen zwischen den einzelnen Städten aus der Datei `tabelle.trv`. In dieser Tabelle sind die Entfernungen zwischen 24 innerdeutschen Städten abgelegt, so daß also eine maximale Wegstrecke zwischen 24 Städten optimiert werden könnte. In der diesem Buch beigelegten Version des Genetic Optimizers ist jedoch die Anzahl Gene auf einem Chromosom auf maximal 15 Gene begrenzt.

Trainieren eines Neuronalen Netzes

Am Beispiel eines Backpropagation Netzes, das mit dem Neuro-Compiler der Firma Neuro-Infomatik GmbH, Berlin, erstellt worden ist, soll das Trainieren eines Neuronalen Netzes mit Genetischen Algorithmen demonstriert werden. Das Netz besteht aus fünf Neuronen und einem Bias-Element. Die zweielementige Inputschicht ist vollständig mit der zweielementigen Hiddenschicht verbunden, und jedes der beiden Hidden-Neuronen ist mit dem Output-Neuron verbunden. Das Bias-Element ist sowohl mit den Neuronen der Hiddenschicht als auch mit dem Output-Neuron verknüpft. Alle Neuronen haben die gleichen Funktionen als Einstellung.

Durch die Topologie des Neuronalen Netzes wird der Aufbau des Genoms der Population bestimmt, deren Individuen je eine Belegung der Gewichtsmatrix des Neuronalen Netzes repräsentieren sollen.

Da jedes Neuron der Hidden- und Outputschicht über drei Eingänge verfügt und diese, da sie ja die Anregung des entsprechenden Neurons bestimmen, korrelieren, liegt es nahe, eine Population mit drei Chromosomen und jeweils drei Genen aufzubauen.

Bild 9.19:
Das Neuronale
Netz xor5.net.

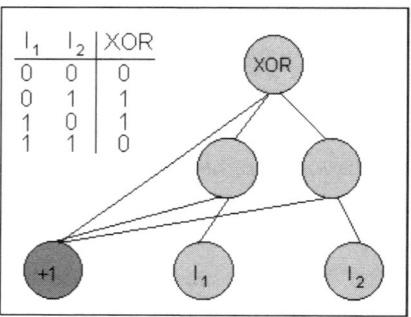

I_1	I_2	XOR
0	0	0
0	1	1
1	0	1
1	1	0

Bild 9.20:
Netzparameter

$$\text{Inputfunktion}: \quad net_i = \sum_1^n w_{ij} o_i$$

$$\text{Transferfunktion}: \quad a_i = \frac{1}{(1 + e^{-g \times net_i})}$$

$$\text{Outputfunktion}: \quad o_i = a_i$$

Im Verzeichnis backprop ist diese Population xor5.pop bereits vorbereitet und kann in den Arbeitsspeicher geladen werden. Die Einstellungen der Population xor5.pop für die Vererbungsstrategien bzw. die Populationseigenschaften sind:

- ▶ Dämpfung der Güteanpassung: 1/20*gen + 1
- ▶ Selektionsschema: vorheriges bestes 3 mal
- ▶ Kreuzungsschema: Chancen entsprechend Güte
- ▶ Populationsgröße: statisch mit 200 Individuen, einfacher Chromosomensatz

Da sich im Netz alle Gewichte beliebig anpassen können sollen und reellzahlige Gewichte bei diesem speziellen Problem nicht benötigt werden, wurde für die Gene aller Chromosomen der gleiche Wertebereich vorgesehen. Die Gewichte bewegen sich ganzzahlig im Bereich von -127 bis +127. Die Wahrscheinlichkeiten für die Genetischen Operatoren sind folgendermaßen voreingestellt:

- ▶ $P_{Rekombination}$ = 0,5 konstant
- ▶ $P_{Crossover}$ = 0,7 leicht exponentiell abfallend
- ▶ $P_{Translokation}$ = 0 konstant
- ▶ $P_{Inversion}$ = 0 konstant
- ▶ $P_{Mutation}$ = 0,07 stark exponentiell abfallend

Nach einer zufälligen Initialisierung kann mit der Optimierung der Gewichte begonnen werden. Die Bewertungsfunktion vergleicht den Output des Netzes mit dem in der Lerndatei net.lrn vorgegebenen Output und führt so ein überwachtes Lernen durch. Der Unterschied zum gewöhnlichen Trainieren eines Backpropagation Netzes liegt darin, daß die Gewichte nicht über eine Lernregel in Abhängigkeit vom Fehler angepaßt werden, sondern mit den Strategien der Genetischen Algorithmen optimiert werden. Um die Tauglichkeit eines Individuums, d.h. Gewichtssatzes, zu bestimmen, wird die Differenz zwischen Solloutput der Lerndatei und tatsächlichem Output des Netzes als gemittelter quadratischer Fehler berechnet: Da sich die berechnete Summe aber bei jeder Verbesserung der Gewichte verkleinert, die Tauglichkeit jedoch maximiert werden soll, wird der berechnete Fehler von 1 als maximaler Tauglichkeit abgezogen. Für den Fall, daß der Fehler größer als 1 ist, wird die Tauglichkeit 0 vergeben.

Bild 9.21: Tauglichkeit eines Individuums.

$$T_I = 1 - \frac{\sum_1^{|Muster|}(O_{soll} - O_{ist})^2}{|Muster|}$$

Um die Optimierungsergebnisse testen zu können, liegt dem Genetic Optimizer im Verzeichnis backprop das Programm xortest.exe bei, das das vom Genetic Optimizer trainierte Netz ke.net simuliert. Lernerfolge sind so einfach zu testen, indem man Netze in unterschiedlichen Phasen der Optimierung mit dem Testprogramm testet.

Lösung eigener Optimierungsprobleme

Voraussetzung für das Erstellen eigener Bewertungsfunktionen, die für die Lösung spezieller Probleme benötigt werden, ist ein Borland C-Compiler (Turbo C++ oder Borland C++), da die Bibliothek, die den Genetic Optimizer enthält, mit Borland C erstellt worden ist. In der Datei user.h finden sich die Funktionsprototypen der »C«-Funktionen, die notwendig sind, um mit dem Genetic Optimizer beliebige Optimierungsprobleme lösen zu können. Nur vier »C«-Funktionen des Genetic Optimizers sind problemspezifisch. Es handelt sich hierbei um Funktionen, die bei der Initialisierung der Population, beim Start der Evolution und nach Beendigung der Evolution aufgerufen werden. Außerdem muß die eigentliche Bewertungsfunktion, die die Tauglichkeit eines Individuums bestimmt, definiert werden.

Die Bewertungsfunktion

```
float fitness(int nGeneration, double *DoubleField, int
cDouble)
```

ist der Prototyp der Bewertungsfunktion. Das erste Argument nGeneration ist die Nummer der aktuellen Generation. Im dritten Parameter cDouble wird die Anzahl der Problemparameter übergeben, die in dem Speicherbereich hintereinander abgelegt sind, auf den der Zeiger DoubleField zeigt.

Die Initialisierungsfunktion

```
boolean fitness_init(int cDouble)
```

wird aufgerufen, sobald der Befehl *Initialisieren* im Menü *Evolution* ausgewählt wird. In dieser Funktion werden einmalige Vorgänge durchgeführt, die notwendig sind, um die Optimierung durchführen zu können. Der Funktion wird die Anzahl der Problemparameter übergeben, damit der Bewertungsfunktion diese bekanntgemacht werden kann. Der Rückgabewert dieser Funktion bestimmt, ob mit der Initialisierung fortgefahren werden soll (TRUE) oder nicht (FALSE). Im Beispiel der Wegstreckenoptimierung wird z.B. die Entfernungstabelle von dieser Funktion in den Arbeitsspeicher geladen.

Die Start-Informationsfunktion

```
boolean fitness_start(void)
```

dient dazu, die Bewertungsfunktion darüber zu informieren, daß die Initialisierungsphase vorüber ist und die Evolution selbst mit dem Befehl Starten aus dem Menü Evolution gestartet wurde. In dieser Funktion kann möglicherweise eine zusätzliche Protokolldatei wie die Datei trvlman.lst der Wegstreckenoptimierung geöffnet werden.

Wird von dieser Funktion ein FALSE zurückgeliefert, wird die Evolution nicht gestartet, sondern sofort abgebrochen.

Die Ende-Informationsfunktion

Wurde die Evolution entweder durch eines der Abbruchkriterien oder vom Benutzer durch Drücken der $\boxed{\text{Esc}}$-Taste abgebrochen, wird die Funktion

```
void fitness_end(double *DoubleField, int cDouble)
```

aufgerufen. Dieser Funktion wird wie der Bewertungsfunktion ein Speicherbereich DoubleField übergeben, in dem die Problemparameter hintereinander abgelegt sind. Die Anzahl der Parameter wird im Argument cDouble übergeben. Die Parameter in diesem Speicherbereich repräsentieren die bei Beendigung der Evolution beste Problemlösung. Das Parameterfeld wird z.B. beim Trainieren des XOR-Problemes dazu benutzt, das Neuronale Netz ke.net zu erstellen, in dem der optimale Gewichtssatz gespeichert ist.

Maximieren eines Polynoms

Um die Vorgehensweise kurz zu erläutern, sei nun die Programmierung eines trivialen Problems dargestellt, bei dem das folgende Polynom maximiert werden soll:

Bild 9.22:
Polynom, das maximiert werden soll.

$$f(x) = g_0 + \frac{\sqrt{g_1}}{10} + \frac{\sqrt{g_2}}{100} + \frac{\sqrt{g_{(cDouble-1)}}}{10^{(cDouble-1)}}$$

Folgende Funktion wird zur Bewertungsfunktion:

```
float fitness(int nGeneration, double *DoubleField, int
cDouble)
{
 int c;
 float Polynomial = 0;
```

```
for (c = 0; c < cDouble; c++)
   if (*(DoubleField+c) > 0)
      Polynomial += sqrt(*(DoubleField+c))/pow(10,c);
 return (Polynomial > 0 ? 1.0-1.0/Polynomial : 0);
}
```

Es ist zu beachten, daß in dieser einfachen Bewertungsfunktion keine Kontrollen für die Überwachung von Overflow-Fehlern in der Funktion pow() oder des Wertes der Variablen Polynomial enthalten sind. Bei diesem einfachen Problem wird keine der Funktionen fitness_init(), fitness_start() oder fitness_end() benötigt.

Jedoch muß für jede dieser Funktionen ein Funktionsrumpf mit dem entsprechenden return-Befehl vorgesehen werden. Allein mit der einfachen Bewertungsfunktion, die nun im Large-Memory-Model compiliert und anschließend zur Bibliothek genopt.lib gelinkt werden muß, läßt sich der Genetic Optimizer für ein eigenes Problem programmieren. Nun ist das Programmieren der Bewertungsfunktion noch nicht alles. Auch die zugehörige Population, deren Individuen optimiert werden sollen, muß noch erstellt werden. Nachdem der Genetic Optimizer gestartet worden ist, kann mit dem Befehl *Neue Population* in Menü *Population* eine neue Population erstellt werden. Folgende Einstellungen sollten zu Beginn vorgenommen werden:

▷ Dämpfungsfunktion der Güteanpassung: Voreinstellung übernehmen
▷ Selektionsschema: vorheriges bestes 3-mal
▷ Kreuzungsschema: Chancen entsprechend Güte
▷ Populationsgröße: 50 Individuen, statisch
▷ Chromosomensatz: einfach

Jetzt kann im Chromosomeneditor ein neues Chromosom erzeugt werden. Für die Eigenschaften des Chromosoms können die Voreinstellungen ($P_{Rekomb.}$ = 0,5 konstant, Crossoverschema: beliebig) übernommen werden. Durch einen Doppelklick auf das Chromosom kann der Geneditor aktiviert werden. Nachdem ein neues Gen erzeugt worden ist, können dessen Eigenschaften eingetragen werden. Die Dialogbox *Eigenschafen von Gen 1* wird durch einen Doppelklick auf das Gen geöffnet. Der Wertebereich des Gens soll ganzzahlig zwischen 1 und 50 liegen, die Wahrscheinlichkeiten für die Genetischen Operatoren sollen folgendermaßen verändert sein:

$$P_{Crossover} = -1/4000 \text{ gen} + 7/10$$
$$P_{Translokation} = -1/200 \text{ gen} + 3/100$$
$$P_{Inversion} = -1/200 \text{ gen} + 3/100$$
$$P_{Mutation} = -1/200 \text{ gen} + 7/100$$

Diese Werte werden dafür sorgen, daß die Population zu Beginn der Evolution sehr stark differenziert wird, jedoch bereits nach 10 Generationen die Genetischen Operatoren Translokation, Inversion und Mutation sehr stark zurückgehen und schließlich vollständig eingestellt werden. Ab diesem Zeitpunkt wird eine starke Konvergenz der Population auf den bis dahin besten Wert zu beobachten sein. Diese Konvergenz führt schließlich dazu, daß alle Individuen der Population phänotypisch gleich sind.

Nachdem die beiden Editoren verlassen worden sind, sollte die Population (z.B. unter `poly2.pop`) gespeichert werden. Um die oben beschriebenen Effekte besonders gut betrachten zu können, soll die Population mit zwei konstanten Werten initialisiert werden. Beide Gene jedes Individuums sollen die Allele 1 bekommen. Zu diesem Zweck wird die Population mit mittlerer Abweichung von Vorgabe initialisiert werden, wobei für jedes Gen der Wert 1 und im Eingabefeld Abweichung eine 0 eingetragen wird. Nach der Initialisierung kann die Evolution gestartet werden. Nachdem nun an einem trivialen Beispiel die Vorgehensweise für das Erstellen eigener Bewertungsfunktionen gezeigt worden ist, sollte es einfach sein, auch komplexe Optimierungsprobleme mit dem Genetic Optimizer zu lösen. Wir wünschen dem Leser viel Spaß und Erfolg bei seinen eigenen Experimenten mit dem Genetic Optimizer.

KAPITEL 10

Nachwort

Wir haben uns in den vorangehenden Kapiteln darum bemüht, die simulierte Evolution und ihr großes Anwendungspotential darzustellen. Dabei haben wir besonderen Wert auf die algorithmischen Aspekte, die Anwendungen und den Vergleich und die Gegenüberstellung der Evolutionsstrategien mit den Genetischen Algorithmen gelegt.

Ziel dieses Buches ist es, die Methoden und Ansätze der simulierten Evolution bekannter zu machen. Es wäre schön, wenn möglichst viele Leser durch das Buch zu eigenen Experimenten mit Evolutionsstrategien oder Genetischen Algorithmen angeregt werden würden.

Natürlich konnten wir in diesem Buch nicht alle relevanten Aspekte in der Ausführlichkeit darstellen, die sie verdient hätten. So konnten wir beispielsweise nur einen kurzen und relativ oberflächlichen Abriß der Genetik und der biologischen Evolution in das Buch aufnehmen. Auch die mathematischen und wahrscheinlichkeitstheoretischen Aspekte der simulierten Evolution hätten wesentlich stärker ausgebreitet werden müssen. Wir hoffen jedoch, daß uns dennoch insgesamt eine relativ gute Aufteilung und Darstellung der einzelnen Teilthemen gelungen ist.

Wenn man ein umfangreiches Buch schreibt, macht man oft Fehler. Sollten Sie als Leser tatsächlich Fehler im Buch finden, so würden wir uns freuen, wenn Sie uns diese schriftlich mitteilen, damit wir die Fehler in den folgenden Auflagen des Buches korrigieren können. Wir würden uns ebenfalls freuen, wenn Sie uns über Ihre eigenen Experimente mit der simulierten Evolution berichten würden! Neuartige und erfolgreiche Anwendungen könnten wir dann in den Neuauflagen des Buches darstellen. Wir sind zudem auch gerne dazu bereit, Sie bei konkreten Anwendungen der simulierten Evolution zu beraten oder zu unterstützen.

Wir sind unter folgender Adresse zu erreichen:

NEUROTEC Hochtechnologie GmbH
Ehlersstraße 15
88046 Friedrichshafen

KAPITEL 11

Literaturverzeichnis

[Ablay]	*P. Ablay* Optimierung mit Evolutionsstrategien Spektrum der Wissenschaften, 7, 1987

[AK89]   *Emile H. L. Aarts/J. Korst*
Simulated Annealing and Boltzmann Machines
Wiley, Chichester, 1989

[Bäc91]   *Thomas Bäck*
Self-adaptation in genetic algorithms
in: Proceedings of the First European Conference on
Artificial Life, December 11-13, Paris, France 1991
The MIT Press. In print.

[Bagley]   *J. D. Bagley*
The behaviour of adaptive systems which employ
genetic and correlation algorithms
Dissertation University of Michigan, 1967

[BB79]   *J. Born and K. Bellmann*
Numerische Parameteroptimierung in
mathematischen Modellen mittels einer Evolutionsstrategie
Volume 18 of Lecture Notes in Control and
Information Science, pages 157-167 Springer, Berlin,
1979

[Belev]   *R. K. Belev, L. B. Booker (eds)*
Proceedings of the Fourth International Conference
on Genetic Algorithms
Morgan Kaufmann Publ., San Mateo, CA, 1991

[Becker/Dörfler]   *K.-H. Becker/M. Dörfler*
                        Dynamische Systeme und Fraktale
                        Verlag Vieweg, 3. Auflage, Braunschweig, 1989

[Bet81]   *A. D. Bethke*
                        Genetic algorithms as function optimizers
                        PhD thesis, University of Michigan, 1981, Diss. Abstr.
                        Int. 41(9),3503B,
                        University Microfilms No.8106101

[BH91]   *T. Bäck/F. Hoffmeister*
                        Extended selection mechanisms in genetic
                        algorithms
                        in: Richard K. Belew and Lashon B. Booker, editors,
                        Proceedings of the Fourth International Conference
                        on Genetic Algorithms and their Applications, pages
                        92-99, University of California, San Diego, USA, 1991,
                        Morgan Kaufmann Publishers

[Bienert]   *P. Bienert*
                        Literatur zur Evolutionsstrategie
                        TU Berlin, Inst. für Bionik u.
                        Evolutionstechnik, 1990

[Bor89]   *Andreas Bormann*
                        Parallelisierungsmöglichkeiten für direkte
                        Optimierungsverfahren auf Transputersystemen
                        Master thesis, University of Dortmund Germany,
                        April, 1989

[Briggs/Peat]   *J. Briggs/K. Sigmund*
                        Die Entdeckung des Chaos
                        Carl Hanser Verlag, München Wien, 1990

[Cavicchio]   *D. J. Cavicchio*
                        Adaptive search using simulated evolution
                        Dissertation University of Michigan, 1970

Literaturverzeichnis

[Conveney/Highfield]	*P. Coveney/R. Highfield* Anti-Chaos, Der Pfeil der Zeit in der Selbstorganisation des Lebens Rowohlt Verlag GmbH, Reinbek; 1992
[Davidor]	*Y. Davidor* Genetic Algorithms and Robotics A Heuristic Strategy for Optimization World Scientific Publishing, 1991
[Davis 1]	*L. Davis* Handbook of Genetic Algorithms Van Nostrand Reinhold, NY, 1991
[Davis 2]	*L. Davis* Genetic Algorithms and Simulated Annealing Morgan Kaufmann Publ., Los Altos, CA, 1987
[Devaney]	*Robert L. Devaney* An Introduction to Chaotic Dynamical Systems Addison-Wesley Verlag, Second Edition, 1989
[Eigen 71]	*Manfred Eigen* Selforganization of Matter and the Evolution of biological Macromolecules Die Naturwissenschaften 58, 1971
[Eigen 92]	*Manfred Eigen* Stufen zum Leben Piper, Serie Piper, München 1987
[Eigen 76]	*Manfred Eigen* Wie entsteht Information? Prinzipien der Selbstorganisation in der Biologie, Berichte der Bunsen-Gesellschaft, 11:1059-1081, 1976

[Feldman] *M. W. Feldman (ed)*
Mathematical Evolutionary Theory
Princeton University Press, Princeton, NJ, 1989

[Goldberg] *D. E. Goldberg*
Genetic Algorithms in Search,
Optimization and Machine Learning
Addison Wesley, Reading, Mass.
1989

[Grefenstette1] *J. J. Grefenstette*
Genetic Algorithms and their Applications
Lawrence Erlbaum Publ., NJ, 1985

[Grefenstette2] *J. F. Grefenstette (ed)*
Genetic Algorithms and their Applications
Lawrence Erlbaum Publ., NJ, 1987

[Haken] *H. Haken*
Information and Self Organization
A Macroscopic Approach to Complex Systems
Springer Verlag, 1988

[Heß] *Dieter Heß*
Genetik Grundlagen-Erkenntnisse
Herder Verlag, Freiburg, 1972, 9.Auflage

[Höfler et al.] *Höfler A., Leyßner U., Wiedemann J.*
Diskussionsbeitrag Second Symposium on Structural
Optimization der AGARD
zitiert nach [Rechenberg 72]

[Hofbauer/Sigmund1] *J. Hofbauer/K. Sigmund*
The Theory of Evolution and Dynamical Systems
Cambridge University Press, (London Mathematical
Society, Student Texts.7), 1988

[Hofbauer/Sigmund2] *J. Hofbauer/K. Sigmund*
Evolutionstheorie und dynamische Systeme
Mathematische Aspekte der Selektion
Verlag Paul Parey, Berlin u. Hamburg 1984

Literaturverzeichnis

[Hoffmeister] *F. Hoffmeister, T. Bäck*
Genetic Algorithms and Evolution Strategies:
Similarities and Differences
Uni. Dortmund, Technical Report Sys-1/92, 1992

[Holland 1] *J. Holland*
Adaptation in natural and artificial systems
MIT Press, Cambridge, Mass, 1992

[Holland 2] *J. Holland*
Studies of the spontaneous emergence of self-
replicating systems using cellular automata
and formal grammars
in: Automata, Languages Development.
A.Lindenmayer, G.Rozenberg (eds)
North-Holland, 1976

[Holland 3] *J. Holland*
Adaptation
in: Progress in Theoretical Biology. R.F.Rosen (ed)
Academic Press, 1976

[Holland 4] *J. Holland*
A universal computer capable of executing an
arbitrary number of subprograms simultaneously
1959 Proceedings of the Eastern
Joint Computer Conference, 108-112

[Holland 5] *J. Holland*
Information processing in adaptive systems
Information Processing in the Nervous System,
Proceedings of the International Union of Physiolo-
gical Sciences, 3, 330-339 1962

[Holland 6] *J. Holland*
Outline for a logical theory of adaptive systems
Journal of the Association for Computing Machinery,
3, 297-314, 1962

[Holland 7]   *J. Holland*
                   Some practical aspects of adaptive systems theory
                   Electronic Information Handling (pp. 209-217)
                   in: A. Kent & C. Taulbee (Eds.), Washington, DC:
                   Spartan Books, 1965

[Holland 8]   *J. Holland*
                   Adaptive plans optimal for payoff-only environments
                   Proceedings of the Second Hawaii International
                   Conference on System Sciences, 917-920, 1969

[Holland 9]   *J. Holland*
                   Genetic algorithms and the optimal allocations
                   of trials
                   SIAM Journal of Computing, 2(2), 88-105, 1973

[Holland10]   *J. Holland*
                   An introduction to intrinsic parallelism
                   Proceedings of the Tenth Anniversary, Convocation
                   for IMMD (pp.47-55), In W. Handler (Ed.), Erlangen,
                   FRG, University of Erlangen, 1976

[Holland11]   *J. Holland*
                   Adaptive algorithms for discovering and using
                   general patterns in growing knowledge-bases
                   International Journal of Policy Analysis and
                   Information Systems, 4(3), 245-268, 1980

[Holland71]   *J. Holland*
                   Artificial genetic adaptation in computer control
                   systems
                   PhD thesis, University of Michigan, 1971

[Jacob/Monod]   *Jacob F., Monod J.*
                   Genetic regulatory mechanisms in the synthesis of
                   proteins
                   Mol. Bio. 3, pp 318ff, 1961

[Jon75]   *Kenneth De Jong*
                   An analysis of the behaviour of a class of genetic
                   adaptive systems

PhD thesis, University of Michigan, 1975. Diss. Abstr. Int. 36(10), 5140B, University Microfilms No. 76-9381

[Kauffman 1]   *S. A. Kauffman*
Antichaos and Adaptation
Scientific American, 8, 1991

[Kauffman 2]   *S. A. Kaufmann/R. G. Smith*
Evolution, games and learning (pp.68-82)
Adaptive automata based on Darwinian selection
in: D. Farmer, A. Lapedes, N. Packard, & B. Wendroff (Eds.)
Amsterdam: North-Holland (Reprinted from Physica, 22D,68-82)

[Kauffman 3]   *S. Kauffman*
Leben am Rande des Chaos
in: Entwicklung und Gene
Spektrum der Wissenschaft
Spektrum Akad. Verlag, Hdbg, 1992

[Kauffman 4]   *S. A. Kauffman*
Emergent Properties of Random Cellular Automata
in: Physica, D 10, pp 145 ff, 1984

[Kobelt]   *D. Kobelt, G. Schneider*
Optimierung im Dialog unter Verwendung von
Evolutionsstrategie und Einflußgrößenrechnung
Chemie-Technik, 6, 1977, S.369ff.

[Körner et al.]   *Körner W., Gommert L.,*
Jurgasch H. Kesou A.
Optimierung der Geometrie quer angeströmter
Rohrrippen hinsichtlich des Wärmeübergangs
Verfahrenstechnik 7, 1973

[Koza]   *John R. Koza*
Genetic Programming
A Bradford Book, The MIT Press; 1992

[Kühn/Hess]   *A. Kühn/O. Hess*
                  Grundriß der Vererbungslehre
                  9. Auflage Quelle & Meyer, Heidelberg,1986

[Küppers]   *Bernd O. Küppers (ed)*
                  Ordnung aus dem Chaos
                  Serie Piper, München, 1987

[Lohmann]   *R. Lohmann*
                  Selforganization by Evolution
                  Strategy in Visual Systems
                  in: Evolution and Optimization '89, Akademie Verlag,
                  Berlin, Voigt, Mühlenbein,
                  Schwefel (eds)

[Mandelbrot]   *Benoît B. Mandelbrot*
                  Die fraktale Geometrie der Natur
                  Birkhäuser Verlag, Basel Boston, 1987

[Mayr]   *Ernst Mayr*
                  Evolution
                  Spektrum der Wissenschaft: Verständliche
                  Forschung, 7. Auflage, Heidelberg, 1988

[Mitra]   *Mitra A., Brauer H.*
                  Optimisation of a two phase co-current flow nozzle
                  for mass transfer
                  Verfahrenstechnik 7, 1973

[Mühlenbein 1]   *H. Mühlenbein*
                  Evolution in Time and Space - The
                  Parallel Genetic Algorithm
                  in: Foundations of Genetic Algorithms, G. Rawlins
                  (ed), Morgan Kaufmann

[Mühlenbein 2]   *H. Mühlenbein, M. Schomisch,*
                  J. Born
                  The parallel genetic algorithm as function optimizer
                  in: Parallel Computing, 17, 1991

[Mühlenbein 3]   *H. Mühlenbein*
Parallel Genetic Algorithms, Population
Genetics and Combinatorial Optimization
in: [Schaffer] S.416ff

[Mühlenbein 4]   *H. Mühlenbein, M. Gorges*
Evolution Algorithms in Combinatorial Optimization
Schleuter, O. Krämer
in: Parallel Computing, 7, 1988

[Nilsson]   *R. Nilsson, E. Schöneburg*
Auf heuristischem Pfade
KEM, 3, 1990

[Osche]   *Günther Osche*
Evolution Grundlagen-Erkenntnisse
Herder Verlag, Freiburg, 1972, 10. Auflage

[Rechenberg 72]   *I. Rechenberg*
Evolutionsstrategie
Friedrich Frommann Verlag, Stuttgart, 1973

[Rechenberg 92]   *I. Rechenberg*
Evolutionsstrategie '92
unveröffentlichtes Manuskript, TU Berlin, 1992

[Rechenberg 3]   *I. Rechenberg*
Problemlösungen mit Evolutionsstrategien
Proc. on Operations Research, 9, 499, 1980

[Rechenberg 4]   *I. Rechenberg*
Artificial Evolution and Artificial Intelligence
in: Machine Learning, Chapman
and Hall, NY, 1989, R.Forsyth (ed)

[Rechenberg 5]   *I. Rechenberg*
Kausalität, Evolution und Neuronale Netze
Wissenschaftliche Zeitschrift der TH Ilmenau, 1990

[Rosenberg]   *R. S. Rosenberg*
Simulation of genetic populations with
biochemical properties
Mathematical Biosciences, 8, 1970

[Salgon]   *Salgon*
Entwurf und Anwendung von Strukturierungs-
Algorithmen für Neuronale Netze
TU Berlin, Institut für Bionik und Evolutionstechnik,
Berlin, 1992, 1993

[Samuel]   *A. L. Samuel*
Some studies in machine learning using the
game of checkers
IBM Journal of Research and Development, 3, 1959

[Schaffer]   *J. D. Schaffer*
Proceedings of the Third International
Conference on Genetic Algorithms
Morgan Kaufmann Publ., San
Mateo, CA, 1989

[Schöneburg 1]   *E. Schöneburg, N. Hansen,*
A. Gawelczyk
Neuronale Netzwerke
Markt & Technik Verlag,
München, 1992

[Schöneburg 2]   *E. Schöneburg, F. Heinzmann,*
F. Namyslik
Computer-Viren: Gefahren und Schutzmöglichkeiten
Markt & Technik Verlag, München, 1990

[Schöneburg 3]   *E.Schöneburg, F.Heinzmann*
PERPLEX: Produktionsplanung nach dem Vorbild
der Evolution
in: Wirtschaftsinformatik, 2, 4.1992

[Schöneburg 4]   *E. Schöneburg*
                      Expertensysteme im industriellen Einsatz:
                      der hybride Zugriff
                      KEM, Juni 1992

[Schöneburg 5]   *E. Schöneburg*
                      Auftrags- und Montagereihenfolgeoptimierung
                      mit Expertensystemen und Evolutionsstrategien
                      Tagungsband PPS im Wandel,
                      IFA Institut, München, 1992 Hrsg. Prof. Mertens

[Schöneburg 6]   *E. Schöneburg*
                      Industrielle Planung mit
                      Methoden der Künstlichen Intelligenz
                      DV-Management, 1/91

[Schöneburg 7]   *E. Schöneburg*
                      Produktionsplanung mit Methoden der Künstlichen
                      Intelligenz und Genetischen Algorithmen
                      Chip Professional 9

[Schöneburg 8]   *E. Schöneburg*
                      Aktienkursprognosen mit Neuronalen Netzen
                      HMD, 159, Forkel Verlag, 1992

[Schöneburg 9]   *E. Schöneburg*
                      Stock price prediction using neural networks
                      Neurocomputing 2, 1990

[Schöneburg 10]   *E. Schöneburg (ed)*
                      Industrielle Anwendung Neuronaler Netze
                      Addison Wesley, Bonn, 1993

[Schuster]   *H. G. Schuster*
                      Deterministic Chaos, An Introduction
                      Second Revised Edition
                      VCH Verlagsgesellschaft mbH, 1989

[Schwefel 1]	*H. P. Schwefel* Numerische Optimierung von Computer-Modellen mittels Evolutionsstrategie Birkhäuser Verlag, Basel, 1977
[Schwefel 68]	*H. P. Schwefel* Experimentelle Optimierung einer Zweiphasendüse Bericht 35 des AEG Forschungsinstituts Berlin zum Projekt Staustahlrohr, 1968
[Schwefel75b]	*H.-P. Schwefel* Evolutionsstrategie und numerische Optimierung Dissertation Technische Universität Berlin, Mai 1975
[She71]	*J. Shekel* Test functions for multimodal search techniques in: Fifth Annual Princeton Conference on Information Science and Systems, 1971
[Singer/Berg]	*M. Singer/P. Berg* Gene und Genome, Spektrum Akademischer Verlag, 1992
[Soucek]	*B. Soucek and the IRIS-Group* Dynamic,Genetic, and Chaotic Programming The Sixth Generation A Wiley-Interscience Publication, 1992
[Steinmüller]	*A. und K .Steinmüller* Charles Darwin – Vom Käfersammler zum Naturforscher Verlag Neues Leben, Berlin, 1990, 3. Auflage
[Storch]	*V.Storch, U.Welsch* Evolution dtv, München, 1973

Literaturverzeichnis

[Stoyan/Görz]	*H. Stoyan/G. Görz* Lisp Eine Einführung in die Programmierung Springer-Verlag, 1984
[Weinberg]	*R. Weinberg* Computer Simulation of a living cell Dissertation University of Michigan, 1970
[Winston]	*Patrick H. Winston* Künstliche Intelligenz Addison-Wesley Verlag, 1987
[Wuketits 1]	*F. M. Wuketits* Grundriß der Evolutionstheorie Wissenschaftliche Buchgesellschaft, Darmstadt, 1989
[Wuketits 2]	*F. M. Wuketits* Evolutionstheorien Wissenschaftliche Buchgesellschaft, Darmstadt, 1988
[WWF]	Bionik – Patente der Natur Umweltstiftung WWF Deutschland Pro Futura Verlag, München, 1991

KAPITEL 12

Glossar

Adaptive Schrittweitenanpassung
Steuerungsalgorithmus für die Anpassung der Mutation bei
Evolutionsstrategien.

Adenin (A)
Eine Purinbase; Baustein einer monomeren Untereinheit
der Nucleinsäuren; eines der vier Symbole der genetischen
Information.

Alanin
Eine der zwanzig natürlichen Aminosäuren, Proteinbau-
stein.

Aminosäure
Bausteine der Proteine. Es gibt zwanzig verschiedene
Enzyme, die als L-Stereoisomere (Linksschrauben) vorliegen. Sie haben alle die gleiche Grundstruktur, unterscheiden sich aber in der eine spezifische Wirkgruppe tragenden Seitenkette.

Anticodon
Sequenz von drei Nucleotiden (Basen) in tRNA, die beim
Translationsprozeß mit dem Codon (ebenfalls aus drei
Basen bestehend) in Wechselwirkung tritt und damit für
die korrekte Einordnung der Aminosäure in die wach-
sende Proteinkette sorgt.

Archaebakterien
Auch Metabakterien genannt. Spezielle Arten prokaryonti-
scher Mikroorganismen. Archaebakterien sind im allgemeinen an extreme (möglicherweise »archaische«) Umweltbedingungen (wie an hohe Temperatur, hohe Salzkon-
zentration, hohen Schwefelgehalt) angepaßt oder besitzen
ungewöhnliche Stoffwechselprodukte (z.B. Methan).

Basen

(Basische) Bestandteile der monomeren Bausteine der Nucleinsäuren. Dazu zählen: Adenin, Cytosin, Guanin und Thymin bzw. Uracil.

Basenpaarung

Spezifische Wechselwirkung zwischen Basen. Es treten jeweils zwei der vier Basen bevorzugt miteinander in Wechselwirkung, und zwar Adenin mit Thymin (bzw. Uracil) und Guanin mit Cytosin. Man bezeichnet die Basen eines Paares als zueinander komplementär.

Chromatin

Aus Nukleinsäuren und Proteinen bestehende, gut färbbare, netzartige Struktur des Zellkerns (Chromosom). Bei Eukaryonten ist die grundlegende Struktureinheit des Chromatins das Nukleosom.

Chromosom

Einheit des Erbgutes. Fadenförmige Struktur, in der das Erbmaterial von Zellen niedergelegt ist.

Codon

Sequenz von drei benachbarten Nucleotiden, die für eine Aminosäure oder für »Start« und »Stop« codieren.

Crossing-over

Der Auswechselvorgang von genetischem Material zwischen Chromosomen. Wesentlicher Prozeß der sexuellen Fortpflanzung.

Cytosin (C)

Eine Pyrimidinbase; Baustein einer monomeren Untereinheit der Nucleinsäure; eines der vier Informationssymbole.

Deletion

a) Auslassung von Bausteinen beim Kopierungsprozeß.

b) Verlust eines Teils des genetischen Materials aus dem Chromosom. Die Größe des deletierten Materials kann ein einziges Nucleotid bis hin zu Abschnitten, die einige Gene enthalten, betragen.

Derepression
Aufhebung von Repression, das heißt, (Wieder-) Aktivierung von regulierbaren Genen durch Erhöhung der Transkriptionsrate.

Desoxyribose
Zuckerbestandteil der monomeren Bausteine von Desoxyribonucleinsäuren (DNA).

DNA
Desoxyribonucleinsäuren (deoxyribo *n*ucleic *a*cid); molekularer Träger der Erbinformation.

DNA-Doppelhelix
Zwei miteinander verdrillte DNA-Stränge.

DNA-Polymerase
Enzym, das den schrittweisen Aufbau (die Polymerisation, von DNA-Ketten katalysiert.

Diploid
Bezogen auf eine Zelle: Besitz zweier kompletter Chromosomensätze (siehe Haploid).

DNS
siehe DNA

Enzym
Biokatalysator. Proteinmolekül oder Proteinmolekülkomplex mit bevorzugter Affinität für das umzuwandelnde Substrat.

Eukaryonten
Organismen, die durch den Besitz eines membranumschlossenen Zellkerns und eine reiche Kompartimentierung der Zelle charakterisiert sind. Alle mehrzelligen Organismen sind Eukaryonten. Darüber hinaus gibt es viele einzellige Eukaryonten.

Evolutionsparameter
Parameter, die für die Simulation von Evolutionsprozessen wichtig sind, wie z.B.: Mutationsrate, Populationsgröße, Crossover-Wahrscheinlichkeit etc.

Evolutionsstrategie
Spezielle Form der computergestützten Simulation der Evolution. Eingeführt von Ingo Rechenberg in den 60er Jahren an der TU Berlin.

Exon
Codierender Sequenzabschnitt eines eukaryontischen Gens, der im mRNA-Molekül als Transkript erscheint und exprimiert wird. Exonen werden unterbrochen von Intronen, eingelagerten nicht-codierenden Sequenzabschnitten.

»fittest«
Am besten angepaßt.

fraktal
Selbstähnlich. Strukturen, deren Ausschnitte bei sukzessiver Maßstabsvergrößerung immer wieder eine ähnliche Form annehmen, ohne in eine Grenzform zu konvergieren, nennt man fraktal.

Gen
Einheit im DNA-Doppelstrang des Chromosoms, die Information (Bauanleitung) für ein Proteinmolekül enthält.

Genetik
Lehre von der Ausbildung erblicher Merkmale und deren Übertragung in die nachfolgenden Generationen.

Genetische Algorithmen
Spezielle Form der computergestützten Simulation der Evolution. Eingeführt von John Holland in den USA in den 60er Jahren etwa zur gleichen Zeit, zu der Rechenberg in Deutschland die Evolutionsstrategien entwickelt hat.

genetischer Code
Die Zuordnung von Triplets von Nucleotiden zu den in Proteinen vorkommenden Aminosäuren.

genetische Rekombination
Austausch von Genen oder Genabschnitten zwischen männlichem und weiblichem Erbsatz. Die genetische Rekombination ist die Grundlage der sexuellen Vererbung.

Genotyp
Die genetische Ausstattung eines Organismus, festgelegt im Erbgut.

Guanin (G)
Purinbase; Baustein einer monomeren Untereinheit der Nucleinsäure, eines der vier genetischen Informationssymbole.

Haploid
werden Zellen genannt, die nur über einen einzigen Satz Chromosomen verfügen. Geschlechtszellen sind haploid, und bei einigen Organismen (Bienen und Wespen) sind auch somatische Zellen haploid. Bei der Befruchtung erhält das haploide Ei einen zweiten Chromosomensatz vom Spermium, wodurch eine diploide Zelle entsteht (siehe Diploid).

Insertion
Eine Mutation, bei der eine oder mehrere neue Nucleotide in eine Nucleotidkette eingebaut werden.

Intron
Intervenierende Sequenz im Gen, das keine genetische Information trägt (siehe Exon) und dessen funktionelle Bedeutung noch weitgehend unbekannt ist.

invertiertes Genfragment
Ein Genfragment, das mit umgekehrter Leserichtung in das Chromosom eingebaut wurde.

Komplementäre Stränge
DNS-Stränge, deren Basensequenzen sich paaren, um eine Doppelhelix zu bilden. Wenn die Base G auf dem einen Strang gegenüber C auf dem anderen liegt und A gegenüber T (bzw. U in der RNS), wie durch die Regeln der Basenpaarung festgelegt, spricht man von komplementären Sequenzen.

Lamarckismus
Von Lamarck aufgestellte Theorie, daß erworbene Eigenschaften vererbt werden. Die meisten Biologen halten diese Theorie für falsch.

Ligase
Ein Enzym, das DNS-Moleküle miteinander verbindet. Es verknüpft das Ende eines linearen doppelsträngigen DNS-Moleküls mit dem Ende eines anderen linearen Doppelstranges, so daß eine fortlaufende Doppelhelix entsteht.

messenger-RNA (mRNA)
RNA, die als Matrize für die Proteinsynthese dient.

Mitose
Das Stadium im Lebenszyklus einer eukarytischen Zelle, während dem die Chromosomen sich verdoppeln und die Zelle sich teilt, wobei die Tochterzellen identische Chromosomensätze erhalten.

Meiose
Der Prozeß, durch den eine Zelle Tochterzellen mit der Hälfte ihrer Chromosomen hervorbringt (diploide Zellen werden haploid). Geschlechtszellen entstehen durch Meiose.

Messenger-RNS (m-RNS)
Das Stadium im Lebenszyklus einer eukaryontischen Zelle, während dem die Chromosomen sich verdoppeln und die Zelle sich teilt, wobei die Tochterzellen identische Chromosomensätze erhalten.

Mitochondrien
Organellen, die im Cytoplasma aller aeroben eukaryontischen Zellen zu finden sind. Sie sind das Zentrum der ATP-Produktion durch oxydative Phosphorylierung.

Mutagenität
Die Fähigkeit zu mutieren.

Mutation
Vererbbare Veränderung eine Chromosoms.

Mutationsrate
Häufigkeit des Vorkommens von Mutationen im Verhältnis zur Anzahl der Gene eines Genoms.

natürliche Auslese
In der Evolutionstheorie stellt die natürliche Auslese den Prozeß dar, durch den die Adaption einer Art an ihre Umwelt verbessert wird. Eine große Zahl abweichender Formen wird produziert (durch DNS-Rekombination, sexuelle Reproduktion, Mutation etc.), und diejenigen, die am besten angepaßt sind, überleben und reproduzieren sich, wobei sie ihr genetisches Material weitervererben.

neodarwinisch/Neodarwinismus
Evolutionstheorie, die durch die Gesetze der Genetik und der Populationsbiologie in der ersten Hälfte des Jahrhunderts erweitert wurde.

Neuronale Netzwerke
Lernfähige und teilweise selbstorganisierende Computer-Modelle des Gehirns.

neutrale Mutante
Eine Mutante, die in bezug auf den Wildtyp (die bestangepaßte Sequenz) keinen Vor- oder Nachteil beinhaltet.

Nischenbildung
Die biologische Nische ist eine Lebensbedingung, in der sich eine normalerweise unterlegene Art ohne Konkurrenzdruck entfalten kann. Im weiteren Sinne beinhaltet die

Nische immer eine stabilisierende Wechselwirkung mit der Umwelt oder mit anderen Arten. Unabhängige Nahrungsquellen können z.B. Aufhebung des Konkurrenzdruckes bedeuten.

Nucleinsäure
(Kernsäure). Die Desoxyribonucleinsäure (DNA) und die Ribonucleinsäure (RNA).

Nucleotidsequenz
Die schriftartige Reihenfolge der Nucleotide in DNA und RNA.

one-point crossover
Spezielle Form des crossing overs bei der nur an einer Stelle die chromosomale Information der DNS aufgebrochen und rekombiniert wird. In der Natur und bei der Simulation des crossing overs werden in der Regel komplexere Versionen realisiert (z.B. two-point crossover oder n-point crossover etc.).

Operator
Der Ort auf der DNS, an den sich das Repressorprotein bindet, wodurch die RNS-Polymerase daran gehindert wird, das Operon oder Strukturgene zu transkribieren – dient als eine Kontrollstelle für die Transkription.

Operon
Einheit von gemeinsam regulierten Genen. Es umfaßt meist mehrere Strukturgene.

Peptid
Durch Verknüpfung von zwei oder mehreren Aminosäuren, unter Abspaltung von jeweils einem Wassermolekül pro Bindung, linear aufgebautes Kettenmolekül.

Polymerase
Gruppe von Enzymen, die Synthese von Polynucleotiden aus energiereichen Nucleosidtriphosphaten als monomere Vorstufen katalysieren.

Populationsbiologie
Teilgebiet der Ökologie, das sich mit den Umwelteinflüssen auf ganze Populationen einer bestimmten Tier- oder Pflanzenart befaßt. Es gibt einen mathematisch orientierten Zweig, der anhand von Modellen die Ausbreitung von Genen in Mendel'schen Populationen sowie Fragen des Wachstums und der Anpassung untersucht.

Populationszahl
Individuenzahl einer Population, zumeist ohne Bezug auf die Raumgröße; gelegentlich auch Individuenzahl pro Volumen (Populationsdichte).

Prokaryonten
Einzeller, deren Hauptmerkmal das Fehlen eines echten von einer Membran umschlossenen Zellkerns ist. Die Zellen sind wenig kompartimentiert; membranumschlossene Organellen sind nicht vorhanden.

Proteine
Eiweißstoffe, die wichtigsten funktionellen Makromoleküle der lebenden Zelle. Ihre Grundstruktur ist die Polypeptidkette, die zwischen hundert und einigen hundert Aminosäurebausteine enthält. Diese Kette faltet sich in charakteristischer Weise, wodurch verschiedene Wirkgruppen eng zusammengeführt und ein aktives (katalytisches) Zentrum ausbilden können.

Punktmutation
Die auf dem Austausch eines einzigen Basenpaares in der DNA beruhende Mutation. Sie bedeutet eine punktartige Veränderung der Sequenz, im Gegensatz zur Insertion und Deletion, die eine Verschiebung des Ableserasters bewirken.

Purin
Basenklasse der Nucleinsäuren; Adenin und Guanin.

Pyrimidin
Basenklasse der Nucleinsäure; Cytosin und Thymin bzw. Uracil.

Regulator-Gen
Ein Gen, das ein Protein oder einen anderen Faktoren codiert, der die Aktivität eines zweiten Gens reguliert.

Rekombination
a) Allgemein: Vereinigung zweier Reaktionspartner
b) Genetische Rekombination: Vereinigung von Genmaterial beider Elternteile unter Ausbildung eines vollständigen neuen Genoms.

Ribose
In (u.a.) Ribonucleinsäuren gebunden vorkommender Einfachzucker (Pentose).

RNA (RNS)
Ribonucleinsäure: Nucleinsäure, die sich im Zucker sowie in der Verwendung der Base U anstelle von T von der DNA unterscheidet und zumeist einsträngig -in sich gefaltet- auftritt. Sie fungiert in der Natur als Informationsüberträger und hat funktionelle und stukturelle Aufgaben in der Biosynthese.

Rückkopplung
Beeinflussung eines Prozesses durch Rückwirkung der Folgen auf die Voraussetzung bzw. den Ablauf des Prozesses. Autokatalyse ist ein typisches Beispiel hierfür. Allgemein ist die Rückkopplung von großer Bedeutung für Steuer- und Regelvorgänge.

Selektion
(Natürliche) Auslese; ein von der Merkmalausprägung (Phänotyp) der Individuen abhängiger Vorgang, der sich in einer Fixierung des Genotyps auswirkt.

Selektionsdruck
Bezeichnung für Umweltbedingungen, die einen Einfluß auf die Anpassung ausüben bzw. eine solche erzwingen.

Sequenzraum
Hoch-dimensionaler Hyperkubus zur Repräsentation aller möglicher Varianten einer Sequenz.

sexuelle Übertragung
Grundlage der geschlechtlichen Fortpflanzung. Die Kernverschmelzung (Befruchtung) ist eine Folge der Rekombination. Sie ist durch Neukombination von Genen gekennzeichnet.

Spleißen
Herausschneiden von Intron-codierten RNA-Sequenzabschnitten und die gleichzeitig kovalente Verknüpfung der Exon-codierten RNA-Sequenzabschnitte. Eine solche Prozessierung von Primärtranskripten mosaikartig aufgebauter Gene ist typisch für eukaryontische Zellen.

Struktur-Evolution
Simulation von strukturellen Veränderungen komplexer Systeme mit den Methoden Genetischer Algorithmen oder der Evolutionsstrategien. Beispiel: Struktur-Evolution Neuronaler Netzwerke.

Survival
Englisch: das Überleben.

Thymin (T)
Pyrimidinbase, Baustein einer monomeren Untereinheit der Desoxyribonucleinsäure. Eines der vier Informationssymbole (synonym mit U, das nur in RNA Verwendung findet).

Transkription
Umschreibung der genetischen Nachricht aus der DNA in die mRNA (boten- oder messenger-RNA).

Transfer-RNS (t-RNS)
Eine Kategorie kleiner RNS-Moleküle, die bei der Proteinsynthese eine Rolle spielen. Die t-RNS transportiert die Aminosäuren bei der Translation zu den wachsenden Peptidketten.

Translation
Übersetzung der genetischen Nachricht aus der Boten-RNA (mRNA) in die Aminosäuresequenz der Proteine.

Transposition
Die Versetzung von DNA-Bereichen innerhalb des Genoms einer Spezies. Diese DNA-Bereiche verändern relativ häufig ihre Position und nehmen daher keine fixierte Position auf dem jeweiligen Genom ein.

Uracil (U)
Pyrimidinbase, Baustein einer monomeren Untereinheit der Ribonucleinsäuren. Eines der vier Informationssymbole (synonym mit T, das in Desoxyribonucleinsäuren verwendet wird).

Wasserstoffbrücke
Relativ schwache chemische Wechselwirkung zwischen einem elektronegativen Atom (wie Sauerstoff oder Stickstoff) und einem elektropositiven Wasserstoffatom, das mit einem zweiten elektronegativem Atom chemisch verknüpft ist.

Wildtyp
Genotyp (und damit auch Phänotyp) einer unter natürlichen Umweltbedingungen lebenden und die Mehrheit ihrer Individuen kennzeichnenden Art.

Zytoplasma
Der gesamte, den Zellkern umgebende Bereich einer Zelle, der durch die Zellmebran von der Umwelt abgegrenzt ist, also der gesamte Zellinhalt ohne den Zellkern. (Im engeren Sinne: nur das Protoplasma ohne Zellorganellen.)

Die Autoren

Eberhard Schöneburg ist Mathematiker und Professor für Künstliche Intelligenz an der Fachhochschule Furtwangen/-Schwarzwald. Neben der Professur hat Prof. Schöneburg in den letzten Jahren erfolgreich mehrere high-tech Firmen gegründet. So wurde er mit seinen Mitarbeitern der Expert Informatik GmbH bereits zweimal (1990 und 1992) mit dem *Innovationspreis des Landes Berlin* für hervorragende innovatorische Leistungen auf dem Gebiet der Künstlichen Intelligenz ausgezeichnet. 1993 gründete Prof. Schöneburg die NEUROTEC Hochtechnologie GmbH, die sich schwerpunktmäßig mit industriellen Anwendungen Neuronaler Netzwerke und der simulierten Evolution beschäftigt.

Frank Heinzmann ist Diplom-Informatiker und bereits seit 1989 Mitarbeiter von Prof. Schöneburg. Er ist Spezialist für neue Software-Technologien und derzeit Entwicklungsleiter bei der NEUROTEC Hochtechnologie GmbH.

Sven Feddersen ist ebenfalls Diplom-Informatiker und Mitarbeiter von Prof. Schöneburg in der NEUROTEC Hochtechnologie GmbH. Er leitet dort die Abteilung Evolutionstechnik. Sein Spezialgebiet ist die Anwendung von Evolutionsverfahren in der Produktionsplanung und –optimierung.

STICHWORTVERZEICHNIS

Textverarbeitung

Das Addison-Wesley Werk
zu Word 5.0
Rainer G. Haselier

800 S., 1990, 69,- DM, ISBN 3-89319-180-1

Word 5.5
Edition Software-Klassiker
R.G. Haselier/K. Fahnenstich

861 S., 1991, 79,- DM, ISBN 3-89319-320-0

Word für Windows 2.0
Edition Software-Klassiker
R. G. Haselier/K. Fahnenstich

946 S., 1992, 79,90 DM, ISBN 3-89319-415-0

WordPerfect 5.1
Edition Software-Klassiker
Reinhard Gloggengießer

724 S., 1991, 79,- DM, ISBN 3-89319-256-5

WordPerfect für Windows
Edition Software-Klassiker
Reinhard Gloggengießer

WordPerfect ist eines der führenden Textverarbeitungsprogramme. Der Leistungsumfang dieses Programms erreicht unter Windows 3.1 den professioneller DTP-Programme.

709 S., 1992, 79,90 DM, ISBN 3-89319-342-1

ADDISON-WESLEY

Dateiformate

Referenzhandbuch Dateiformate

Günter Born

Das Buch richtet sich in erster Linie an den professionellen Software-Entwickler, der Informationen über die Verarbeitung bzw. Einbindung von Fremdformaten verfügbar haben muß. Er erhält dadurch wertvolles Insiderwissen und ein detailliertes Nachschlagewerk. Für den Kreis der semiprofessionellen und Hobby-Programmierer bieten die im Text enthaltenen Beispielausdrucke solcher Dateien die Möglichkeit, die Informationen in einigen Programmen zu verwerten.

830 Seiten, 2. überarb. Auflage 1992, 89,90 DM
ISBN 3-89319-446-0

Dateiformate Programmierhandbuch

Günter Born

Das Buch dient als Ergänzung zum Hauptband 'Referenzhandbuch Dateiformate'. Es enthält die Beschreibung von verschiedenen Fileformaten und Programmen, die in Turbo Pascal bzw. in Turbo C realisiert sind.

Die Begleitdiskette enthält alle Quellcodes der Programme sowie die Grafikkonverter PaintShop Pro, Graphic Workshop und Image Alchemy.

ca. 300 Seiten, 1993
ca. 99,90 DM, geb. mit Diskette
ISBN 3-89319-477-0

 **ADDISON-WESLEY**

CASE*Method
Entity Relationship Modellierung

Richard Barker

Analytiker, Statistiker und Administratoren können sich mit Hilfe dieses Buches in die mächtige Technik der Entity Relationship Modellierung einarbeiten. Das Buch behandelt ausführlich anhand zahlreicher Beispiele die Techniken der Datenmodellierung. Ein detaillierter Anhang, der den CASE Tool Support von ORACLE, die Daten-Administration und das Datenbank-Design beinhaltet sowie ein ausführliches Glossar mit allen wichtigen Ausdrücken runden das Buch ab.

247 Seiten, 1992
79,90 DM, gebunden
ISBN 3-89319-397-9

Darüberhinaus gibt es zahlreiche englisch-sprachige CASE-Titel von Richard Barker, die ebenfalls bei Addison-Wesley verlegt worden sind.

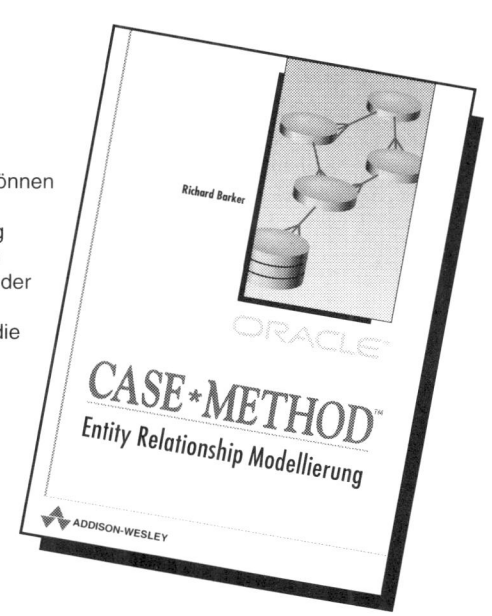

Datenmodellierung, CASE, Datenmanagement

Werner Wiborny

Datenmodellierung wird heute zunehmend als entscheidender Faktor beim Aufbau wirksamer betrieblicher Informationssysteme begriffen. Das Buch beschreibt Theorie und Praxis der Datenmodellierung. Es enthält Vorschläge für die Notation, Integration und Verdichtung von Datenmodellen sowie für einen Weg zum unternehmensweiten Datenmodell.

455 Seiten, 1991
89,- DM, gebunden
ISBN 3-89319-278-6

 ADDISON-WESLEY

C++

Turbo Borland C++ 3.0 für Windows

Hans-Georg Schumann

Dieses Buch bietet eine außerordentlich ausführliche und anschauliche Einführung in Turbo C++Einführung in C++.

534 Seiten, 2. überarb. Auflage 1992
79,90 DM, geb., inkl. Diskette,ISBN 3-89319-423-1

Turbo C++ 3.0

Uwe Repplinger

Das Buch führt Sie in die Arbeit mit der integrierten Entwicklungsumgebung unter DOS und in C++ ein.

558 Seiten, 2. überarbeitete Auflage 1992
79,90 DM, geb., ISBN 3-89319-422-3

Die Programmiersprache C++

Bjarne Stroustrup

Dieses Buch, geschrieben vom Erfinder dieser Sprache, enthält schon alle Features der letzten C++-Version.

698 Seiten, 2. überarbeitete Auflage 1992
89,90 DM, gebunden, ISBN 3-89319-386-3

C++ Programmieren für MS-Windows 3.1

Ingo Pakleppa

Das Buch zeigt die Programmierung aller wichtigen Windows-Elemente, von Fenstern und Dialogboxen bis hin zur Auswahl verschiedener Schriften sowie das Zeichnen auf dem Bildschirm.

261 Seiten, 1993
49,90 DM, gebunden, ISBN 3-89319-489-4

 **ADDISON-WESLEY**

EDV-Management

Computertechnologie und Managementpraxis
Datenbanken und Objekte

Wolf-Dietrich Nagl

Das Buch bietet eine sichere Standortbestimmung für den Computereinsatz in Organisationen. Es ist außergewöhnlich lesbar geschrieben und damit auch für alle EDV-Interessierten geeignet, sich ein solides Grundwissen über moderne Datenbank- und CASE-Technologien zu verschaffen.

328 Seiten, 1992
79,90 DM, ISBN 3-89319-453-3

Objektorientierte Technologien
Ein Leitfaden für Manager

David A. Tayler

183 Seiten, 1992, 59,90 DM, ISBN 3-89319-436-3

Unternehmenserfolg und Informationsmanagement
Wettbewerbsvorteile durch Interaktionsfähigkeit und Prozeßgestaltung

Michael Peltzer (Hrsg.)

Das Buch beschreibt die Rolle des Informationsmanagements in Bezug auf die Zielsetzungen von Unternehmen. Dazu werden aktuelle Probleme wie die Managementdimension einer möglichen Einführung von CASE aufgezeigt.

326 Seiten, 1992
79,90 DM, ISBN 3-89319-420-7

 **ADDISON-WESLEY**

Datenbanken

Objektorientierte Datenbanken
Konzepte, Modelle, Systeme
Andreas Heuer

In diesem Buch werden die Konzepte objektorientierter Datenbankmodelle und -systeme sowie einige konkrete Modelle und Systeme vorgestellt.

628 Seiten, 1992, 79,90 DM, gebunden
ISBN 3-89319-315-4

Relationale Datenbanken
Theorie und Praxis inklusive SQL-2
Hermann Sauer

In fast allen Lebensbereichen hat sich die Anwendung relationaler Datenbanken durchgesetzt. Sie lernen die Grundlage aller relationaler Datenbanken ebenso kennen wie deren interne Arbeitsweise.
Ein Leitfaden für die Beurteilung und Auswahl relationaler Datenbanksysteme rundet die Darstellung ab. Das Thema SQL-2 findet in diesem Buch besondere Beachtung.

291 Seiten, 2. Auflage 1992, gebunden
59,90 DM, ISBN 3-89319-573 - 4

INFORMIX 4.0/5.0
Das relationale Datenbanksystem
mit INFORMIX OnLine
Dusan Petkovic

Das Buch beschreibt die Versionen 4.0 und 5.0 von Informix. Es ist als Lehrbuch konzipiert und wendet sich an Endbenutzer und Datenbankprogrammierer, die Informix erlernen und praktisch anwenden wollen.

476 Seiten, 1993, 79,90 DM, gebunden
ISBN 3-89319-530-0

ADDISON-WESLEY